이 책은 "구약성경과 하나님 나라 경제"를 주제로
2011년 5월과 10월에 열린
저자의 〈목민강좌〉에 터하고 있습니다.

〈목민강좌〉는 목민 박명수/진순례 부부의 삶을 기리기 위하여 2009년에 만들어진 것으로, 해마다 '공개강좌'를 연다. 이 강좌는 통상의 생각에 얽매이지 않고 삶의 뜻을 새김질하는 주제를 다룬다.

한국교회와 신학의 거친 광야에서 외치는 바람 같은 소리의 김회권 교수님. 때로는 거친 질풍노도같이 한 시대의 정신과 정의를 설파하며, 때론 온화한 햇볕같이, 따스한 미풍같이 조용하고 시대 슬픔을 위무하려는 선지자들의 낮은 목소리의 달빛 같은 속삭임의 주인공 김 목사님의 새 저서, 『자비 경제학 : 구약성경과 하나님 나라 경제학』 출간을 축하드린다. 신학적 보수와 복음주의에서 사회경제적 진보 입장을 통전적으로 아우르는 하나님 나라 신학을 주창해 온 교수님의 신학 기반 위에 오랜 연구를 통해, 이 책은 우리 한국 사회와 기독교에 중차대한 패러다임을 제시하고, 우리의 새로운 도전과 출발을 제안하고 있다. 조국의 패망 때 다니엘이 왕의 조서에도 불구하고 예루살렘으로 향한 창문을 열고 하루 세 번씩 무릎을 꿇고 기도하며 하나님께 감사하였고, 에스겔이 바벨론 포로 때 하나님께서 보여주신 해골 골짜기에서 큰 군대의 새 희망을 발견한 것처럼, 저자는 암울한 이 땅의 분단과 진영논리로 양분된 우리 사회에 하나님 나라 경제와 사회 개혁의 구약 사상의 전범을 보여준다. 하나님 나라에 대한 바른 이해로 화해와 평화 그리고 통일의 그날을 이루어 내는 우리 교회, 우리 민족이 되기를 함께 기도한다.

_김홍섭(인천대 명예교수, (사) 평통연대 공동대표)

양극화와 불평등 심화, 청년실업, 결혼 포기, 낮은 출산율, 높은 노인 자살률은 사회 공동체가 무너진 우리의 현주소이다. 자본주의를 지탱해 온 주류 경제학은 제대로 된 답을 내놓지 못할 뿐 아니라 개인과 집단의 이기적 욕망을 더 부추길 뿐이다. 그만큼이나 공평과 정의, 배려가 시대의 화두이다. 무한경쟁의 경제학이 아닌 이웃과 더불어 잘 사는 공동체의 회복과 연대를 위한 자비의 경제학이 절실하다. 그 원천은 성경 곳곳에서 제시되는 하나님 나라 공동체 경제학이다. 저자는 애덤 스미스를 제대로 소환하고 고대 근동의 정치 경제를 아우르면서 구약성경 속에 수렴되는 자비의 경제학을 제시한다. 이 책은 공동체의 건강한 공존과 번영을 소망하는 경제 주체, 특히 하나님에 대한 신앙의 표현으로 경제 행위를 하는 기독교인을 위한 지혜서이다. 무엇보다 시대와 역사, 다양한 주장과 지식을 묵직하고, 그러나 읽기 쉽고 재미있게 풀어내는 저자의 혜안과 글솜씨가 놀랍다.

_류지성(고려대 경영대학 특임교수, 前삼성경제연구소 연구전문위원)

경제적 불균형이 심화되고 있는 작금의 한국경제와 세계 경제 시대에, 저자는 경제적 불균형 해소의 당위적 근거를 상당한 시간과 노력을 기울여 성경과 역사에서 통찰하려 하였다. 저자의 역사적 조예가 고전적 경제학 사조의 따뜻한 자본주의와 고대 메소포타미아 문명의 형평법에서 자비 경제학의 원천을 고찰하였다. 또한 저자는 탁월한 신학적 식견으로 모세오경의 사회적 형평율법, 구약성경 예언자들의 자비사역, 십계명 제1계명의 사회경제적 함의를 심도 있게 조망하였다. 현재 코로나19 팬데믹으로 인하여 전 세계적으로 경제적 약자계층이 확대되고 있는 상황에서, 저자의 신학적·역사적 근거에 의한 사회적 형평 경제 주창은 우리 사회가 유념해야 할 담론으로 사료된다. 『자비 경제학 : 구약성경과 하나님 나라 경제학』이 기독경영연구원의 창립 20주년 기념 연구총서로 발간되어 더욱 뜻깊게 생각된다.

_이형재(기독경영연구원 원장)

코로나19 팬데믹 이후 정보 격차(디지털 디바이드)의 심화로 경제적 불균형이 더욱 심화되고 있는 상황에서, 저자는 성경과 역사/문명 속에 나타난 자비의 경제학, 즉 사회적 형평 경제사상을 제시하며 우리 사회가 잊지 말아야 할 소중한 가치를 다시 일깨워 주었다. 특히 저자는 신구약과 고대 문명, 그리고 사회정치사상까지 아우르는 통전적 식견을 바탕으로 고대 메소포타미아 문명, 모세오경, 구약 예언서, 십계명(제1계명)을 관통하는 자비 경제학의 핵심 가치와 원리들을 심도 깊게 밝혀내고 정리하였다. 물질만능주의, 승자 독식, 약육강식, 성과주의 등이 지배하는 기업경영과 경제 영역은 그동안 경제적 메커니즘으로만 돌아가는 것처럼 보였지만, 실제 이를 뒷받침하는 것은 사랑과 긍휼, 자비와 배려, 사회적 가치라는 점에서 본 저서는 우리 사회와 교계에 큰 화두를 던져 준다. 기독경영연구원 창립 20주년을 맞아 진행된 『자비 경제학 : 구약성경과 하나님 나라 경제학』의 발간이 기독경영 연구의 또 하나의 토대가 됨을 하나님께 감사드리며, 기독경영에 관심을 가지고 실천하고자 노력하는 모든 경영자와 직장인, 성도들에게 이 책을 추천한다.

_정연승(기경원 CMR 편집위원장, 한국유통학회장, 단국대 교수)

# 자비 경제학

구약성경과
하나님 나라 경제학

김회권 지음

# 차례

서문 / 4

**1장 고용 없는 경제성장 시대의 자기착취 증후군을 치유하는 치유와 회복 경제**
고용 없는 성장으로 무너지는 사회적 연대 / 12
고용 없는 경제성장 시대에 생각하는 치유와 회복 경제 / 18
구약성경의 하나님 나라 경제학 / 38
결론 / 45

**2장 고용 없는 경제성장 시대에 생각하는 고전적 자본주의**
따뜻한 자본주의의 원조 애덤 스미스의 『도덕감정론』 / 50
자본주의를 출범시킨 근대사회를 지탱시킨 공감(Sympathy) 원리 / 53
무자비하고 불가피한 갈등적 경쟁 이데올로기에 대한 반(反)명제들 / 67
결론 / 73

**3장 고대 메소포타미아 문명의 형평(衡平) 및 자비통치**
서론 / 78
고대 근동의 사회적 형평법 전통들 / 87
시드기야의 노예해방 취소와 70년 바벨론 유배의 상관성 / 131
결론 / 149

**4장 모세오경의 사회적 형평(衡平) 율법과 자비법령**
서론: 윤리학의 연장인 구약성경의 경제학 / 158
시장 만능주의 시대에 생각하는 하나님 나라 자비 경제학 / 165
하나님 나라의 근사치 모델, 희년공동체 이스라엘 / 197
결론 / 220

## 5장  예언자들의 사회적 형평(衡平) 활동과 자비사역

구약성경의 '경제' : 하나님의 언약공동체를 존속시키는
공동체 살림살이 / 224
구약 예언자들의 하나님 나라 경제학 원리 / 229
주전 8세기 예언자 : 아모스, 호세아, 이사야, 미가 / 235
주전 8세기 예언자들의 자유농민 옹호경제학 / 245
호세아의 '광야 시절' 이상화에 담긴 자유농민 경제학 / 258
시온의 공평과 정의를 회복하라고 외치던 이사야 :
남유다 자유농민의 옹호자 / 284
유다 농촌의 자유농민들을 대변한 예언자 미가 / 306
결론 / 313

## 6장  십계명 제1계명의 사회경제적 함의

서론 / 322
제1계명의 의미 : '다른 신들'의 정체 / 329
제1계명의 사회경제적 함의를 표현하는 구절 / 334
결론 / 377

## 7장  기본소득의 두 토대 : 자연법과 구약성경

코로나19 팬데믹이 소환한 '사회적 국가' / 387
로마의 공화정 전통에 비추어 본
대한민국 민주공화국의 건국 요체 / 391
기본소득의 정당성 / 400
코로나 19 팬데믹 기간 동안에 떠오른 한국정치의 화두,
기본소득의 현실성 / 418
결론 / 420

## 8장  전체 결론

전체 요약 / 426
비전(vision) : 역사의 주권자이신 하나님 나라 경제를 희구하며 / 430

참고문헌 / 441

# 서문

기독교 신앙에 대한 가장 대중적인 오해는, 기독교 신앙은 내세를 담보로 현재의 악과 고난을 해결하려는 의지를 마비시키는 '민중의 아편'이라고 보는 칼 마르크스의 관점이다. 마르크스는 1843년에 헤겔의 '법철학'을 비평하는 짧은 글에서, 종교를 '역사 진보를 가로막으며 민중의 계급 투쟁 의지를 마비시키는 아편'이라고 비난했다(*Zur Kritik der Hegelschen Rechtsphilosophie, Einleitung*, 378). 그가 본 기독교는 당시 독일과 유럽 중간층 시민들의 사교 동아리로 전락한 제도권 기독교였고, 당연히 성경에서 엄청나게 이탈되어 변질된 기독교였다. 확실히 기독교회는 313년 콘스탄티누스 황제의 기독교 공인 칙령 이후, 사회 상층부 구성원들에게 친근하고 우호적이며 제국에 순치된 기관으로 전락했다. 로마 황제의 제국 통치를 돕는 데 동원된 기독교회는 로마 황제를 의장으로 한 종교회의에서 중대한 교리를 결정하는 어처구니없는 사태를 연출했다(325년 니케아 종교회의). 그래서 게르하르트 로핑크는 『예수는 어떤 공동체를 원했나』라는 책 결론부에서, 313년 이전의 교회만이 야생적이고 순수한 갈릴리발 기독교를 지켰다고 주장했다. 그 후로 전개된 교회사의 여러 시대에서는 기독교 신앙이 민중의 아편처럼 기능했다는 점을 부인하기 힘들다.

하지만 민중의 아편으로서의 기독교 신앙은, 로마 총독에 의해 처형되었다가 3일 만에 부활하여 하나님의 우편보좌로 승천해 지금도 세계와 교회를 통치하는 그리스도에게서 출원한 기독교 신앙이 아니다. 민중의 아편 역할을 하는 기독교 신앙은 성경의 핵심적인 가르침에서는 수만 광년 이격된 '왜곡된 기독교'이다. 이런 변질된 기독교 신앙은 이미 구약의 예언자들과 신약의 사도들에게서 각각 '거짓' 신앙 혹은 '세상과 벗 된 변질된 신앙'이라고 비판당하고 있다.

사도 바울은 하나님의 통치와 어긋나는 세상의 모든 중간 통치 기관들(정사와 권세, 보좌와 주관, 능력과 어둠의 세상 주관자들)을 사로잡아 그리스도의 개선행렬 뒤를 따르는 '포로'로 삼으신 하나님의 심판 처분을 증언한다(골 2:15). 신구약 성경은 세계변혁적이고 세계갱신적인 거룩한 영의 쉼 없는 열정을 증언한다. 지구에서 이뤄지는 인간의 삶과 역사는 육신과 물질의 영역에서 펼쳐지는 하나님의 영(靈)의 운동이다. 신구약 성경은 하나님이 지으신 모든 피조세계에 하나님의 거룩하신 영광이 가득 차게 될 날을 예고하고, 그날의 도래를 촉진하는 사회변혁적인 기상을 지지하고 격려한다.

다만 기독교 신앙은 인간의 마음부터 통치하시는 하나님 나라를 지속적으로 강조한다. 하나님은 정의롭고 자비로운 세상을 창조하려는 열망을 가진 사람들의 자발적이고 솔선수범적인 희생을 통해 하나님 나라를 건설해 가는 방식을 옹호하신다. 하나님 나라는 말씀(사상)이 육신(현실)이 되는 방향으로 작동하고 있다. 하나님의 말씀에 전인적으로 호응하고 응답하며 순종하는 몸의 실천을 통해 하나님 나라가 이 땅에 구현되는 것이다. 하나님 나라는 하나님의 말씀이 몸을 가진 인간의 역사와 물질세계에 들어와 영광의 광채를 발휘하는 방향으로 운동한다. 육신과 물질의 총화를 '땅'이라고 부른다. '땅'은 하나님이 피조물에게 주신 창조주의 선물이다. 무량수의 별들이 저마다 궤도를 돌고 춤추며 우주대평원을 창조하신 하나님을 찬미하지만, 우리 태양계의 셋째 별 지구는 창조주 하나님의 특별통치 시범 지구이다. 그래서 온 우주와 하나님이 지으신 모든 천군천사들이 '지구'를 주목하고 있다. 지구에서 벌어지는 일들은 창조주 하나님과 그분의 명령을 빛의 속도보다 더 빠르게 집행하고 관철시키는 천군천사들의 감찰 아래 있다. 하나님은 진토로 구성된 지구의 '땅'과 그 지구의 진토(아파르)로 지으신 인간을 통해 하나님 나라를 건설하시고자 이 거대한 우주공동체를 만드셨다(엡 1:4). 하나님 나라는 정의(체데크)와 공의(미쉬파트)의 주초 위에 건설되는 나라이다. 하나님의 거룩하신 성품 자체는 정의와 공의, 자비와 인애, 진실과 신실성으로 분광(分光)된다. 우주 창조와 지구 창조의 절정은 하나님의 성품이자 통치 원리인 공평과 정의의 인간 세계 확장이자 정립이다. 하나님은 그분의 성품, 정의와 공의를 진토로 지어진 인간 세계, 즉 피조 세계 속에 이식하려고 물질 세계를 창조하신 것이다.

처음에는 아담과 하와에게 지구의 대리 통치가 위탁되었고, 아담 인류의 사명 수행 실패 후에는 아브라함과 그 후손에게 이 지구 통치의 사명이 위탁되었다. 이스라엘은 하나님의 지구 통치가 집약적·시범적으로 나타난 특별영토였다. 이스라엘 민족은 그 자체로 하나님의 정의와 공의 실천의 산물이었다(시 103:6). 출애굽 구원은 창조주 하나님, 이스라엘의 하나님이 바로 정의와 공의의 하나님임을 만천하에 공포한 사건이기 때문이다. 피억압자 해방은 압제자에 대한 응징을 내포했다. 피억압자의 대표인 '가난한 자들'을 해방하고 속량하시려는 하나님의 자비가 안식일, 안식년 그리고 희년사상에 집중적으로 나타난다. 안식, 안식일, 안식년, 희년은 창조주 하나님의 항구적 관심사다. 이것들은 고용주나 압제자, 지주의 관심사일 수 없다.

이처럼 이스라엘은 하나님의 정의와 공의를 우선적으로 실천할 사명을 받은 시범 민족이었기에(창 18:18-19) 하나님의 직할통치 영역이었다(신 32:8-9). 하나님을 아는 지식의 세계적 확산이 이스라엘의 사명이었다. 예언자들은 한결같이 하나님을 아는 지식은 바로 정의와 공의를 행하는 실천을 의미함을 역설했다. 역사는 '정의와 공의'를 집행하려는 정치세력의 등장과 퇴장 운동이다. 이런 점에서 인류 역사는 하나님의 정의와 공의가 100% 관철될 오메가 포인트를 향해 달려가는 시간의 물결이다. 인간 역사와 땅의 역사는 공평과 정의의 하나님이 주도하시기 때문이다. 그래서 의식하든 의식하지 않든 세계 모든 나라의 왕들도 창조주 하나님의 세계 통치를 모방한다. 왕의 자리에서 보면 세계는 불평등과 불의 때문에 희생당하는 가난한 자들과 억압당하는 자들의 아우성 천지이기 때문이다. 비록 왕조나 자신의 왕권을 안정시키기 위한 통치 수단의 하나였지만, 기층민중 보호는 모든 통치자의 주요 관심사였다. '왕'은 시민적 무질서, 무정부 상황을 종식시키고 중앙집권적 통제 아래 있는 질서를 선포하는 자이기에, 지방적 차원의 모든 소억압자들을 억제할 사명이 있었다. 다윗과 같은 이스라엘 왕뿐만 아니라, 가나안의 고대문서들("the Keret Epic, Aqht, Danel")에 등장하는 왕 다넬도 고아와 과부의 아버지였고, 고대 메소포타미아, 중국, 이집트의 왕들도 정의와 공의를 집행하려고 하였다. 본 연구는 시종일관 공평과 정의를 실행하려는 세계 모든 나라의 제왕과 군주의 열정 배후에 공평과 정의로 세계를 창조하고 인류 역사를 향도(嚮導)하는 하나님이 계심을 주장한다.

본서는 일곱 편의 글을 한데 묶은 논문집이다. 본서의 최초 착상은, 기독교학과 동료교수 고(故) 박정신 교수님의 부모님이신 고(故) 박명수 목사님과 진순례 사모님의 목회와 삶을 기리는 목민강좌에서 연구비를 지원받아 2011년 5월과 10월에 두 차례 발표한 "구약성경과 하나님 나라 경제 1"과 "구약성경과 하나님 나라 경제 2"에서 시작되었다. 본서의 4장과 5장이 목민강좌 발표 원고를 확장한 글이다. 모세오경과 예언자들의 하나님 나라의 경제사상을 다룬 이 프로젝트는, 2018년에 기독경영연구원 기반연구 프로젝트로 선정되어 마침내 이 책으로 발전될 수 있는 새로운 모멘텀을 얻었다. 2019년 2월 16일에 기독경영연구원에서 "고대 메소포타미아 문명의 사회경제적 형평(衡平)통치 연구"라는 제목으로 1차 논문 발표를 마쳤다. 그때 발표된 논문이 본서의 3장에 수정·보완되어 들어왔다. 2021년 7월에 다시 기독경영연구원에 가서 "십계명의 1계명의 사회경제적 함의"라는 제목으로 2차 논문 발표를 하였다. 이 논문이 6장이 되었다. 7장은 2021년 10월 15일에 연세대에서 열린 한국연구재단 기본소득 프로젝트(정미현 교수 연구팀)에 발표된 원고를 다듬은 글이다. 이 글은 『복음과 상황』 2015년 5월호(294호)에 "기본소득의 성경적 토대"라는 제목으로 기고되었던 글을 대폭 수정한 원고이다. 이 중에서 4, 5, 6장의 내용 일부는 저자와 남기업, 김근주 등과 공저한 『희년』(홍성사, 2019), 19~90쪽에 실려 있다. 1장은 2010년 9월호(239호) 『복음과 상황』과 2012년 8월호(262호) 『복음과 상황』에 두 차례에 걸쳐 투고한 원고들을 보완하고 최신판 정보를 바탕으로 수정한 글이다. 각 장은 독립적이지만 하나의 주제로 묶여 있다. 전체 장들을 관통하는 주제는 구약성경에 나타나는 하나님의 경제적 정의와 공평 열정이다.

아무튼 길게는 10년, 짧게는 6년만에 걸쳐 원래 기획의도를 어느 정도 반영하여 본서를 출간하게 되어 여간 기쁘지 않다. 하지만 많은 아쉬움이 남는 것 또한 사실이다. 과중한 강의 부담으로, 때로는 교회 사역으로 시간을 분초 단위로 아껴 쓰는 저자에게 본서의 주제는 가슴 벅찬 연구과제였으면서도, 항상 아쉽고 목마른 미완의 연구영역으로 남아 있다. 좀 더 시간을 갖고 연구에 정진했더라면 더 좋은 책을 만들 수 있었으리라는 생각은 어떤 책을 출간할 때도 가시지 않는 갈증이지만, 본서에 대해서는 더욱 안타까운 미완성감을 갖고 있다. 독자들의 많은 논평과 조언을 기대한다.

본서의 출간을 위해 편집과 교열 등의 수고를 아끼지 않은 한국장로교출판사의 이슬기 과장님과 편집실무자들에게 감사를 드린다. 초고를 읽고 교정을 도와준 조교 김성남 목사에게도 감사를 드린다. 그리고 항상 그랬듯이 마지막까지 이 원고를 읽고 오탈자 교정은 물론이요, 가독성 높은 문장으로 교정작업까지 해 준 아내 정선희에게 진심으로 감사드린다.

2022년 2월
저자 김회권

# 1장

고용 없는 경제성장 시대의
자기착취 증후군을 치유하는
치유와 회복 경제

고용 없는 경제성장 시대의
자기착취 증후군을 치유하는
치유와 회복 경제

## 고용 없는 성장으로 무너지는 사회적 연대

2012년 4·11 총선, 2012년 연말 대선, 2013년 2월에 출범한 박근혜 정부와 2017년에 촛불혁명으로 들어선 문재인 정부에 이르기까지 가장 화급하게 제기된 한국 정치의 현안은 경제민주화였다. 그런데 아직까지 경제민주화의 길은 요원해 보인다. 입법권을 가진 제도권 정치가들, 관료들, 그리고 경제학자 집단 중 누구도 경제민주화를 위해 투신적 노력을 보여주지 못했기 때문이다. 경제민주화에 대한 열망과 아우성은 하늘을 찌르는데도 지배 엘리트 집단의 강고한 요새는 요지부동이다. 문재인 정부는 경제민주화를 추구할 것이라는 기대를 받으며 등장했으나, 초기의 소득주도성장책 강행과 최저

임금의 급작스런 인상책 외에 경제민주화를 위한 의미심장한 투신을 보여주지 못했다. 오히려 코로나19 팬데믹을 만나 현금 퍼주기식의 땜질식 대증요법 외에 경제민주화를 위한 실질적인 입법에는 아무런 진척을 보여주지 못했다. '국민의힘'이나 '더불어민주당' 둘 다 기득권 옹호 카르텔의 멤버로서 근본적인 경제민주화를 성취할 의지나 열망이 없는 수구정당인 셈이다. 그리하여 오늘날 대한민국은 부동산 값 폭등, 출산율 절벽급감, 그리고 자살지수 고조 등 경제적 양극화와 빈곤층의 집단양산으로 '공동체의 연대'가 무너지는 재앙급 환난을 겪고 있다. 재앙급 환난의 가장 명백한 지표가 급격한 노령화와 인구 감소이다. 2020년에는 27만여 명의 신생아가 고고지성을 울리고 대한민국 영토에 들어왔다. 인구 감소는 경제적 폭망의 예후이다. 공동체적 우애와 연대가 무너진 사회의 가장 큰 징후는 인구 감소이다. 대한민국의 숫자상의 부유와 번영은 대기업과 세습자본가, 토지건물 임대소득자들에게 배타적으로 향유되고 있으며 대다수 시민들은 발악적 노동으로 간신히 살아간다. 이처럼 대기업과 세습 토지자산가들의 부와 경제력 집중을 해소하여 국민 모두에게 경제성장의 혜택이 공유되도록 보장하는 법적 정비 요구는 시급함을 넘어 화급하다. 2022년 3월 9일 대선을 앞둔 현시점에서 볼 때, 이후로도 우리나라의 화급한 정치사회 현안 중 하나는 경제민주화가 될 것이 틀림없다.

정치 민주주의가 1인 1표의 주권행사를 보장하듯이, 경제민주화는 모든 국민에게 최소한 생존권을 보장해 주는 진전되고 숙성된 민주화이다. 19세기에 거의 완성된 국민국가 시대에, 국가란 헌법으로 국민의 인권과 행복추구권을 보장해 주는 조건에서 시작된 공동체다. 국가나 지방자치단체는 국가 수입의 대부분을 차지하는 조세 수입 독점을 통해 국가나 지방자치단체에 소속된 최소약자 구성원들의 인권과 행복추구권을 충족시켜 주어야 하는 헌법적 의무에 매여 있다. 인권과 행복추구권의 최소 요건은 의식주 향유권이다. 국가는 징병제도를 통해 국방을 감당하고 조세 수입을 통해 국가구성원들의 물질적인 안전보장과 지탱을 감당해 가고 있다. 상속이나 증여, 금융자산이나 부동산 임대자산, 그리고 노동 수입에서 발생하는 모든 세금과, 물건이나 용역을 구매할 때 지불하는 부가가치세 10%는 국가를 유지시키는 데 투입되는 돈이다. 국가는 구성원의 행복과 번영을 도모하는 방향으로 국가 수입을 사용할 의무가 있다.

국가를 떠받치는 노동계층, 하층민들의 삶이 무너진다는 것은 국가의 요구를 감당하는 주초석 같은 존재가 무너지는 것을 의미한다. 청년실업, 출산율 저하, 결혼 포기 등의 사태는 토목공학적으로 볼 때 기초석이 무너지는 노후 건물의 붕괴 징후로 볼 수 있다. 경제민주화는 대한민국을 안정된 토목공학적 구조물로 지탱시키는 데 소리 없이 힘을 보태 온, 상대적인 하층구성원들의 행복과 국가 소속감 증대를 단기목표로 삼아 실현되어야 한다. 대한민국에 속한 국민 중 일을 열심히 해도 법과 제도, 관습 등의 부조리함으로 인해 가난을 면치 못하는 '상시 빈곤' 노동자들, 즉 경제성장의 혜택에서 소외된 상시적 빈곤층도 '대한민국에 소속된 국민이라는 사실이 자랑스럽다.'라고 느낄 정도로 법과 제도를 정비하는 데서 경제민주화는 시작된다. 경제민주화와 관련된 우리나라의 사회적 합의는 헌법에 명시되어 있다. 제1조, 제23조, 제119조이다.

제1조 ① 대한민국은 민주공화국이다. ② 대한민국의 주권은 국민에게 있고, 모든 권력은 국민으로부터 나온다.

제23조 ① 모든 국민의 재산권은 보장된다. 그 내용과 한계는 법률로 정한다. ② 재산권의 행사는 공공복리에 적합하도록 하여야 한다. ③ 공공필요에 의한 재산권의 수용·사용 또는 제한 및 그에 대한 보상은 법률로써 하되, 정당한 보상을 지급하여야 한다.

제119조 ① 대한민국의 경제 질서는 개인과 기업의 경제상의 자유와 창의를 존중함을 기본으로 한다. ② 국가는 균형 있는 국민경제의 성장 및 안정과 적정한 소득의 분배를 유지하고, 시장의 지배와 경제력의 남용을 방지하며, 경제주체 간의 조화를 통한 경제의 민주화를 위하여 경제에 관한 규제와 조정을 할 수 있다.

1987년 6월 항쟁의 결과 탄생된 현 헌법은 길고 긴 민주화운동의 산물이다. 법 구문 자체로 볼 때 현재 우리나라 헌법은 몇몇 조항만 명료화하면 서구 선진국의 헌법적 이상과 견주어 보아도 손색이 없다. 우리나라 헌법은 대체로 부의 창출을 위한 개인과 기업의 활동을 인정하지만, 그 이윤 추구 활동을 국민의 대표기관인 국가가 경우에 따라 통제하거나 규제할 수 있는 권리를 인정하는 것처럼 보인다. 적어도 산술적인 차원에서의 평형감각을 갖추고 있다는 의미다. 하지만 문제는 대부분의 논자들이 경제민주화에 관한 이 선언적인 헌법조항을 인정하되 다르게 해석하는 데 있다. 보수적이고 수구적인 정당이나 경제 단체는 경제민주화가 경제 파이를 크게 확대하여 모든 국민을 중산층으로 만듦으로써 소비 욕구를 상향 조정하는 것을 의미한다고 주장한다. 대개 경제성장론자들인 이들은 경제민주화의 핵심을 시장 확대를 통한 고용 창출이라고 본다. 약 8~9년 전에(박근혜 정부 시절) 경제성장론자들 중 더러는 최소 연 6% 경제성장률을 유지하면 약 10년 후 1인당 국민 총소득 3만 달러대에 진입할 수 있다고 예측했다. 2018년 우리나라는 3만 달러 시대에 진입했지만, 2021년 현재 고용 창출 면에서는 어떤 진보도 보이지 않았다. 국가 GDP 성장과 평균소득 3만 달러 시대에도 여전히 고용 문제는 손쉽게 해결될 수 없다는 것이다.

이명박 정부의 민영화 이데올로기, 박근혜 정부의 규제 철폐 이데올로기 등에 호응하듯이, 우리나라의 경제성장주의자들은 아직도 대기업의 이윤 추구 활동을 억제하거나 견제하는 모든 법적 규제 장치를 해제하여 마음껏 이윤 추구 활동을 지원해 달라고 요구한다. 전체 고용률 11% 정도를 책임지는 대기업들의 이 요구는 턱없이 무리한 요구이다. 경제성장률 3% 이하의 저성장 선진국으로 진입한 우리나라에 단지 규제 완화, 시장 확장을 통해서 6%대 성장시대가 열리게 될 것인지는 8~9년 전에도 불확실했고, 지금도 여전히 불확실하다. 국가 규모는 축소하고 시장 규모는 키워 달라고 아우성치는 시장 확장주의자들인 대기업 관련 단체는 언필칭 경제정의라는 애매모호한 이념에 휘둘리기보다는 경제적 생산성으로 자신의 주장이 옳았음을 입증해 보겠다고 소리치고 있다. 이런 맥락에서 전경련과 상공회의소, 경총 등 대기업 이익을 대표하는 기관들은 2020년에 상업법 개정을 결사반대했다. 그들은 대기업 총수들의 기업 지배, 일인 혹은 한 가문의 기업지배를 견제하기 위한 집중투표제 등의 도입을 골자로 한 경제민주화법인 상법개정안을 필사적으로 저지하려고 했으며, 저지하는 데 성공했다.

경제성장주의자들은 경제민주화주의자들을 역습한다. 고용 없는 성장 문제를 해결하기 위해서는 시장 확대가 불가피하다고 주장하는 그들은, 지주회사 규제 강화, 출자총액제한제도 부활, 금산 분리 강화, 대기업 사업영역 제한, 전면적 징벌배상제, 재벌의 사적 소유를 막는 집중투표제 등을 도입하려는 경제민주화주의자들의 모든 움직임을 재벌 옥죄기라고 평가절하하며 저항하고 있다. 대기업들에게 경제민주화는 투자환경의 경직화, 노동유연성의 약화(해고 조건의 강화), 그리고 경제의 정치종속화를 의미한다.

반면 민주노총 등 진보진영에게 경제민주화는 마치 재벌 해체를 통한 시장배분이나 경제적 소비 수준의 평등화를 의미하는 것처럼 축소 해석된다. 그들은 경제민주화 실현 방안이 오직 시장배분적 재벌 규제에 있다고 주장한다. 예를 들어 그들은 글로벌 외국 기업과의 시장점유율 전쟁을 벌이고 있는 국내 기업들의 미래식품 산업 진출을 창조적인 사업다각화로 보기보다는 문어발 확장이라고 간주하며 출자총액제한제도를 부활시킴으로써 부의 집중을 막아 보려고 했다. 더 나아가 그들에게 경제민주화란 비정규직의 정규직화, 투자 활성화를 통한 고용 촉진, 조세 정의의 구현을 의미한다.

이런 논쟁 와중에 경제민주화 공약으로 대통령에 당선되었던 박근혜 대통령은 2013년에 현오석 부총리 팀을 통해 세수증대를 위한 징세제도를 개혁했다. 간단히 말해 소득세는 늘리고 기업법인세는 낮췄다. 진보적인 경제민주화 주창자들은 당연히 박근혜 정부의 징세제도 개악을 비판했다. 현오석 부총리의 징세제도 개혁의 핵심은 월급노동자들의 허리를 졸라 기업들의 허리를 펴주는 셈이었기 때문이다. 높아진 소득세율로 고생하는 사람들은 소득세 원천징수를 감수하는 모든 월급노동자들이었으며, 소득구간으로 볼 때 그들은 중산층이 아니라 중하층이었다. 대체로 중하층의 조세 부담을 늘리고 기업법인세를 낮추는 등 부자들의 조세 부담을 줄이는 방향으로 조세제도를 운용해 온 이명박 정부를 박근혜 정부도 충실히 따라갔다는 비판이 나왔던 것도 당연했다.

경제민주화가 무엇인지를 애매하게 만들어 버렸던 박근혜 정부의 실패를 거울삼아 촛불혁명으로 들어선 문재인 정부에서는 초기부터 헌법적 선언조항을 뛰어넘는 각론상의 논의가 필요하다는 각성이 일었다. 하지만 안타깝게도 경제민주화 과업은 문재인 정부에 와서도 폐기된 듯이 도외시되고 있다. 우리는 이쯤에서 경제민주화가 정치가들의 선동적인 구호로 남지 않도록 경제민주화가 구체적으로 무엇을 함의하는지를 천착할 필요가 있다.

### 고용 없는 경제성장 시대에 생각하는 치유와 회복 경제

재독 한국인 철학자 한병철은 『피로사회』라는 책을 통해 오늘날 과당 경쟁을 부추기는 신자유주의 체제를 자기착취적 피로사회라고 규정한다.[1] 자신의 상품적 경쟁력을 제고하여 내다파는 일인 매매시

---

[1] 한병철, 김태환 옮김, 『피로사회』(서울: 문학과 지성사, 2012), 11-12. 한병철은 21세기 사회적 질환은 전염성이라기보다는 사회 체제에 내재하는 원인에서 발생하는 과다긍정성, 즉 과도한 자기성취열로 인한 자기소진이며 자기성취에 성공한 자들이나 실패한 자

장이 대세가 되어 버린 오늘날, 현대인들은 무한경쟁 체제 속에 살아남기 위해 자기착취적인 학습, 스펙 쌓기 등의 과업으로 내몰린다. 무자비하고 냉혹한 경쟁 분위기나 이기적 자기보호 멘탈리티는 코로나19 팬데믹으로 극대화되어 문명파괴적인 역병처럼 퍼졌다.

2019년 12월부터 시작된 코로나19 팬데믹으로 인해 대면 접촉을 수반하며 경제 활동을 하는 모든 자영업자들과 노동자들은 미증유의 경제적 타격으로 죽음의 벼랑으로 내몰리고 있다. 중앙정부와 지방자치단체들이 아무리 재난지원금을 퍼부어도 이 경제적 약자들을 구출하는 데 역부족임이 드러나고 있다. 대기업들이 벌어들인 수익의 혜택이 사회하층민들에게까지 돌아가는 방법이 고용 창출을 통한 낙수효과인데, 이런 상황에서는 그것이 헛된 희망임이 밝혀졌다. 대기업의 수익증대가 중소기업의 수익증대로 이어지지 않고 고용의 대부분을 차지하는 중소기업들도 대기업 호황 혜택을 보지 못하면 고용 창출을 할 수 없다. 낙수효과의 논리적 기반은 경제의 전체 효용 합을 극대화하면 저소득층의 소득도 상승한다는 것으로서, 소득 격차보다는 절대적인 소득 증가를 중시하는 신자유주의적 사고에 기반한 이론이다. 하지만 대기업과 중소기업의 협력을 연구한 한 연구는 대기업과 중소기업의 협력단계가 길어질수록 낙수효과가 감소했음을 밝혔다.[2] 이처럼 오늘날 우리의 현실은 고용 위기, 고용

들 모두 우울증적 신경질환을 앓고 있다고 진단한다. 자기규제가 없는 무한경쟁은 우울사회를 만들어 낸다는 것이다(81-98쪽). 한병철은 자기소진적 과노동에 내몰리는 경제적 약자들만 주목한 것이 아니라, 소득 창출을 위해 노동 시간을 늘리려는 소상공인 멘탈리티를 가진 사람들 모두를 주목한다. 그의 피로사회이론은 다소 추상적 보편철학 담론으로 들리지만 자기착취적 성과사회에 대한 통찰은 주목할 만하다.

2 홍운선, 윤용석, "낙수효과의 개념과 실제에 관한 연구," 『중소기업금융연구』 38/2(2018

절벽을 외면한 채 고용 없는 기업들의 성장개가만 들린다.

    2010년 7월 28일 고려대학교의 고경아카데미 조찬강연에서 최시중 당시 방송통신위원회 위원장은 다음과 같이 말했다. "삼성전자가 얼마 전 분기 영업 이익 5조 원 돌파라는 실적을 발표하자 언론에서 이를 대서특필했다. 하지만 이 보도를 보고 나는 마음이 아팠다. …… '삼성전자가 5조 원 영업 이익이라는 기록을 달성한 것이 정작 나와 무슨 상관이 있으랴. 내 주머니는 휑하고 내가 일할 자리는 없는데.'라며 비판하는 청년 실업자들이 점점 늘어나고 있다는 생각 때문에 마음이 아팠다. …… 수적인 성장 말고, 일하는 사람들이 실제로 행복하려면 일자리가 있어야 한다." 그의 논평은 그 진정성과 상관없이 대기업의 매출 급증 소식이 서민들과 청년실업자들에게는 상대적 빈곤감을 안겨 주고 있음을 보여준다. 삼성전자가 성취한 매출 이익이 고용 창출로 연결될 가능성은 거의 없기 때문이다.

    이와 같이 고용 없는 성장 때문에 온 세계의 젊은이들이 실업의 공포로 내몰리고 있다. 월급을 받는 직장인들도, 노동시장 유연화를 교조적으로 외치는 신자유주의 기업가들의 위협에 늘 시달리고 있다. 기업가들이 기업의 번영만 생각한다면 고용 없는 성장은 타개되기보다는 존속되어야 할 상황이다. 고용 악화는 노동자들의 과다 취업경쟁을 유발하고, 인건비 인하를 초래하기 때문이다. 하지만 고용 불안은 사회 전체의 연대감과 결속력을 저해하고 손상시킨다. 고용 불안은 시민들로 하여금 생존 자체를 최대의 인생 목표로 설정하도록 압박하며, 인간이 마땅히 누려야 할 안식, 문화, 예술, 그리

년 6월), 67-110.

고 영성 생활 추구 등의 권리를 포기하도록 만든다. 이처럼 노동 효율 극대화, 인건비 절감을 통한 수익증대를 꾀하는 신자유주의적 경제성장주의 이데올로기는 노동자들의 자기착취를 강요하는 반문명적 야만을 연출하고 있다. 탐욕적 소수 지배 엘리트에게는 폭동을 유발하지 않을 정도의 고용 불안과 높은 실업률이 시민 통제를 돕는 데 유리한 요소일지 모른다. 비참한 을(乙)의 위치에 놓인 사람이 많아야 인건비가 절감되고, 인건비가 절감되면 생산성과 이익이 더 증대된다는 셈법을 가진 자들에게 일자리를 찾아 헤매는 사람들은 그저 값싼 노동력일 뿐이다.

 제도권 학자들과 전문가들은 고용 없는 성장에 대한 여러 가지 원인과 해결책을 제시해 오고 있다. 그것은 전 세계적인 현상이기에 특정 국가의 정책적 오류로 생긴 현상이 아니라는 주장이 빈번하게 들린다. 이들의 주장에 따르면 고용 없는 성장은 AI의 대량 보급과 전자동화, 정보기술 산업의 의존도 심화, 해외투자 및 기업 해외 이전, 대학의 교육공급과 산업현장의 수요 사이의 이격, 그리고 투자 환경의 불확실성 등 여러 요인들 때문에 발생되었다. 그러나 이 모든 악조건들은 극복이 가능하거나 다른 방식으로 대처가 가능한 상황이지, 고용 거부나 배척만을 통해서 돌파할 수 있는 상황이 아니다. 숫자로 표기된 경제만을 보는 계량 경제학자들의 눈에는 구체적인 사람들이 보이지 않는다. 실업자들의 영혼에 드리운 천근의 무게를 가진 절망과 근심을 계측할 방법이 없기 때문이다. 만일 이 계량 경제학자들, 디지털 추상화 이론에 몰두하는 자들이 실업자들이 느끼는 불안의 무게, 눈물의 염도, 탄식과 아우성의 데시벨을 계측하여 지표화할 수 있다면 그들은 고용 없는 성장의 함의를 통각할 수 있을 것이다.

오늘날 경제학자들은 경제 활동을 인류공동체의 존속과 공영이라는 대의명분과 무관한, 그 자체의 자율적인 목적을 갖고 자연적인 원칙에 따라 일어나는 인간활동이라고 본다. 근대 자본주의 경제학의 시조라고 불리는 애덤 스미스(1723-1790년)의 원 의도와는 달리, 근대 경제학은 정치경제학에서 출발하였지만 이제는 그 자체의 고유한 법칙에 따라 움직이는 자율적인 경제학으로 변질되었다. 그것은 현대사회가 경제 자체를 인간의 도덕과 윤리적 행위의 연장선상에서, 즉 사회라는 보다 더 큰 공동체의 존속을 위한 활동으로 보는 관점을 버리고, 사회를 지배하는 초월적이고 자율적인 활동으로 보는 관점을 채택했다는 것을 의미한다. 경제가 그 자체의 자율주의적인 세계관에 지배당하고 있음을 의미한다. 전경련이나 경총, 그리고 상공회의소 등의 주장과 요구가 이 점을 잘 예시한다. 그들은 경제에는 일반 도덕이나 법감정으로 재단될 수 없는 고유한 작동원칙이 있다고 주장하며, 어떤 경제 행위는 법의 테두리 밖에서 해석해 달라고 요구한다. 이런 경제관은 애덤 스미스의 경제관과 판이하게 다를 뿐만 아니라 성경의 경제관과도 판연히 다르다. 오늘날 전경련이나 경총이 파악하는 이 '자율적 경제'를 성경적인 관점으로 말하면, 경제란 하나님 나라의 영토이기는 하지만 여전히 반역을 거두지 않는 자율왕국, 즉 정사와 권사와 보좌와 주관의 영적 진지들과 같다. 곧 하나님의 통치 아래 들어오기를 완강히 거부하는 독자적 영토라는 의미로, 경제는 인간의 양심과 윤리, 동정심과 사회적 우애 등에 의해 영향을 받지 않는 자기해명적 성장원리와 생존원리가 있다는 주장인 것이다.

우리는 이 글에서, 우리나라 안팎에서 일어나고 있는 고용 없는 경제성장 현황들을 간략히 살펴보고, 제도권 전문가들의 고용 없는 경제성장 원인 분석과 해결책을 검토해 볼 것이며, 마지막으로 이런 고용 없는 경제성장 상황에 대한 성경의 응답을 찾아볼 것이다.

## 1. 전 세계적인 '고용 없는 경제성장' 추세가 [3] 청년실업의 핑계거리가 될 수 있을까?

최근 10여 년 동안 대부분의 주류 신문과 잡지의 경제기사들이 가장 많이 다루는 주제는 "고용 없는 경제성장"이다. 그 기사들은 문제를 진단하기는 하지만 어떤 근본적이고 실현 가능한 해결책을 제시하지는 않는다. 경제가 정치의 논리를 벗어나 홀로 춤추고 있기 때문이다. 애덤 스미스는 경제 활동이 인간사회의 존속과 공동번영을 위한 활동이라는 대전제 아래서 개인의 이기적이고 합리적인 경제적 결정이 사회 전체에 공공선이 된다는 사상을 개진할 수 있었다. 자신의 영업을 번영시켜야 하는 푸줏간 경영자의 이기적인 열망 때문에 그 도시 사람들이 가장 양질의 고기를 식탁에서 즐길 수 있다는 논리였다. 그러나 오늘날의 경제학에는 경제보다 상위 개념인 인류공동체, 인류사회라는 윤리적인 개념이 누락되어 있다. 이익 추구, 기업의 무한 존속과 성장이라는 목표가 일반사회 안에 토대를 두는 대신 기업의 자율적인 목표가 되기 때문이다. 그 결과 세계는 수량화된 생산성 성취에 몰두하다가 고용 없는 성장이라는 자기모순적인 현상에 직면하고 있다. 애덤 스미스의 관점에서 보면 공동체 구성원들

---

[3] 이 단원 이하에 이용되는 경제지표들은 비록 일부는 10여 년 전의 통계지표이지만, 2009~2021년 약 10여 년의 한국경제상황을 범례적으로 보여주기 때문에 최신판 통계로 업데이트하지 않았다.

의 대다수를 실업상태로 묶어 둔 대가로 성취된 생산성(산출량 ÷ 투입량)은 그 자체로 반경제적인 사태가 아닐 수 없다. 그럼에도 불구하고 세계는 고용 없는 성장을 엄연한 현실의 일부라고 본다.

　MBC 김상철 기자의 2009년 11월 9일자 방송 칼럼(news.mbc.co.kr) "고용 없는 성장-미국의 실업"은 미국의 경제성장률과 실업률 사이의 반비례 관계를 잘 보여준다. 전통적으로는 경제성장률이 올라가면 실업률이 떨어진다고 알려져 있으나 미국 경제는 그 반대 현상을 드러냈다는 것이다. 미국의 2009년 10월 실업률은 10.2%를 기록했는데, 월간 실업률로는 26년 만에 최고치였다. 그런데 미국의 2009년 3분기 성장률은 3.5% 상승했으나, 실업률은 9월보다 0.4% 높아졌으며 19만 개의 일자리가 사라졌다.

　"고용 없는 성장의 덫"이라는 『한국경제신문』의 기사(이태명 기자, 2010년 8월 13일)는 세계 경제 전체 차원에서 경제성장과 고용 창출이 무관함을 뚜렷하게 부각시킨다. 2007년 4분기 0.3%를 기록했던 유럽연합(EU)의 성장률은 미국발 금융위기로 2009년 초 -2.4%까지 추락했으나 3분기에는 0.3%로 회복했다. 그러나 이 기간에 EU 전체의 민간고용은 2005년을 100으로 봤을 때 2007년에는 103.2로 상승했다가 2009년 3분기에는 102.8로 악화됐다. 실업률도 2007년 7.1%에서 2009년 2분기에는 8.7%로 급등했다.

　2009년 12월 21일자 『동아일보』의 "매출 32% 느는 동안 직원 수 2% 줄었다"라는 기사는 우리나라의 고용 없는 경제성장을 실증적으로 보도했다. 2009년 12월 20일 한국상장회사협의회에 따르면 2005년부터 2009년 3분기까지 매출액과 직원 수 비교가 가능한 상장업체 546개사를 대상으로 조사한 결과, 이들 업체의 매출액은 매년 6% 이상 늘어났지만 고용은 오히려 해마다 줄어들었다. 그리하여 2009년을 기준하여 지난 5년 동안 매출은 32%가 증가했지만 해당 기업들의 직원 수는 오히려 2%가 감소한 것이다.

    2010년 이후 10년 동안에도 한국 및 세계 경제 전체에서 고용 없는 성장 추세는 꺾이지 않고 있다. 스위스 제네바에 있는 국제노동기구(ILO)에서 발간하는 "세계 고용과 사회적 전망"(World Employment and Social Outlook) 2020년 보고서는 대륙별, 국가별로 노동임금 소득 기준의 사회불평등 지수를 평가·계측했다. 이 보고서 37쪽 이하에는 '일하는 빈곤층'의 실태를 보도하며 그들이 실업자 못지않게 심각한 불평등을 경험하고 있다고 진단했다. '어느 정도 좋은 직장'(decent work)에 대한 접근이 원천 차단된 '노동빈곤층' 문제는 사실상 실업 문제라는 것이다. 동보고서의 86~88쪽에는 청년들의 실업 문제(NEET : Not in Education, Employment or Training)를 분석한 후, 실업 문제가 야기하는 사회불안지수(Social unrest index)를 제시했는데, 고용 박탈은 사회적 연대와 건강을 손상시키는 결정적인 병리 징후임을 시사한다.[4]

    한국의 경우 2013년 이후 계속 IT 기술과 로봇 도입으로 실업이 증대되고 고용 기회가 줄어들고 있다. 이탈리아 학자 나탈리 포카시의 연구에 따르면, 한국의 고용불안은 역설적으로 IT 기술의 발전으로 악화되고 있는 것으로 밝혀졌다.[5] 하지만 2019년에 발표된

---

[4] "ILO Flagship Report : World Employment and Social Outlook, Trends 2020" (General : ILO, 2020)

[5] Chiara Natalie Focacci, "Technological unemployment, robotisation, and green deal : A story of unstable spillovers in China and South Korea(2008-2018),"

한 학술 논문은 기업의 ICT투자가 고용 기회 박탈을 초래한다는 것은 기우라고 분석한다.6 그러나 이 논문은 지극히 경영자, 사용자 입장의 자료에 편중되게 의존했다는 인상을 준다. 앞에서 언급한 삼성전자의 매출 급증이 낙수효과를 일으키지 못한다는 사실에서 확인하듯이, 대기업 중심의 계량경제학적 성장이 사회통합적 효과를 창출하지 못한다는 것은 사실이다.

2017년 5월에 출범한 문재인 정부 시절 내내 고용 문제는 거의 개선되지 못했다. 공공일자리를 늘려 고용률을 높이려고 공무원을 증원하면서도, 동시에 대기업 중심의 고용창출을 독려하고 호소하는 이중 트랙 정책을 구사했다. 문재인 정부는 들어서자마자 공공부문 비정규직의 정규직화 방안을 강구하고 추진함으로써 고용률도 제고하고 고용의 질도 높이려고 시도했다. 문재인 대통령은 2017년 5월 12일, 취임 뒤 첫 외부 일정으로 인천공항공사를 방문하여 '공공부문 비정규직 제로 시대'를 선언하였다. 고용안정, 차별 해소 및 격차 완화, 사회통합을 위하여 노동 시장 이중구조를 개선하여야 하고, 이를 공공부문에서부터 실현해 나가겠다는 정부 의지를 선포했다. 그러나 '인공국 사태'는 오히려 기회균등의 원리 위배사례로 비판받으며 공정담론을 촉발시키는 계기가 되었다. 공공부문의 일자리 정책이 마중물이 되어 민간부문 일자리 질 개선에도 긍정적 영향을 미칠 것으로 기대했으나, 문재인 정부의 4년 반 동안의 고용실적

---

*Technology in Society* 64(February 2021), 1-8.
6 심재윤, 이종호, 박수호, 정우진, "기업의 ICT투자가 '고용 없는 성장'을 이끄는가?," 『지식경영연구』 20/3(2019년), 1-16.

은 대체로 저조해 보인다. 문재인 정부는 상시·지속 업무종사자들을 정규직으로 고용하는 원칙을 정착시키려고 노력했고, 비정규직 규모 축소, 차별 해소, 간접고용에 대한 원청기업의 공동사용자 책임 부여, 최저임금 1만 원으로 인상(2020년까지) 등 다각도의 고용률 제고정책들을 추진함으로써 임금노동의 실질증대를 기도했으나7 어느 정도의 성과를 거두었는지에 대해서는 정부 입장과 학계 입장이 반드시 일치하지는 않는다.

문재인 정부의 고용노동부가 2018년 8월에 발행한 789쪽짜리 『2018년판 고용노동백서』는 2017년 고용상황이 개선된 것처럼 말하지만, 대기업 주도의 수출이나 한국경제의 주류산업체들이 고용률을 제고하고 있다고 진단하거나 제고할 것이라고 전망하지는 못한다.8 이 보고서는 대부분 노동자 친화적인 관행개선, 법제정비, 노사정 대화체 활성화와 노동자 대변강화 등에 치중하되, 국가기간 산업으로 분류되는 수출주도형 대기업들이 중소기업 등을 상생적으로 견인하며 전체적으로 국민경제를 윤택케 하는 낙수효과 창출을 위한 정책적 아이디어는 제시하지 않는다. 문재인 정부와 사법부, 보수언론 등이 유죄평결을 받은 대기업 총수들에 대한 온정주의적 태

---

7 이정희, "공공부문 비정규직 정규직화 쟁점과 과제," 『KLI 리포트』 2017-3(3/4분기) (세종: 한국노동연구원, 2017), 5-15.

8 고용노동부, 『2018년판 고용노동백서』(세종: 열림기획, 2018), 3-5. "업종별로는 조선업 구조조정 등의 영향으로 제조업 고용 부진은 심화되었으나, 건설업 및 서비스업이 전체 취업자 증가를 견인하였다. 서비스업 취업자는 보건 및 사회복지, 공공행정, 국방 및 사회보장행정, 부동산 및 임대업 등에서 증가하였으나, 운수업, 금융 및 보험업, 전문과학기술업 등에서 감소하였다. 실업자는 1,023천 명으로 전년 대비 14천 명(+1.4%) 증가하였으나, 실업률은 3.7%로 전년 수준과 같았다. 경제활동참가율은 63.2%로 전년 대비 0.3% 상승하였고, 비경제 활동인구는 16,183천 명으로 전년 대비 5천 명 감소하였다"(5).

도(사면, 가벼운 처벌, 감형, 복권 등)를 일관되게 취하였지만, 경제성장의 견인차들로 칭송되며 소위 '국민경제'를 책임지는 주류기업들이 사회적 약자층에게까지 그들의 경제성장을 흘러 내려가게 할 정도로 '국민'과 '사회' 속에 성육신적으로 참여하고 있는지는 심히 의심스럽다.

따라서 경제적으로 취약계층으로 분류되는 '노동빈곤층'의 고용을 통한 임금상승이나 삶의 질 개선은 문재인 정부 동안에도 사실상 성취되지 않았다. 2021년 12월 21일 인터넷 신문 "매일노동 뉴스"는 문재인 정부의 일자리 정책이 비정규직의 늪에 빠져 고용의 질 악화를 초래했다고 분석했다. "잘 알려졌듯이 비정규직 규모는 역대 최대다. 통계청 경제활동인구조사 근로형태별 부가조사 결과 발표에 따르면 올해 8월 기준 비정규직은 806만 6천 명이다. 분류에 따라서 한국노동사회연구소는 903만 6천 명으로 추산하기도 한다. 정규직은 지난해보다 9만 4천 명 줄고 비정규직은 64만 명 증가했다. 임금노동자 중 38.4%다. 전문가들은 '건강하지 않다'고 입을 모았다." 이 기사는 문재인 정부가 공공부문 고용을 억제했던 이명박, 박근혜 정부 정책을 바꿔 공공부문 고용을 늘린 점은 인정했으나, 코로나19의 여파이긴 하지만 문재인 정부의 노동고용정책도 그것이 표방한 만큼 성과를 내지 못했고, 비정규직의 양산과 질 낮은 고용문제를 해결하는 데 역부족이었다는 것이다. 결국 문재인 정부도 대기업의 경제성장이나 중소중견기업의 성장을 견인하고 기업이 고용창출을 확대해 가계수입이 증대되게 하는 고전적인 고용복지정책에서 성과를 내지 못했다.

이런 역설적인 상황이 발생하는 이유는 '생산성'에 대한 미국적 주류 경제학의 정의에 근본적으로 결함이 있기 때문이다. 생산성은 화폐로만 표시될 수 없는 총체적인 개념인데, 미국적 주류 경제학은 화폐로 확보된 자산만을 생산성으로 간주하기 때문이다. 이 결함을 극복하고자 노벨경제학 수상자들인 미국의 조지프 스티글리츠와 인도의 아마르티아 센은 생산성 개념의 재정의를 시도했다.[9] 이런 관점에서 보면, 평가대상이 되는 나라의 해당 기간 범죄율, 자살률, 경제적 원인으로 인한 이혼율, 실업률, 환경훼손율, 대기의 질, 그리고 정치적 효율성, 의사결정의 민주성 등도 다 고려한 후, 즉 그것들에서 결손이나 후퇴가 발견된다면 마이너스 생산성으로 계산한 후에 기업이나 국가의 생산성이 최종 평가되어야 할 것이다.

다시 말해, 참된 경제적 생산성은 기업 자체의 회계장부에서 결정될 지수가 아니라, 공동체 구성원 모두의 행복한 삶, 공동체적인 번영에 경제가 어느 정도 기여했는가에 따라 결정되어야 한다는 것이다. 중소기업의 기술들을 마음대로 빼앗고, 중소기업과의 거래에

---

[9] 조지프 스티글리츠, 아마르티아 센, 장 폴 피투시, 박형준 옮김, 『GDP는 틀렸다: '국민총행복'을 높이는 새로운 지수를 찾아서』(파주: 동녘, 2011), 115-120, 153-155. 2장 "고전적인 GDP 문제"라는 논의가 이 문제를 집중적으로 다룬다. 아마르티아 센 등이 제시하는 조정된 GDP 개념은 다음과 같은 상황을 고려한다: ① '비시장' 경제 활동을 인정한다. 영역에 대한 인정이다. 사회를 평화롭게 만드는 평화애호시민단체 활동도 경제적 생산성을 가진다는 것이다. 가사노동도 경제적 가치를 인정받아야 한다. ② 어떤 기업이 파는 물건의 서비스 품질향상도 경제적 생산성을 가진다고 본다. ③ 경제적 생산성 평가 기준을 투입에서 성과, 소비자 혹은 수혜자 만족도로 바꿔야 한다. ④ 생산보다 생활의 질을 측정하는 데 치중한다. 국민의 행복감과 안전감, 평화 향유도 평가대상이다. ⑤ 1인당 평균소득 등과 같은 추상화된 지표보다 최약자층에게 경제적 혜택이 얼마나 침투되었는가를 주목한다. 즉, 평균보다 평등적 향유에 방점을 둔다. '1인당 평균국민소득'과 같은 지표보다는 분배가 얼마나 되어 있는지, 특히 빈곤층의 삶의 질이 얼마나 개선되었는지를 계측한다는 것이다.

서 불의를 범한 대기업의 영업이익은 중소기업과의 상생을 구축한 대기업의 동일 수준의 영업이익보다 더 열등한 성취로 평가되어야 하는 것이다. 또 대규모 감원과 구조조정을 통해 생산성을 제고시킨 기업보다 해고 없이 동일 수준의 생산성을 제고한 기업이 더 큰 생산성을 성취한 것으로 평가되어야 한다. 경기침체를 겪으면 얼마나 많은 기업들이 생산성 제고를 위해 해고를 통한 구조조정을 꾀하는가? 이에 반해 경기 회복 시기의 기업들의 고용 창출 노력은 인색하다. 일단 대량해고를 통해 인건비를 줄이고 남아 있는 노동자들의 노동 강도를 높여서 이룬 생산성에 만족하기에 쉽사리 신규 고용을 늘리지 않는다.

    2009년에 IBM 같은 회사는 대규모 감원을 실행한 결과, 25억 달러의 비용 절감 효과를 거두었고, 매출이 줄어든 상황에서도 2분기 순익이 12% 늘어났다. 신규고용을 늘리지 않아 인건비를 대폭 삭감했기 때문이다. 이것이 바로 자율주의적 경제학의 윤리적 함몰이다. 생산성 신화에 목을 맨 경제학에서는 인간을 상품으로, 더 나아가 기업의 생산비용을 높이는 요인으로 본다. 이런 발상 자체는 해고된 노동자가 사회 전체의 안정과 평화를 손상시키는 폭풍의 진원지가 될 수 있다는 정치적 고려가 배제된 추상적 사고다. 하루에 한 데나리온을 벌지 못한 가장들이 거리에 넘치는 사회는 기업들이 거둔 경제적 성과를 무효화할 만큼 위험에 도달한 사회다. 이런 이유 때문에 각 나라는 사회 자체를 전복시킬 수 있는 불안세력을 진정시키기 위해 막대한 공공지출 정책을 세울 수밖에 없다.

## 2. 고용 없는 경제성장의 원인들

전문 경제학자들은 '고용 없는 경제성장'의 다양한 원인들을 제시하고 있다. 첫째, 산업 현장의 고도화에 따른 공장 자동화로 인건비가 절감되었기 때문이라는 견해다. 오늘날 기업에서는 더 많은 이윤과 효율성을 위해서 자동화된 기계들을 도입하고 있다. 이로 인해 수많은 노동자들이 일자리를 잃었다.

둘째, 정보기술 산업에 대한 의존도가 확대되어 사람의 노동력이 상대적으로 덜 필요해졌기 때문이라는 견해다. 반도체·휴대폰 같은 정보기술 산업은 기술·자본집약형 산업의 특성상 수출이 크게 늘어나도 사람은 그리 늘어나지 않는다. 우리나라가 국가 주력 산업으로 발전시키고 있는 정보기술은 본질적으로 사람들의 지식과 창의성 등에 의존하는 산업으로, 많은 노동력보다는 소수 엘리트의 천재적 재능을 원하는 산업이다.

셋째, 전통업종인 노동집약형 산업체들의 해외투자 확대 때문이라는 견해다. 자본과 노동의 경쟁에서 자본 경쟁력이 우세한 산업구조 아래에서는 노동 가격인 임금이 계속 상승할 때 기업들은 고용을 줄이는 방향으로 나아가게 된다. 따라서 섬유나 식품 등 많은 노동력을 필요로 하는 제조업체들은 국내보다 임금이 싼 해외에서 그 노동력을 충당하는 경우가 생기게 되는데, 이런 경향이 심해지면 국내 고용 창출은 당연히 줄어든다. 현대자동차의 경우와 같이 생산공장을 외국으로 옮기는 기업들이 많아지는 것도 바로 이러한 이유 때문이다.

넷째, 고용의 83%를 차지하는 중소기업의 경제 활동이 위축되었기 때문이라는 견해다. 우리나라의 경우 직접 수출해서 외화를 벌어들이는 대기업에게 정책적으로 금융적 혜택과 법적 지원책이 집중된 반면에, 중소기업의 발전 여건은 열악하다. 대기업과의 거래에서 상시적으로 경험하는 중소기업의 불리한 여건(현금결제냐 어음지급이냐의 문제부터 특허 분쟁 등에 이르기까지)은 정책적인 지원이 획기적으로 마련되지 않으면 개선될 여지가 없다. 우리나라의 대기업이 세계적 경쟁력을 갖게 된 배경에는 마케팅 역량 등의 여러 가지 요소가 있지만 가장 핵심은 탄탄한 공급 사슬 관리 체계, 즉 SCM(Supply Chain Management)이다. 다양한 요구 사항을 기민하게 반영해서 공급할 수 있는 일사불란한 체계, 여기에 재고를 최소화할 수 있는 이 공급 사슬 관리 체계는 한국 대기업이 자랑하는 경쟁력이다. 그런데 이런 시스템을 구축한 대기업의 노력이 열매를 맺게 된 것은, 수많은 중소하청 업체들이 대기업의 주문에 따라 일사불란하게 움직여 주었기 때문이다. 이 공헌에 비해 중소기업이 누리는 법적, 금융적 지원과 대기업의 상생 노력 등은 크게 미흡하다. 따라서 중소기업은 고용 창출의 한계에 부딪혀 있다.

　다섯째, 고용 없는 경제성장은 자영업자와 비정규직 노동자의 몰락 때문이라는 견해다. 2010년 5월에 노무라증권은 "한국 : 일자리와 국내총생산(GDP) 사이의 비동조화"라는 보고서에서 2005년 이후 한국사회의 경제성장률은 높지만 고용사정은 이에 따라가지 못하는 현상이 본격화됐다고 분석했다(2010년 5월 18일 『경향신문』 김준기 기자, "고용 없는 성장 왜…… '자영업자·비정규직 몰락 때문'"). 동보고서는 한국 고용시장이 악화된 이유를 자영업자와 비정규직 근로자의 감소에서 찾았다. 이 보고서에 따르면 올해 4월 한국의 정규직 취업자 수는 2009년 같은 기간에 비해 78만 4,000명이 늘어나며 성장률과 비례하는 모습을 보였지만 자영업자(무급 가족 종사자 포함)

와 비정규직 근로자는 같은 기간 38만 4,000명 감소해 성장률과 반비례하고 있다고 지적했다. 특히 국내 자영업은 지난 외환위기 당시 대기업이나 금융 기관 등에 속해 있던 근로자들이 대거 실업자로 내몰림에 따라 급속히 늘어났다. 그런데 요즘 또다시 자영업자들이 코로나19 팬데믹 사태 장기화로 인한 경기 침체의 충격을 가장 크게 받고 있다. 최근 자영업자들의 연이은 자살 비보는 자영업의 취약한 자생력과 낮은 회복탄력성을 새삼 경각시킨다. 이 2010년의 노무라증권 보고서는 우리나라에서 자영업자와 비정규직 고용이 취약한 이유로, 과잉공급과 낮은 수익성, 높은 부채에 허덕이는 자영업 상황, 대형 마켓 및 할인점의 공격적 확장으로 재래 상권 상실, 비정규직 보호법 발효로 인한 일부 비정규직의 정규직 전환, 고용 통계에 잡히지 않는 외국인 근로자 등을 그 요인으로 말했다.

과연 이런 요인들이 복합적으로 작용해서 고용절벽 시대가 도래했다. 이명박 정부 이래 박근혜 정부, 문재인 정부 내내 지속된 자기복무적 선전과 홍보에도 불구하고, 우리나라의 고용은 늘지 않고 있다. 2021년 G7 정상회의 초청으로 참된 선진국 클럽에 가입했다고 자랑하는 문재인 정부도 인위적인 공무원 증원책 외에 고용 창출을 획기적으로 성취하지 못했다. 지난 10년 내내 한국은 대기업을 중심으로 한 수출 위주의 경제성장에도 불구하고, 보통 사람들(특히 빈곤층)이 느끼는 경제성장 지수는 매우 낮은 것으로 보인다.

2009년의 경우 1분기에 전분기 대비 플러스 성장을 기록한 뒤, 2분기 2.6%의 높은 성장률을 기록하더니 3분기에도 2.9%의 '깜짝 성장'을 달성했다. 하지만 같은 기간 이른바 양질의 일자리로 분류되는 제조업 취업자 수는 2008년 4분기 -0.6%에서, 2009년 1분기

-1.5%, 2분기 -0.9%, 3분기에도 -1.4% 등 끝내 고용 창출은 제고되지 못했다.

과거 이명박 대통령과 정부 관계자들은 기업 프렌들리 정책에 성의껏 응답하지 않는 기업체들을 향해 대중 선동적인 질타를 쏟아냈다(2010년 7월 26일). 하지만 효과를 보지 못하자 이명박 정부 당국은 고환율 정책으로 수출 대기업들에게 특혜를 베풀어 낙수효과를 기대했다. 이로써 수출 대기업들은 엄청난 영업이익을 남겼지만 고용 창출에 나서지 않았고, 끝내 이명박 대통령의 비난을 초래했다. 그러나 경총이나 전경련 등은 즉시 반발하며 시장주의자인 대통령이 사회주의적 발언을 했다고 불평했다.

수출 대기업에 대한 온갖 특혜는 박근혜 정부에서도 이어졌고, 지금 문재인 정부에서도 예외 없다. 흉악한 경제범죄를 저지른 대기업 총수들이 미래의 투자를 해 줄 것이며 국민경제에 크게 기여할 것이라는 무리한 기대를 드러내며 면죄부와 사면을 남발한 역대 정부들의 폐단은 문재인 정부에서도 그대로 나타났다. 온갖 특혜를 누리며 엄청난 영업이익을 남긴 대기업들은 왜 고용 창출에 나서지 않고 있을까? 그 많은 수익금은 어떻게 처리하고 있을까? 교과서적으로 말하면, 기업의 영업이익은 주주들에게 배당금으로 나눠지고, 설비 투자나 기술 및 연구 개발에 투자되며, 신규 사업 진출과 고용 창출에 사용되어야 한다. 가장 비교과서적인 방식의 영업이익 관리는 은행 예치나 비자금 형식의 해외 계좌 예치가 될 것이다. 그렇다면 우리나라 기업들은 엄청난 영업이익을 어디에 투자할까? 놀랍게도 고용을 늘리는 대신, 투자환경의 불확실성에 대비한다는 명목하에 영업이익을 예금자산으로 쌓아 둔다(『시사저널』, 1086호[2010년 8

월 17일호, 이철현, 손유리, "100대 기업 금고에 3백 5조 원 쌓여 있다", 12-16). 『시사저널』의 심층보도에 따르면 우리나라 300개 기업의 은행 저축은 국가 예산 규모보다 크다. 2009년의 경우 영업이익이 크게 늘고 세금이 감면되었기에 한국 기업들은 고용 없는 성장을 이루었고, 그 결과 개인과 기업의 총 저축률 격차가 사상 최대로 벌어졌다. 국가의 법적, 재정적, 정책적 혜택으로 큰 이익을 남긴 기업들이 고용 확대와 임금 인상으로 가계에 그 기업이익을 이전하지 않고 기업 안에만 쌓아 둠으로써, 기업은 점점 부자가 되는 반면 국가와 가계는 가난해지고 있다. 한국은행의 '2009년 국민계정(잠정)'을 보면 2008년 기업 총 저축률은 18.4%로 2008년보다 1.6% 증가했다. 개인 총 저축률은 4.9%로 2008년보다 소폭 증가(0.5%)에 그쳤다. 그 결과 기업과 개인부문 총 저축률 차이는 13.5%로 벌어졌는데, 이 차이는 관련 통계가 작성되기 시작한 1975년 이래 최대치다.

 1990년대까지 우리 경제는 가계가 저축을 통해 기업의 투자재원을 공급하고, 기업은 고용을 통해 이윤을 가계로 돌려주는 선순환 구조를 이루고 있었다. 1975년부터 1999년까지 1980년대 조반 5년을 제외하고는 총 저축 가운데 기업보다 개인이 차지하는 비중이 더 높았다. 개인 순저축률 역시 정점이던 1988년 24.7%까지 올라갔고, 이후 1999년까지도 10%대를 유지했다. 하지만 외환위기를 기점으로 이 순환고리가 끊어졌다. 외환위기 이후 기업들이 투자를 기피하면서 이익을 내부에 쌓아 두는 경향이 강해졌다. 투자를 하더라도 국외에 투자하거나 설비를 확대하면서, 국내 고용 창출에는 기여하지 못했다. 기업들은 오히려 수익 극대화를 위해 비정규직, 파견직 등을 늘려 인건비를 감축했다. 이명박 정부의 '기업 프렌들리 정책'과 2008~2009년 글로벌 금융위기가 고용절벽 상황을 결정적으로 악화시켰다. 이명박 정부와 박근혜 정부의 정책기조인 '고환율, 저금리, 반노조'는 삼성전자 같은 수출 대기업에 일방적으로 유리한 정책이었기 때문에 기업·가계 간 양극화가 심화되었으며, 문재인 정부는 이 기조를 혁신적으로 바꾸지 못한 채 거의 답습하고 있다. 문재인 정부는 경제민주화와 같은 입법적 장치를 통해 소득의 선순환을 기도하기보다는 최저임금 인상, 공무원 증원, 소득주도 성장이라는 극히 피상적인 정책을 펼치다가 사회적 양극화 해소에 조금도 기여하지 못하고 있다. 현재 우리나라의 고용 침체 양상은 연령별, 성별, 계층별 소득 양극화를 심화시키고 행복감이나 공동체 소속감의 격차를 확대시켜 사회적 갈등과 대립을 증폭시킬 가능성이 크다. 최대의 이익을 올리기 위해 기아선상의 동포 구성원들의 처지를 외면하는 불의한 경제구조는 사회구성원 간의 경쟁을 가열시키고 불신과 분열을 조장하여 결국 그 누구도 행복할 수 없는 사회로 전락시킨다. 여기서 우리는 주류 경제학 밖으로부터 오는 통찰에 기대어 사회적 연대붕괴, 양극화 문제를 바로 볼 필요가 있다.

### 3. 고용 없는 경제성장의 해결방안은 없을까?

이 세상의 경제학은 무한 성장을 기도하는 기업들의 자유를 최고가치로 여긴다. 이런 경제학에서 자본가 집단이나 정치 지배 계층은 대다수의 사람들이 폭동을 일으키지 않을 정도의 비참과 가난에 허우적거리는 것을 원할지도 모른다. 정치 지배자들은 시민들이 정치가들의 행위를 감시할 여유를 갖지 못할 만큼 바쁘고 고단하게 살기를 원할 수도 있다. 이들은 공동체 구성원에게 생계 문제를 지극히 개인적인 성실과 분투로 해결해 가라고 압박한다. 대학가의 인문학적 사유와 고상하고 아름다운 삶에 대한 꿈과 권리를 빼앗고, 청년대학생들의 취업 경쟁을 유도함으로써 그들이 누릴 수 있는 삶의 존엄 수준을 하향조정하도록 위협한다.[10] 일찍이 칼 폴라니는 『거대한 전환』 11장 "인간, 자연, 생산조직"에서 경제 활동이 사회(인류생존 공동체)라는 보다 더 상위에 있는 기관의 존속과 번영을 위한 윤리적·정치적 고려를 완전히 일탈해서는 안 된다는 것을 잘 지적했다.[11] 경제는 사회, 즉 "인간이 서로서로 의존하는 포용력 있고, 연대심 넘치는 통일체"를 위한 부분활동이라는 것이다.[12]

마찬가지로 성경의 하나님 나라 경제학도 가난한 사람들의 생존권을 보장하는 데 투신된 경제학이다. 모세오경, 예언서, 복음서, 바울서신에 나타나는 하나님 나라의 경제학은 공동체 중심적 경제학이다. 성경 경제학의 대전제는 공동체에 태어난 모든 사람은 하나

---

[10] 이근영, "경제성장은 실업률을 얼마나 낮추는가?," 『국제경제연구』 25/2(2019년 6월), 51-82. 1960년대부터 2018년까지 경제성장과 실업률의 상관성을 보여주는 통계를 분석한 이 논문은 1%p 경제성장률 상승 충격에 대한 실업률은 0.1%~0.2%p 범위 내에서 낮아지며, 외환위기 같은 비상상황인 경우 경제성장률이 둔화되면 실업률의 증가폭은 상대적으로 더 커지는 연구결과를 보여준다(78-80). 기업의 투자불확실성 체감지수가 올라가거나 경제성장 체감지수가 떨어지는 경우 기업의 고용책임감도 상대적으로 저하될 수 있음을 시사한다. 그런데 특이한 것은 외환위기 같은 비상상황에서는 저학력층 저숙련도 노동자들의 실업률이 상대적으로 더 높아진다는 점이다. 결국 기업의 고용 창출의 혜택에서도 후순위로 밀리는 저학력층 저숙련도 청년들의 가난이 문제가 될 수 있을 것임을 전망케 한다. 이와 관련해서 한겨레신문 기자, 안수찬의 기사("가난한 청년은 왜 눈에 보이지 않는가. '진짜' 빈곤 보고서" 2011년 4월 '민주정책연구원'에 기고된 글)는 우리나라의 고졸 이하 청년들의 가난을 영속화시키는 구조적 요인들을 잘 분석하고 있다.

[11] 칼 폴라니, 홍기빈 역, 『거대한 전환』(서울: 도서출판 길, 2009), 377-383.

[12] 위의 책, 16.

님의 선물인 땅으로부터 오는 소출을 누릴 권리를 갖고 있다는 것이다. 공동체 구성원은 모두 자기 포도나무와 무화과나무 아래서 안연히 사는 사회를 궁극적으로 지향했다(왕상 4:25). 아무리 가난한 사람도 땅의 소출로부터 영구적으로 배제되어서는 안 된다는 명제(신 15:7-11)가 경제와 반(反)경제의 경계선의 지표석이었다. 특히 신명기 15:11의 "땅에서는 언제든지 가난한 자가 그치지 아니하겠으므로…… 네 손을 펼지니라"라는 구절의 의미는 가난한 자가 땅으로부터 끊어짐을 받아서는 안 된다는 말이다. 즉, 가난한 자가 땅의 소출을 향유하는 데서 배제되어서는 안 된다는 의미다. 이처럼 성경 경제학은 무한 성장 경제학이 아니라 공동체의 존속과 공동번영을 위한 경제학으로, 사회의 가장 연약한 자들의 생존권을 보장하는 데 최대의 관심을 갖는 경제학이다.

## 구약성경의 하나님 나라 경제학

성경의 경제민주화사상의 대강은, 하나님과 언약을 맺은 자유농민들의 땅 경작권과 소출 향유권의 영속적 보장이며, 심지어 땅 경작권이 없는 나그네마저 생존권 향유 주체로 인정하는 자비 경제학에 의해 지탱되고 있다. 성경 경제학은 무한한 부의 창출 옹호 경제학이 아니라, 부와 재산을 통한 하나님의 자비와 정의를 표현하는 성례전적인 경제학이다. 물질을 매개하여 영이신 하나님의 마음을 드러내는 성례전적인 나눔, 자기 몸 내어 줌, 생명 공유의 경제학인 것이다. 따라서 개인이나 기업, 누가 창출한 것이든 모든 재화와 용역

등의 부와 재산은 인간사회의 행복, 의, 평화를 창조하고 증진시키는 데 이바지하는 하나님의 선물이라는 사상이다.

성경의 사상을 현대사회에 적용하자면, 경제민주화 논의는 경제문제의 근본인 의식주를 국민기본권, 행복추구권으로 보는 입장에서 시작되어야 한다. 우리 온 이웃의 화급한 쟁점인 고용 문제도 결국은 의식주를 해결하는 데 동원되는 중간과정일 뿐이다. 의식주 권리는 만민에게 보편적으로 가용한 공기나 물에 대한 권리와 같은 자연법적 권리라고 보아야 한다는 것이다. 성경은 아무리 가난한 자라도 땅에서 얻어지는 소출을 향유하는 데서 조금이라도 소외되어서는 안 된다고 주장한다(신 15:11). 성경의 경제는 야웨 하나님을 향한 신앙의 사회적 표현일 뿐이다. 돈 자체에 대한 무한한 추구나 축적은 성경의 세계관에서는 비교적 낯설다. 하지만 오늘날 탈윤리적이며 신자유주의적인 대기업 위주의 경제학이 성경적인 하나님 나라 경제학을 집어삼키고 있다. 그 결과 기업은 고용을 통해 사회안전망을 확보해야 하는 사명이 있는데도 투자 불확실성, 기업 규제 장치의 과다 등을 핑계로 고용을 늘리지 않는다.

하지만 기업이 창조하는 경제성장은 '돈'으로만 환산되지 않는다. 영국의 자비 경제 주창자 존 러스킨이 그의 책 『나중에 온 이 사람에게도』(Unto This Last, 1860년) "제2편 부(富)의 광맥"에서 설파했듯이, "가장 행복한 사람을 가장 많이 배출한 나라가 가장 부강한 나라이다".[13] 러스킨은 은금의 광맥이 아니라 사람 그 자체가 부(富)라고 생각했으며, 진정한 부의 광맥은 암석이 아닌 인간 속에 존재한

---

[13] 존 러스킨, 김석희 역, 『나중에 온 이 사람에게도』(서울: 열린 책들, 2009), 61-84.

다고 주장했다. 즉, 사람들의 생명을 살리는 것이 곧 부라는 것이다. 러스킨은 "가장 부유한 국가는 최대 다수의 고귀하고 행복한 국민을 길러 내는 국가이고, 가장 부유한 이는 그의 안에 내재된 생명의 힘을 다하여 그가 소유한 내적, 외적 재산을 골고루 활용해서 이웃들의 생명에 유익한 영향을 최대한 널리 미치는 사람이다."라고 주장했다. 돈의 주된 가치와 효능은 단지 일자리를 찾는 인간들에 대한 비대칭적 지배력을 행사하는 데 있지 않다. 돈이 인간의 손발을 지배할 수 있을지 몰라도 마음을 지배할 수는 없다. 러스킨에게는 "부의 최종적인 성과와 완성은 원기 왕성하고 눈이 반짝반짝 빛나는 행복한 인간을 되도록 많이 키워 내는 데 있기에 국가적인 제조업 가운데 양질의 인간을 만들어 내는 것이 결국 가장 수지맞는 사업이라 할 수 있다". 러스킨의 논리를 확장하면, 기업은 고용을 통해 이웃 사랑이라는 사회적 공익을 창조할 수 있다. 고용 창출이 사회통합과 연대감의 증장에 큰 기폭제가 될 수 있기 때문이다. 대한민국 기업은 이윤 추구만을 위해 존재하지 않고 건강한 고용 창출을 통해 사회적 연대와 우애를 증장시키는 신적 대리자가 될 수 있다는 말이다.

구약성경의 경제는 무한대의 부를 추구하는 데 혈안이 된 자율적 정사와 권세 같은 자유방임적 기업을 허용하지 않는다. 구약성경의 경제학 안에서 부를 추구하는 모든 경제 활동은 사회적 연대와 구성원들 사이의 우애를 심화시키는 데 기여함으로 그 존재감을 드러낸다. 구약성경은 하나님의 율법을 통해 이스라엘 역사 속에서 전체적으로나 부분적으로 실현되었던 경제 체제를 보여준다. 성경이 말하는 하나님 나라 경제학의 대전제는 노동이나 자본경제가 아니라, 선물경제, 무상으로 공여된 천혜자원을 공유하는 공유경제이다.

이 선물무상 향유라는 토대 위에 개인의 노동과 창의성을 통한 부의 창출이 허용된다. 성경의 무상 공여 선물경제의 출발은 하나님의 토지소유권이다. 즉, 모든 토지가 하나님께 속해 있고, 공동체 구성원에게 경작권이 분여(分與)되어 있다는 사상이다(레 25 : 23). 이것은 땅에서 발생한 소출은 모든 사람에게 나눠져야 함을 함의한다. 모세오경의 율법, 예언자들, 예수 그리스도, 그리고 바울이 그리는 이상사회는 하나님의 선행적(先行的)인 은총 위에 세워진 계약공동체다. 그것은 하나님의 은혜에 감동된 자들이 실천하는 이웃 사랑과 공생의 모듬살이다. 이 계약공동체주의의 대전제는 생산 수단인 토지가 하나님께서 이스라엘 백성 모두에게 하사하신 선물몫(基業)이라는 사상이다. 땅이 하나님의 선물이기에 하나님과 언약을 맺은 계약공동체 구성원들은 모두 땅의 소출을 누릴 권리가 있었다. 어떤 하나님의 백성도 땅의 소출로부터 배제되어서는 안 되었다. 그것은 인애주의, 공동체적 돌봄이 중심적인 경제 활동이 되는 사회였다. 성경이 말하는 경제는 공동체 구성원 살림살이, 즉 공동체 존속과 번영을 위한 자원의 배분과 활용을 가리킨다. 영어 '이코노미'(economy)의 어원 헬라어 '오이코노모스'(οἰκονόμος)는 집안 살림살이를 책임지는 청지기를 가리키는 말이다(οἶκος[집]+νέμω[분배하다, 경영하다]). '오이코노미아'(οἰκονομία)는 가정 살림살이(household management), 즉 대가족 공동체 전체의 결속을 위한 살림살이를 의미했다. 이것은 무엇을 함의하는가? 대기업을 포함한 모든 경제 주체들의 활동이 하나님의 언약공동체를 지탱하고 번영하는 데 기여하는 사회연대 창조활동이어야 한다는 것이다.

그동안 우리나라 대기업은 성경적인 의미에서 반경제 활동에 연루된 적이 많았다. 자신이 속한 모집단인 인류공동체의 존속과 번영에 기여하기보다는 홀로라도 시장의 바다에서 살아남기 위해 발버둥쳤다. 그렇기에 최악의 불경기를 대비하는 마음으로 고용 창출보다는 정치권, 법조계, 언론 등에 로비를 하거나, 아니면 스위스나 영국 등의 해외 비밀은행 계좌에 비자금을 예치했다. 이런 상황에서 어떻게 고용 창출이 기업의 우선순위가 될 수 있겠는가? 대통령이 고용 창출에 무관심한 대기업을 아무리 책망하고 비판한다 해도 대기업은 우리 사회를 훈훈하게 만들 만큼 파격적인 고용 기회를 제공할 수 없고, 할 의향도 없다. 현재에도 수출주도형 대기업들, 금융업, 공기업들은 코로나19 여파 중에서 호황을 누리며 경제성장의 혜택을 거의 독점하고 있다. 이 수출주도형 대기업체들은 코로나19 위기 때문에 신입직원 채용은 억제하면서도 금리혜택은 다 챙기고, 유가 변동에도 피해자가 되기보다는 수혜자가 되며, 자신들에게 부품을 납품하는 중소하청기업들에게는 야박하게 굴며 홀로 번영을 구가하는 것처럼 보인다. 그들은 사회적 약자층과 빈곤층들에게 비난과 원성을 듣는 것을 두려워하지 않는다. 실제로 국민을 고용하여 가계를 안정시키는 기업들이라면 '우리나라의 보배'라는 칭찬을 받아야 마땅하겠지만, 수출주도 대기업들은 '글로벌 기업화'를 외치기는 하지만 '대한민국 땅에 사는 사람들의 살림살이를 걱정하는 사회적 연대심과 양심'은 둔해져 있다.

    고용 없는 경제성장은 세계적인 현상이며 인류공동체의 모듬살이를 위협하는 항구적인 적임을 늘 기억해야 한다.[14] 자본주의는 생

---

[14] 2021년 3월에 *Harvard Business Review*에 실린 한 기고문은 미국민의 정서적 복

산성 신화를 숭배하는 체제로서 인간의 노동 값어치를 쉼없이 감각하는 반인간적인 체제다. 투입 대비 생산량으로 계측되는 생산성이라는 신화를 신봉하며, 평생고용을 위한 인건비 지출은 생산성을 위협하는 적이라고 생각하는 경제학은, 고용 없는 성장 딜레마를 해결할 수 없을 것이다. 경제 활동 자체를 인간의 삶을 위한 대의명분에 종속시키지 않는 한, 즉 경제가 그 자체의 자율적인 원리로 움직이는 자율왕국영역이 될 때 인류공동체라는 '사회'는 치명상을 입는다는 점을 기억해야 한다. 성경까지 거슬러 올라가지 않고 애덤 스미스까지의 고전경제학만 보더라도, 우리는 경제 활동이 인류공동체를 존속시키는 데 필요한 사회내적인 활동이었음을 확인하게 된다. 공동체의 결속과 복지 확장이라는 숭고한 가치에 복무하지 않는, 기업의 자율적 무한정한 확장과 존속은 애덤 스미스에게마저 낯선 개념이었다.

 경제(이코노미/오이코노미아)는 집, 즉 생존공동체 전체를 위한 살림살이임을 이미 살펴보았다. 이 단어 안에는 인류가 생존을 위해 취하는 긴밀한 상호적 계약상태가 전제되어 있다. 그러므로 공동체적 삶이 무너지는 것은 '경제'가 무너지는 것이며, 공동체 구성원들 간의 우애와 협동, 운명공동체적인 유대를 강화시키는 것이 경제 활동의 본질이 되어야 한다. 따라서 한 기업이 순이익을 남겼다면, 그 혜택이 공동체 구성원들에게 골고루 분여될 때 그것이 참된 생산성으로 인정받을 수 있다. 경제 활동은 사적 이익 추구 활동을 넘어

지를 심각하게 손상시키며 미국 사회 전체를 집단우울증과 정신적 침체로 몰아갈 진짜 대실업공황시대 도래를 경고하고 있다(Ofer Sharone, "A Crisis of Long-Term Unemployment Is Looming in the U.S.").

인류공동체의 존속과 공영이라는 대의명분에 투신된 공익적이고 사회적인 연대 촉진 활동이기 때문이다. 인류 전체의 문명 진보를 견인하는 공익적 경제 활동이 가난한 자들의 생존권을 파괴하는 악마적 자율활동으로 변질되어서는 안 된다. 만일 경제가 인류문명의 발전과 인류의 공영을 위한 사회적 연대 촉진 활동이 아니라 그 자체의 자율적인 목적을 갖고 자연적인 원칙에 따라 일어나는 인간 활동이라고 본다면, 고용 없는 성장의 불가피성을 역설하는 거시경제학적·미시경제학적 분석들도 일견 타당해 보인다. 하지만 이것은 경제 자체의 본질을 훼손하는 기업가들의 자기복무적 선전 문구일 뿐이다.

확실히 오늘날 유통되는 경제학은 근대 경제학의 아버지 애덤 스미스의 원래 의도와는 달리, 그 자체의 고유한 법칙에 따라 움직이는 자율적인 경제학으로 변질되었다. 그것은 경제 자체를 인간의 도덕과 윤리적 행위의 연장선상, 즉 사회라는 보다 큰 공동체의 존속을 위한 활동으로 보는 관점을 버리고, 사회를 지배하는 초월적이고 자율적인 활동으로 보는 관점을 채택했음을 의미한다. 애덤 스미스는 '보편적인 공감능력을 가진 인간들'의 '사회'를 발전시키는 데 유익한 자본주의를 생각했다. 그것은 어디까지나 인간의 마음에 호소하는 적정 이윤 추구와 공존 공여의 고결한 윤리학과 깊이 연동되어 있었다. 인류사회의 보편적 인류애나 양심을 파괴하는 부의 추구를 정당화하는 괴수적인 자본주의는 애덤 스미스의 사상 속에 존재하지 않았다. 경제 활동의 결과로 생겨난 양극화 심화와 빈부 격차는 반(反)살림살이이기에 성경적인 관점에서 뿐만 아니라 애덤 스미스의 관점에서 볼 때도 반경제적인 현상인 셈이다.

## 결론

이상에서 살펴보았듯이, 구약성경은 '사회적 연대'와 '통합'을 해치는 부의 추구를 옹호하지 않는다. 오히려 공동체의 안녕과 평화를 해치는 어느 한 집단의 무한정한 이윤 추구를 정당화하기보다는 경계하는 쪽이다. 성경은 계약공동체로서 인류를 상정하고 인류 전체의 살림살이가 공평과 정의, 인애와 자비로 운영되기를 명한다. 왜냐하면 모든 인간은 하나님께 궁극적으로 책임이 있는 하나님의 자녀들이며, 그렇기에 각자 하나님의 형상으로서의 존엄을 향유해야 하는 존재다. 경제성장 과정에 하나님의 형상을 가진 사람이 손상당하고 그 존엄성이 파괴된다면, 그런 경제성장은 하나님의 살림살이인 경제를 파괴하는 반경제가 될 것이다. 따라서 범죄율, 소송사건율, 교통사고 치사율, 질병사망률, 자살률, 그리고 가정해체율 등의 부정적인 지표들도 경제적 생산성을 계측할 때 고려되어야 하는 요소라고 볼 수 있다. 하나님 나라 경제학은 가난한 자들에 대한 우선적 배려를 드러낸다. 물론 이 가난한 자들은 특수한 조건 속에서 발생한 가난한 자들이다.

하나님 나라 경제학의 주요 관심은 불의한 사회구조, 법, 관습, 그리고 강한 자들의 탐욕 때문에 가난하게 된 자들에 대한 하나님의 보호와 돌봄이다. 메시야에게 임한 거룩한 성령이 하시는 첫 번째 과업은 가난한 자들에게 복음을 전하는 일이다. 채무자들에게 빚 탕감을 선언하고 갇힌 자들을 해방시켜 주는 일이다(눅 4:18-19). 따라서 하나님 나라 경제학은 공동체 전체의 안녕과 결속감을 손상시키는 수준까지 이르는 무한한 경제성장보다는 적정 성장을 상정한다.

　가난한 자들을 우선적으로 배려하는 경제 활동은 이스라엘 계약공동체에게 사활적(死活的) 중요성을 갖는 일이었다. 그것은 농업경제에서는 가난한 자들에게 경작할 땅을 되찾아 주는 일이었다. 엘리야, 엘리사, 아모스, 호세아, 이사야, 예레미야 등 모든 예언자들은, 가난한 자들이 이스라엘의 공동체에서 소멸되지 않도록 각별히 하나님의 공의와 정의를 대변했다. 오늘날의 의미로 말하면, 사회구성원들에게 삶의 토대를 이룰 일거리를 나누고, 일거리를 갖지 못하는 경우에는 실업수당, 복지장애 수당을 지급함으로 사회에 소속되어 있다는 자긍심을 고취해 주는 일에 앞장섰다는 말이다. 이렇게 공동체 구성원들 사이에 우애가 싹트고 사랑과 신뢰가 넘치면 범죄가 줄어들 것이며, 교정예산의 감축을 통해 건강한 일자리가 창출될 수 있을 것이다. 이러한 성경적인 계약공동체주의는 칼 폴라니가 『거대한 전환』에서 이상적으로 정의한 '사회보호형' 경제의 원형이다. 차이가 있다면 성경의 계약공동체는 단지 사람들 간의 수평적 계약에 입각한 사회가 아니라, 각각의 구성원이 하나님과 책임적으로 맺은 계약, 즉 하나님의 인애가 우선시된다는 점이다. 또한 하나님에 대한 종교적 의무(인애)가 공동체 구성원 이웃에 대한 인애로 나타난다는 점이다. 이런 성경적 계약공동체는 하나님의 선행적 은혜를 먼저 맛본 사람들 사이에서 생겨날 수 있다. 초대교회나 중세 초기의 수도원이 이런 계약공동체적인 상호 인애와 돌봄을 진지하게 실천한 사례였다. 교회는 이 세상 한복판에 이런 계약공동체적 사회를 창조하도록 부름을 받았다. 교회가 먼저 이런 인애 가득 찬 표본 사회 집단을 만들어 운영하는 시범을 보임으로써 기업을 감화시켜야 한다는 것이다. 그런 점에서 교회는 막대한 헌금을 비축해서 비밀은행에 예치하거나 증권이나 주식에 투자해서는 안 된다. 대신 가난한 이웃을 살리는 데 거룩하게 낭비해야 한다.

# 2장

고용 없는 경제성장 시대에
생각하는
고전적 자본주의

# 고용 없는 경제성장 시대에
# 생각하는
# 고전적 자본주의

## 따뜻한 자본주의의 원조 애덤 스미스의 『도덕감정론』

2002년에 출간된 소설 『애덤 스미스 구하기』(*Saving Adam Smith : A Tale of Wealth, Transformation, and Virtue*)는 조나단 B. 와이트 (Jonathan B. Wight)의 경제우화 소설이다. 1790년에 죽은 애덤 스미스가 리투아니아 출신 이민자 트럭 수리공인 해럴드에게 빙의해 경제학 박사과정 논문을 마무리하는 리처드 번스(Richard Burns)를 계몽하는 내용이다. 리처드 번스는 러시아 알루미늄 사업의 민영화에 관한 그의 논문을 통해 이 기업이 엄청난 부를 얻도록 도와줄 생각을 하고 있었다. 그러나 늙은 동유럽 출신 이민자인 트럭 수리공 해럴드를 통해 스미스는 신자유주의적 부의 추구와 시장전체주의적

탈인간화된 경제 체제를 조목조목 비판한다. 번스는 해럴드를 통해 들려오는 스미스의 음성을 듣고 도서관에 가서 거의 대출되지 않아 출판될 때의 모습 그대로인『도덕감정론』을 대출한다.[1] 이 소설에서 스미스는 이 책이『국부론』의 토대라고 강조한다.

『애덤 스미스 구하기』의 논지는, 경제가 인간사회를 무시하고 인간사회를 지탱하는 초경제적인 지고가치인 정의와 공감과 동정심이라는 미덕 함양에 무관심하여 사회의 존립 토대를 무너뜨리고 있다는 예언자적 경고이다. 공정, 공감, 그리고 인류애적 연대감이 튼실한 사회만이 정부의 규제와 간섭을 최소화하면서 시장 시스템을 유지할 수 있는데, 스미스가 보기에 자신의 사후 200년 후의 세계는 시장의 무한 확장으로 인류애적 사회가 붕괴되고 침식되고 있다. 저자 와이트는 애덤 스미스의 두 주저인『도덕감정론』과『국부론』의 핵심논지를 소설적 대화에 담아 해럴드를 통해 번스를 계몽하는데 성공한다. 스미스는 부의 무절제한 추구는 반드시 '부패로 연결'되며 더 나아가 삶에 궁극적인 의미와 행복을 안겨 주는 핵심 요소, 즉 이타적인 참된 감정에 기초한 도덕적 양심을 빼앗아 간다고 말한다.

애덤 스미스는 보통 경제학자로 알려져 있다. 하지만 그는 경제학자이기 이전에 한 사회의 공정하고 따뜻한 유지와 보전을 고민했던 도덕철학자였다. 그는『국부론』(1776년)을 저술하기 이전에 스코틀랜드 글래스고대학교의 윤리철학 교수였으며, 이상적인 인간 생

---

1 Jonathan B. Wight, *Saving Adam Smith: A Tale of Wealth, Transformation, and Virtue* (New York: FT Prentice Hall, 2002), 39.

활의 구성과 질서를 규명하는 과업에 몰두했다. 창조주 하나님이 세상 운행법칙을 만들었으나 현실 사건들에는 인과론적 행위자로 관여하지 않는다는 이신론(理神論, deism)을 신봉하던 스미스는, 세상의 질서를 유지하는 데는 인간의 윤리적 행동이 매우 중요하다고 생각했으며, 따라서 경제 활동은 인간의 윤리적 표현의 일환이라고 보았다. 애덤 스미스는 이런 통합적 관점에서 『국부론』을 저술했다. 그의 사상 체계의 최종적인 단계를 대표하는 『국부론』은 진공상태에서 나온 저작이 아니라, 공정하고 지속 가능한 사회생활에 대한 그의 윤리철학적 사유의 결산이었다.

『국부론』은 스미스의 『도덕감정론』(1759년)의 제6부 제2편 제2장 "자혜(慈惠, charity) 대상으로"에서 다뤄진 논의의 확장판이다. 그가 생각한 자혜는 타인은 물론 마을, 국가까지 확장되는 자혜였다. 스미스는 불완전하고 나약한 '인간이 어떻게 사회를 구성하고, 유지하는가'를 천착했다. 그는 인간들이 각자의 자유의지에 의한 삶을 영위함과 동시에 하나의 질서를 유지하고 있음을 보이기 위해서 윤리학을 착상하였고, 그의 윤리학은 『도덕감정론』으로 결정화(結晶化)되었다. 이 책에서는 도덕, 양심, 공감과 부의 추구인 경제 활동과 시장이 '사회'라는 한 범주 아래에서 유기적으로 길항하며 서로를 밀고 견인하고 있다. 스미스의 『도덕감정론』은 일견 인간성에 대한 순진한 낙관론을 전제하는 듯하지만 그는 이기심의 현실적 위력을 간과하지 않는다. 그는 공감능력이나 양심이라는 자연적 천품으로 사회가 유지될 것이라고 믿지 않았으며, 따라서 자유방임경제를 지지하지도 않았다. 그에게는 사법적 간섭을 통해 인간의 이기심의 파괴적 분출을 억제하는 국가/정부의 역할이 중요했다. 국가의 정의로운 사법체제는 국부 증대의 촉매제가 될 뿐만 아니라, 개인의 행복도 보증하는 공적 교양이라는 것이다. 이처럼 『도덕감정론』은 현대 시장전체주의적이고 무자비한 불로소득(지대와 이자소득)을 정당화하는 일탈된 경제 체제의 오류를 성찰하는 데 도움을 주는 철학적 지혜가 될 수 있다.[2] 현재의 자유시장 체제는 인간의 보편적인 도덕감정(공감, 인류애적 유대감)을 고려하지 않는 물신숭배적, 배금주의적 광기에 지배당하는 경향이 있기 때문이다. 스미스는 지나친 정부 간섭과 통제에 의해 시장을 이끌어 나가는 것은 반대하면서도, 동시에 시장의 자율성을 교조적으로 신뢰하지는 않았기에 어느 정도의 통제가 반드시 불가피함을 분명히 하였다. 그러면서도 스미스는 정의를 감지하고 집행하려는 원천적인 심리 기조인 도덕감정의 보편성에 호소함으로써 지속 가능한 자유주의적 시장 체제를 착상했다. 그에게 시장은 인간의 도덕감정의 바다 위에 떠 있는 배였다.

### 자본주의를 출범시킨 근대사회를 지탱시킨 공감(Sympathy) 원리

『도덕감정론』은 인간의 생래적인 자기보호적 이기심과 타자의식적 자기 억제심(타인의 삶에 대한 포괄적 관심)의 길항 작용으로 인간

---

[2] 애덤 스미스, 박세일, 민경국 역, 『도덕감정론』(서울 : 비봉출판사. 2009년). 모두 7부로 구성된 이 책은 1부 행위의 적정성, 2부 공로와 과실 또는 보상과 처벌의 대상, 3부 감정과 행위에 관한 판단 및 책임감의 기초, 4부 효용이 시인의 감정에 미치는 영향, 5부 습관과 유행이 도덕적 시인과 부인의 감정에 미치는 영향, 6부 미덕의 성품, 7부 도덕철학의 체계로 구성되어 있다. 이 글은 주로 1-3부의 핵심논지를 중심으로 구성되었다.

의 사회 형성과 사회 유지를 설명한다. "인간은 아무리 이기적인 존재라 하더라도...... 타인의 운명에 관심을 가지게 되며, 단지 그것을 바라보는 즐거움밖에는 아무것도 얻을 수 없다고 하더라도 타인의 행복을 필요로 한다." 스미스는 인간이 이기심과 연민(pity)과 동정심(compassion)이 서로 견제하고 길항하는 심리작용을 경험한다고 보았다. 인간은 타인의 고통을 보거나 또는 생생하게 느낄 때 연민과 동정심이 작동한다는 것이다. 이 연민과 동정심은 거의 모든 사람에게 나타나기 때문에 '결코 도덕적이고 인자한 사람에게만 있는 것은' 아니다.[3] 스미스는 공감, 즉 타인과 연결되어 있다고 느끼는 타자우호적 관심, 타인의 상황에 공감하는 능력은 모든 사람들의 본성에 내재되었다고 보았다.

스미스에 의하면 인간이 보편적으로 타인의 아픔에 공감하는 능력을 지니게 된 것은 상상(想像)을 통해 타인의 아픔을 느낄 수 있는 동류의식(fellow-feeling)을 가지고 있기 때문이다. 그는 다른 동료인간의 감정과 행위의 타당성을 판단하는 마음 작용을 연민이나 동정 대신, 대부분 공감(sympathy)이라는 단어로 표현했는데, 공감은 타인의 기쁨, 슬픔, 분노 등의 감정들을 상상함으로써, 그와 같은 감정을 끌어내려 하거나 끌어낼 수 있는지 아닌지를 판단하는 인간 감정의 역동적인 능력이다. 이러한 의미에서 애덤 스미스는 인간의 자기중심적(self-interested) 생각은 공감 원리에 의해 제한되고 수정될 수 있다고 생각했다. 인간은 항상 타인의 감정으로부터 공감받기를 원하고, 공감받지 못하는 행동에 대해서는 자기제어를 가하

---

[3] 위의 책, 3.

며, 타인으로부터 공감을 받지 못하는 행위는 고통이나 슬픔을 준다는 것을 경험하기 때문이다. 그러므로 스미스가 보기에 보통 인간은 타인의 시선으로부터 공감을 얻음으로써 우리 행위의 적정성(適正性)을 판단하는 타자의존적, 타자지향적 윤리 주체다. 진화생물학자들은 타인의 태도나 감정을 의식하면서 행동하는 것이 원시사회의 생존본능에서 출원했다고 주장하지만, 스미스는 인간의 자기보호적 이기적 활동이 타인의 판단에 의해 일정 제한된다는 점에서 시장의 역능을 보았다. 그의 논리에 따르면 시장은 이기심의 경연장이고, 정부와 국가는 타자의 시선을 대표한다. 이기심과 타인의 판단과 시선은 분업적 상호작용을 하는 맞상대인 것이다. 이처럼 애덤 스미스는 인간이 이기적인 것과 동시에 공감의존적이고 공감향유적이고 공감창출적인 존재임을 부각시킴으로, 경제 활동의 근원을 인간성 토대 안에서 찾았다. 부를 추구하기 위한 자유로운 활동(이기심)과 그 이기심을 불특정 다수의 타인이 감시하는 사회, 그리고 무엇보다도 개인 내면의 이기심과 타인을 감시하는 시선으로서의 역설적 심리기제가 시장의 자유로운 거래를 출범시킬 뿐만 아니라 지탱할 것이라고 보았다.

### 1. 공정한 관찰자

스미스에 의하면 이기심을 갖고 행동하는 인간은 자신의 이기적 행동마저도 타인에 의해 시인되기를 원한다. 스미스는 개인의 감정과 행위에 대해 시인하거나 부정함으로써 특정한 감정과 행위를 촉발시키거나 형성하게 하는 타인을 '공정한 관찰자'(impartial spectator)라는 개념으로 설명한다.

스미스는 신이 세상을 창조하고 세상 운영을 인간에게 위탁한 채 세상살이로부터 철수했다고 믿는 이신론을 믿었다. 이신론자들은 인간의 윤리적 행동의 중요성을 강조한다. 스미스는 '전지(全知)한 조물주(Author of Nature)'가 사람에게 동료인간들의 감정과 판단을 존중하도록 가르쳤다고 주장했다. 즉, 동료인간들이 자신의 행동을 시인해 줄 때는 기쁨을 느끼도록 가르치고, 부인할 때는 마음에 상처를 받도록 가르쳤다는 것이다. 조물주는 사람을 다른 사람의 즉석 재판관으로 만들었는데, 창세기 1:26~28에 나오는 '다스리라'는 하나님의 명령 안에는 다른 동료인간들의 '행동을 감독'하는 사명이 포함되어 있다는 것이다.

스미스는 여기서 한 걸음 더 나아간다. 한 사람의 행동에 대한 사회적 적정성과 수용성 여부는 타인으로 된 즉석 재판관에 의해서만 심리되는 것이 아니다. 한 사람의 행동의 적정성 여부를 판단하는 더 높은 법정이 있는데,[4] "자신의 양심의 법정, 또는 사정을 훤히 잘 알고 있는 가상의 공정한 관찰자의 법정, 자기 행위의 위대한 심판관이자 조정자인 자기 가슴속에 있는 사람, 즉 내부인간(man within the breast)의 법정에 상소할 수 있다".[5]

스미스는 양심과 같은 역할을 하는 은밀한 재판관을 다른 데서는 '가상의 공정한 관찰자'(supposed impartial spectator)라고 부른다. 가장 공정하고 편견 없는, 즉 타인들의 집단적 평결이나 때문지

---

[4] 스미스는 여기서 로마서 2:15을 생각하고 있는 것이 틀림없다("…… 그 양심이 증거가 되어 그 생각들이 서로 혹은 고발하며 혹은 변명하여 그 마음에 새긴 율법의 행위를 나타내느니라").
[5] 스미스, 위의 책, 241-242.

않은 양심의 평결이 가상의 공정한 관찰자의 평결과 동일하다는 생각인 것처럼 보인다. 한국사회에 적용하자면, 공정거래위원회의 평결 이전에 기업가는 공정한 관찰자의 평결을 받아야 한다는 것이다. 스미스는 여기서 현실적인 이유 때문에 공정한 관찰자의 평결을 의식하여 살아야 한다는 윤리적 준칙을 도출한다. 그것은 후에 제레미 벤담(J. Bentham)이나 존 스튜어트 밀(J. S. Mill) 같은 공리주의자들의 고통-쾌락 이론에 어느 정도 영향을 끼친 경험적 준칙이기도 하다. "만약 어떤 사람이 자신의 행위를 타인의 입장에서 바라보지 않는다면, 그는 자신을 명확하게 볼 수 없거나 올바른 판단을 내릴 수 없을 것이다." 언제 올바른 판단을 내릴 수 있는가? 타인에 의해 시인되지 않고 부정되는 행동이 무엇인지, 타인에게 수용되는 행동은 무엇인지를 타인과의 상호작용을 통해 부단히 학습한 후에 사회적으로 적정한 행동의 틀을 습득할 수 있다는 것이다. 여기에서 사람은 자신의 행위를 스스로 상상하는 공정한 관찰자가 바라보는 것처럼 바라보기 위해 노력한다는 함의가 도출된다. 만약 스스로를 공정한 관찰자의 입장에서 바라볼 때 스스로의 행위에 영향을 미친 모든 격정과 동기에 완전히 공감한다면, 나는 가상의 공평한 재판관의 시인에 공감함으로써 우리 자신의 행위를 시인한다는 것이다. 그런데 가상의 공평한 재판관이 나의 행동에 내린 부정적인 평결(유죄)에 공감하지 못한다면, 그 가상의 재판관을 비난하며 특정한 행동을 계속할 것이다. 반면 나의 특정 행동에 내린 공평한 재판관의 부정적인 판단에 공감한다면 나 자신의 행동을 스스로 단죄하고 고쳐 갈 것이다.[6]

---

[6] 위의 책, 210.

이처럼 가상의 공정한 관찰자는 이론적으로 가장 공평한 동료들의 집단평결을 대표하면서 우리 내부에 존재하며, 우리 행위의 적정성을 심리하고 판단한다.

결국 스미스에 따르면 인간은 이중적 감시자에 의해 감찰당한다. 나의 특정행동을 다스리고 억제하도록 임명한 '하나님의 아담적 대리통치자'로 세운 타인들(동료인간들)과, 그들의 평결을 대표하면서도 더 내밀하고 세밀하게 나를 감찰하고 내 행동을 판단하는 양심이라는 가상의 공정한 관찰자에 의해서다. 스미스는 나와 다른 사람들이 한데 어우러져 만드는 '사회'가 한 개인 행동의 적정성 여부를 판단하는 준거가 된다고 생각했다. "그는 자신의 얼굴의 아름다움 및 추함과 마찬가지로 그 자신의 성격에 대해서도, 자신의 다양한 감정 및 행위의 적합성과 부적합성에 대해서도, 그리고 자신의 마음의 아름다움과 추함에 대해서도 생각할 수 없을 것이다. …… 그러나 이 사람을 일단 사회 속으로 데리고 오면 그는 곧 이전에 가지고 싶어 했던 거울을 제공받게 된다. 그 거울은 그가 함께 살아가는 사람들의 안색(顔色)과 행동 속에 놓여 있는데, 이들이 그의 격정에 언제 공감하고 언제 비난하는지를 항상 기록해 준다."[7]

이처럼 인간은 사회적 존재로, 타인의 시선을 무시할 수 없다. 타인이라는 거울을 통해 본 모습이 적절하고 타인으로부터 인정받으면 충분한 만족감을 느끼는 것이고, 타인으로부터 부정되거나 비난의 대상이 되면 괴로움을 느낀 나머지 타인으로부터 인정받을 만한 수준으로 행동을 수정함으로써 자기행동을 조절하게 된다. 여기

[7] 위의 책, 210-211.

서 개인의 자아는 두 가지 역할을 동시에 떠맡는다. '공정한 관찰자이자 재판관으로서의 나'와 '그 행위가 관찰되고 심판받는 자로서의 나'라는 두 자아가 한 사람 안에 공존하고 동거한다. 공정한 관찰자로서의 나는, 나의 행위를 관찰함으로써, 나의 감정을 공정한 관찰자의 감정에 공명하도록 조율하는 사람이다. 그리고 심판받는 자로서의 나는, 공정한 관찰자의 평가를 기다리는 존재이며 타인에 의해 승인될 수 있는 행동을 하고자 타자의 평가에 자신을 호응시킨다. 여기서 스미스의 내부인간과 외부인간 개념이 등장한다.

스미스는 우리의 감정과 행위에 관한 판단과 책임감의 기초가 되는 이 공정한 관찰자를 이성(理性), 천성(天性), 양심, 가슴속에 있는 사람, 즉 내부인간, 우리 행위의 재판관 및 조정자(調停者) 등 다양한 호칭으로 명명했다. 이 감찰자적이고 내성적인 자아는 우리가 다른 사람들의 행복에 악영향을 미칠 수 있는 일을 하려고 할 때마다 우리의 몰염치한 격정을 향해 질책하듯 소리친다.[8] 이렇게 함으로써 그것은 우리 각 사람이 사회적으로 수용될 정도의 적정한 행동 범위를 지키게 하고, 우리의 이기심(selfishness)을 제어해 신성한 미덕을 실행하도록 추동한다. 이처럼 사람은 항상 타인이라는 실재하는 관찰자-외부인간(the man without)과 마음속에 존재하는 공정한 관찰자-내부인간의 판단에 자신을 호응시키려고 애쓰게 된다. 스미스는 이 두 관찰자 중에서 내부인간을 외부인간에 비해 더 고등한 관찰자라고 불렀다. 내부인간은 외부인간에 비해 훨씬 많은 정보를 가지고 '나'를 관찰하고 감찰할 수 있기 때문이다. 스미스는 외부인

---

[8] 위의 책, 253.

간을 일종의 1심 재판으로, 내부인간을 2심 재판으로 간주하였다.

스미스는 공정한 관찰자(내부인간)를 반신반인(半神半人[demigod])으로 표현했다. 말 그대로 반은 신(神)이며, 반은 인간인 존재를 가리킨다. 인간이 신(神)적 속성을 지니고 있다는 것은 "조물주는 인간을 자신의 형상을 따라 창조하였고, 그를 지상에서의 대리인으로 임명했다."라는 표현에서도 짐작할 수 있다. 인간이 칭찬할 만한 행동과 비난받을 만한 행동을 하는 것을 올바로 구별하는 때는 신적 속성이 올바로 작동할 때라는 것이다. 이처럼 스미스는 개인의 행동을 이기심과 그것을 감찰하고 억제하는 이중적 관찰자의 감찰기능 간의 길항 작용으로 분석한다. 그러나 그는 초개인적 사법적 정의가 필요 없을 정도로 개인의 이기심이 순진하고 쉽게 억제될 수 있다고 보지는 않았다. 그는 외부 관찰자나 공정한 관찰자의 감찰을 집약적으로 종합해 개인의 이기심을 규제하기 위한 공권력을 갖춘 교정기능을 상정하게 되었고, 여기서 국가의 역할이 등장한다. 개인이란 도덕의 준거 안에서 행동하는 규율 잡힌 교양인이 아니라, 야생적이고 원시적인 욕망과 허영심에 격동되어 위의 이중적 관찰과 감찰을 손쉽게 비껴가며 일탈할 수 있는 무정형적 욕망인이기 때문이다. 스미스는 도덕적인 인간이 움직이는 두 눈금의 게이지를 정의 도덕과 자혜 도덕으로 구분하며, 개인의 행동도 국가의 사법적 심판과 간섭대상이 됨을 논증한다.

## 2. 정의 도덕과 자혜 도덕

### 1) 정의 도덕

스미스는 외부 관찰자와 내부의 공정한 관찰자의 감찰 아래 있는 인간이 행하는 도덕을 정의(正義, justice) 도덕과 자혜(慈惠, beneficence) 도덕으로 구분했다. '정의 도덕'은 다른 사람의 이기심을 나의 이기심만큼 존중해 주어야 하는 강제적 도덕이고, '자혜 도덕'은 나의 이기심을 희생하여 다른 사람을 돕는 자발적 도덕이다. 정의 도덕은 우리가 지키도록 요구되고 명령되는 도덕, 즉 법이다. 정의 도덕을 지키지 않을 경우, 처벌을 초래한다는 점에서 그것은 법이라고 볼 수 있다. 정의에 반하는 것은 생존권 침해(侵害)나 생명 상해(傷害)로, 사회적으로 용납될 수 없을 뿐만 아니라 공정한 관찰자의 입장에서도 결코 승인될 수 없는 행위들이다. 그것은 특정 타인에게 현실적이고 적극적인 피해를 끼치는 행동이기 때문이다.[9] 반면에 신중, 성실, 자혜 등 자혜 도덕은 강제적으로 그 실행이 요구되지 않는다.[10] 애덤 스미스는 사회를 떠받치는 토대는 정의이지 자혜가 아니라고 생각했으며, 이런 점에서 그는 '국가'의 사법체계를 중시했다. 스미스에 따르면 정의 도덕은 건물의 토대이며, 자혜 도덕은 건물을 아름답게 꾸미는 장식물이다. 그는 인간사회라는 토목공학적 구조물을 지탱하는 주요 기둥인 정의가 제거되면 위대하고 거대한 인간사회라는 구조물은 틀림없이 한순간에 산산이 부서지고 말 것이라고 내다봤다.[11] 여기서 우리는 이미 라인홀드 니버가 『도덕적 인간과 비도덕적 사회』에서 주장하는 정의의 우선성을 간취한다.

---

[9] 위의 책, 150.
[10] 위의 책, 151.
[11] 위의 책, 163-164.

정의를 수호하는 데 동원되는 가장 일차적인 에너지는 사회에서 용인되지 않는 불의한 일을 향해 터뜨리는 분노이다. 분노는 사법적인 단죄, 재판 체제에 의해 냉정하고 체계적으로 표출된다. 자신 안의 공정한 관찰자와 타인이라는 외부인간의 감찰을 무시하고 범람하는 이기심은 이렇게 대중과 사회의 공분(公憤)에 의해 억제되고 단죄되어 심판받는다. 애덤 스미스가 설파했다고 여겨지는 '보이지 않는 손' 가설에 토대를 둔 자유시장경제는, 그저 아무렇게나 놔두어도 시장이 수요와 공급 원리에 의해 저절로 잘 작동한다는 자유방임주의와는 다르다. 자유로운 시장의 기본전제는 정의 도덕이다. 정의 도덕이라는 틀 안에서 이기심이 작동할 때만 그들의 행위가 의도하지 않아도 타인과 공공의 삶에 긍정적으로 기여하는 것이다. 한 마을에 있는 푸줏간이 서로 경쟁하는 경우, 마을 사람들은 더 양질의 고기를 구매할 가능성이 생긴다. 자유경쟁이 공익을 창출하는 것이다. 스미스는 당시 중상주의적 상황에서 국가의 통제적 무역 정책 등으로 인한 독점시장의 형성이나 상인들 간의 담합 등으로 인한 가격 폭등 등 불의한 이기심의 대범람이 억제되기 때문에 소비자들, 특히 가난한 시민들의 삶을 경제적 곤궁과 피폐로부터 구출할 수 있었다고 보았다.

스미스가 말한 자유시장경제는 국가의 간섭을 거부하는 프리드리히 하이에크(Friedrich August von Hayek) 류의 시장절대주의를 의미하지 않는다. 반대로 특정 계급의 이득을 보장하고자 하는 정부와 상인계급에 대한 비판이 스미스의 자유시장경제였던 것이다. 스미스의 자유시장경제는 공정거래위원회 같은 감찰 아래서 불의를 범하지 않고 번영하는 경제 체제를 옹호하는 사상이었다. 스미스는 자유시장에 있어서도 무분별한 방임주의를 옹호한 적이 없었으며 오히려 정부의 적절한 개입을 주장했다. 정의 도덕을 무시하는 계급들을 견제하기 위해서는 정부가 사법적 정의를 관철시킬 의무가 있다고 본 것이다. 정부는 적절한 시장 개입으로 정의 도덕을 관철시키는 것이 중요하다고도 주장하였다. 그러나 스미스는 한 나라나 사회가 정의 도덕의 강제집행만으로 번영하는 데 한계가 있다고 보았다. 정의 도덕은 개인의 창의성과 시장을 위축시킬 수 있는 가능성이 있기 때문이다. 그래서 그는 궁극적으로는 자혜 도덕의 활성화만이 시장을 살리고 사회나 국가도 활기차게 할 수 있다고 생각했다.

2) 자혜 도덕

앞서 말했듯이, 자혜 도덕은 언제나 우리의 자유의지에 의한 고도의 자발적 행위로 표현된다. 오늘날 정직, 신용, 동정심, 자비와 긍휼, 이웃 사랑과 연대의식 등 시민들의 고결한 미덕이 경제적 가치가 있다고 보는 주류 경제학자들은 거의 없다. 그러나 스미스는 일찍이 이런 자혜 도덕이 시장의 견고성을 증대시키고 궁극적으로 사회적 교환과 교류의 터전인 시장을 확장하는 데 기여할 것이라고 봤다. 자혜 도덕은 사회적 결속감, 일치, 그리고 협동심을 제고하는 데 위력을 발휘한다는 것이다. 스미스는 "자기 자신을 위하는 사심(私心)은 억제하고 남을 위하는 자애심(慈愛心)은 방임하는 것이 곧 인간의 천성을 완미(完美)하게 만드는 길이다."라고 말하며 예수 그리스도의 이웃 사랑 계명 준수의 사회경제적 함의를 언급한다. 자혜(자애) 도덕은 타인의 아픔에 적극적으로 개입하는 실천을 보여주는 것으로, 정의 도덕과는 작동하는 방식도 다르다. 스미스는 경우에 따라 정부가 자혜 도덕을 위해서 개입 가능한 상황도 배제하지 않았다. 요즘 정부가 지급하는 코로나19 재난지원금은 국가적 차원의 자혜 도덕으로 볼 수 있다. 결론적으로 말하면, 스미스는 사회를 유지하기 위해서 국가가 동원하는 정의만 중요한 것이 아니라, 시민들이 자발적으로 실천하는 자혜 도덕 또한 사회의 존립과 번영을 위해 매우 중요하다는 점을 누누이 역설한다.

### 3. 『도덕감정론』에 비추어 본 한국사회의 사회적 성화 방안 : 공감, 공생, 공영의 길

『도덕감정론』은 '사회질서의 토대'는 타인의 아픔에 공감하는 인간의 공감능력이라는 전제를 갖고 정의 도덕과 자혜 도덕의 결합을 통해 존립하고 번성하는 한 사회를 상정한다. 자신의 내부관찰자, 외부관찰자, 그리고 국가의 사법체제(정의 도덕)의 견제를 받고 규율당하는 인간의 이기심은 공공의 선을 가져오는 경쟁적 이익추구 활동의 동력이 된다.

스미스의 『국부론』은 보편적인 도덕률 아래 통제되는 한 이기심이나 자기보호 열정도 공익적 측면을 갖고 있다고 봤다. 스미스가 『국부론』에서 논한 이기심은 단순한 이기심이 아니라, '타인의 아픔에 공감하는 이기심', 외부인간, 내부인간, 그리고 국가가 관리하는 정의 도덕의 삼중적 견제에 의해 조정되는 이기심이기 때문이다.[12]

---

[12] Adam Smith, *An Inquiry into the Nature and Causes of the Wealth of Nations* (London : Methuen, 1922), 343.

스미스는 제조업 공장에서 일하는 노동자들은 자기이익(참다운 이기심)을 추구하기 위해 성실하고 근면하게 일하여 공장에도 유익을 끼치고 자신들의 생계를 견실하게 꾸리는 소득도 일정하게 보장받는다는 점을 들어 자신의 이기심 관련 논지를 입증한다.[13] 스미스는 이런 노동을 '신성한 권리'라고 명명했다. 자신에게 유익하고 사회 전체에 공익을 끼치는 이런 노동자들의 생계노동은 신성한 권리라는 것이다. 그런 점에서 스미스는 오히려 제조, 생산보다 유통이나 무역거래에서 부를 더 늘리려는 중상주의 경제정책에 대해 비판적인 입장을 취한다. 제조업에서는 이기적인 노동과 공익적인 노동이 동일할 수 있으나 유통업이나 무역거래 등에서는 양자가 갈라질 수 있기 때문이다.[14] 결국 스미스가 여기서 말한 이기심은 창세기 1:26~28에서 말하는 하나님의 창조적인 복이었다. 성경은 "생육하고 번성하여 땅을 채워 거주하라."는 명령 안에 복을 담아 주었다. 생육, 번성, 땅을 차지하고 존재감을 발휘하는 것, 곧 생명발현권리는 어떤 윤리보다 앞선 신적 이기심이었다. 따라서 스미스가 말하는 이기심은 창조명령에 담긴 신적 이기심에 가깝다. 그 이기심은 '자기-관심'(self-interest)이자 타자에 대한 공감으로 발전 가능한 확장적인 자기관심이었다. 문제는 이 신적 이기심이 범람하는 경우 타인의 생명향유권을 파괴하고 손상할 정도로 일탈한다는 점이다. 그래서 스미스는 이 개인과 기업(상업자본가들)의 일탈을 막기 위해 국가의 정의 도덕 집행을 역설했다. 1997년의 한국의 IMF, 아시아권 국가들의 외환위

---

[13] 위의 책, 335.
[14] 위의 책, 581-582.

기, 2008년 미국 리먼 브라더스발 금융위기는 정의 도덕의 중요성을 재삼 상기시켰다. 시장전체주의자들은 규제 완화를 부단히 외치고 기업에게 무한 자유를 허하라고 소리치지만 다국적 기업들의 탈법적, 위법적 이윤 추구 활동은 스미스가 예상하지 못한 규모의 불의를 자행했다. 특정국가의 실정법으로 막을 수 없는 다국적 기업들의 불의한 이윤 추구는 초국가적 정의 도덕을 관철시킬 세계적 중앙정부가 없기 때문에 거의 묵시록적 악의 네트워크를 구축하고 있다. 사정이 이러함에도 시장지상주의 경제학자들은 규제 철폐와 민영화, 기업의 무제한적 이윤 추구를 교조적으로 숭배하며 무한대의 부 추구를 향해 질주하고 있다.

다국적 기업들의 횡포와 불의를 단죄할 세계적 정의 도덕 집행정부가 부재하기 때문에 정의 도덕으로 이기심의 대범람을 억제할 수는 없다. 남는 것은 약하게 보이는 자혜 도덕뿐이다. 하지만 이윤 추구 활동가들에게는 자애심을 통해 표현되는 자혜 도덕이 발원될 수 없다. 그것은 하늘에 세워진 하나님 보좌에서 흘러나오는 신적 생명력이다(겔 47:1-12; 시 103:19-21). 너무 평범해 보일지 몰라도 동정심, 공감, 체휼, 환난상휼 등 자혜 도덕의 미덕으로, 무한대의 부를 추구하며 사회 자체의 토대를 무너뜨리는 이기심의 범람을 억제할 가능성을 모색해야 한다. 타락한 시장을 구할 구세주는 시장 밖에서 와야 한다. 나사렛 예수는 그것을 이웃 사랑을 위한 자기 부인이라고 가르쳤고, 사도 바울은 이웃 사랑을 위한 자기 십자가 책형 감수라고 가르쳤다. 기독교회는 자혜 도덕의 원천이 될 유일한 기관이다. 교회가 타락한 시장을 구출할 수 있다. 기독교 신앙은 이기심을 십자가에 못 박고 타인의 아픔에 공감할 수 있는 양심을 회복하는 성령의 역사를 신봉한다. 기독교 신앙은 인류를 하나되게 만드는 인류애적 공감을 회복하는 데 결정적인 영감을 제공한다.

## 무자비하고 불가피한 갈등적 경쟁 이데올로기에 대한 반(反)명제들

오늘날은 단순한 자본주의 시대가 아니라, 타인의 불행과 슬픔을 경제적 이윤 추구의 호재로 삼는 무자비한 맘모니즘(mammonism) 시대이다. 시장전체주의자들은 인류를 관통하는 공감, 동정심, 그리고 양심의 실체를 인정하지 않으며 강자 생존, 최적자 생존이라는 진화생물학이나 사회진화론을 교조적으로 외치며 살 자와 죽을 자를 결정하는 주체로 '시장'의 전일적 지배를 당연시하고 있다. 시장전체주의자들은 생존 게임에서 살아남기 위해 타인에 대해 지속적인 적대와 경쟁 모드를 유지할 것을 명령하고 있다. 어설픈 공존과 공생윤리에 집착하기보다는 급변하는 시장환경에 민첩하게 반응하는 적응도를 높일 것을 주문한다. 좁게 보면 경쟁은 애달픈 감정을 자아내지만 크게 보면 역사의 진보를 견인한다고 본다. 헤겔은 『역사철학』에서 정반합의 변증법 진보사관을 설명하면서, 오믈렛을 만드는 데 쓰임받기 위해 부서지는 달걀들의 파괴를 당연시했다. 진화론, 사회진화론, 진화생물학 등의 모든 강자 생존 정당화 사상들은 경쟁, 각축, 파편적 분화를 통한 생존 도모가 불가피하며, 이것이 인류사회 전체의 선을 창조한다고 주장한다.

하지만 최근의 여러 연구들은 불가피한 경쟁을 통한 역사의 진보 이데올로기에 심각한 의문을 제기한다. 현대물리학과 최첨단 세포생물학은 무자비한 반인간적인 경쟁과 각축이 아니라 협력, 소통, 교통과 교감이 피조물의 지배적인 운동 원리임을 밝힌다. 원자들과 소립자들의 세계에서도 상호 교통, 공감, 교감의 원리가 작동하고 있다. 두 세대 전 혹은 세 세대 전만 해도, 생물학 교수들은 인생이란 개인 사이의 무수한 싸움 혹은 전투와 죽음이 벌어지는 승부의 세계라고 생각했다. 이런 자연관에 입각하여 자신들의 논리를 전개시킨 사회적 다윈주의(Darwinism) 신봉자들은, 인간관계를 가리켜 적자생존이라 칭하며 문명이란 그 위에 얇게 덮인 베니어판에 불과하다고 보았다. 그러나 오늘날 생물학자들의 생태학적 연구는, 전투와 죽음의 경연장보다는 공동체적인 협조와 존재의 거대한 연결망을 강조하는 자연관을 내놓고 있다. 자연계에서 투쟁과 죽음이 사라진 것은 아니지만, 죽음을 개인적인 삶의 실패로 보는 것이 아니라 커뮤니티적인 삶의 연속 과정이라고 보는 것이다.

　이처럼 '파편화와 경쟁'이 아니라 '공감적 연대와 협력'이 우주와 소우주(인간 몸)의 작동원리라는 사실이 지난 50년 동안 거의 모든 과학 분야에서 점차 밝혀지고 있다. 특히 물리학에서 일어난 이런 인식 변화는 아주 강력한 영향을 미쳤다. 물리학은 존경받는 '객관적'인 과학의 한 분야이고, 또 물질과 그 처소(處所)의 가장 기본적인 차원을 다루는 학문이기 때문이다. 물리학은 학문으로 정립된 초기부터 소크라테스 이전 그리스 철학자들이었던 에피쿠로스나 데모크리토스, 루크레티우스 등의 원자론에 의해 그 틀이 형성되었다. 그러다 현대 물리학자들이 모든 존재하는 것들을 그것들을 구성하는 요소(원자)로 분석함으로써 더욱 강력한 예측력을 갖게 되었다. 하지만 이런 환원주의적 과학(무연결적이고 파편적인 원자들의 무정부적 활동상을 존재의 동력이라고 보는 입장, 모든 존재를 극미극소 원자들의 구성이라고 보는 입장)이 '사회적 소외'라는 현대적인 경험과 결합하게 되자, '원자론'은 부정적인 의미에서 우리 시대의 가장 강력한 문화적인 은유가 되었다. 다르게 말하면, 우리와 우리가 살고 있는 이 세상은 단지 온전성의 환상만을 제시할 뿐, 실은 그 밑에 파편화된 현실(리얼리티)이 도사리고 있다는 것이다.

그러나 최근의 물리학은 원자론의 이러한 현실 인식을 순진한 것이라고 판단하고 있다. 일련의 중요한 실험을 수행한 끝에 물리학자들은 아원자(亞元子) 입자의 움직임에 대해서 이렇게 말했다. "그 입자들은 마치 서로 의사소통을 하는 것처럼 행동한다. 설혹 그들이 멀리 떨어져 있어서 의사소통이 어려울 때도 소통하려고 노력한다." 시간과 공간 속에서 멀리 떨어져 있는 그 입자들이, 소외된 개인보다는 상호작용적이고 상호의존적인 공동체 참여자들처럼 행동하는 연결망을 보인다는 것이다.

이런 실험적인 결과를 근거로 이 세상을 설명하려는 물리학자들에게는 '공동체' 은유가 아주 적절하다고 생각되었다. 폴 데이비스(Paul Davies)[15]나 헨리 스태프(Henry Stapp) 같은 학자는 이렇게 말했다. "이러한 입자의 움직임은 시스템들이 서로 호응한다는 통합론을 놀라울 정도로 뒷받침한다. 이 통합론은 입자들이 아무리 멀리 떨어져 있다 할지라도 서로 상호작용 한다.", "물질의 기본입자는 독립적으로 존재하는 분석 불가의 실체가 아니다. 그것은 본질적으로

---

[15] Paul Davies, *God and the new physics* (London : Dent, 1983); idem, "Does new physics lurk inside living matter?" *Physics today* 73/8(August 2020), 34-40.

외부의 사물을 향해 다가가는 일련의 관계이다."16 원자들과 아원자 같은 극미극소의 입자들마저 서로 교통, 공감하며 의사소통을 하고 있다는 것이다!

다윈의 적자생존(2016년 4월 16일 세월호 사건에서 보여준 선장, 선박직 선원들의 탈출 생존을 위한 파렴치한 행위를 보라!)을 사회와 문명 진화의 원리라고 강변하는17 사람들을 반박하는 또 하나의 학문적 성과는 유전자 협력모델 발견이다. 다윈 진화론이 주장하는 독단은 도태(선별)의 의미를 강조한다. 그런데 이 다윈적인 자연도태설은 생물학적 협력이라는 근본적이자 우선적인 원칙은 누락시킨 채 오로지 많이 번식하는 것이 '생존경쟁'에서 누가 이기게 될지를 결정한다는 식으로 해석되어 버렸다. 그리하여 도태 원칙은 보다 효율적인 번식에 도움이 되는 생명체의 (우연한) 변화에만 호의적이고, 이로 인해 지속적으로 '도태 압박'이 계속된다는 것이다. 하지만 다윈이 애초에 내놓았던 도태이론, 즉—개인 사이에서는 물론이거니와 종들 사이에서도—상호 간의 섬멸전을 바탕으로 한다는 이 이론은 학문적인 근거가 없는 주장에 불과한 것으로 밝혀져 현대의 더 세련된 다윈주의자들에 의해 사라졌다. 인간은 지속적인 경쟁에 노출되어

---

**16** Henry P. Stapp, *Mindful Universe: Quantum Mechanics and the Participating Observer* (Berlin/New York: Springer Verlag, 2011). 이 책은 닐스 보어, 하이젠베르크 등의 이론을 바탕으로 "물리적 자연세계의 폐쇄적 인과성"이라는 고전물리학의 명제는 지지받기 힘든 신화라고 주장한다. 정신과 물질은 아주 강하게 서로에게 영향을 미치며 각각의 활동은 서로에 의해 영향받는다는 것이다.

**17** 사자의 임팔라 사냥은 임팔라 중 가장 연약한 임팔라를 제거함으로써 강한 임팔라만 살아남게 하는 데 도움을 준다고 강변하는 내셔널 지오그래픽(National Geographic)의 "동물 왕국"을 보라.

있다는 다윈의 독단은 재난에 가까운 역사적인 결과를 초래한 무책임한 이데올로기였던 것이다.

이에 반해 최신 세포-게놈 생물학이 밝힌 사실은, 유전자 혹은 게놈이 세 가지 생물학적 기본원칙, 즉 협력과 커뮤니케이션과 창의에 따라 작동된다는 것이다.[18] 1983년 노벨생물학 수상자 바버라 매클린턱(Barbara McClintock) 등의 연구[19]에 나타난 최첨단 세포생물학은 리처드 도킨슨이 『이기적 유전자』에서 말한 가설을 다음과 같이 반박하고 있다.

1. 생물체계는 생물의 모든 성분을 합한 것 이상이다. 생명체와 생명체를 구성하고 있는 개별 요소를 구별해 주는 것은, 지속적인 분자의 협력과 안과 밖의 커뮤니케이션이다.
2. 유전자는 독자적이지 않으며 더더욱 '이기적'이지 않고, 세포 혹은 생명체 전체가 RNA 분자와 단백질 분자를 통해 실행하는 통제를 받는다.
3. DNA 세계의 성과 중 하나는 차례로 작동하는 유전자들 체계의 발달인데, 이 유전자들 체계는 협력하는 전체로서 '바디플랜'을

---

[18] 김애영, "식물 세포도 인간처럼 소통한다: 식물 뿌리 표피 세포서 운명 조절 유전자 발견," The Science Times, 2019년 5월 16일 온라인 기사. 이 글은 연세대 이명민 교수 연구팀의 애기 장대 뿌리 표피 세포의 운명을 조절하는 방법에 관한 분자 유전학 연구 논문을 요약한다. 동일 취지의 기사로는 서광원, "자연에서 배우는 생존 이치. 몸속 34조 개 세포 협력 척척, 인간은 딴판 '아이러니'"(2020년 12월 19일 『중앙선데이』 기고)가 있다.

[19] Vidyanand Nanjundiah, "Barbara McClintock and the discovery of jumping genes," Resonance 1/10 (October 1996), 56-62.

암호화한다. 이 유전자들의 산물은 공간적 시간적인 순서에 따라 생산되고, 생명체가 특정한 몸 구조로 탄생하게 한다. 게놈들(생명체의 세포 안에 들어 있는 모든 유전자를 포함한 DNA 전체)은 결코 정적이지 않고 동적인 체계이며, 분자로 된 도구(전이인자)를 이용하여 자신의 '구조'를 바꿀 수도 있다. 세포는 RNA에서 DNA로의 변환을 통해 전이인자를 생산해 낼 수 있고 게놈에 첨부할 수도 있다. 전반적으로 게놈처럼, 자신의 구조를 바꿀 수 있는 전이인자들도 세포의 통제를 받는다. 세포는 이미 게놈 안에 있는 전이인자들을 마음대로 조종하고(아마도 RNA 간섭을 통해), 이를 통해 생명체의 안정을 유지한다.

4. 생명체는 물리와 화학의 법칙을 따르지만, 그들의 행동이 그때그때의 물리적 혹은 화학적 원인의 결과는 아니다. 생명세포는 고정불변의 물리학적 법칙을 단순히 따르기만 하는 존재가 아니다. 생명체의 행동은 오로지, 생명체나 세포들이 표시로 인지할 수 있는 신호들에 따를 뿐이다. 살아 있는 체계는 모든 단계에 속하는 생명체들 커뮤니케이터들이다. 특히 고등동물들은 자신들의 감각계를 이용하여 외부 세계와 의사소통을 한다. 물리적 과정이나 혹은 화학적 과정은 생물체계에 영향을 줄 수 있고(가령 생물체계를 파괴할 수 있다.), 생명체가 매번 영향을 주기 위해 수용체 혹은 감각기관을 사용한다면, 물리적 과정과 화학적 과정은 생물의 행동에도 영향을 줄 수 있다. 이 과정에서 게놈이 따르는 세 가지 생물원칙이 있는데, 인지적/감정적 의사소통(커뮤니케이션), 협력, 창의성이다. 유전자가 이기적이어서 우리를 포함한 다른 모든 생물들이 오늘날에 존재하는 게 아니

며, 이들이 신호를 통해서 서로 커뮤니케이션을 하고, 협력하며, 또한 창의적으로 그때그때 대처하는 능력이 탁월했기 때문이라는 것이다.

이상에서 살펴본 것처럼 4차 산업혁명을 주도하는 최첨단 생물학과 미립자 물리학은, 모든 생명체는 맹목적인 경쟁을 통해서가 아니라, 인지적이고 의식적인 상호교감, 소통, 연락을 통해 생명을 만들고 유지하고 번성하게 한다는 논리를 주창한다. 인간을 구성하는 세포들도 이렇게 협력적이고 연대적이고 상호교감적인데, 인간사회가 세포 단위의 연대적 교류와 상호교감적 네트워크를 구성해 내지 못할 수가 없다.

## 결론

그럼에도 불구하고 자유시장주의자들 혹은 시장전체주의자들은 사회적 적자생존론을 교조적으로 신봉하며 무한경쟁을 통한 인류의 질적 진화를 꿈꾼다. 무한한 시장 확장과 점유정책을 추구하는 기업들이 전 세계를 무대로 맹활약하며, '경제'와 사회적 자비와 연대의식을 무한히 멀어지게 하고 있다. 이들은 각축과 상호손상적 경쟁을 연료로 삼아 대기권을 탈출하려는 로켓비행체 같다. 인류애, 양심, 자비심, 사회적 연대 등으로 불리는 지구적 중력을 벗어나려는 기세이다. 이러한 극단적 자유 추구 기업들이 인간사회의 지배적 기관으로 군림하는 한 무한 과당 경쟁은 불가피하다. 이익을 얻기 위한 인간의 탐욕적 추구는 제어할 길이 없기 때문이다. 그러나 궁극적으로는 적정 이윤 추구와 인간의 동정심과 공감능력을 증장시키고 그것에 호소하는 휴먼기업은 장수할 가능성이 크며, 우리는 그것을 믿고 추구해야 한다. 기업활동의 윤리적·철학적 토대가 견고한 기업은 기업구성원들의 애사심이 커지고 생산성이 제고될 가능성이 크다. 인간의 마음과 공존하는 기업만이 장수한다. 인간의 동정심과 공감을 진작시키는 기업임원이 회사경영의 성과를 꾸준히 낼 가능성이 크다. 현대 세포생물학, 천체물리학, 현대물리학 등의 최신 성과가 보여주듯이, 우주와 인간 몸은 지극히 소통적이고 연합적인 공생관계를 이루는 요소들의 견고한 결속과 소통, 연대와 우정 속에 건강하게 유지되고 있다. 공감과 동정심, 우정과 환대는 인간이 살가운 접촉을 유지하며 살아가기 위한 최소의 요건이다. 인간 존엄은 우정과 환대의 경험에서 확증된다. 세월호 침몰사고에서 드러나듯이 다윈의 적자생존론은 잔혹하고 파렴치한 이웃배제적(청해진해운, 세월호 선장과 선원)이며, 자기 존엄 파괴적이고 무자비하며, 문명파괴적인 이데올로기임이 드러났다.

    세상에는 약자, 신체 혹은 지적 장애인 등 굴곡과 함몰을 가진 이웃들이 많다. 강한 자, 배운 자들은 연약한 자들을 보듬어 얼싸안고 같이 걸어가야 함을 배워야 한다. 누가복음 10:25~37에 나오는 선한 사마리아인처럼 강도 만나 쓰러진 자를 보고 바쁜 일정을 재조정하며 자신의 재산을 들여 치료해 주고 돌봐 주는 자비로운 마음이 바로 우주를 지탱하는 근본원리다. 왜 기업은 이렇게 착하고 눈부시게 아름다운 기관으로 거듭날 수 없단 말인가?

# 3장

고대 메소포타미아 문명의
형평(衡平) 및 자비통치

고대 메소포타미아 문명의
형평(衡平) 및 자비통치

## 서론

2016년 1월 18일에 다보스포럼에서 발표된 국제구호기구 옥스팜의 세계빈부격차 현황 보고는 충격적이었다. 옥스팜의 보고("1%를 위한 경제")에 의하면 지구상에 인류가 등장한 이래 지금보다 더 불공평한 세계는 없었다. 2015년 현재 지구상의 최상위 초거대부자 62명의 부(富) 총합이 인류의 절반인 하위 36억 명의 모든 재산을 합친 것보다 많기 때문이다. 이는 상위 62명 중 한 사람의 부가 하위 6,000만 명의 재산 총합과 거의 같다는 말이다. 이처럼 억만장자와 억만빈자(貧者)를 동시에 출현시킨 사회경제적 양극화는 이제까지는 상상도 못할 극값 치수를 나타내면서 인류문명 자체의 존립을 위태롭게 하고 있다. 2016년 초 네이버 "열린연단"에 실린 박명림의 글("억만장자 대 억만빈자"[2016년 1월 22일])[1]은 극단적인 사회경제적 양극화가 인류 공동체를 붕괴시키는 묵시적 상황을 막을 대책을 찾자고 외치며 세계의 현자들과 국가 이성에게 적극적 행동을 촉구하고 있다. 인간의 근원적 연대와 이웃으로서의 책임의식이 무자비하게 파괴되는 경제의 극단적 자율주의 상황에 대한 인류의 축적된 지혜가 주는 대처는 무엇일까? 인류의 양심은 이 묵시적 재앙에 전 인류문명적 대책을 마련하라고 소리치고 있다.

다보스포럼에 대한 박명림의 분석이 잘 보여주듯이, 현재의 전 지구적 가난과 기아 문제는 부와 식량의 총량이 모자라서 생기는 것이 아니라, 억만장자들의 재화 독점 체제 때문에 발생했다. 여기서 중요한 것은 상위 재산가들의 독점적 부의 추구와 축적이 그들의 도덕적 타락과 윤리적 무감각으로만 가능한 것이 아니라, 글로벌 금융 자본주의와 신자유주의적 다국적 기업들의 무한 이익 추구를 가능하게 하는 불의한 법 체제와 제도가 방조하기 때문이라는 점이다. 부의 집중이 지나치게 빠르게 진행되어 하층민들의 재산이 점점 줄어드는 것에 반비례하여 상위 초거대부자들의 부가 더욱더 신속하게 축적되는 이런 비정상 사태의 뿌리에는 이것을 방치하는 제도와 시스템 문제가 있다. 2016년 미국 민주당 대선후보로 나섰다가 돌풍을 일으켰던 '40년 요지부동한' 사회주의자 버니 샌더스는 1933년에 미국 대공황기에 제정되었다가 1999년에 폐지된 '글래스-스티걸

---

[1] 박명림, "억만장자 대 억만빈자 : 21세기 세계의 가공할 실상-제3의 기축시대'를 갈망하며," 네이버 열린연단(2016년 1월 22일, 온라인 웹사이트 : http://m.openlectures.naver.com/mobile_contents).

법'(Glass-Steagall Act) 원상복구를 공약으로 내세웠지만 미국 민주당에서조차 외면당했다. 그가 복구하고자 했던 이 법은 어떤 은행이든 상업은행과 투자은행, 그리고 보험 서비스를 동시에 영업하지 못하게 만드는 법으로서 약탈적 글로벌 금융자본의 메카인 월가(the Wall Street)를 겨냥한 법이었다. 샌더스는 이 법의 폐지가 가져온 재앙 중 하나가 2008년 미국발 금융위기였다고 주장했다.[2] 2008년 미국발 금융위기와 그 직후에 발생한 "월가를 점령하라"(Occupy the Wall Street)라는 대규모 민중시위는 세계가 단순한 자본주의 시대가 아니라 약탈적 금융 자본주의 시대에 돌입했음을 보여주었다. 자유시장 체제 아래서는 경제활동과 부의 추구가 어느 정도의 불평등 아래서 이뤄지는 것이 불가피한 면이 있다. 완벽한 의미에서 이상적인 부의 정의로운 분배나 평등한 분배를 희구할 수는 없다. 그러나 인류공동체가 이토록 극심한 부익부 빈익빈의 불의한 현상을 도무지 제어하거나 개선할 바를 알지 못한다면, 그것은 심각한 사태가 아닐 수 없다. 인류공동체의 존립을 파괴하는 극단적 양극화를 이대로 방치하면 현 자유주의 및 자본주의 문명에게는 '멸망' 외에 남는 시나리오가 없다.

위의 글에서 박명림은 여러 가지 지표들과 통계들에 의거해 한국이 OECD 중 가장 불평등한 나라 중 하나가 되었다고 판단한다. 장하성은 또한 『왜 분노해야 하는가』라는 책에서 한국의 사회경제적 양극화를 집중분석하고 있다. 그는 한국사회의 양극화는 소득 격차에서 오며, 국가의 소득 재분배, 복지 확충으로 가능한 수

---

[2] 김광기, "'월가 규제' 샌더스의 도전," 2016년 1월 11일 『경향신문』 30면.

준을 넘어섰기 때문에, 고용 구조, 임금 구조의 대혁신을 통한 임금 소득 원천 재분배를 통해 가능하다고 말한다.[3] 그러나 장하성의 소득주도 성장론은 실물 경제 현장에 연착륙하는 데는 실패한 것처럼 보인다. 소득주도 성장론은 2017년 5월에 들어선 문재인 정부의 경제혁신 정책 아젠다로 채택되었으나, 아직까지는 최저임금의 급작스러운 상승 때문에 소자영업자들의 파산과 좌초 비명 외에 들려오는 좋은 소식이 없다. 소득주도 성장론은 토지 정의 훼손, 주거 정의 훼손이라는 더 근원적인 문제를 도외시한 지극히 단편적인 미봉책이었기 때문이다. 부동산 세습 자본주의, 금융 세습 자본주의의 근원적 부조리를 제쳐둔 임금노동 소득의 상승은 인플레 등 기타 부작용을 병발시키고 있는 실정이다. 더 근원적이고 더욱 정의로운 법 체제나 국가 체제가 요청되는 상황이다. 사회 전체의 균형 발전, 사회구성원 모두를 인간답게 만드는 사회복무적 경제 체제를 상상해 볼 때인 것이다.

토마 피케티는 『21세기 자본』 13장 "21세기를 위한 사회적 국가"에서 사회적 불평등을 해소하기 위한 사회적 국가 비전을 제시한다.[4] 무저갱에서 풀려난 거대한 괴수 같은 글로벌 다국적 기업가들

---

[3] 장하성, 『왜 분노해야 하는가』 (성남 : 헤이북TM, 2015), 29-32.

[4] 토마 피케티, 장경덕 외 역, 『21세기 자본』 (파주 : 글항아리, 2014), 560-588. 그는 중앙정부와 중앙은행은 "비상시에 경제 및 사회 체제의 붕괴를 막을 수 있는 유일한 공공기관이다."라고 말하며 사회적 국가의 출현을 요청한다(562). 피케티는 사회적 불평등이 가장 불우한 사람들에게 유익이 될 때 받아들여질 수 있으며, 기본적 권리와 물질적 혜택은 가급적 모두를 대상으로 확상되어야 한다.고 주장한다(572). 피케티의 사회적 국가론에 대한 보다 자세한 논의를 보려면, 김회권, "하나님 나라 관점에서 본 '21세기 자본'," 『복음과 상황』 289(2014년 12월), 45-65을 참조하라.

과 약탈적 금융 대기업가들의 탐욕과 대기업-중소기업-하청기업 등의 먹이사슬로 인한 임금소득의 근원적 불평등 상황을 해소하기 위해 민주적 통제 아래 있는 민주국가들이 강구할 수 있는 대책은 없을까? 피케티는 이 책에서 자신의 해결책을 제시한다. 세계 어디서든지 모든 금융소득에 대해서는 부유세 같은 보편적인 징세 체제를 세우자는 주장이다. 물론 이 주장은 인간의 불평등을 완전하게 해소하는 데 그 목적이 있지 않다. 견딜 수 있는 수준의 불평등이 존재하는 사회가 인간이 이룰 수 있는 현실적 공정사회라는 은근한 전제가 이런 생각의 저변에 깔려 있다. 물론 글로벌 부유세가 인간사회의 불평등을 얼마나 해소할지는 미지수다.

　인간사회는 비교적 공정한 사회조건과 비교적 동등한 개인조건을 갖고 출발했지만 시간이 가면서 여러 가지 요인들에 의해 불평등이 축적된다. 자연 상태는 이론적으로 평등했다. 사람의 수에 비해 자원이 압도적으로 광활했기 때문이다. 그런데 자연 상태의 평등은 사회를 이루고 살면서 문명사회적 불평등으로 전환된다. 모든 사람이 땅에 대한 경작권을 갖고 사회를 출범시켰지만 불평등 사회가 출현했다. 개인 역능에 의한 차이, 전쟁과 천재지변에 의한 차이, 그리고 법적·정치적 지위에 따른 차별이 축적되어 자기 땅을 갖고 경작하던 자경·자영농민들이 어느 순간 소작인, 노예, 유민(流民), 적국 이주민, 그리고 강도떼로 돌변하는 악성 진화를 거듭하게 된다. 고대사회의 국력기반은 인력이었고 특히 애국심의 기초 단위는 땅을 가진 자유농민들이었는데, 이 자유농민층의 몰락은 땅의 비옥도 관리 실패를 가져왔다. 그 결과 비옥한 경작지 표토는 상실되고 생산력 급감이 초래되었다. 전체적으로 자유농민의 땅 상실은 자유 상실이었으며, 그것은 사회적 활력 박탈을 초래했다. 그래서 고대 메소포타미아에서 이런 불평등을 주기적으로 혹은 비정기적으로 해소하기 위해 군주들이 자비법령들을 선포하는 전통이 있었다. 고대 메소포타미아 문명에서는 위로부터의 자발적인 사회적 형평정책으로 국가 붕괴를 막으려고 분투했다. 이 고대 메소포타미아의 사회적 형평운동의 고대 이스라엘적 종합 대책들이 면제년법, 땅 안식년법, 그리고 희년사상이다. 사회경제적 양극화로 가장 불평등한 국가로 전락해 가는 대한민국은 이런 사회적 형평사상이 좌파 이데올로기로 쉽게 매도되는 경향이 없지 않다. 그러나 사회적 형평사상은 좌파가 아니라 고대 이스라엘의 신정통치적 정치경제학의 유산이다. 현재 대한민국에는 사회적 자비와 연대를 창조하는 데 역기능을 하는 신자유주의적 경쟁주의와 성과주의가 맹위를 떨치고 있다. 우리나라는 열등자의 급격한 도태를 강제하는 초강력 경쟁사회다. 초강력 생존 경쟁에서 탈락하면 재활복구될 기회가 희박한 사회이다. 여기에는 고대 이스라엘과는 달리 자비법령이 결여되어 있다. 신명기 15장이나 레위기 25장의 면제년법, 땅 안식년법, 그리고 희년법 등 이스라엘의 형평 및 자비법령들이 꿈꾸는 경제적 토대의 재활갱신과 인신자유의 재활복구 절차를 명하는 사회적 형평법률이 전혀 부재하다는 것이다. 무저갱에서 풀려난 용처럼 인류공동체를 잔인하게 짓밟으며 부서뜨리는 이 약탈체제를 진정시킬 방법은 없을까? 이런 점에서 고대 근동의 사회적 형평법들과 구약성경의 면제년법 사상을 다시 주목할 필요가 있다. 고대 근동의 형평법들과 구약의 면제년법은, 사유민들의 자유 상실로 공동체 자체가 붕괴될 위협에 처할 때마다 여러 가지 사회적 형평화를 시도해 공동구성원들의 대규모 노예화를 막고 공동체의 존립을 도모했다. 이것이 집단지성의 사회보호적인 시도였기 때문이다.

이 단원은 이런 문제의식을 갖고 고대 근동의 사회적 형평법 전통들과 그것들의 이스라엘의 유일신앙적 버전(version)인 면제년 제도와 그것과 관련된 형평법령들을 연구한다. 이 단원은 네 가지 주장을 담고 있다. 첫째, 고대 근동의 사회적 형평법 전통들은 단지 통치자의 자선행위가 아니라 국가사회의 재활복구력을 제공하기 위한 고도의 현실 정치적 정책이었다.

둘째, 고대 근동의 사회적 형평법들과 자비법령들도 신들의 세계와 조화를 이루고자 하는 고대 근동 사회의 유신론적 경건행위였다. 고대 수메르 문명의 도시국가들에게 '왕정'은 수메르 만신전의 최고 신인 엔릴(Enlil)의 결정 산물이며, 왕은 에누마 엘리쉬 창조설화에서 보여지듯이 사회적 혼돈과 범람을 막는 역할을 최고 과업으로 간주했다. 가난한 자들을 떼 지어 출현하게 하는 불의한 사회경제적 무질서는 '혼돈의 범람'으로 여겨졌다. 고대 메소포타미아의 왕들은 자신의 통치권을 신들의 결정산물로 간주했으며, 자비 및 형평법령을 선포해 신민(臣民)들로 하여금 왕 자신을 신의 선택을 받은 자로 믿도록 유도했다.[5] 고대 근동 문명에는 신의 질서에 호응하지 않으면 제왕의 통치가 좌초된다고 생각하는 두려움이 있었다. 오늘날의 지배자들은 혁명적 민중 때문에 나라가 망한다고 생각하지, 신 때문에 나라가 망한다고 생각하지 않는다. 오늘날의 지배자들은 신

---

[5] Samuel Greengus, "Legal and Sacred Institutions of Ancient Mesopotamia," in *Civilizations of the ancient Near East 1*, Jack M. Sasson and John Baines (eds.), (New York : Charles Scribner, 1995), 469-484(특히 470).

의 질서가 아니라 노동자들의 파업을 무서워하고 혁명적 민중을 무서워한다. 즉, 오늘날의 제왕이 가장 무서워하는 것은 군중 또는 민중의 여론 동향이다. 하지만 고대 사회는 신과 하늘의 질서에서 일어나는 이변과 징조를 굉장히 두려워했다. 신이 노하면 나라가 끝장난다는 형이상학적 두려움이 있었다. 이 형이상학적 두려움을 처리하기 위해 다양한 왕의 자문관들(Royal counselor)이 존재했다. 왕의 자문관들은 하늘의 징조와 계시들을 제왕의 통치에 도움이 되도록 해석했다. 그들은 하나님이 민중의 불만 동향을 천문학적 이변을 통하여 군주들에게 끊임없이 경고 형식으로 보낸다고 믿었다. 그래서 통치자들에게는 천문학적 징조를 해석하는 자문관이 필요했고 영적 중개인이 필요했다. 이 자문관들이 모든 고대 사회의 민중을 두려워하는 마음을 왕에게 심어 주고, 유신론적 경건을 유지하도록 도왔다. 하늘의 질서, 형이상학적 질서가 왕을 두렵게 하고 무섭게 하여 민중을 잘 섬기도록 한 것이다. 즉, 고대의 모든 군주들은 마음씨가 착해서 자비법령을 내린 것이 아니라 두려워서 자비법령을 허락했다. 다니엘 2장과 4장에 나오는 잔인무도한 느부갓네살 왕도 신의 질서를 두려워하여, 하나님이 불쾌하게 여긴다고 생각하는 즉시 넙죽 엎드려 빌었다. 더 멀리는 주전 22세기경 수메르의 왕 우르-남무와 주전 1760년경 고대 바벨론 황제 함무라비는 재위 기간 동안 하나님에 대한 두려움 때문에 자비법령을 빈번하게 선포할 수밖에 없었다.

셋째, 고대 이스라엘의 면제년법은 고대 근동의 사회적 형평법 전통들이라는 보다 큰 문명사적 틀 안에서 잘 이해될 수 있다. 면제년법이나 희년법도 지주들의 일방적인 자선행위가 아니라 이스라엘 공동체의 존립을 도모하려고 했던 고대 이스라엘의 자강적(自彊的),

자기보호 과정이었다.

넷째, 구약성경의 면제년법은 고대 이스라엘의 유일신 신앙과 그것의 전형적인 표현 양식인 계약신앙의 틀 안에서 가장 잘 이해될 수 있다. 면제년법이나 희년제도는 토지를 매개로 하나님의 언약백성이 된 이스라엘이 하나님에 대한 자신들의 언약적 충성을 갱신하는 행위였다(창 17:7-10, 하나님이 이스라엘에게 하나님이 되어 주시는 언약창조 행위는 땅 하사 행위와 같다).

우리는 먼저 고대 메소포타미아(수메르, 고바벨로니아, 앗수르)의 대표적인 사회적 형평법 전통들을 살펴보고, 다음으로 고대 근동의 사회적 형평법 전통들에 비추어 구약성경의 면제년법과 희년법을 살펴볼 것이다. 즉, 고대 메소포타미아(수메르와 고바벨로니아 등)에서 시행된 사회경제적 형평법을 고찰하되, 그것들이 구약성경의 7년 주기 채무 탕감법인 면제년법과 7년 주기 휴경법 등 주기적 채무 탕감과 기업(基業) 회복, 그리고 희년에 실시되기로 예정된 인신해방 전통과 어떤 상관성을 갖는지를 연구한다. 고대 근동 문명에서 국가나 나라에 소속감을 갖지 못하는 유민(流民)들이 증가하면 세수 감소와 국방력 쇠락이 초래되었다. 통치자의 입장에서 볼 때 땅의 경작권을 갖지 못하는 유민들의 급증은 국가 존망을 결정짓는 변수였다. 일정한 자유농민의 수(數的)를 확보하지 못하면 국가는 쇠락의 길로 접어든다.6 지배층 집단의 권력 카르텔(왕권, 지주, 지방 권력, 성전 종교 권력의

---

6 전국시대의 맹자가 설파한 무항산무항심(無恒産無恒心) 사상도 이 점을 지적한다. 맹자가 등(騰)나라 문공(文公)으로부터 치국지혜를 가르쳐 달라는 부탁을 받고 한 말이다. "백성이 세상을 사는 방법은 경제력을 갖춘 사람은 바른 마음을 가지고 살아가지만 일정한 생업이 없는 사람은 바른 마음을 견지하기 어렵습니다. 진실로 바른 마음

연합체)이 범하는 안식년법 위반은 왕정치하의 인간법정에서 재판할 수 없다. 그것은 천상법정에서 심리하고 심판하되 긴 집행유예를 거친 후 일괄정산식 심판집행을 보여준다. 이런 사례를 보여주는 본문이 예레미야 34장이다. 이 논문의 마지막 논의는 예레미야 34장 시드기야 노예해방과 재노예화 사태를 집중 분석하여 유다 필망(必亡)을 예고하는 예레미야의 주장을 고찰할 것이다. 구약성경의 면제년법, 즉 안식년 위반이 국가 멸망의 결정적인 요인이었다는 것이다.

## 고대 근동의 사회적 형평법 전통들[7]

### 1. 구약성경의 형평법 및 자비법령의 선구자로서의 고대 근동의 사회적 형평법 전통

구약성경은 고대 근동의 종교적 유산을 이어받은 셈족의 일파

---

을 가질 수 없다면 방탕하고 편벽되며 부정하고 허황되어 모든 잘못을 저지르게 됩니다"(民之爲道也 有恒産者有恒心 無恒産者無恒心. 苟無恒心 放僻邪侈 無不爲已 及陷乎罪). 당시 맹자가 말한 항산(恒産)은 집과 논밭 정도를 뜻한다(성백효, 『孟子集註』[서울: 한국인문고전연구소, 2017], 孟子『梁惠王』상편 17-2, 52). 구약성경의 여러 구절도 하나님이 주신 기업(基業)이 없으면 농민이 유민이 되는 과정을 말한다. 사무엘상 22:1-2, 25:10, 26:19; 이사야 11:11-12; 예레미야 8:21; 에스겔 34:4-6(잃어버린 양떼), 45:8-9, 46:17-18 등은 이스라엘의 자유농민들이 하나님이 주신 기업의 땅을 떠나 유리방황하게 되는 상황을 묘사한다.

[7] 고대 근동의 사회적 형평법들에 대한 원문과 영어번역 전문을 보려면 James B. Pritchard, *Ancient Near Eastern Texts relating to the Old Testament* (이하 *ANET* Princeton University, 1969)의 section Ⅱ Legal Texts와 Martha T. Roth, *Law Collections from Mesopotamia and Asia Minor* (Atlanta, GA.: Scholars Press, 1997), 11-248을 참조하라.

인 아브라함의 후손들이 자신들을 언약백성으로 택한 야웨 하나님과 동행했던 언약의 역사에서 유래했다. 고대 이스라엘 민족은 고대 근동의 모태문명의 많은 종교사상적, 제의적, 정치사상적 자산들을 유일신 신앙의 거푸집 안에서 재주형했고, 그 결과 구약성경이 형성되었다. 예를 들어, 고대 근동의 창조설화인 아트라하시스, 에누마 엘리쉬, 길가메시 서사시들은 창세기와 출애굽기 등 구약성경의 토대문서를 형성하는 데 사용된 원료들이다. 고대 근동의 원천사상들과 신학적 재료들이 고대 이스라엘에 오면 유일신 신앙적, 계약신학적 용어와 개념들로 질적 변화를 거치게 된다. 그것들의 대부분이 야웨 하나님과 이스라엘의 언약관계를 규정하는 틀로 재주형된다. 고대 근동의 다신교적 집단 군무(群舞)가 구약성경에서는 야웨 하나님과 이스라엘의 2인무(二人舞)로 변형되고, 고대 근동의 법들과 관습들은 유일신 야웨 하나님과 이스라엘 백성의 계약관계 안에서 재해석되고 재주형되었다.

　　고대 근동의 사회적 형평법 전통들도 이런 과정을 거쳐 이스라엘에 재주형되어 수용된다. 구약성경의 이상적인 사회는 야웨 하나님의 거룩하신 성품을 반영한 야웨의 백성들의 정치공동체다. 왕이나 어떤 전제군주나 압제적인 신정통치의 대리자들의 매개 없이 야웨 하나님께서 직접 책임을 지는 언약백성(암 카도쉬, 고이 가돌, 혹은 고이 카도쉬) 공동체가 국가나 왕조보다 더 항구적인 실체이다. 그 언약백성 공동체가 존립하는 근거는 하나님의 거룩성을 반사하는 데 있다. 하나님의 거룩성을 반사하는 결정적 준거는 하나님의 땅을 얼마나 하나님의 거룩하심에 부합되게 사용하고 관리하는가에 달려 있었다(레 19장). 이스라엘에게 하나님의 선물인 땅은 하나님의 계약

요구를 준행하고 실현하는 터전이지(시 105:44-45), 결코 재산이 아니었다. 하나님의 거룩성은 공평과 정의로 구분된다. 이스라엘에게 있어서 공평과 정의는 생산수단이자 생존수단인 땅 사용권에 대한 기회균등을 확보하는 사활적인 쟁점이었다.

구약성경의 가장 중심적인 신념 중 하나는, 하나님의 이스라엘 통치 수단과 목적 모두가 공평(미쉬파트=justice)과 정의(츠다카=righteousness)라는 것이다(시 89:13-14; 사 5:5-7, 16; 9:5-7; 11:1-4; 61:1-11). 아브라함 후손인 이스라엘은 의(츠다카)와 공도(미쉬파트)를 이 땅에 구현하기 위해 선택된 민족이었다(창 18:18-19[고이 가돌, gôy gādôl=창 12:2, '큰 민족'=창 18:18 '강대한 나라']; 사 1:11-26). 히브리어 체데크/츠다카에서 번역된 공의(公義)는 이스라엘의 하나님이 이스라엘에게 하나님 역할을 하기 위해 이스라엘에게 부단히 베푸는 하나님의 선제적인 계약적 의리, 계약적 친절 및 호의를 총칭하는 단어이다.[8] 즉, 신적 자비와 친절을 개괄하는 용어다. 미쉬파트의 번역어인 정의, 공도, 혹은 공평은 고아와 과부 같은 약자를 옹호하고 사회적 유력자들의 권력남용과 욕망 범람을 통제하는 법적 판결을 가리키는 단어다. 이 두 단어는 구약성경에서 아주 빈번하게 이어일의어(二語一義語, hendiadys)로서 정의로운 재판, 약자옹호적이고 강자비판적인 하나님의 통치행위를 총괄하는 관용어구로 사용된다. 공의와 정의(혹은 의와 공도=츠다카 뷔미쉬파트)의 동등어들인 진실을 의미하는 에무나나 에메트 등도 병렬적으로 사용되었다. 이런 용어들의 동등어가 더 일찍이 고대 메소포타미아(미샤

---

[8] 김회권, 『성서주석 이사야 I』(서울: 대한기독교서회, 2006), 102-103, 157-158.

룸)와 이집트 문명(마아트)에서 널리 사용되었다.⁹ 그래서 구약성경의 공의와 정의의 관용어적 뿌리들을 추적하려면 고대 수메르에서부터 신바벨로니아 제국까지 사회적 형평법 전통들을 연구해 보면 된다. 구약성경의 면제년법, 땅 안식년법, 그리고 희년법의 고대 근동적 배경을 추적하는 대부분의 구약학자들은 이것들이 메소포타미아의 메샤룸(혹은 미샤룸)과 안두라룸의 이스라엘적 구현이라고 본다.¹⁰ 이 단원에서 다루는 사회적 형평법은 불평등 해소법이자 노예화된 백성들을 속량(贖良)해 주는 해방적 자비법령들을 총칭하는 말이다. 그것은 자유농민들이 채무 등에 의해 소작인이 되고 그 후에는 노예로 전락해 가는 현상을 타개하고자 군주들이 앞장서서 국가 채무를 탕감하거나 말소하여 땅과 자유민 신분을 되찾아 주는 제왕의 해방 포고령, 즉 노예 신분 철폐 포고령을 가리킨다. 이런 이유 때문에 학자들은 사회적 형평법들을 자비법령 선포 전통들의 일부

---

**9** 이 주제에 대한 자세한 논의를 보려면 모쉐 와인펠드(Moshe Weinfeld), *Social Justice in Ancient Israel and in the Ancient Near East* (Jerusalem and Minneapolis: Magness and Fortress Press, 1995) 서론(7-23)과 1장(25-44)을 참조하라. 와인펠드는 'justice and righteousness'(흔히 공평과 정의라고 번역)를 이어일의법이라고 보면서 이 어구가 '의로운 정의'(righteous justice)를 의미한다고 본다. 이 책의 3장과 4장은 고대 근동의 사회적 형평정책과 이것의 전형적인 예인 자비법령을 다룬다. 이 책의 8장은 구약성경의 안식년법과 희년법의 고대 근동적 배경을 추적하고 이를 메소포타미아의 메샤룸과 안두라룸의 이스라엘적 구현이라고 본다. 와인펠드는 느헤미야 5장의 채무 탕감 정책을 고대 메소포타미아의 사회적 형평보다는 솔론의 개혁정책과 더 유사하다고 본다. 솔론의 개혁정책을 보려면 플루타르코스, 천병희 역, 『플루타르코스 영웅전』(파주: 숲, 2002), 73-127을 참조하라.

**10** 고대 메소포타미아의 사법적 권능과 일반적인 정의집행에 대해서 연구하려면 한스 버커(Hans J. Boecker)의 다음 저작을 참조하라: *Law and the Administration of Justice in the Old Testament and Ancient East* (trans. J. Moiser; Minneapolis: Augsburg, 1980).

라고 간주한다.[11]

이 단원에서 우리는 고대 메소포타미아 국가들이 가난한 자와 억압당한 자의 문제들에 어떻게 대처하였으며 왜 사회적 형평법 전통을 유지했는가를 살펴보려고 한다.[12] 고대 메소포타미아에서의 '정의' 개념은 현대의 계량적이고 분배적, 혹은 넓은 의미의 사회정의 개념들보다 더 넓은 의미영역을 포함했다. 현대 북유럽의 복지국가나 사회적 시장 체제를 지향하는 독일 같은 나라도 나름대로 경쟁에 뒤처져 낙오한 사람들이나 장애인 등 원천적으로 경쟁 체제에서 생존할 수 없는 구성원들을 위한 복지적 배려를 보여준다. 최근 우리나라도 사회 최약자층을 배려하고 부축하는 복지법 체계가 점차 구축되는 추세를 보인다. 그러나 일정한 주기나 또는 새 왕이 등극하거나 새 정부가 들어설 때마다 노예 수준으로 살아가는 자유민들을 재활복구시키는 혁명적 사회 재조직화는 어떤 현대 정부도 시도하지 않는다. 고대 근동의 자비법령 전통에 비추어 보면, 현대 국가가 좋은 복지법령들을 선포하고 그것들을 지키도록 감독하는 것

---

[11] '형평'의 대중적 용례는 일제강점기, 진주에서 백정들이 신분 타파 운동을 벌이려고 조직한 '형평사'(衡平社) 운동(1923-1930년)에서 발견된다. 1923년 4월 30일자 『조선일보』 기사에 게재된 '형평사 주지(主旨)'에는 신분 타파 운동을 주창했던 진주 일대의 백정들의 신분철폐적 미래사회에 대한 소망이 잘 담겨 있었다. "공평(公平)은 사회의 근본이고 애정은 인류의 본량(本良)이다. 연(然)함으로 아등(我等)은 계급을 타파하며 모욕적 칭호를 폐지하며 교육을 장려하야 아등도 참 사람이 되기를 기(期)함이 본사의 주지이다."

[12] 레온 엡쯔쉬타인(Léon Epzstein), *Social Justice in the Ancient Near East and the People of the Bible* (London : SCM, 1986)도 유사한 방법으로 이 문제에 접근한다. 다만 그는 법전 본문들을 개념적으로 분석하거나 자비법령들을 검토하거나 정의를 다루는 종교적 문서도 참조하지 않는다. 오히려 와인펠드(Moshe Weinfeld, *Social Justice in Ancient Israel and in the Ancient Near East*)가 이 주제를 훨씬 포괄적으로 연구한다.

만으로는 충분치 않음을 알 수 있다. 고대 근동의 국가들은 정의가 사회 속에서 더 온전히 작동되려면, 박탈되고 상실된 기회균등상의 정의가 회복되어야 한다고 보았다. 그러기 위해 구조적으로 빈곤하게 되어 공민권을 상실할 정도로 생존권이 무너진 사람들에게는 무조건적인 재활복구 정책이 선제적으로 시행되어야 한다고 보았다. 고대 근동 국가들은 자유를 잃고 유민(流民)이 될 정도로 피폐해진 국가구성원들을 재활복구시켜 국민의 자리를 되찾아 줌으로써 국가의 토대를 안정화시켰고 그들을 위해 기회균등의 정의를 실현하기 위하여 의미 깊은 시점에 혹은 주기적으로 사회적 형평법 및 자비법령을 공포해야 했다.[13]

여기서 먼저 우리는 고대 메소포타미아의 사회적 형평법 전통을 촉발시킨 초기 사회적, 경제적 상황을 개관한 후 그때 실시된 최초의 개혁조치들을 분석하려고 한다. 여기서 우리는 메소포타미아의 다양한 법전들, 자비법령들('justice' : 해방적 정의[liberative justice]를 수반한다.), 메소포타미아의 하층민들을 압박한 현실을 반영하는 다양한 종교적 본문들을 간략하게 살펴볼 것이다.

사회적 형평 개혁 이전의 고대 메소포타미아는 폭동으로 번질 불만과 저항심의 마그마가 들끓는 화산과 같았다. 고대 수메르는 느슨한 의미에서 종교사회주의 국가였다. 신들의 결정이 인간 정치 위에 있었고 농민들은 신들의 후견 아래 땅을 경작했다. 토지, 사회, 군주 등은 모두 신들의 초월적 관할 아래 있었다. 고대 수메르 문명

---

[13] 이 주제에 대한 국내학자의 연구를 보려면 수메르의 사회적 형평 전통과 구약성경의 사회정의 전통을 비교한 이종근, "수메르 우루-이님기나 법과 히브리법의 사회정의 고찰,"『구약논단』28(2008년 6월), 142-161을 참조하라.

은 신들의 초월적 통치에 대한 두려움에서 시작했다. 신들과 그들의 우주질서에 조화롭게 동행하려는 지상군주들의 정치적 행보 때문에 고대 수메르 사회는 신들의 의지에 민감했다.14 고대 수메르의 정치 경제 체제는 옛 도시국가들에 남겨진 성전을 중심으로 돌아갔다. 성전이 신들의 명의로 등록된 땅을 소유하였고, 엔시(ENSI)라고 불리는 성전 행정책임자가 사실상 땅 소유를 총괄하는 행정책임자였으며 나중에 세습 왕으로 변화되는 존재다. 그러나 그는 초기에는 아직 전제 왕권을 가진 군주가 아니었다. 고대 수메르의 인간관은, 인간을 신들을 섬기는 땅 경작자로 보는 것이었다. 수메르 거주시민들은 신들(사실상 신들에게 제사드릴 제물로서)의 곡식을 저장하는 양식창고를 위하여 할당된 들판을 경작함으로써 그들의 신들을 섬겼다. 그들은 성전곡식 축적분으로부터 양식을 얻었다.15 처음에 수메르 정착자들은 공동체적인 양식으로 땅을 소유했으나, 점차 경제적 발전이 이뤄짐에 따라 땅은 세 집단의 손으로 떨어지게 되었다. 성전, 강력한 가문들, 그리고 성전 행정책임자 엔시가 바로 그들이다. 엔시는 후에 왕조를 세움으로써 정치권력을 확보한 것 외에도 상업 통제와 세금 징수를 통해 경제적 지위를 증대시켰다. 뿐만 아니라 엔시는 얼마의 세월이 흐른 후 신전에 속한 땅까지 이용함으로써 자

---

**14** Arthur M. Sackler Gallery, *When Kingship Descended from Heaven: Masterpieces of Mesopotamian Art from the Louvre in Washington DC* (Washington, D.C.:Education Department, 1992), 10-12. 고대 수메르는 초기 수메르(주전 2900-2350년), 중기 아카드 수메르(주전 2350-2190년), 우르 3왕조(주전 2190-2000년) 시기로 구분된다(34-35).

**15** H. W. F. Saggs, *The Greatness That Was Babylon* (New York:Hawthorn, 1962), 38-47, 157-163.

신의 부의 원천을 확대했다. 최악의 경우, 엔시는 오만하게도 신전마저 자신의 재산이라고 주장하기에 이르렀다. 이 경제적인 계층화의 결과 등장한 소수 특권층은 가난한 자들의 노동으로 부유해져서 세습적인 부자 계층을 구성했다. 인구 대다수를 차지하는 농민들의 불만과 아우성이 터져나온 것은 당연했다. 크고 작은 농민들의 불평들은 엔시와 사회 부유층을 향한 아우성으로 전개되었다. 특히 엔시는 신전 소속 땅까지 자기 땅으로 우기며 불법적으로 수용하고, 그것도 모자라 과도한 공물을 내라고 요구했다. 이런 전제적인 엔시에 대한 가난한 자들의 저항은 드셌으며 유사한 불평이 부유층에게도 쏟아졌는데, 그들이 가난한 자들을 압제했고 그들의 재산을 강탈했기 때문이었다. 이처럼 점증하는 사회 갈등이 왕조 자체의 안정성을 위협하자 지배계급은 선제적인 사회개혁을 도입하기에 이르렀다. 이 마그마 같은 민중 폭발 징후를 민첩하게 감지한 엔시 등 지배층의 선제적 응답이 사회적 형평법으로 나타났다.

고대 메소포타미아 군주들은 즉위 초, 의미 깊은 기념식에 형평 및 자비법령들을 칙령형식으로 반포했다. 가장 총론적인 해방, 속량 법령은 미샤룸과 안두라룸(주전 2000-1000년대 바벨론)이었다.[16] 주전 3000~2000년대 고대 수메르에서는 NÍG.SI.SÁ. 혹은 AMAR.GI$_4$라고 불렸다. 가산 혹은 가족을 팔아야 할 채무자들에게 채무를 면제하는 것과 함께 왕에게 진 체납세금도 청산되었다. 대표적인 법령들이 우르-남무(주전 2100년), 리피트-이쉬타르(주전 1930년), 에쉬눈나(주전 1820년), 함무라비법(주전 1750년)이다. 이 법령들의 가

---

[16] Greengus, 위의 글, 471.

장 큰 목적은 정치경제적 안정성 확보였다.[17] 특히 함무라비법은 사유재산제도의 정착을 지지하는 법령들이 많다(§§. 6-7, 9-13, 21, 25, 253-256 절도죄 체벌). 함무라비법 § 117조항에는 채무노예는 3년간 억류한 후에 4년째에는 풀어줘야 한다는 규정도 있다.[18]

## 2. 엔테메나(Entemena), 우루카기나(Urukagina), 그리고 구데아(Gudea)의 사회개혁들[19]

지금까지 알려진 가장 오래된 사회개혁은 주전 2420년에 수메르의 도시국가 라가쉬(Lagash)에서 일어났다. 라가쉬의 성전 총감독(엔시)인 엔테메나는 공권력의 남용을 금지하고 경계하는 일련의 정의집행 칙령들을 반포했다. 그는 "어머니를 그녀의 아들에게", "아들을 그의 어머니께 되찾아 주었으며 인민을 압제적인 이자율로부터 해방시켜 주었다."라고 스스로를 칭송했다. 엔테메나는 그의 도시국가 경계 너머까지 그의 사회질서를 재정립했고,[20] 라가쉬에 의존하

---

[17] 위의 글, 474.

[18] 위의 글, 474-475.

[19] 아래 고대 근동의 형평법령들과 해방적 자비법령들은 제임스 프리차드(James B. Pritchard)의 *Ancient Near Eastern Texts relating to the Old Testament* (Princeton, NJ.: Princeton University Press, 1969, 3-10)와 엔리크 나르도니(Enrique Nardoni)의 *Rise Up, O Judge*, trans. S. Charles Martin (Grand Rapids, MI.: Baker Publishing Group, 2014), 1장 "Justice in Ancient Mesopotamia"(1-21)에 크게 빚지고 있으며, 일부 각주는 나르도니의 각주를 재인용한 것임을 밝힌다.

[20] 엔테메나는 '운하 사용'을 놓고 다투는 라가쉬와 움마(Umma)의 오래된 국경 분쟁도 해결했는데, 그는 수메르 최고신 에릴에게 이 분쟁 해결의 보증자가 되어 줄 것을 요청했다(Thorkild Jacobsen, "The Historian and the Sumerian Gods," *Journal of the American Oriental Society*, 114/2[Jan 1994], 145-153).

고 있는 다른 도시국가들(Uruk, Larsa.m, Patibira.k)에게도 "자유를 선사했다."고 스스로 자랑했다.[21] 여기서 "자유를 선사했다."는 표현은 일반적으로 박탈된 자유를 복구시키는 것을 의미할 수 있는 법적인 조치를 가리키며, 보다 구체적으로 보면 채무불이행으로 인해 노예로 전락한 시민의 법적인 해방, 박탈된 재산 회복, 국가에게 진 채무말소, 압제적 세금 취소를 포함했다. 엔테메나의 개혁 조치 목적은 정의로운 사회질서 회복이었다. 더 구체적으로 말하면, 신전토목 공사로 동원된 인부들, 채무로 인해 감옥에 갇힌 자들, 그리고 채무노예로 전락한 사람들로 인해 해체된 가족들을 재결합시켜 나라의 통치기반을 공고화하기 위함이었다. 이를 위해 그는 의미심장한 사회적 형평 및 자비실천을 명하는 해방법령을 공포했다. 그것은 법적 회복(복구), 즉 사회적 형평법 전통의 출발점이 되었고 이 법적 회복은 아카드어로 미샤룸(Mīšārum)과 안두라룸(Andurārum)이라는 용어로 표현되었다.

50년 후 주전 2370년경 우루카기나(혹은 우루-이님기나) 치세동안 또 다른 사회개혁이 라가쉬에서 일어났다.[22] 비록 일부 귀족가문들은 우루카기나를 전임자(Lugalanda)를 폐위시키고 왕위에 오른 찬탈자라고 보았으나, 그는 귀족들의 민중착취와 부패에 맞서 민중

---

[21] Claus Wilcke, "Mesopotamia : Early Dynastic and Sargonic Periods," in Raymond Westbrook (ed.), *A HISTORY OF ANCIENT NEAR EASTERN LAW* 72(2003), 141-181(특히 142) ; Niels P. Lemche, "**Andurārum and Mīšārum** : Comments on the Problem of Social Edicts and their Application in the Ancient Near East," in *Biblical Studies and the Failure of History : Changing Perspectives 3* (London : Taylor & Francis Group, 2013), 45-60.

[22] Nardoni, 위의 책, 3.

의 권익을 증진시킨 위대한 개혁군주로 칭송되었다. 우루카기나는 그의 권위를 합법화하고 권력을 강화하기 위해 당시의 공인된 사회적 가치들, 즉 수메르 형평법 및 자비 법률전통에 호소했고, 라가쉬를 보호하는 신인 닌기르수(Ningirsu)에게 드린 그의 호소에서는 신학적 주장까지 내세웠다. "엔릴의 전사인 닌기르수는 라가쉬의 왕권을 우루카기나에게 주었고, 숱한 무리들 중에 그를 택해 이전 시대의 악습들을 폐하고 그의 주인인 닌기르수가 그에게 부여했던 명령을 수행하게 했다."[23]

엔릴-닌기르수의 지휘 명령 아래 우루카기나는 친민중적 통치 감각으로 무장해 번영, 질서 그리고 평화를 증진시키는 행동들을 실천함으로써 사회형평적 공포문들을 현실화했다. 우루카기나는 땅은 왕의 소유도 아니요 황후의 소유도 아니며, 오로지 도시국가가 섬기는 신의 재산이라고 주장하면서 수메르의 전통적 신정통치를 보존하고자 분투했다. '자유를 확정하려는' 노력 속에서 우루카기나는 엔테메나의 선례를 따르려고 했다. 그는 그 목적을 위해 왕위에 오른 후 이전에 자유농민들에게 강요되었던 압제적인 세금에서 백성을 해방시켰다. 마찬가지로 왕실 및 국가 운영비를 감축했는데, 특히 결혼서약식 때 거둔 비용, 이혼 소송 비용, 장례식 집전 비용들을 모두 줄여 주었다. 국가 관리들은 그들의 수고 대가로 받는 보상금에 만족해야 한다고 공포했으며, 그들이 일반시민들로부터 직접 행정봉사료를 따로 받는 것도 금지했다(참조. 눅 3:12-14). 게다가 귀

---

[23] Manue Molina, "Las 'Reformas' de Urukagina," *Scripta Fulgentina : revista de teología y humanidades 5* (Sept-Oct 1995), 47-80.

족들이 농민들의 곡식들을 빼앗거나 어부들이 잡은 고기를 강탈하는 것도 금지했다. 우루카기나는 어업권을 통제하는 어업 통제관들이 어부들에게 간섭할 권리를 빼앗았고, 가축 통제관들이 민중의 가축들을 약탈하지 못하도록 금지했다. 곡식 저장 창고를 맡은 관리들이 성전사제들이 거둬들인 성전세를 약탈하지 못하게 했으며, 휜 양과 어린 양 대신 은화로 세금 내는 일을 관장하는 관리들을 파직시켰고, 왕국에 세금 바치는 일을 관장하는 관리들도 내쫓았다. 그 결과 더 이상 행정관리들이 가난한 자들의 과수원을 강탈하지 못하게 했고, 가난한 민중에게 태어난 건강한 나귀를 강제로 사들이고자 하는 귀족들의 횡포도 막았다. 또한 이 거래를 거부하는 민중을 감독 관리가 절대로 때리지 못하게 했으며, 어떤 귀족이 자신의 집에 붙어 있는 가난한 자의 집을 사고자 강압적으로 거래를 성사시키지 못하게 했다.24 전체적으로 우루카기나는 억압당하는 자와 버림받은 자들을 법적으로 보호하는 거룩한 사명(신적 사명)을 최우선시함으로써 그 자신이 종교적으로나 사회적으로 약자에게 얼마나 예민하게 공감하는지를 과시했다. 그래서 우루카기나는 자신의 치적을 기록한 비명들에서 자신이 성취한 개혁조치들을 예거하며 자신에 대해 다음과 같이 말한다:

> 그(우루카기나)는 라가쉬 주민들의 집들을 고리대금, 축적, 기근, 강도 약탈, 그리고 모든 종교의 공격행위들로부터 소제했고 [그들

---

24 이종근, "수메르 우루-이님기나 법과 히브리법의 사회정의 고찰," 142-161(특히 142-145).

의] 해방을 성취했다[AMAR-GI$_4$-BI EGAR]. …… 그는 닌기르수로 하여금 그(우루카기나)가 과부와 고아를 부자의 손아귀에 집어던져지지 않게 할 것이라는 선언에 봉인하도록 만들었다. …… [우루카기나가 기르수(Girsu)로부터 왕권을 받았을 때] 그는 [라가쉬 거민들을 위하여] 자유를 확정했다.[25]

이 비문들은 세금면제와 채무면제를 동시에 의미하는 '해방'을 언급한다. 우루카기나는 그의 사회개혁을 통해 닌기르수의 질서를 재정립하려고 했는데, 이것은 수메르의 신들에 의해 계시된 질서였고 그것에 의해 사회는 우주의 조화 속에서 자신을 통합시켜야 했기 때문이었다. 우루카기나가 믿은 이 계시와 아트라하시스 창조설화에 따르면, 인간은 신들의 세계를 위하여 섬기는 하등신들을 대체하기 위해 창조되었다. 고대 근동의 우루카기나와 같은 제왕들은 개인적이고 공적인 삶에서 신들의 의지에 복종함으로써 신들을 섬겼는데, 그들 모두 고대 메소포타미아의 공통적 경건심을 견지하고 있었기 때문에, 지상 군주의 정의 수행은 신들의 정의 의지를 대행한다고 보았다. 모든 사회적 억강부약적 법령들과 포고령들은 신들의 명시적인 의지를 대표한다는 바로 그 사실 때문에 도시국가 시민들로부터 보편적으로 수용되었던 것이다.[26] 무엇보다도 종교절기를 축성

---

[25] 위의 글, 147-148. 이 인용문은 모두 12조항으로 된 이 법의 11조항과 12조항의 요약이다.

[26] Nardoni, 위의 책, 4; Jean Bottéro, *Mesopotamia: Writing, Reasoning, and the Gods*, trans. Z. Bahrani and M. Van De Mierrop (Chicago: University of Chicago Press, 1992), 227(Nardoni, 위의 책, 4 각주 재인용).

(祝聖)하고 종교제의를 수행함으로써 신들을 섬겼다. 신전들에서 축성된 예전적인 축성행위들과 제의들의 중요한 순서에는 신들의 주상을 앞세운 제의적 행진들과 우주기원론적이고 인간기원론적인 다양한 신화들의 낭독들, 거룩한 남녀신의 제의적 결혼예식들, 신들을 먹이기 위해 드려진 동물희생 제사들과 농작물 제물, 전제들, 그리고 매일 드려지는 헌제물 봉헌이 있었다. 역설적이게도 이 짐스러운 종교제의를 유지하기 위해 수메르의 도시국가 공동체는 번영을 누릴 필요가 있었으며, 이를 성취하기 위한 선결조건으로 모든 공동체 구성원들을 이롭게 하는 공동선 증진이 요청되었다.27 도시국가는 천상의 신들 국가의 지상봉신들로서 스스로 융성하고 유여한 사회를 이룰 의무를 지고 있었다. 수메르의 인간창조론의 핵심은 신들을 섬기는 노역을 맡는 존재로서의 인간이었다. 이 인간창조의 목적에 비추어 볼 때, 수메르 성전감독들(엔시)의 중심 의무는 도시국가 공동체가 신들의 세계를 유지하기 위해 바치는 봉사를 용이하게 만들 사회경제적 조건들을 창조하는 것이었다. 수메르 사회는 신들에 대한 노역과 종교적 봉사를 수행함으로써 스스로를 우주적 조화 속에 참여시키고, 그것을 통해 연대를 확보할 수 있다고 믿었기 때문이다. 이런 맥락에서 보면 수메르에서 법의 궁극적 목적은, 신들의 우주적 조화 속에 인간공동체가 참여하는 것을 가능케 하는 것이었다. 이런 우주 조화 촉진법의 일환이 바로 수메르의 사회형평법이었다. 이런 사회형평법을 공포하고 집행하는 것이 엔시로서 왕의 의무였다. 왕의 최고 사명은 자신이 다스리는 사회를 우주의 조화 속에

---

27 Bottéro, *Mesopotamia*, 225-226.

통합시키는 일이었다.

이런 사명감에도 불구하고 우루카기나의 개혁은 7년간 존속되었다가 그의 죽음과 더불어 끝나버렸다. 그렇지만 그의 개혁적 통치는 시민들이 그들의 인생 목적, 즉 신들의 세계를 섬기는 것을 용이하게 성취할 수 있도록 법적 구조를 창조하고 개혁하려는 수메르의 형평적 법전통을 강화시켰으며, 고대 근동의 사회적 형평법 전통 형성에 항구적이며 선구적인 영향을 끼쳤다.[28] 수 세기 후에 주전 21세기가 끝나갈 무렵 다시 라가쉬에서는 다른 개혁군주가 왕위에 올랐다. 닌기르수에 의해 선택된 목자 구데아(Gudea, 주전 2144-2124년)였다. 구데아 왕 원통비문 B의 초록에는 다음과 같은 진술이 나온다:

> 그(구데아)는 그의 가문들 안에 있는 모든 불공평을 제거했다. 그는 난쉐(Nanshe)와 닌기르수의 법들을 존중했다. 부유한 자들이 고아들에게 어떤 해악을 행할 수 없었다. 어떤 유력자도 과부에게 악을 행하지 못했다. 남자 상속자가 없는 가문에서는 딸이 상속자가 되었다. 그(구데아)는 정의가 빛나게 했고 (그래서) 태양의 신 우투(Utu)가 불의를 부숴버렸다.[29]

우투는 수메르의 태양신이었고 난쉐와 닌기르수는 라가쉬의 수호신들이었다. 위의 본문에 따르면 유력자들이 비천한 자들에게 불

---

[28] 이종근, 위의 글, 142.
[29] Dietz Otto Edzard, *Gudea and His Dynasty*, RIMP 3 (Toronto: University of Toronto Press, 1997), 36(column 7.29-43).

의를 자행하면 혼돈과 어둠이 지배했다. 반대로 불의가 분쇄됨으로써 우투에 의해 관장되고 난쉐와 닌기르수에 의해 계시된 질서가 재확정되면 정의의 태양이 통치했다. 고아와 과부가 보호받으며 유력자들과 비천한 자들 사이의 관계들이 공평하면 정의의 태양은 가장 밝게 빛났다.

### 3. 우르-남무(Ur-Nammu), 리피트-이쉬타르(Lipit-Ishtar), 그리고 에쉬눈나(Eshnunna) 법전들

우르 3왕조의 창건자이자 구데아 왕의 동시대인이었던 수메르 왕 우르-남무(주전 2124-2107년)는 가장 오래된 법전을 남겼다. 우르-남무 왕의 비문들에는 "우투의 확고한 판단에 의하여 그(우르-남무)는 빛이 발출되게 했고 평화를 정착시켰다."[30]라고 우르-남무를 예찬한다. 원래 수메르어로 쓰여진 우르-남무 법전은 함무라비(주전 1792-1750년) 때 만들어진 사본 파편들을 통해서만 우리에게 알려진다. 파편 사본을 갖고 판단해 보면 우르-남무 법전은 신학적, 윤리적, 그리고 역사적 고찰을 담고 있는 서언과 22개 조항으로 된 본문으로 구성되어 있던 것으로 보인다.[31] 이 법전의 서언은 이 법의 목적을 다음과 같이 진술한다: "고아는 부유한 자들에게 양도되지 않았고 과부는 유력자들에게 넘겨지지 않았다. 한 세겔을 가진 남자는 한 므나를 가진 사람에게 넘겨지지 않았다".[32] 이 외에도 리피

---

[30] George A. Barton, *The Royal Inscriptions of Sumer and Akkad* (New Haven, CN.: Yale University Press, 1929), 273.

[31] J. J. Finkelstein, "The Laws of Ur-Nammu," in *ANET*, 523-525.

[32] 위의 책, 524.

트-이쉬타르 법전의 해방적 성격은 더 많은 구절들에 의해 입증된다.33 "그때 나 우르-남무는 우투신의 참된 명령으로 그 나라에 정의를 세웠다. …… 나는 불화, 폭력, 그리고 정의를 위한 절규를 해소했다. 나는 그 나라에 정의를 세웠다."34 그 결과 "고아는 과부에게 넘겨지지 않았고, 과부는 유력한 사람에게 넘겨지지 않았고, 1긴을 가지고 있는 사람은 (1긴의 60배인) 1마나를 가진 사람에게 넘겨지지 않았다".35

우르-남무 시대보다 수 세기 후에 또 다른 수메르 법전이 나타났다. 주전 1870년부터 주전 1860년까지 수메르 도시국가 이씬(Isin)을 다스렸던 리피트-이쉬타르의 법전이 바로 그것이다. 이 법전은 아카드인들이 이미 수메르 문명에 스스로 동화되어 그들과 함께 공존하고 있었던 한 사회를 상정하고 있다. 법전의 서언에서 리피트-이쉬타르 왕은 자신을 '현명하고 겸손한 목자'라고 칭하며, 그의 목적은 아카드인들과 수메르인들이 행복한 삶을 살게 하는 것이라고 선포한다.

아누(Anu)(와) 엔릴(Enlil)이 나 리피트-이쉬타르를, 땅에 정의를

---

33 이종근, "생명 존중을 위한 메소포타미아 법들의 정의(正義)-우르 남무(Ur Nammu)와 리피트 이쉬타르(Lipit-Ishtar) 법들을 중심으로," 『구약논단』 15(2003년 10월), 261-297(특히 265-267).

34 이종근, 위의 글, 267-268. 이 법의 음역본과 영어번역을 보려면, J. J. Finkelstein, "The Laws of Ur-Nammu," *Journal of Cuneiform Studies* 22(3/4) (1968/1969), 66-82를 참조하라.

35 제임스 B. 프리처드, 김구원 외 공역, 『고대 근동 문학 선집』(서울: 기독교문서선교회, 2016), 402.

세우고(nig-si-sa), 불평들을 사라지게 하고, 공권력으로 적의와 반역을 진정시키고 (그리고) 수메르인들과 아카드 사람들에게 행복을 베풀라고, 땅의 치리자로 불렀을 때, 나 리피트-이쉬타르는 …… 엔릴의 말씀에 따라 [수]메르와 아카드에 [정]의(nig-si-sa)를 [세]웠다. 진실로 그 당[시]에 나는 노예살이를 강요당했던 수메르와 아카드인들의 [아]들들과 딸들에게 [자]유(ama-ar-gi₄)를 되찾아 주었다.36

이 인용 단락이 보여주듯이, 리피트-이쉬타르의 해방과 자유선포라는 통치행위는 윤리적 고려가 아니라 신학적 고려에 의해 추진되었다. 노예화된 농민들의 속량이 신들의 최우선 관심사였다는 것이다. 사회구성원들은 신들을 섬기기 위해 마땅히 건강하고 복된 생활을 해야 했다. 가난, 채무, 인신노예화는 이런 신에 대한 봉사를 좌절시키기 때문에 노예화된 시민들을 이런 속박들로부터 풀어주는 것은 신을 섬기는 데 투신한 도시국가 통치자의 중요과업이었다.

또 하나 인상적인 사실은 리피트-이쉬타르 법전은 사유재산 경제에 의해 통제당하고 노예와 자유민(자유민은 귀족들과 농민들로 양분되어 있다.)으로 양극화되어 있던 사회를 반영하고 있다는 점이다.37 전문 외에 복원된 서른일곱 가지 조항 모두는 사유재산 제도하의 개인들이 서로에게 가하는 손상, 상해, 경제적 침범 등의 상황을 고려하고 각각의 경우에 합당한 법적 대응을 제시하고 있다. 여덟째

---

36 S. N. Kramer, "Lipit-Ishtar Lawcode," in *ANET*, 159; 이종근, 위의 글, 270.
37 Nardoni, *Rise Up, O Judge*, 7.

조항은 "어떤 사람이 이웃에게 과수원을 만들라고 빈 땅을 빌려주었는데 그 임차인이 과수원을 만들지 않았더라도 그 땅을 빌려준 사람에게 모종의 땅 차용세를 지불해야 한다."라고 말한다. 아홉째 조항은 "어떤 사람이 이웃의 과수원에 들어가 절도 중에 붙잡힌다면, 그 붙잡힌 자는 과수원 주인에게 10세겔의 은을 지불해야 한다."이며, 서른일곱째 조항은 "어떤 사람이 이웃의 황소를 빌려 부리다가 꼬리를 다치게 하면 그 소 값의 4분의 1을 황소 주인에게 지불해야 한다."이다.38 이처럼 이 법전이 사유재산의 두 가지 측면을 균형 잡고 있다는 점이 참 흥미롭다. 한편으로는 재산을 잠재적인 침략자들로부터 보호하려고 하면서 또 다른 한편으로는 다른 사람의 사유재산에 손해를 끼치는 다른 사유재산 소유자의 책임들도 규정하고 있기 때문이다. 결국 리피트-이쉬타르 법전에 따르면 사유재산의 어떤 합법적 사용도 그 사용이 반드시 자신의 이웃들에게 미치는 영향을 고려해야 한다.

리피트-이쉬타르보다 한 150여 년 후 그리고 함무라비가 등장하기 몇 년 전에 아카드어로 된 최초의 법전 에쉬눈나 법전(the code of Eshnunna)이 등장했다. 에쉬눈나 법전이나 함무라비 법전 둘 다 세 계층(귀족, 농민, 노예)으로 나눠졌던 사회를 전제한다. 그 사회는 귀족과 자유민(아빌룸, awīlum), 농민(무쉬케눔, muškēnum), 노예(와르둠, wardum)로 삼분된 사회였다. 귀족층은 도시국가가 제공하는 모든 권리와 더불어 충분한 자유를 누렸다. 원래 농민은 해방노예였기 때

---

38 Ferris J. Stephens, "A Newly Discovered Inscription of Lipit-Ishtar," *Journal of the American Oriental Society* 52 (1932), 182-185.

문에 어느 정도의 자유를 누렸으나 그 권리는 제한되었다. 정부관리로 등용될 수도 없었다.[39] 에쉬눈나 법전이 반영했던 사회는 본질적으로 농업사회였다. 그러나 이 사회는 일종의 (현물)지불 개념에 근거한 경제가 은 화폐통화에 기반한 경제에 자리를 내주는 현실에 직면했다. "보리 1쿠르는 은 1세겔; 고급 기름 3카는 은 1세겔; 참기름 1수투 2카는 은 1세겔; 돼지기름 1수투 5카는 은 1세겔; 강기름(역청) 4수투는 은 1세겔……; 정제된 구리 2마나는 은 1세겔의 가치이다."[40] 그래서 이 법전은 통화(은)와 전통적인 교환수단이었던 상품(보리)의 관계를 정립하는 한편 소비재의 최고 가격, 최저임금을 확정하고 임대료와 이자율을 고정시키기도 했다.[41] "수레와 함께 황소와 수레꾼을 대여하는 대여비는 보리 1판이다.", "추수꾼의 임금은 보리 2수투이다.", "……의 수수료-만약 그가 은 5세겔을 가져오면 수수료는 은 1세겔이고, 만약 그가 은 10세겔을 가져오면 수수료는 은 2세겔이다."[42] 도시국가 에쉬눈나의 다두샤 왕(Dadusha of Eshnunna) 치세에 반포되었을 가능성이 큰 이 에쉬눈나 법전에는 반포자의 이름이 나오지 않으며, 따라서 이전의 법들이나 이후의 함무라비 법전처럼 신학적 지향이 뚜렷하게 드러나지도 않는다. 여기에는 명시적으로는 정의와 공평 정립을 위한 전문(前文)적인 서두도

---

[39] Nardoni, *Rise Up, O Judge*, 8; Sabatino Moscati, *Ancient Semitic Civilizations* (London: Elek Books, 1957), 70.

[40] 프리처드, 『고대 근동 문학 선집』, 354.

[41] Nardoni, *Rise Up, O Judge*, 8; Albrecht Goetze, "The Laws of Eshnunna," in *ANET*, 161-163.

[42] 프리처드, 『고대 근동 문학 선집』, 354-355.

없다. 대부분 상거래법에 해당되는 결의론적(casuistic) 법들이다. 모두 두 토판에 기록된 쉰아홉 개 조항이 남아 있는 에쉬눈나 법전은 가연성이 높아지는 경제, 즉 유력자들에 의해 얼마든지 왜곡될 수 있는 시장질서에 국가가 개입하는 형국을 여실히 보여준다. 이는 언제든지 유력자들이나 관리들에 의해 왜곡될 수 있는 거래정의 훼손 사태를 막기 위해 고안된 법령들이었다. 이 성문화된 법령들은 유력자들을 견제하고 가난한 자들을 보호하는 데 기여했을 것이다.

### 4. 함무라비(Hammurabi) 법전[43]

'아모리인'(서쪽에서 온 이주민들)들로 불렸던 아카드인들이 수메르 문명을 몰아내고 유프라테스 강과 티그리스 강 상류 평야 지역에 정착하기 시작했던 주전 3천 년대 초기에, 아카드인들은 수메르인들이 남긴 정의 수호 전통을 자신들의 정의 수호 전통에 통합시켰다. 아모리인들이 메소포타미아의 도시국가들을 침입했던 주전 3천 년 말기까지 계속, 그들은 수메르 문화는 물론이며 수메르-아카드 사법 전통까지 다 흡수해 자신들의 법전통을 정립했다. 이 침입과 동화 과정에서 아모리 족속 중 한 부족이 바벨론에 정착하는 데 성공했다. 함무라비는 이 아모리 부족을 하나의 제국으로 발전시키는 데 기여한 탁월한 후예였다. 함무라비는 다른 메소포타미아 도시국가들에게까지 자신의 통치권을 확장해 마침내 1천 년 이상 지속되는 제국을 창건했다. 치세 초기부터 함무라비는 제국의 안정적 통치를 위해서 진력했는데, 이 진력의 결과물이 함무라비 법전으로 결실

---

[43] 이 단원의 논의는 Nardoni, *Rise Up, O Judge*, 8-12에 많이 빚지고 있다.

되었다.⁴⁴ 함무라비 '법전'은 체계화된 성문법전이라기보다는 특정한 사건들에 내려진 판결문들의 수록집에 가깝다. 모두 282조문이 남아 있는 함무라비 법전의 서문은 자신의 법이 신들의 정의수호 명령에 의해 제정되었음을 선포한다. "아누(Anu)와 엘릴이 나를 불렀다.", "땅에 정의가 나타나도록, 악과 사악을 파괴하여 강한 자가 약한 자를 억압하지 못하도록 하기 위해 나를 불렀다.", "검은 머리카락을 가진 사람들 위에 샤마쉬처럼 등장하여 그 땅에 비추도록 하기 위함이었다."⁴⁵

함무라비가 법전 편찬 시 가졌던 한 가지 목적은 인근 도시국가들과 나라들에 대해 정치적·군사적 실력을 과시함으로써 창건한 제국에 단일한 표준법령을 제공하는 것이었다. 치세 말년에 함무라비는 법전 편찬을 마무리한 후 마침내 그 법전을 선포했다. 법전의 결언은 "[이것들은] 유능한 왕 함무라비가 세웠으며 그가 나라를 바른길로 이끌고 선정을 펼치도록 이끈 정의의 율법들이다."라고 말한다.⁴⁶ 전체적으로 봤을 때 함무라비 법전은 독창적인 법전이 아니라, 수메르-아카드의 문화적·법적 전통들을 새롭게 종합하여 자신의 통치 목적에 맞게 개정하고 증보한 것이다. 함무라비는 이 법전 서언에서 자신에게 '엘릴의 목자요 택함받은 자'라는 호칭을 스스로 부여하고 수메르의 만신전(萬神殿) 주신(主神)인 엘릴뿐만 아니라,⁴⁷ 바벨론 제국의 주신인 마르둑에 의해 영감받았다고 주장함으

---

44 Theophile J. Meek, "The Code of Hammurabi," in *ANET*, 163–180.
45 Greengus, "Legal and Sacred Institutions of Ancient Mesopotamia," 471.
46 Meek, "The Code of Hammurabi," 177.
47 Meek, 위의 글, 164.

로써, 고대 수메르의 형평법들에 자신의 바벨론적 요소를 가미해 새로운 종합 법령을 반포했던 것이다. 법전 편찬의 정치적 이유는 정의 확립이었다. 거대한 제국은 성문화된 법령에 의해 통치될 수 있다는 정치공학적 타산에 따라 그는 법치를 추구했다. 결언에서뿐만 아니라 서언에서도 함무라비는 자신이 그의 제국 안에 정의를 세웠다고 주장함으로써 자신을 스스로 영화롭게 한다. 예를 들면, 서언은 "내 가슴 안에 나는 수메르와 아카드 땅의 백성들을 품고 다녔다. 그들은 나의 보호 아래서 번성했다. …… 사회적 강자들이 약자들을 압제하지 못하도록, 그리하여 고아와 과부들마저 정의로운 통치의 혜택을 볼 수 있을 정도로 정의를 확립했다."라고 말한다.[48] 그는 자신의 법전을 새겨둔 그 돌 한 행에 "나는 압제당하는 자들에게 정의를 베풀기 위하여 나의 소중한 말들을 나의 석비에 새겨두었다."라고 기록했다.[49] 약자의 보호가 이 법전공포의 중요한 동기였던 것이다. 이런 동기들의 예들은 소농, 육체노동자의 임금, 일용노동자들, 그리고 이자율의 확정 등을 언급하는 조항들에서 많이 발견된다. 하지만 282조항으로 된 법전 본문에서는 과부와 고아에 대한 언급이 전혀 나오지 않는다.[50] 대부분은 자유민으로 번역되는 아빌룸과 평민(혹은 농민)으로 간주되는 무쉬케눔 관련 규정이 대부분이다. 자유민의 재산 분실과 자유민의 경제적 배상/보상 의무, 평민이

---

[48] 위의 글, 178.

[49] 위의 글.

[50] Nardoni, *Rise Up, O Judge*, 9; Norbert F. Lohfink, "Poverty in the Law of the Ancient Near East and of the Bible," *Theological Studies* 52 (1991), 43(Nardoni, *Rise Up, O Judge*, 9쪽 각주 37 재인용).

입게 될 경제적 손해 등을 배상하는 규정들이 다수를 차지한다. 그래서 함무라비가 보호하려고 한 사람은 오늘날의 하층민이 아니라, 당시의 자유민, 즉 유력시민들이라고 보는 것도 무리는 아닐 것이다. 그러나 아빌룸이 지주나 고위 귀족은 아니었으며, 이들 또한 더 높은 귀족들과 고관들에게 언제든지 권리침탈을 받을 가능성이 상존했다. 따라서 아빌룸 관련 규정이 다수라고 해서 함무라비 법전의 민중친화적 본질이 부정될 수는 없을 것이다.51 법 전체의 정신이 법조문으로 명문화되지 않으면 피해를 볼 사람들이 직면하게 될 상황들을 구체적으로 예거하고 각각의 상황에 대한 법적 평결과 처분을 명문화하고 있다는 점에서 이 법도 민중친화적인 법 전통에 서 있다고 볼 수 있다. 그럼에도 불구하고 함무라비 법조항들은 출애굽기 21~23장의 계약법전이나 신명기 법전(특히 24장)에 비해서는 확실히 사회 최약자층의 권리 보호에 무관심하다. 신명기 법전은 전체적으로 육체노동자, 민중들의 권익침해 상황을 금지하지, 자유민들 사이에 일어날 수 있는 대부, 경제적 손상 등 상호 권리침탈을 엄중히 경계하고 그런 일이 발생했을 때 가해자나 범법자가 지게 될 법적 책임을 구체적으로 적시하고 있지는 않다.

이 법전은 불변하는 신적 우주질서를 지상에서 대표한다고 전제된 단일 왕정 정치체제를 반영했다. 이 정치체제 안에서는 에쉬눈나 법전에서처럼 사회가 아빌룸(귀족, 자유민), 무쉬케눔(평민), 와르

---

51 테오필레 미크(Theophile Meek)는 아빌룸의 의미를 세 가지로 나눠 설명하며 노예까지 포함하는 인간을 통칭하는 말로도 사용되었다고 말한다(프리처드, 『고대 근동 문학 선집』, 363). 그러나 이 입장은 다소 무리한 해석처럼 보인다. 함무라비 법전은 아빌룸과 다른 무쉬케눔(평민)을 따로 특정해 언급하기 때문이다.

둠(노예) 계층으로 삼분된다.52 귀족층은 관료적 위계질서의 직위를 차지하는 군주의 신하집단이나 군대, 사제계급, 아니면 재정, 사법, 상거래 행정을 담당한 집단을 구성했을 것이며, 또한 의사, 건축가, 장인(匠人) 같은 독립된 직업을 포함했을 수도 있다. 무쉬케눔은 귀족과 노예의 중간계층으로서 후자보다는 전자에 더 가깝다. 그래서 그들이 귀족으로 신분 상승하는 것을 막는 법적인 장애는 없었다. 그러나 현실적으로 무쉬케눔은 귀족층들과 유력자들에 의해 착취당하는 민중에 속했다. 와르둠은 원래 전쟁포로였거나 채무불이행으로 노예로 전락한 자유민들이었다. 채무노예들은 일정 기간만 주인을 섬겼다. 함무라비 법전 117조항은 이런 종류의 노예는 4년간의 노예살이 복무 후에는 반드시 자유롭게 풀려나야 한다고 규정한다.53 아울러 모든 노예들은 풀려난 후에는 자유민들과 결혼하여 자녀들을 낳을 수 있었으며, 이 자녀들은 자유민 신분을 가질 수 있었다. 법전은 무쉬케눔 같은 약자들을 보호하고 지주의 착취에 맞서 소농을 보호했으며, 장인들과 다양한 직종의 노동자들의 임금을 결정했고,54 또한 '참을 만한 이자율을 확정하였다'고 말한다.55

그런데도 사회계급 체제가 각 사람이 대우받는 방식을 결정한다는 사실을 주목하는 것이 중요하다. "만일 한 아빌룸(귀족 남자 혹은 자유민)이 다른 아빌룸(귀족 남자)의 눈을 손상했다면 그들은 그의

---

52 Nardoni, 위의 책, 9.
53 Meek, "The Code of Hammurabi," 170-171.
54 Meek, 위의 글, 177, §§273-277.
55 위의 글, 169-170, §§88-102.

눈을 손상해야 한다."[56] 그러나 "그 아빌룸(귀족 남자)이 무쉬케눔(평민)의 눈을 손상했다면 그는 한 므나의 은을 지불하여야 하고", "그가 아빌룸(귀족 남자)의 와르둠(노예)의 눈을 손상했다면 그는 그 노예 몸값의 반을 지불하여야 한다."[57] 신분에 따라 민사적 배상수준이 다른 것을 볼 때, 수메르의 리피트-이쉬타르 법전이 나온 사회에서처럼 함무라비의 바벨론에서도 모든 사람들이 동일한 권리를 갖고 있지 않았음을 알 수 있다. 각 사람은 자신이 속한 계급에 합당한 법적 권리만 보장받았다. 계급으로 나눠진 사회에서 발생하기 쉬운 사인(私人)들 사이에 발생하는 인권침해적 학대와 권리의 오남용, 그리고 평민들과 정부관리들과 유력자들 사이에 발생한 불의와 압제를 막고 정의를 세우려는 함무라비의 노력들은 그의 공식적인 서한에서 잘 볼 수 있다. 봉신이었던 신-이딘남(Sin-Idinnam)에게 보낸 함무라비의 서신은 이런 노력들을 잘 보여준다. 신-이딘남은 함무라비 시대에 높은 직위를 차지했던 봉신-왕이었다. 이 서한들은 정부 관리에 의해 불의를 경험한 일개 평민도 함무라비 왕에게 직소할 수 있었음을 보여준다. 신-이딘남의 관할 지역에서 일어난 재산상의 약탈이나 권익강탈소송을 경청한 함무라비는 신-이딘남에게 가해자와 범법자를 찾아 응징하라고 명했다. 랄룸이라는 농부에게 돈을 빌려준 채주 아니-엘라티가 고리대금업자 수준의 고율의 이자를 강요하자 랄룸이 함무라비에게 직소했고, 함무라비는 그 대부계약이 무효라고 선언하며 그 랄룸에게 빌려주었던 돈에 대한 소유권도 빼앗

---

[56] 위의 글, 175, §196.
[57] 위의 글, 175, §§198-199.

고 그에게 벌을 내렸다.58 이처럼 함무라비는 민중과 민중 사이의 갑질과 불의도 발본색원하여 정의를 세우려고 분투했다.

법전 서언에서 함무라비는 그의 치세 동안 성취하고 싶은 바를 '땅에 키툼(kittum)과 미샤룸(kittum umīšarum)을 세우는 일'이라고 진술했다.59 키툼은 우주적이고 불변적인 진리, 즉 태양신 샤마쉬가 그의 신적 통치권을 행사하는 이 세상에 세운 신적 질서를 가리킨다. 왕은 이 우주적 질서의 보전자이자 관철자이며 왕의 권위는 이 법 전체를 통해 신들에 의해 계시된 규범들에 충실함으로써 정당화될 수 있었다. 왕의 기능은 이 법을 만민에게 평등하게 적용하는 것이다. 왕은 미샤룸이라는 해방적, 회복적 정의 실행을 통해 우주적 질서를 회복한다. 이 과정은 왕으로 하여금 왕국 내에 전개되고 있는 정치적, 경제적, 그리고 사회적 상황을 세심하게 감독하고 관할할 것을 요구했다. 이 감독행위는 특정 상황이 재조정되거나 교정되어야 할 것을 요구할 수도 있고, 전통적인 규범들이 새로운 필요에 맞춰 개정되어야 할 것을 요구할 수도 있다.60 바벨론의 왕정 이데올로기에 따르면 대홍수 이후(아트라하시스 홍수설화) 왕정과 왕권은 신들을 위한 노역복무자로서의 인간 노동력의 체계적 징발장치였다. 바벨론 만신전의 신들은 왕정을 통해 인간들로 하여금 그들이 창조되었을 때 받았던 고유 과업, 즉 고등신들을 섬기던 하등신들의 대

---

58 Nardoni, 위의 책, 10-11. 오늘까지 남아 있는 서신들 상당수도 정의 집행 사례들을 언급한다.

59 Weinfeld, *Social Justice in Ancient Israel and in the Ancient Near East*, 29-30, 33, 42.

60 Nardoni, *Rise Up, O Judge*, 11.

역으로 감당해야 할 수고를 효과적으로 성취하도록 유도했다. 고대 수메르 도시국가의 엔시처럼 바벨론의 왕들도 자기 왕국의 신민(臣民)들이 건강하고 풍성하고 장수하는 인생을 살 수 있는 조건들을 조성해야 했다. 왕은 신민들이 '신들을 잘 섬기도록 돌보고 그들의 생존권이 파탄나지 않도록 부단히 정의를 집행하고 필요시 사회적 형평법과 자비법령들을 선포함으로써 노예들의 양민화(良民化), 즉 속량(贖良)을 집행해야 했다. 자신의 왕국민을 구성하는 신민들이 평화와 조화 속에서 번성하고 행복한 인생을 사는 것을 가능케 하는 정의와 해방적 자비를 실천함으로써 왕은 인간사회를 우주질서 안에 통합시켜야 했다.61 그래서 왕에게 요구되는 최고의 미덕은 강하고 신들에게 신실한 사람으로 처신하는 경건심이었다. 신들에 대한 경건심과 자애로운 신민 돌봄의 역능을 수행함으로써 신민들의 충성을 이끌어 내 나라를 안정시킬 수 있었다. 아카드어 키툼은 이 재능과 능력을 갖춘 왕에 의해 표명되고 집행된 정의를 가리키는 전문용어였다(사 9:1-7; 11:1-4; 32:1-8).62 뿐만 아니라 왕은 공동체의 번영과 진보가 가능하도록 만드는 능력도 부여받았는데, 이 능력은 공동체의 삶을 번영과 조화의 방향으로 이끄는 능력이었다(시 72편). 이 능력의 목적은 미샤룸이라는 용어에 의해 표현되었다. 학자들의 연구에 따르면 미샤룸은 '똑바로 걷다' 혹은 '조화로운 상황에 처하

---

**61** Nardoni, *Rise Up, O Judge*, 11; Henri Cazelles, "De l'idéologie royale," in *Gaster Festschrift*, ed. D. Marcus (New York: ANE Society, 1974), 61-62, 73(Nardoni, 위의 책, 11 각주 46 재인용).

**62** Nardoni, *Rise Up, O Judge*, 11; 키툼은 '확고함, 연대, 지속성을 촉발시키다'를 의미하는 동사 카누(kanu)에서 파생된 명사다(Cazelles, "Idéologie," 61).

다'를 의미하는 에쉐룸(ešērum)에서 파생된 명사다. 그것은 각 존재가 자신의 본성과 기능에 따라 자기 고유의 자리를 차지할 때 의거하는 바로 그 질서를 가리킨다. 이 개념에 따르면 '공정함'이 미샤룸의 번역어가 될 것이다. 이 기본개념의 확장으로서 미샤룸은 에쉐룸과 관련되어 있다는 점에서 자비법령들에서처럼 조화를 다시 정립하려는 행동을 가리킬 수 있다.63 결국 왕은 키툼과 미샤룸의 혜택들을 나라에 속한 신민 모두가 향유하도록 능력을 발휘해야 합법적이고 정의로운 왕으로 존숭(尊崇)되었다는 것이다.

이상에서 알 수 있는 한 가지 사실은 고대 메소포타미아와 시리아-가나안 문명권 전체에 공유되는 왕정 이데올로기가 있었다는 것이다. 그것은 왕의 특별책임은 자유농민과 평민의 권익은 물론이요, 가난한 자, 고아들, 그리고 과부들 같은 불운에 처한 사람들을 돌보며 그들을 보호하는 것이라고 규정하는 법적 전통이다. 키툼 뷔 미샤룸이라는 이 중의적 어구는 바벨론 왕정 이데올로기에서 시작되어 시리아-팔레스타인 지역으로 확장되었고, 시리아-팔레스타인에서는 이 중의적 어구가 서부 셈어인 'ṣdk-m(y)šr'로 표현되었다가 마침내 히브리어 미쉬파트-체데크(mišpāt-ṣedeq)로 정착되었다('정의'[법, 공평, 공도]와 '공의'[의]).64 함무라비는 자신의 나라에 키툼과 미샤룸을 세워주었다고 선언했으며, 자유민들에게 번영, 조화, 공명정대의 삶의 기틀을 제공해 주었다고 스스로 자랑한다. 그의 업적은 그의 치세 너머까지 살아남아 함무라비 법전에 새겨지게 되었다. 그

---

63 Nardoni, 위의 책, 11, 각수 48(Bottéro, *Mesopotamia*, 182-183 재인용).
64 Cazelles, "Idéologie," 60-73.

의 법전은 그의 왕조가 멸망당한 후 10세기 후대까지 바벨론과 여러 나라들에게 유포된 사법적 판결의 기념물로 기능했다. 심지어 10세기 후의 앗수르 왕 아슈르바니팔(Assurbanipal, 주전 668-627년) 도서관에도 함무라비 법전의 숱한 사본들이 있었다. 함무라비 법전을 떠받치는 자유민 친화적 정의수호 의지와 열정이 이 법전의 역내 확산을 촉진시켰을 것이다.[65] 하지만 함무라비가 말하는 키툼과 미샤룸이 구약성경이 특정하는 고아와 과부의 법적 권리까지 보장하는지는 더 연구해 보아야 할 문제이다. 앞서 언급했듯이, 함무라비 법전조항들 자체는 그 법전 서언의 선언과 달리, 고아와 과부 같은 하층민들의 권익을 보호할 것을 명하는 조항 자체가 거의 없었기 때문이다. 오히려 고대 이스라엘의 왕에게 위임된 공의와 정의 수호책임은 고대 우가릿 문헌인 케레트(혹은 키르타 이야기)나 아크하트에서도 잘 증시(證示)되듯이 고대 가나안의 왕정 이데올로기에 가깝다고 보여진다. 고대 가나안의 이상적인 왕도 과부와 고아의 송사를 해결해주고 그들의 원통함을 신원하는 정의수호자였기 때문이다.[66] 이것은 무엇을 의미할까? 고대 수메르와 바벨론의 법전들의 서언이 천명하는 정의와 공정 등은 구약성경의 하층민 중심의 정의와 공정 집행 명령 법령들과는 다소 차이가 난다는 것이다. 제왕들의 법전 전문에 천명된 원칙이 실제적 법 조항에는 충분히 반영되어 있지 않았다는

---

[65] Nardoni, *Rise Up, O Judge*, 12; Guillaume Cardascia, "La transmission des sources cuneiformes," *Revue Internationle de droits de l'antiquité* 7 (1960), 31-50.

[66] 프리처드, 『고대 근동 문학 선집』, 315, 왕의 찬탈자 야쭈부가 왕 키르타를 정죄할 때 예거하는 악행이 왕이 고아와 과부를 보살피지 않은 부작위 허물이었다. 이 야쭈부의 거짓 고소에는 자비와 정의 수호에 실패한 왕은 왕위를 상실할 정도의 큰 죄를 범한 것이라는 암시가 들어 있다(351).

것은 정의 수행 치적을 자랑하는 제왕들의 호언이 혹시 선전문구가 아니었을까 하는 의구심을 자아낸다.

### 5. 함무라비 자비법령들(Proclamations of mercy)[67]

함무라비에서 특별히 주목해야 할 요소는 법전 조항의 대부분은 아빌룸의 거래, 행동 등에 대한 법적 규정이라는 것이다. 이 법전도 에쉬눈나 법전처럼 근절하기 어려웠던 고율의 고리대금업 관행을 단죄하고 있다. 근절하기 어려운 이 상황 때문에 왕들은 정기적으로 달리 갚을 길이 없는 부채나 채무 이행 의무들을 말소시킨 칙령들을 공포해야 했다.[68] 이 주기적인 공포는 때로는 자비법령(미샤룸), 탕감선언 혹은 심지어 은혜칙령이라고 불렸다. 어떤 단일한 현대어(영어는 물론 한국어)로도 이 아카드 미샤룸의 전 의미영역을 다 포괄할 수 없다. H. 페츠쇼브(H. Petschow)가 관찰했듯이 고대 메소포타미아의 연대기, 법률문서, 편지들, 그리고 왕 치적비문들에는, 이씬(Isin), 바벨론, 에쉬눈나, 혹은 하나(Hana) 같은 곳에서는 왕이 "땅에 정의를 창조했다." 혹은 "봉인된 문서들과 채무토판들을 파괴했다."고 말하는 언급들이 많이 등장한다.[69] "그가 땅에 정의를 세웠

---

[67] 이 단원은 Nardoni, *Rise Up, O Judge*, 12-15에 크게 빚지고 있다.

[68] Nardoni, *Rise Up, O Judge*, 12; Jean Bottéro, "Désordre économique et annulation des dettes en Mésopotamie à l'époque paléo-babylonienne," *Journal of the Economic and Social History of the Orient* 4 (1961), 113-164; Fritz R. Kraus, *Ein Edikt des König Ammi-saduqa von Babylon* (Leiden:Brill, 1958), 17-43; Kraus, "Ein Edikt des Königs Samsu-iluna von Babylon," in *Studies in Honor of Beno Landsberger* (Chicago:Chicago University Press, 1965), 225-231(모든 각주는 Nardoni, *Rise Up, O Judge*, 12쪽의 각주 52 재인용).

[69] Nardoni, *Rise Up, O Judge*, 12; H. Petschow, "Gesetze," *Reallexikon der*

다."는 어구에서 '정의'(justice)는 아카드어 미샤룸의 번역어이다. 채무토판들을 파괴했던 왕의 행동과 관련해 "그가 정의를 세웠다."라는 표현은 실제적인 정의수행을 가리켰다. 이 호의는 채무면제 혹은 지불 의무 말소, 원주인에게 재산 반환, 그리고 채무노예 신분으로부터의 해방을 포함했다. 이미 앞에서 살펴보았듯이 이것은 리피트-이쉬타르 법전에서도 볼 수 있는데, 미샤룸에게 부여된 해방적 정의(liberating justice)는 수메르에서도 시행된 전례가 있었다. 수메르의 왕이 법령을 통해 회복한 평등을 '정의'(justice, nig-si-sa)라고 불렀다. 미샤룸과 병행어인 또 다른 고대 전문용어는 안두라룸(andurārum='liberty, liberation')이었다. 이 단어는 특별히 노예해방을 특정해 가리키는 말로 사용되었다. 이 용어의 수메르 동등어는 'ama-ar-gi₄'인데 우루카기나 개혁 본문들이나 리피트-이쉬타르 법령에서 볼 수 있다.⁷⁰

이처럼 고대 근동에서 자비법령을 공포하는 것은 왕의 의무였다. 이 해방적 정의를 수행하는 준거는 앞서 말했듯이, 메소포타미아의 왕정 이데올로기였다. 이 왕정 이데올로기에 따르면 왕권은 인간에게 주어진 신의 선물로서 특히 인간들이 열등한 신들을 대신할

---

*Assyriologie*, ed. Erich Ebeling et al. (Berlin:Walter de Gruyter, 1928), 3:269-270.

70 Nardoni, *Rise Up, O Judge*, 14; Lemche, 위의 글, 17; Kramer, 위의 책, 159(The Lipit-Ishtar Code iii 56-70). 안두라룸과 미샤룸의 관계에 대해서 레이몬드 웨스트브룩(Raymond Westbrook)은 다음과 같이 구분한다. 안두라룸이 특별한 해방 혹은 사면행위를 가리키는 반면에 미샤룸은 왕이 개인을 대해서라기보다는 특별한 집단이나 계층 사람들을 겨냥한 다양한 해방 행위들을 포함한 왕의 일반적 칙령을 지칭한다고 본다(*Property and the Family in Biblical Law* [JSOTSup 113; Sheffield:JSOT Press, 1991], 45).

피조물로 창조되었을 때 위탁된 과업을 잘 감당하도록 돕기 위하여 주어진 선물이었다.[71] 왕의 으뜸 과업은 각 사람이 그 사회적 지위에 따라 신들을 섬기는 노동에 적극적으로 참여할 수 있는 여건을 조성해 주는 일이었다. 이런 해방적 정의의 수행이 너무나 중요한 것으로 간주되어 메소포타미아의 왕들은 함무라비의 예를 따라 그들 스스로에게 '정의 왕'(šar mīšarim)이나 '정의 애호자'(rā'im mīšari)라는 호칭을 부여했다. 이런 호칭들에서 '정의'는 약자옹호와 억압당하는 자의 해방 행위를 포함했다.[72]

앞에서 우리가 이미 살펴보았듯이, 사회적 자비실천을 법제화하여 공포한 전례들은 고대 메소포타미아에서 아주 초기부터 나타났다.[73] 수메르의 초기 도시국가였던 라가쉬의 마지막 왕 우루카기나(주전 24세기 중반)는 미납된 세금과 이자를 납부할 의무를 면제해 주었다. 그의 전임자 중 한 사람인 엔테메나는 시민들에게 자유를 회복하고 세금채무를 탕감해 주었다. 이쎈의 리피트-이쉬타르(주전 1870-1860년)는 자신이 반포한 법전 서언에서, 그가 니푸르, 우르, 이쎈의 주민들을 해방시키고 수메르와 아카드에 정의를 세우기 위해 선포했던 칙령들에 대해 암묵적으로 언급하고 있다. 고대 수메르의 형평법령이나 자비법령을 연구한 모든 학자들이, 리피트-이쉬타르 외에도 우르-남무 법전, 에쉬눈나 법전, 그리고 함무라비 법전들

---

[71] Nardoni, *Rise Up, O Judge*, 13 ; Cazelles, "Ideologie," 62.

[72] Nardoni, *Rise Up, O Judge*, 13 ; Lemche, "Andurārum," 11-22. 렘키가 인용하는 문서 중 하나에는 다음과 같은 말이 나온다 : "정의의 수호자, 정의 애호자인 그, 위로를 주고 병약한 자들을 위로하러 오는 그"(15).

[73] Lemche, "Andurārum," 13-17.

모두 초기 수메르 왕들이 공포했던 미샤룸 칙령들로부터 온 구절들을 그들의 법전 본문에 각각 받아들였다고 생각한다. 구체적 법조항들에서는, 제왕의 선전문구 같은 법전의 전문에서 장담한 것처럼 민중해방적 자비법령 조항들이 기대만큼은 많지 않으나 학자들의 이 판단은 대체로 타당해 보인다.

그래서 고대 메소포타미아 왕들의 사회적 형평법 및 자비법령 실행 전통을 이어받았던 함무라비는 치세 처음부터 정의의 선언 혹은 해방선언(미샤룸)을 도입했다. 그는 왕의 의지에 따라 언제든지 반복될 수 있는 칙령을 도입했는데, 그 칙령은 얼마나 자주 그런 자비법령들이 공포되어야 하는지를 결정하는 어떤 상위 법령의 정당성 부여 없이도 반복적으로 선포될 수 있는 칙령이었다.[74] 이런 종류의 유일한 법전 완결 본문은 함무라비의 열 번째 후임으로 바벨론 왕위에 오른 암미-사두카(Ammi-Saduqa, 주전 1582-1562년) 칙령이다.[75] 이 칙령에서 암미-사두카는 아카드인들과 아모리인들이 국가에 진 빚들을 탕감했고 채주들에 의해 노예로 전락했던 사람들을 자유민으로 해방시켰다고 자랑한다. "농업자와 목자와 지방의 슈쉬쿠(관리)와 여타 왕의 직할공납자의 부채, 즉 그들의 협약서와 어음

---

[74] Nardoni, *Rise Up, O Judge*, 14; Fritz Kraus, "Samsu-iluna," 225-231. 채무용서의 정기적 실천관습과 인신해방을 연구하려면, 다음 자료들을 참조하라: Westbrook, *Property*, 44-52; Jeffries M. Hamilton, *Social Justice and Deuteronomy: The Case of Deuteronomy 15* (SBLDS 136; Atlanta: Scholars Press, 1992), 48-72; Yairah Amit, "The Jubilee Law: An Attempt at Instituting Social Justice," in *Justice and Righteousness: Biblical Themes and their Influence*, eds. H. G. Reventlow and Y. Hoffman (JSOTSup 137; Sheffield: JSOT Press, 1992), 47-59(Nardoni, 위의 책, 14 각주 58 재인용).

[75] Finkelstein, "The Edict of Ammisaduqa," in *ANET*, 526.

의…… 그들의 지불…… 은 면제되었다.", "암미디타나 왕이 그 땅으로 지불하기로 정했던 빚을 면제해 준 해(암미디타나 즉위 21년)로부터 엔릴이 암미-사두카 왕의 당당한 지배권을 확대하여 암미-사두카 왕이 샤마쉬처럼 그의 땅에서 결연히 일어나서 그의 백성을 위해 정의를 실행한 해(암미-사두카 왕의 즉위 원년)의 니산월까지 생겨난 그들의 부채—왕이 땅에 정의를 반포하였으므로 세금관리는 지불금에 대하여—로 인해 고소하지 않을 것이다."[76]

이 법전본문 비교적 앞부분에 정의(미샤룸)라는 단어가 나온다. "왕이 땅에 정의(미샤룸)를 반포했을 때 땅이 준수해야 할 법령의 문서"[77] 스무 조항에는 "…… 왕이 이 땅에 정의를 시행하였으므로 채무노예는 풀려날 것이고 그의 해방(안두라룸)은 시행될 것이다."[78]라는 선언이 나온다. 이 스무 조항에서 특별히 노예해방에 대해 말할 때에는 안두라룸이라는 용어를 사용하고, 그것이 왕에 의해 취해진 다양한 자비조치들을 포함할 때는 미샤룸이라는 단어를 쓴다.[79] 그래서 여기서 미샤룸이라는 말은 자주 후렴처럼 나타난다. "왕이 나라에 해방적 정의(미샤룸)를 확립했기 때문이다."

유사한 칙령—비록 파편으로 남아 있을지라도—으로는 처음으로 암미-사두카의 증조부 왕인 삼수-일루나(Samsu-Iluna, 주전 1686-1648년)에 의해 이런 정의수호 법령이 공포되었다.[80] 이 칙령

---

[76] 프리처드, 『고대 근동 문학 선집』, 408.
[77] 위의 책.
[78] 위의 책, 412.
[79] Nardoni, *Rise Up, O Judge*, 14; Kraus, *Ammi-saduqa*, 1/-43.
[80] Nardoni, *Rise Up, O Judge*, 12; Kraus, "Samsu-iluna," 225-231.

으로 왕은 수메르와 아카드를 위하여 정의를 정립했다고 자랑했다. 이 법령에서 미샤룸과 안두라룸이라는 용어들은 암미-사두카 칙령의 내용과 유사한 내용을 의미하면서 사용되었다. 이런 해방칙령들(Liberation edicts)은 바벨론 도시국가가 심지어 카사이트 왕국의 지배(Kassite rule) 아래 굴러떨어진 이후에도 바벨론에서 계속적으로 공포되었다. 그래서 카사이트 왕 쿠리갈주(Kurigalzu Ⅱ, 약 주전 1345-1324년)는 자신이 바벨론 사람들을 위해서도 해방적 정의 칙령을 공포했다고 스스로 자랑스러워하고 있다.

## 6. 앗수르 제국의 자비법령들[81]

이 사회적 법령들은 앗수르 제국 시대에도 공포되었다. 사르곤 2세(주전 721-705년)와 에살핫돈(Esarhaddon, 주전 680-669년)도 그들의 제국 일부지역에 이런 자비법령들을 공포했다고 언급한다.[82] 앗수르 제국을 뒤이어 고대 근동을 제패했던 신바벨론 제국의 느부갓네살도 키툼과 미샤룸 실행을 게을리하지 않았다고 전해진다.[83] 신바벨론 제국의 또 다른 후대군주였던 네리글리싸르(Neriglissar, 주전 559-555년) 치세 때도 키툼과 미샤룸이 집행되었음을 보여주는 증거가 발견되었다. 그의 비명들 중 하나에는 이렇게 기록되어 있다. "나는 이 나라에 영구적으로 미샤룸을 확정했고 나의 엄청나게 멀리까지 확장된 백성들이 평화롭게 풀을 뜯도록(살도

---

[81] 이 단원은 Nardoni, *Rise Up, O Judge*, 14-15에 크게 빚지고 있다.
[82] Nardoni, *Rise Up, O Judge*, 14 ; Lemche, "Andurārum," 20-21.
[83] Weinfeld, *Social Justice in Ancient Israel and in the Ancient Near East*, 42-43.

록) 풀어주었다."⁸⁴

이처럼 현실성 있는 사회적, 정치적 동기 외에도 새로운 왕의 치세를 해방적 정의를 실현하기 위한 부채탕감 법령으로 시작하는 관습에는 또한 신학적 동기도 작동하고 있었다. 왕의 치세 시작 때 군주는 해방칙령을 갖고 혼돈에 감금된 세계에 질서를 확정함으로써 원시적 창조신화를 실연한다. 그러나 아마도 새 군주가 자신을 인민에게 덕을 입히는 수혜자로 내세우고 민중지지를 확보하는 일이 중요했기 때문에, 사회통합적이고 현실정치적 동기들이 자비칙령 공포를 촉발시킨 더욱 적실성 있는 요인들이었을 것이다. 이를 위해서는 전임 군주에게 진 빚들을 말소해 주고 자유민들의 잃어버린 권리들을 되찾아 주는 것보다 더 좋은 정책은 없었다. 이렇게 자비법령을 공포함으로써 군주는 자신이 나라에 "공명정대(미샤룸)를 세웠다."고 자랑할 수 있었을 것이다.⁸⁵

### 7. 자비법령들의 이상과 현실의 괴리를 보여주는 기도문들⁸⁶

과연 이런 고대 근동의 제왕과 군주들이 반포했던 사회적 형평 및 자비법령은 현실에서 어느 정도 효과를 발휘했을까? 그들은 해방법령과 자비법령을 통해 민중들을 편안하게 하고 안녕으로 이끌었다고 호언했지만, 현실은 그렇게 굴러가지 않았던 것처럼 보인다. 제왕과 군주들의 해방법령이 현실에 위력을 드러내는 것도 쉽지 않았을

---

**84** Nardoni, *Rise Up, O Judge*, 14; Lemche, 위의 책, 14.
**85** Nardoni, *Rise Up, O Judge*, 15; Bottéro, "Désordre," 159.
**86** 이 단원은 Nardoni, *Rise Up, O Judge*, 15-17에 크게 빚지고 있다.

것이다. 이런 현실을 반영하는 고고학 자료가, 정의를 수호하는 정의의 신들에 대한 신앙을 토로하는 본문들이다. 고대 메소포타미아 문명에서 사회정의 개념과 공명정대 열망은 법률문서에서 뿐만 아니라 종교문서에서도 발견된다. 일련의 종교문서들은 정의를 추구하는 총독들(방백들)에 의해 사회적 형평법들과 자비법령들이 공포되었음에도 불구하고, 현실적으로는 정의를 세우는 일이 너무 어렵다는 것을 발견한 사람들이 있었음을 보여준다. 이 사람들은 그들의 종교적 신앙에서 피난처와 도움을 발견하려고 했을 것이다. 우리는 여기서 엔시(성전 총감독)들을 신뢰할 수 없어서 신에게 직접 호소할 필요를 반영하는 찬양들과 기도문들을 일별하려고 한다. 지금까지 남겨진 수메르의 찬양문은 우주질서를 관장하는 태양신이자 정의의 신인 우투(셈족 만신전에서는 샤마쉬로 불리는 신)에게 바쳐진 찬양이다.[87]

> 우투! 당신은 목자요 흑두(黑頭) 인민의 아버지입니다.
> 우투! 당신은 나라의 제일 재판관입니다.
> 우투! 재판은 당신의 권한입니다.
> 우투! 판결내리는 것은 당신의 권한입니다.
> 우투! 정의는 당신의 관장사항입니다.
> 우투! 신실함과 정의로 이끄는 것은 당신의 권한입니다.
> ……
> 우투! 이 가난한 소녀, 버림받은 여인은 당신의 손안에 있습니다.
> 우투! 과부에게 정의를 선사하는 것은 당신의 권한입니다.

---

[87] Nardoni, *Rise Up, O Judge*, 15-16.

우투! 만일 당신이 나와 판단하지 않으면 어떤 판결이나 결정도 이뤄지지 않습니다.[88]

이런 찬양에서 보듯이 당시의 권세 있는 자들의 통치 효과에 좌절하고 확신을 갖지 못한 비천한 수메르 사람들은 정의와 질서유지의 일차적 책임자인 신들에게 직소했다. 그들에게 우투는 정의를 수호하는 가장 중요한 신이었다. 그러나 수메르인들에게는 정의를 수호하면서 강한 모성적 특성을 갖는 여신 난쉐(Nanshe)도 있었다. 한 수메르 찬가는 라가쉬의 난쉐를 고아의 어머니, 과부의 의지처, 가난하고 약한 자들의 보호자라고 주장한다. 크래머(S. N. Kramer)에 따르면, 이 찬양은 수메르의 문헌들에서 "발견된 보다 더 명시적으로 도덕적이고 윤리적인 확언들의 몇 가지 요소들을 포함하고 있다".[89] 이 찬양은 난쉐를 다음과 같이 묘사한다.

고아를 알아주며 과부를 알아주는 여신,
이웃을 압제하는 사람의 압제를 감찰하는 고아의 어머니 난쉐
......
유력한 자들을 약한 자들에게 넘기는
난쉐는 사람들의 마음을 살피신다.[90]

---

[88] Nardoni, *Rise Up, O Judge*, 15; Giorgio R. Castellino, "Incantation to Utu," *Oriens Antiquus* 8 (1969), 1–57, 특히 9.

[89] Nardoni, *Rise Up, O Judge*, 16; Samuel N. Kramer, "Sumerian Theology and Ethics," *Harvard Theological Review* 49/1 (1956), 58.

[90] Nardoni, 위의 책; Kramer, "'Vox populi' and the Sumerian Literary

수메르인들은 우르 3왕조로부터 지혜롭고 정의로운 왕의 전범(典範)으로 신격화된 한 왕을 가졌다. 그의 이름은 우르의 슐기(Shulgi of Ur)였다. 비천한 자들은 고통 중에서 그에게 호소했다. 신에게 바치는 찬가에서 탄원자는 거룩한 슐기 왕에게 간청한다.

> 지혜로운 통치자, 영웅이여 오소서!
> 이 땅에 안식을 주소서!
> 신실한 영웅, 태양 같은 신, 정의로워라.
> 누가 인간에게 호의를 베풀까?
> 누가 정의를 베푸는가?
> 누가 당신 같은가?
> 누구에 의해 큰 무기가 운반되는가?[91]

주전 2천년 대 중엽에 기원하는 이쉬타르에게 바친 바벨론인의 찬가는 이 여신의 미덕을 찬양한다. 그녀는 풍요와 전쟁을 관장하는 후원신일 뿐만 아니라 가난하고 압제당하는 자들을 보호하는 정의의 여신이다. 찬가 중 한 단락은 이렇게 노래한다.

---

Documents," *Revue d'Assyriologie et d'archéologie orientale* 58 (1964), 148-156.

[91] Nardoni, *Rise Up, O Judge*, 16; George A. Barton, *Miscellaneous Babylonian Inscriptions* (New Haven:Yale University Press, 1918), 27-28. 바톤(Barton)은 우르 3왕조의 둘째 왕인 슐기를 둔기(Dungi)라고 부르는데, 이는 20세기 전반기의 1세대 수메르 전문연구자들이 슐기의 이름을 이렇게 불렀기 때문이다(Thorkild Jacobsen, "New Sumerian Literary Text," *Bulletin of the American Schools of Oriental Research* 102 [1947], 16).

당신은 공평과 정의로 당신의 신민들을 재판하신다. 당신은 압제당하고 환난당하는 자들을 돌아보신다. 당신은 압제당하는 자를 매일 회복시키신다. 오 나에게 당신의 은혜를 베푸소서. 하늘과 땅의 황후시여, 인민의 목자시여![92]

앗수르-바벨론 시대에 유래된 노래 중 수메르의 우투에 해당되는 셈족의 태양신이자 정의의 수호신 샤마쉬에게 바쳐진 찬가가 있다. 이 찬가는 땅과 지하세계 존재들에게 보여준 자애로운 행동 때문에 샤마쉬를 찬양한다. 이 찬가는 태양신이 공평과 정의에 대해 갖고 있는 관심을 표현하는 선포를 교대로 나열한다. 이 찬가는 다음과 같은 어구들을 포함한다.

오 태양신이시여, 당신은 당신이 발설한 당신의 진실한 판결로……
행악자를 억제하십니다.
가증한 일들을 행한 자들의 뿔을 당신은 꺾으시고
불의한 재판관을 당신은 투옥시킵니다.
(정의)를 왜곡하는 뇌물 수수자를 당신은 징벌에 처하십니다.
텅 빈 목소리로 힘없는 자가 당신에게 호소합니다.
비참한 자, 약한 자, 학대당한 자, 가난한 자가 당신 앞에
두 손 들고 예물을 갖고 당신께 신실하게 나옵니다.[93]

---

[92] Nardoni, *Rise Up, O Judge*, 16; Marie-Joseph Seux, *Hymnes et prieres aux dieux de Babylone et d'Assyrie: introduction, traduction et notes* (Paris: Cerf, 1976), 189, 383-385.

[93] Nardoni, *Rise Up, O Judge*, 17; Ferris J. Stephens, "Hymn to the Sun-God,"

바벨론 시대에는 주전 18세기 이래 바벨론 만신전의 최고 주신인 마르둑이 빛의 신이자 메소포타미아 창조서사시에서 혼돈괴물 정복자로서 가난한 자들과 버림받은 자들의 신뢰를 획득했다고 믿어졌다. 마르둑은 고난을 가장 극심하게 당하는 자들인 가난한 자들을 지탱시키기 위해 그 혼돈의 때에 희망을 창조하는 모든 신적 자질들을 자신 안에 통합시킨다. 그는 정의의 최고 대표자였으며, 우주창조적 영웅의 난공불락적인 권능을 소유했다고 주장했다. 이런 마르둑에게 드려진 한 기도문은 이렇다.

> 샤마쉬처럼 당신은 어둠을 비추신다.
> 매일 당신은 압제당하는 자와 환난당한 자에게 정의를 베푸신다.
> 당신은 가산을 빼앗긴 채 우는 과부, 슬퍼하는 자, 잠 못 드는 자들을 다시 회복시키신다.
> 내 주여 오늘 나에게 가까이 오소서. 내 기도를 들어주소서.
> 나를 위해 판결을 내려주소서. 나를 위해 결정을 선언해 주소서.[94]

## 8. 소결론

이상에서 살펴본 것처럼 고대 메소포타미아에서는 주전 23세기부터 주전 7세기에 이르기까지 제왕 중심의 해방적 법령과 자비법령이 간단없이 선포되었다. 강력한 해방적 정의에 대한 개념은 메소포타미아에서 수 세기에 걸쳐서 견지되었다. 그것도 제왕의 으뜸 관

---

in *ANET*, 387-389.

[94] Nardoni, *Rise Up, O Judge*, 17 ; Seux, *Hymnes*, 445, 447.

심으로 유지되었다. 사회개혁 조치들, 법전들, 그리고 자비법령들에서 보여지는 제왕의 사명은 자기 영토에서 불의를 제거하고 압제당하고 버림받은 자들을 해방시켜 그들이 신들을 섬길 수 있는 수준으로 회복시키는 것이었다. 그러나 개혁의 반복적 시도들, 새로운 법전들의 반포, 정기적 자비법령의 선포들, 그리고 여전히 정의가 충족되지 않는다고 아우성치는 기도문들에 비추어 볼 때, 착취와 압제를 제거하고 정의와 공명정대를 세우는 일이 얼마나 어려운 과업이었는가를 새삼 짐작할 수 있다. 특히 우리가 마지막으로 살펴본 민중의 기도 외침들도 약자들을 위한 정의가 집행되는 것이 얼마나 어려웠으며, 비천한 사람들에게 정의가 얼마나 멀고 먼 이상이었는가를 보여준다. 이런 어려움에도 불구하고 메소포타미아 법령 전통은 정의와 관련된 왕의 의무조항 준수 전통을 잘 보지(保持)했다. 왕은 국가의 과도한 권력 범람을 통제하고 압제자들의 권력을 억제할 의무를 졌고, 약자들의 유린된 권리들을 회복시켜 주어야 할 의무를 지고 있었다. 왕은 생산성을 저해하는 모든 과부하된 짐들과 의무조항들로부터 백성을 해방시키고 고아와 과부같이 여러 가지 이유로 유기된 사람들, 즉 스스로 사회 속에 뿌리내릴 능력을 결여한 사람들을 보호할 의무를 지고 있었기 때문이다.

이상에서 우리는 두 가지를 확인했다. 첫째, 고대 근동의 사회적 형평법 전통들은 단지 통치자의 자선행위가 아니라 국가사회의 재활복구력을 제공하기 위한 고도의 현실정치적 정책이었다는 것이다. 다만 제왕들의 선전문구 같은 법 전문에 나오는 정의 수행에 대한 자기도취적 찬양만큼 민중친화적 정의집행을 명하는 명시적 법조항들은 그다지 많지 않다는 점은 첨언될 필요가 있다. 둘째, 고대 근동의 사회적 형평법들과 자비법령들도 신들의 세계와 조화를 이루고자 하는 고대 근동사회의 유신론적 경건행위였다는 것이다.

고대 메소포타미아 국가들에서 부각된 왕의 역할은 오늘날 법치국가 시대에서의 정부 역할과 유사하다. 사회개혁 조치들, 법전들, 그리고 자비법령들에서 보여지는 왕의 사명은 자기 영토에서 불의를 제거하고 압제당하고 버림받은 자들을 해방시켜 그들이 신들을 섬길 수 있는 수준으로 회복시키는 것이었다. 그러나 그들이 비록 '신들의 명령'을 따라 이런 형평 및 자비법령들을 선포하고 정의실천을 한다고 선전하지만, 구약성경의 형평 및 자비법령 전통에 비하면 고대 메소포타미아의 정의 추구 법령들은 그 알짬에 있어서는 '신들의 의지'를 반영하기보다는 고대 제왕들의 국가경영상의 당면 필요를 충족시키는 데 치중한 것처럼 보인다. 고대 메소포타미아에서 정의는 여러 신들 중 특정한 신의 과업이었다. 구약에서처럼 야웨 하나님의 궁극적인 관심이 정의와 공의 정립이었던 것에 비하면 확실히 고대 근동 신들의 세계는 정의와 공의 정립에 전적으로 몰두한 것은 아니었다. 샤마쉬나 우투라는 정의의 신이 거의 배타적으로 관여하는 영역이 정의와 공의였다. 그러나 이스라엘의 경우 야웨 하나님은 단 한 분 우주의 창조자요 통치자이면서, 동시에 야웨 하나님의 으뜸 관심은 공의와 정의였다. 이런 점에서 고대 이스라엘에서 정의와 공의 추구는 왕 외에 신정통치의 다른 대리자들인 예언자들과 제사장, 장로들에게도 요구된 과업이자 사명이었다.[95]

여기서 우리가 구약성경의 사회적 해방전통을 연구할 때 한 가

---

[95] Greengus, 위의 글, 471.

지 통찰을 얻는다. 고대 이스라엘의 안식년법(휴경법)이나 면제년법 및 희년법 시행책임이 왜 왕이신 야웨에게, 그리고 야웨의 봉신인 다윗 계열의 왕에게 위탁되었을 뿐만 아니라 예언자들이나 제사장들에게도 위탁되었는지를 깨닫게 된다(왕[시 72편; 사 9:5-6; 11:1-4; 겔 34장; 막 6:34; 요 10:11-14]; 예언자[왕하 8:1-6; 사 61:1-4; 암 3-5장]; 제사장[레 23장, 25장; 겔 46:16-18]). 이런 사회형평법이 어떻게 해서 이스라엘의 왕이신 야웨의 이름으로 선포된 신정체제의 법령의 일부가 되었는지가 분명해진다. 이 세 부류의 신정통치 대행자들의 공통 관심사는 하나님 언약백성의 보존과 번성이었다. 이 하나님 언약백성의 번영과 보존은 그들의 땅의 경작권과 소출 향유 여부에 달려 있었다. 그래서 이 세 집단의 신정통치 대리자들이 정상적으로 활동했을 때에는 땅의 공정한 배분과 경작이 왕이신 하나님의 으뜸 관심사였음이 다채롭게 증언되고 있다.

### 시드기야의 노예해방 취소와 70년 바벨론 유배의 상관성

예레미야 34장은 고대 이스라엘의 형평 및 자비법령의 실천이 왕의 관심사임을 넘어 예언자와 그 배후에 계신 야웨 하나님의 관심임을 예시한다. 구약의 자비법령과 형평법령들의 정신은 나사렛 예수가 선포한 하나님 나라의 복음 안에 그대로 이월되었다(눅 4:18-20). 구약성경의 형평 및 자비법령의 정수를 담은 이사야 61:1~4은 공평과 정의 실행은 하나님의 신탁대언자들인 예언자들에게 위탁된 핵심과업임을 보여주는데, 나사렛 예수는 이 예언자적인 왕정 전통을 재현하려고 했다. 예수에게 하나님 나라의 복음은 구약성경의 형평 및 자비법령의 실천을 전제한 복음이었다. 예수의 하나님 나라 선포 안에서 율법과 복음은 불가분리적으로 화학적으로 결합되어 하나님 나라 복음 메시지를 구성했다. 만일 구약성경의 형평 및 자비법령의 폐기나 효력 정지를 주장하면 예수의 하나님 나라 복음은 텅 빈 말이 되어 버린다. 예수에게 복음은 구약성경의 형평 및 자비법령의 실천을 통해 창조되는 세상의 도래를 알리는 기쁜 소식이었기 때문이다.[96]

이스라엘 백성이 가나안 땅을 점유하고 있는 현실은 하나님의 다스림 아래 있는 표지이며, 가나안 땅을 잃고 열국 중에 흩어져 사는 것은 하나님 통치의 중단이자 구원의 소멸을 의미했다. 하나님의 백성이 야웨의 기업을 떠나는 것은 언약공동체로부터의 이탈을 의미했고, 언약공동체에 주어지는 하나님의 통치 혜택, 즉 구원과 평안, 생존의 안전권과 인권보호의 박탈을 의미했다(겔 36:20-22). 그래서 주전 8세기 예언자들은 야웨의 백성 중 가난한 자들이 집단적으로 출현하는 것을 보고 엄청난 위기의식을 느꼈다. 하나님의 언약의 선물로 주어진 기업(基業)을 잃는 것은 언약 해지이며, 구원 상실이자 하나님 상실이었다(삼상 26:19). 이스라엘이 기업으로 주신 땅에 평안히 거주하는 것은 구약성경이 그리는 최고의 구원이었다. 이스라엘 백성의 질적·양적 번영은 그들이 하나님이 하사하신 토지를 맡아 얼마나 잘 경작하고 생산성 있게 사용하는가에 달려 있었다. 땅

---

[96] Michael Welker, "Security and Expectations, Reforming the Theology of Law and Gospel," *Journal of Religion* 66 (1986), 237-260.

의 점유와 사용방법 자체가 하나님의 율법준수의 시금석이었던 것이다.[97]

땅의 올바른 사용을 명하는 면제년법, 휴경법, 그리고 희년법[98]은 이스라엘의 언약율법의 척추였다. 이 법들은 하나님의 언약에 묶여 하나님이 꿈꾸는 이상사회를 건설할 의무를 진 자유농민을 충분히 확보하기 위한 국가 경영적인 목적을 갖고 있었다. 예레미야 34장에서 암시된 면제년법이나 레위기 25장이 말하는 희년법은 단지 윤리도덕적 명령이 아니라, 국가공동체를 유지하기 위하여 고안된 현실정치적인 장치였다. 땅을 잃고 떠도는 유민들(겔 46:18; 왕하 8:1-6)은 하나님의 통치 밖에 내팽개쳐진 존재로 간주되었다. 땅이나 생계수단으로서의 안정된 직장을 갖지 못한 사람들이 많은 나라는 사상누각이며 반드시 붕괴될 수밖에 없는 공동체다.[99] 주전 7~6세기 예언자 예레미야는 유다 왕국의 패망과 함께 유다 왕국 지배층들의 70년 바벨론 유배를 예언했는데 그 이유는 무엇이며, 그는 어떻게 유배기간을 70년이라고 산정할 수 있었을까? 예레미야 34~52장에 어느 정도 대답이 나와 있다. 이 장들은 유다 왕국 멸망이 하나

---

[97] Moshe Weinfeld, *The Promise of the Land* (Berkeley, CA. et al.: University of California Press, 1993), 184.

[98] 희년은 고대 이스라엘의 이상적인 계약공동체의 유지를 위한 면제년법(출 21:1-2; 신 15:1-11; 렘 34장)과 휴경법(출 23:10-11)의 후기(포로기 혹은 포로기 이후) 수정증보판으로서 가장 이른 시기에 실시되었을 면제년법(출 20-23장의 계약법전의 규정)을 다소 완화시킨 법이다.

[99] 성경적인 '경제' 의미에 대한 필자의 자세한 논의를 참조하려면 『복음과 상황』 239(2010년 9월), 34-46에 실린 "고용 없는 경제성장' 시대에 생각하는 하나님 나라 경제학"을 보라.

님에 의한 강제적인 면제년 집행과정(땅의 안식년 집행과정)이었다고 본다. 예레미야 34:8~22은 시드기야 왕의 노예해방과 자유농민의 재노예화를 보도하는데, 이 사건은 예레미야의 70년 바벨론 유배 경고와 밀접한 관련을 맺고 있다.

[8]시드기야 왕이 예루살렘에 있는 모든 백성과 한 가지로 하나님 앞에서 계약을 맺고 자유를 선포한 후에 여호와께로부터 말씀이 예레미야에게 임하니라 [9]그 계약은 사람마다 각기 히브리 남녀 노비를 놓아 자유롭게 하고 그의 동족 유다인을 종으로 삼지 못하게 한 것이라 [10]이 계약에 가담한 고관들과 모든 백성이 각기 노비를 자유롭게 하고 다시는 종을 삼지 말라 함을 듣고 순복하여 놓았더니 [11]후에 그들의 뜻이 변하여 자유를 주었던 노비를 끌어다가 복종시켜 다시 노비로 삼았더라 [12]그러므로 여호와의 말씀이 여호와께로부터 예레미야에게 임하니라 이르시되 [13]이스라엘 하나님 여호와께서 이와 같이 말씀하시니라 내가 너희 선조를 애굽 땅 종의 집에서 인도하여 낼 때에 그들과 언약을 맺으며 이르기를 [14]너희 형제 히브리 사람이 네게 팔려 왔거든 너희는 칠 년 되는 해에 그를 놓아 줄 것이니라 그가 육 년 동안 너를 섬겼은즉 그를 놓아 자유롭게 할지니라 하였으나 너희 선조가 내게 순종하지 아니하며 귀를 기울이지도 아니하였느니라 [15]그러나 너희는 이제 돌이켜 내 눈 앞에 바른 일을 행하여 각기 이웃에게 자유를 선포하되 내 이름으로 일컬음을 받는 집에서 내 앞에서 계약을 맺었거늘(왕하 23:3, 느 10:29) [16]너희가 돌이켜 내 이름을 더럽히고 각기 놓아 그들의 마음대로 자유롭게 하였던 노비를 끌어다가 다시 너희에게

복종시켜 너희의 노비로 삼았도다 ¹⁷그러므로 여호와께서 이와 같이 말씀하시니라 "너희가 나에게 순종하지 아니하고 각기 형제와 이웃에게 자유를 선포한 것을 실행하지 아니하였은즉 내가 너희를 대적하여 칼과 전염병과 기근에게 자유를 주리라 여호와의 말씀이니라 내가 너희를 세계 여러 나라 가운데에 흩어지게 할 것이며" (느 9:30) ¹⁸송아지를 둘로 쪼개고 그 두 조각 사이로 지나매 내 앞에 언약을 맺었으나 그 말을 실행하지 아니하여 내 계약을 어긴 그들을(창 15:10) ¹⁹곧 송아지 두 조각 사이로 지난 유다 고관들과 예루살렘 고관들과 내시들과 제사장들과 이 땅 모든 백성을(겔 22:27) ²⁰내가 그들의 원수의 손과 그들의 생명을 찾는 자의 손에 넘기리니 그들의 시체가 공중의 새와 땅의 짐승의 먹이가 될 것이며(렘 11:21) ²¹또 내가 유다의 시드기야 왕과 그의 고관들을 그의 원수의 손과 그의 생명을 찾는 자의 손과 너희에게서 떠나간 바벨론 왕의 군대의 손에 넘기리라 ²²여호와의 말씀이니라 보라 내가 그들에게 명령하여 이 성읍에 다시 오게 하리니 그들이 이 성을 쳐서 빼앗아 불사를 것이라 내가 유다의 성읍들을 주민이 없어 처참한 황무지가 되게 하리라(렘 34:8-22)

8절 '자유를 선포한 후에'에서 말하는 '자유'는 드로르(dĕrôr)를 가리킨다. '드로르'는 레위기 25:10에서 희년에, 에스겔 46:17에서는 안식년에 선포하는 종 해방을 뜻하는 말로 쓰이고, 이사야 61:1에서 희년에 관철된 '갇혀 있던 자들의 해방'을 가리키는 말로 사용된다. 9절의 "히브리 남녀 노비를 놓아 자유롭게 하고"는 이렇게 자유를 선언한다는 것이 실제로 무엇을 뜻하는지 알려 준다. 곧 예루살렘 백성은 히브리인으로 종이 된 사람이면 남녀를 가리지 않고 다 내보내어 자유롭게 해야 한다는 것이다. 그리하여 동족 유다 사람을 종으로 부리는 일이 없게 해야 한다. 여기서 동족 유다 사람은 남왕국 유다 사람을 가리킨다. 이는 신명기 15:12과 출애굽기 21:2을 떠올리게 한다. "네 동족 히브리 남자나 히브리 여자가 네게 팔렸다 하자 만일 여섯 해 동안 너를 섬겼거든 일곱째 해에 너는 그를 놓아 자유롭게 할 것이요"(신 15:12). "네가 히브리 종을 사면 그는 여섯 해 동안 섬길 것이요 일곱째 해에는 몸값을 물지 않고 나가 자유인이 될 것이며"(출 21:2).

여기서 '동족'으로 옮긴 히브리 낱말은 본디 '형제'(아흐['aḥ])를 뜻한다. 시드기야가 구태여 히브리 남녀종을 내보내도록 백성과 언약을 맺었다는 것을 보면, 그때 예루살렘에서는 유다 사람이 유다 사람을 종으로 삼는 일이 만연했음을 추정할 수 있다. 시드기야가 이런 조치를 취한 까닭이 무엇인지 본문에서는 밝히지 않는다. 다만 예레미야 34:7에 그 실마리가 보인다. 7절이 묘사하는 바를 이 조치의 배경으로 본다면, 적군이 쳐들어와 거의 온 나라가 적군의 손아귀에 들어가고 예루살렘과 라기스와 아세가, 세 성읍만 남은 위기 상황에서 온 유다 사람이 한마음으로 적군과 맞서려면, 같은 유다 사람들 사이에 이런 신분 차이를 없애야 한다고 생각했을 가능성이 크다. 결국 이 자유 선포는 자유농민의 일정 수를 확보하려는 의도를 가졌다고 보인다. 그렇다면 시드기야의 자유 선포는 고대 메소포타미아 국가들에서 시행된 미샤룸과 안두라룸 정책과 그 궤를 같이한다고 볼 수 있다.

예레미야 34장의 노예해방의 율법적 근거는 몇 가지이다. 7년 주기 채무 탕감(면제년, 신 15:1-11), 7년 주기 인신해방법(신 15:12-15, 출 21:1-11), 7년 주기 휴경법 혹은 땅의 안식년(šĕnāth šābbatôn) 규정(레 25:1-7; 출 23:10-11) 등이 시드기야의 노예해방령 선포의 법적 근거로 간주될 수 있다. 무엇보다도 먼저 신명기 15:1~6의 면제년 규정이 예레미야 34장의 노예해방의 직접적 근거로 보인다.[100]

> ¹매 칠 년 끝에는 면제하라(ta'ăśe šĕmiṭṭā) ²면제(šĕmiṭṭā)의 규례는 이러하니라 그의 이웃에게 꾸어준 모든 채주는 그것을 면제하고 그의 이웃에게나 그 형제에게 독촉하지 말지니 이는 여호와를 위하여 면제(šĕmiṭṭā ladonai)를 선포하였음이라 ³이방인에게는 네가 독촉하려니와 네 형제에게 꾸어준 것은 네 손에서 면제하라 ⁴⁻⁵네가 만일 네 하나님 여호와의 말씀만 듣고 내가 오늘 네게 내리는 그 명령을 다 지켜 행하면 네 하나님 여호와께서 네게 기업으로 주신 땅에서 '네가 반드시 복을 받으리니'(barēk yĕbārĕkā) '너희 중에 가난한 자가 없으리라'(lô' yihye bĕkā 'ebĕyôn) ⁶네 하나님 여호와께서 네게 허락하신 대로 네게 복을 주시리니 네가 여러 나라에 꾸어줄지라도 너는 꾸지 아니하겠고 네가 여러 나라를 통치할지라도 너는 통치를 당하지 아니하리라 (신 15:1-6)

---

[100] Weindfeld, *Social Justice in Ancient Israel and in the Ancient Near East*, 13. 와인펠드는 시드기야의 '주전 598/588년 노예해방선포'를 희년선포로 볼 수 있는 여지가 있음을 말하며, 고레스의 시온 포로 해방칙령이 이 시드기야의 해방칙령 바로 뒤이어 일어난 희년선포로 볼 수도 있다고 본다. 또한 그러면서도 와인펠드는 시드기야의 해방선포를 희년이 아니라 면제년 해방선포라고 봐야 한다고 주장하는 나훔 사크니의 입장도 위의 책 13쪽의 각주 11에서 언급하고 있다.

여기서 7년 주기의 채무면제 규정이 나온다. 면제년은 채무면제년이며 이 경우 면제는 인신해방을 포함했을 수도 있고 포함하지 않았을 수도 있다. 이 면제대상은 히브리 노예이지만 그 목적은 야웨의 목적을 위한 면제라는 것이다. 야웨의 목적은 무엇일까? 자유농민을 그분의 언약백성으로 삼아 그분의 율례와 법도를 땅에 구현하고자 하는 목적을 가리킬 것이다. 즉, 하나님의 통치 구현을 위한 면제 실행 명령인 것이다. 시드기야의 면제선포는 7년에 한 번 맞는 초막절에 시행된 면제였다. "모세가 그들에게 명령하여 이르기를 매 칠 년 끝 해 곧 면제년의 초막절에 온 이스라엘이 네 하나님 여호와 앞 그가 택하신 곳에 모일 때에 이 율법을 낭독하여 온 이스라엘에게 듣게 할지니"(신 31:10-11). 신명기 15:1~6이 7년 주기 채무 탕감법이라면 출애굽기 21:1~6은 인신해방법이다. 이 인신해방법이 시드기야의 자유선포에 더 직접적인 법적 근거가 되는 율법으로 이해될 수도 있다.

¹네가 백성 앞에 세울 법규는 이러하니라 ²네가 히브리 종을 사면 그는 여섯 해 동안 섬길 것이요 일곱째 해에는 몸값을 물지 않고 나가 자유인이 될 것이며 ³만일 그가 단신으로 왔으면 단신으로 나갈 것이요 장가 들었으면 그의 아내도 그와 함께 나가려니와 ⁴만일 상전이 그에게 아내를 주어 그의 아내가 아들이나 딸을 낳았으면 그의 아내와 그의 자식들은 상전에게 속할 것이요 그는 단신으로 나갈 것이로되(출 21:1-4)

출애굽기 21:1~4과 신명기 15:12~15을 자세히 비교해 보면, 이 두 법령이 사실상 같은 상황을 다루는 율법임을 짐작할 수 있다.

다만 신명기 15:13은 여섯 해를 섬기고 일곱째 해에 자유케 되는 날에 '빈 손'으로 떠나게 하지 말 것을 명한다.

> ¹²네 동족 히브리 남자나 히브리 여자가 네게 팔렸다 하자 만일 여섯 해 동안 너를 섬겼거든 일곱째 해에 너는 그를 놓아 자유롭게 할 것이요 ¹³그를 놓아 자유하게 할 때에는 빈 손으로 가게 하지 말고 ¹⁴네 양 무리 중에서와 타작 마당에서와 포도주 틀에서 그에게 후히 줄지니 곧 네 하나님 여호와께서 네게 복을 주신 대로 그에게 줄지니라 ¹⁵너는 애굽 땅에서 종 되었던 것과 네 하나님 여호와께서 너를 속량하셨음을 기억하라 그것으로 말미암아 내가 오늘 이같이 네게 명령하노라(신 15:12-15)

출애굽기 21:1~4에서와 마찬가지로 여기서도 채무 때문에 종이 되었다는 말이 없다. 다만 채무누적이 인신노예화를 초래한다고 말하는 느헤미야 5장과 이사야 58장에 비추어 볼 때 과도한 채무 때문에 노예가 되었을 가능성이 커 보인다. 느헤미야 5장과 이사야 58장은 가난이 극단화되어 집이 없고 옷이 없으며 양식이 없는 총체적 인권 붕괴 상황을 다루고 있다. 히브리 동족이 채무 때문에 노예로 전락되었으며, 더 최악의 경우 아예 '노예 신분'조차 유지 못할 정도로 사회적 무소속자요 유리방황하는 난민으로 전락되었을 가능성이 크다는 말이다.

> ¹그때에 백성들이 그들의 아내와 함께 크게 부르짖어 그들의 형제인 유다 사람들을 원망하는데 ²어떤 사람은 말하기를 우리와 우리

자녀가 많으니 양식을 얻어먹고 살아야 하겠다 하고 ³어떤 사람은 말하기를 우리가 밭과 포도원과 집이라도 저당잡히고 이 흉년에 곡식을 얻자 하고 ⁴어떤 사람은 말하기를 우리는 밭과 포도원으로 돈을 빚내서 왕에게 세금을 바쳤도다 ⁵우리 육체도 우리 형제의 육체와 같고 우리 자녀도 그들의 자녀와 같거늘 이제 우리 자녀를 종으로 파는도다 우리 딸 중에 벌써 종 된 자가 있고 우리의 밭과 포도원이 이미 남의 것이 되었으나 우리에게는 아무런 힘이 없도다 하더라(느 5:1-5)

⁶내가 기뻐하는 금식은 흉악의 결박을 풀어주며 멍에의 줄을 끌러주며 압제 당하는 자를 자유하게 하며 모든 멍에를 꺾는 것이 아니겠느냐 ⁷또 주린 자에게 네 양식을 나누어 주며 유리하는 빈민을 집에 들이며 헐벗은 자를 보면 입히며 또 네 골육을 피하여 스스로 숨지 아니하는 것이 아니겠느냐 …… ¹⁰주린 자에게 네 심정이 동하며 괴로워하는 자의 심정을 만족하게 하면 네 빛이 흑암 중에서 떠올라 네 어둠이 낮과 같이 될 것이며(사 58:6-10)

이 두 단락에 비추어 봤을 때 우리는 가난이 누적되면 현물 채무가 더 많아지고, 그러다 보면 인신 저당이 일어나기 마련이며, 끝내는 땅 자체의 매각을 초래하는 자유 상실로 이어졌을 것이라는 결론에 이른다. 신명기 15장이나 출애굽기 21장, 그리고 레위기 25장은 느헤미야 5장과 이사야 58장 상황을 타개하는 데 동원된 형평 및 해방적 자비법령 전통이었을 것이다.

신명기 15장이나 출애굽기 21장에서는 아직까지 땅의 안식년

개념은 나타나지 않는다. 레위기 25:1~5과 출애굽기 23:10~11이 안식년 규정을 말한다.

> ¹여호와께서 시내산에서 모세에게 말씀하여 이르시되 ²이스라엘 자손에게 말하여 이르라 너희는 내가 너희에게 주는 땅에 들어간 후에 그 땅으로 여호와 앞에 안식하게 하라 ³너는 육 년 동안 그 밭에 파종하며 육 년 동안 그 포도원을 가꾸어 그 소출을 거둘 것이나 ⁴일곱째 해에는 그 땅이 쉬어 안식하게 할지니 여호와께 대한 안식이라 너는 그 밭에 파종하거나 포도원을 가꾸지 말며 ⁵네가 거둔 후에 자라난 것을 거두지 말고 가꾸지 아니한 포도나무가 맺은 열매를 거두지 말라 이는 땅의 안식년임이니라(레 25:1-5)

여기서 중요한 사실은 안식하는 것은 사람이 아니라 땅이라는 점이다. 안식년법은 곧 경작지 휴경법인 셈이다. 출애굽기 23:10~11은 땅의 안식 목적을 덧붙이고 있다. "너는 여섯 해 동안은 너의 땅에 파종하여 그 소산을 거두고 일곱째 해에는 갈지 말고 묵혀두어서 네 백성의 가난한 자들이 먹게 하라 그 남은 것은 들짐승이 먹으리라 네 포도원과 감람원도 그리할지니라" 땅의 안식 목적은 가난한 자들과 들짐승의 몫을 확보하는 것이다. 결국 7년 주기 채무 탕감법, 7년 주기 인신해방법, 7년 주기 휴경법은 각각 채무자 동포, 채무노예, 혹은 가난한 자들을 언약백성 공동체에 머물게 하려는 자비법령이며 사실상 동일한 자비법령으로 보인다. 그런데 그중에서도 제일 중요한 것은 7년 주기 땅 안식년법이다. 안식년법이 7년 주기 채무 탕감법이나 7년 주기 인신해방법보다 더 근원적이고 토대적이다. 7년마다 지난 6년간 노예로 전락했던 가난한 자유농민이 땅을 되찾는 절기이기 때문이다. 땅의 안식년법이 지켜지지 않으면 7년 주기 인신해방이나 7년 주기 채무 탕감법도 별 의미가 없다. 왜냐하면 히브리인 동족의 종이 된 히브리인이 7년 만에 자기 땅을 되찾지 못하면 언제든지 다시 가난하게 되거나 다시 노예가 될 수 있었기 때문이다. 자신의 땅을 되찾지도 못한 채 단지 채무만 면제되거나 인신만 자유케 된다면 무슨 의미가 있겠는가? 이런 관점에서 보면 7년 주기 채무 탕감법이 땅의 안식년, 즉 휴경법과 연동되어 있었을 가능성이 크다는 것이다. 땅의 안식년법이 지켜지지 않으면 7년 만에 해방을 해도 참 해방이 아니기 때문이다. 즉, 안식년이 채무 탕감, 인신해방보다 더 중요했다는 것이다. 안식년에는 가난한 자들이 휴경된 땅의 자연 소출을 거둘 권리를 가졌기 때문이다. 결국 7년 만에 해방된 노예는 두 가지를 갖는다. 하나는 소극적인 채무 탕감, 둘째는 기업 회복이다.

그런데 유다 왕국에서는 면제년법과 안식년법이 7년 주기로 시행되지 못했던 것으로 보인다. 사회양극화가 급격하게 진행되어 자유농민의 인구를 감소시켜서 계약공동체를 와해시키는 정도가 될 때까지 안식년법과 면제년법의 시행은 이뤄지지 않았다. 그래서 7년에 한 번씩 형평작업을 하려고 했던 하나님의 의도가 원천적으로 좌절되었다. 안식년 없는 경작지 과도 사용은 땅의 비옥도를 약화시켰다. 이스라엘 땅은 석회석이 많아서 휴경하지 않고 경작만 하면 표토로 염분이 솟아올랐기 때문에 지력이 상실되었다.[101] 휴경법은 단

---

[101] 수메르 문명이 망할 때 '땅이 하얘졌다'는 말이 여기저기서 들려왔다고 한다. '수메

지 윤리적 고려에서만 착상된 것이 아니라 이스라엘 지형과 토질을 고려한 정책이기도 했던 것이다.

그런데 유다 왕국은 바로 이 7년 주기 해방적 자비법령들(안식년법과 채무면제법)을 누적적으로 위반했다. 인신해방이나 채무 탕감은 부분적으로 이뤄졌을지 모르나 땅의 '안식년'은 오랫동안 지켜지지 않았다. 적어도 유다 왕국 말기에는 안식년이 지켜지지 않았다.[102] 7년마다 해방된 노예는 휴경된 땅에서 나오는 작물을 먹고 살아야 하는데, 인신해방이 일어나도 휴경법, 즉 땅의 안식년법이 지켜지지 않으면 인신해방의 의미가 퇴색되었을 것이다. 휴경된 땅은 원래 노예가 되었던 그 사람의 땅이라는 가정이 전제되어야 인신해방과 땅의 안식년 시행이 의미 있는 자비실천이 되었을 것이다. 또한 그에게 자유농민의 신분을 회복시켜 줄 수 있었을 것이다. 그 예가 열왕기하 8:1~6에 나온다. 이 단락은 엘리사가 7년 만에 수

르 문명이 안식년을 지키지 않아서 망했다'는 말과 거의 같은 의미다. 쉬지 않고 경작해서 표토가 염분화되었음을 가리킨다(클라이브 폰팅, 이진아, 김정민 역, 『녹색세계사』[홍성: 그물코, 2007], 101-104).

[102] 에스겔 46:17이 말하는 희년(쉬나트 하드로르[šĕnāth haddĕrôr]; 레 25:10-40[yôbēl, 혹은 šĕnāth hayyôbēl]) 규정은 면제년법과 안식년법이 지켜지지 않았기 때문에 타협의 산물로 나온 후속법령이었을 것이다. 구약성경에서 나오는 메샤룸(mêšārûm) 혹은 미쇼르(mîšôr) 혹은 드로르(dĕrôr)는 메소포타미아의 미샤룸과 안두라룸의 동근어로 널리 인정되고 있다. 메샤룸과 미쇼르는 시편(96:10; 98:9; 99:4)과 이사야(11:4)에 나오고, 드로르는 레위기 25:10, 예레미야 34:8, 이사야 61:1, 에스겔 46:17에 등장한다. 그런데 구약성경에서는 이 드로르가 안식년(면제년)이 아니라 희년과 관련되어 사용되고 있다는 점이 주목할 만하다. 안식년에 대해서는 구약성경이 쉬미타(šĕmiṭṭâ, 신 15:2, 9; 31:10)를 사용하고 있다. 히브리어 동근어 드로르가 아카드어 안두라룸 혹은 두라루(durāru)의 동근어이기 때문에, 구약성경외 희년은 메소포타미아의 자비법령 공포와 서로 깊이 연결되어 있다는 점이 지적되어 왔다(참조. Weindfeld, *Social Justice in Ancient Israel and in the Ancient Near East*, 9-10).

넴 여인의 땅을 재판을 통해 찾아 주는 일화이다. "집과 전토를 위하여 호소하려 하여 왕에게 나아갔더라"(왕하 8 : 3). 신명기 15 : 9에는 면제년이 다가온다고 얼굴을 험상궂게 하지 말라는 계명이 나온다. "삼가 너는 마음에 악한 생각을 품지 말라 곧 이르기를 일곱째 해 면제년이 가까이 왔다 하고 네 궁핍한 형제를 악한 눈으로 바라보며 아무것도 주지 아니하면 그가 너를 여호와께 호소하리니 그것이 네게 죄가 되리라" 면제년이 가까워 오면 노예를 풀어줘야 하기에 노예 주인은 곧 풀려날 동포 노예를 향해 얼굴을 험상궂게 했을 가능성이 있다. 이것은 무엇을 의미하는가? 면제년법이 이스라엘 왕국 시대에는 잘 지켜지지 않았을 가능성을 시사한다.

면제년법과 안식년법의 지속적 위반은 어떤 결과를 초래했는가? 국가 멸망이 일어났고 토지를 장악한 지배층이 바벨론으로 유배당했다. 그들은 70년 동안 포로생활을 한 것이다. 이 사태에 대해 역대하 36 : 21은 "이에 토지가 황폐하여 땅이 안식년을 누림같이 안식하여 칠십 년을 지냈으니 여호와께서 예레미야의 입으로 하신 말씀이 이루어졌더라"고 말한다(참고. 레 26 : 33-34). 70년은 어떻게 나왔나? 10번 동안 어긴 안식년을 연속해서 지키면 70년이 된다. 예레미야의 70년 바벨론 유수 예언은 일괄 정산적 안식년 집행을 염두에 둔 셈법이었다. 예레미야 39 : 10, 40 : 7, 52 : 16, 열왕기하 24 : 14, 25 : 12에 보면 유다 지배층의 바벨론 유배 이후에야 땅과 포도원이 '가난한 농부', '빈천한 자'에게 되돌려졌다는 말이 나오고 있기 때문이다. 이것은 정확하게 안식년의 일괄 집행이다.

이런 점에서 주목해 볼 것은 느부갓네살의 의로운 형평통치자적 역할이다. 예레미야 27 : 5~6은 다음과 같이 말한다. "나는 내 큰 능력과 나의 쳐든 팔로 땅과 지상에 있는 사람과 짐승들을 만들고 내가 보기에 옳은 사람에게 그것을 주었노라 이제 내가 이 모든 땅을 내 종 바벨론의 왕 느부갓네살의 손에 주고 또 들짐승들을 그에게 주어서 섬기게 하였나니"

5절은 안식년 일괄집행과 관련해 느부갓네살의 역할에 대해 의미심장한 해석을 하고 있다. 하나님께서 '내 눈에 보기에 야샤르 한 사람'에게 땅, 사람, 짐승의 통치권을 위임했다. 여기서 충격적인 표현은 '야샤르'(올바른, right)라는 단어이다. 그것은 공평과 정의를 수행하는 왕에게 붙여지는 한정형용사이다. 예레미야는 사악한 유다 왕국의 토착 엘리트 카르텔을 느부갓네살이 붕괴시켰고, 그 결과 땅과 포도원이 가난한 자들에게 되돌려졌다고 보고 느부갓네살이야말로 사회형평적 통치자라고 본 것이다. 하나님이 느부갓네살에게 아담적 통치권, 즉 들짐승까지 통치할 수 있는 권리를 주셨다는 것이다.

악한 지주 밑에서 소출의 80%를 소작료로 내던 사람들, 그리고 히브리 노예의 눈에는 느부갓네살이 오히려 의로운 해방자가 된다. '야샤르'는 단지 수사적인 과장이 아니다. 예레미야는 민족주의적 감정이 아니라 하나님의 공평 총량의 원칙으로 느부갓네살의 역할을 평가했다. 토지 정의의 기준으로 보자면, 느부갓네살이 가난한 자들에게 땅을 되돌려 주었기 때문이다(렘 39:10, 40:7; 52:16; 왕하 24:14; 25:12). "가난한 백성은 남겨 두어 포도원을 관리하는 자와 농부가 되게 하였더라"(렘 52:16). "그가 또 예루살렘의 모든 백성과 모든 지도사와 모든 용사 만 명과 모든 장인과 대장장이를 사로잡아 가매 비천한 자 외에는 그 땅에 남은 자가 없었더라"(왕하

24:14). "사령관 느부사라단이 아무 소유가 없는 빈민을 유다 땅에 남겨 두고 그날에 포도원과 밭을 그들에게 주었더라"(렘 39:10).

'비천한 자가 기업을 상속한다'는 원리가 여기서 맹아 된다(시 37:11; 마 5:5 온유한 자의 땅 상속 복). 느부갓네살의 바벨론 침략이 오히려 토지 정의의 관점에서 보면 공평과 정의를 성취한 역사적 사건이 된 것이다. 예레미야 40:7~12은 빈민들이 바벨론 침략군에게 잡혀가지 않고 땅의 경작자가 되었음을 증언한다. 결국 총독 그다랴는 남아 있는 하층민들의 통치자가 된다. 유다 왕국이 멸망한 그 자리에 한층 약화된 그리고 덜 압제적인 연성행정 지도자 그다랴와 그의 빈민 백성 공동체가 들어선 것이다. 그 결과는 어땠는가? "들에 있는 모든 지휘관과 그 부하들이 바벨론의 왕이 아히감의 아들 그다랴에게 그 땅을 맡기고 남녀와 유아와 바벨론으로 잡혀가지 아니한 빈민을 그에게 위임하였다 함을 듣고…… 그 모든 유다 사람이 쫓겨났던 각처에서 돌아와 유다 땅 미스바에 사는 그다랴에게 이르러 포도주와 여름 과일을 심히 많이 모으니라"(렘 40:7-12).

참 역설적인 일이 벌어졌다. 그다랴와 남은 빈천한 유다 사람들이 땅의 소출을 풍성히 거두고 누리고 있다. 아무 소유가 없는 빈민들이 유다 땅에 남아 포도원과 밭을 경작해 풍성한 수확물을 거둔 것이다(렘 39:7-10; 참조. 왕상 4:25; 미 4:4). 이처럼 예레미야 후반부에는 바벨론 유배 사건 이후에 유다 땅의 경작자로 떠오른 '빈민'에 대한 언급이 계속 나온다. 빈민이 나온다는 말은 느부갓네살이 결국 토지 정의를 회복하는 '야샤르'가 되었다는 뜻이다. 예루살렘이 파괴되었기 때문에 그다랴의 통치거점으로 미스바가 이제 작은 행정수도가 된다. 땅이 빈민에게 위탁되자마자 생산량이 크게 증대한 것이다.

사회과학적으로 말하면 유다 왕국의 멸망은 7년 주기 안식년법의 누적적 위반으로 인한 자유농민층의 몰락 때문이다. 그런데 예레미야는 이런 사회과학적 설명을 때때로 종교적 수사로 대신해 유다 왕국의 멸망 원인을 말하기도 한다. "유다는 바알과 아세라를 따랐기 때문에 망했다."고 말한다. 결국 그의 메시지는 이렇다 : "유다 왕국은 안식년 계명을 누적적으로 위반해 멸망했다.", "유다 왕국은 바알과 아세라 우상을 숭배하다가 멸망했다". 이 두 가지를 연결시켜 보면 어떤 결론이 나오는가? "바알과 아세라 우상숭배가 7년 주기의 땅 안식년 계명과 7년 주기 해방법령의 시행을 막았기 때문에 나라가 망했다." 바알과 아세라 우상숭배가 이스라엘 자유농민의 땅을 왕이 임의로 강탈하는 것을 허용하는 과정을 자세히 기록한 곳은 열왕기상 21장의 나봇의 포도원 탈취 사건이다. 열왕기상 17장부터 열왕기하 10장은 바알과 아세라 숭배에 대항해 예언자들이 벌인 투쟁을 기록한다. 이 중요한 시기의 이스라엘과 유다 역사는 자유농민의 땅을 강탈하려는 바알과 아세라 숭배자들로부터 자유농민의 땅을 사수하려는 예언자적 열심에 의해 향도 되었다.

유다 왕국은 미가 6 : 16이 말하는 '오므리의 율례'(훅코트 [ḥuqqôth])와 '아합 집의 모든 예법'(kol-maʿăśē)을 따랐다가 망했다. 오므리는 북왕국에 바알-아세라 종교를 공식종교로 도입한 배교군주였으며 땅에 대한 영구사유권을 주장한 자였다(왕상 16 : 21-28). 오므리는 모압 왕 메사를 봉신으로 삼았으며 부국강병책을 추구했다. 이 과정에서 오므리는 땅에 대한 언약적 이해를 약화시켰을 것이다. 아합 집의 모든 예법은 두로 출신인 그의 아내 이세벨이 도입한 바알-아세라 숭배와 긴밀하게 연관된 경제제도와 법령일 가능성이 크다. 오므리의 율례는 자유농민의 땅을 왕이나 귀족층이 언제든지 빼앗아 대지주로 출현하는 것을 정당화하는 법이었다. 오므리의 율례는 땅의 사적 소유를 정당화하는 법이다. 오므리의 율례는 "땅은 하나님이 주신 언약의 담보물이요 야웨께 속하여 영구매매는 안 된다."고 본 모세의 법(레 25:23)과는 정반대이다. 오므리의 율례와 아합 집의 모든 예법 추종이 유다를 "황폐하게 하며 그의 주민을 사람의 조소거리로 만들" 것이다(미 6:16). 나라를 황폐하게 만드는 것은 땅의 지배적 거주민들의 추방을 의미한다(사 6:11-13). 오므리의 율례와 아합 집의 모든 예법은 가난이 세습되고 대물림되는 것을 정당화했다. 이 오므리 율례와 아합 집의 예법을 따르는 행위는 여호와를 경외하는 지식이 없는 상태, 즉 여호와를 아는 지식이 없는 상태를 초래했다(호 4:1, 6). 그 결과 예레미야 8:21이 증언하듯이 하나님의 "백성이 상했다". 하나님 백성의 공동체성이 와해, 곧 하나님 백성의 언약적 결속감이 와해되었다. 여호와를 아는 지식이 바로 공평과 정의를 행하게 함으로써 가난한 동포를 다시 자유농민화해 언약공동체를 강화시킨다면, 오므리의 율례와 아합 집의 모든 예법은 언약공동체를 와해시킨다는 것이다. 예레미야는 빈번히 유다 왕국의 안식년법의 누적적 위반이 나라를 황폐하게 만드는 바벨론 유배를 초래했고, 이 사태는 바알과 아세라 추종에서 비롯되었다고 말했다. "그 마음의 완악함을 따라 그 조상들이 자기에게 가르친 바알들을 따랐음이라 …… 그들과 그들의 조상이 알지 못하던 여러 나라 가운데에 그들을 흩어 버리고 진멸되기까지 그 뒤로 칼을 보내리라 하셨느니라"(렘 9:14, 16).

> ¹⁰그들이 내 말 듣기를 거절한 자기들의 선조의 죄악으로 돌아가서 다른 신들을 따라 섬겼은즉 이스라엘 집과 유다 집이 내가 그들의 조상들과 맺은 언약을 깨뜨렸도다 …… ¹²유다 성읍들과 예루살렘 주민이 그 분향하는 신들에게 가서 부르짖을지라도 그 신들이 그 고난 가운데에서 절대로 그들을 구원하지 못하리라 ¹³유다야 네 신들이 네 성읍의 수와 같도다 너희가 예루살렘 거리의 수대로 그 수치스러운 물건의 제단 곧 바알에게 분향하는 제단을 쌓았도다(렘 11:10-13)

여기서 '다른 신'이란 출애굽의 하나님 공평과 정의의 하나님과 전혀 다른 신이다. 신명기와 예레미야에서 말하는 다른 신은 이방인들이 믿는 신을 가리킨다기보다는 전혀 다른 사회경제적 토대를 지향하는 신들이다. 반(反)자유농민적 반(反)빈민적 토지제도를 지지하는 신들을 가리킨다. 하나님이 다른 신들에 대한 숭배 금지를 그토록 중요한 계명으로 세운 이유는 그것이 이스라엘 언약공동체 자체를 와해시킬 것이기 때문이다. 바알-아세라 숭배는 공평과 정의의 사회경제적 토대를 무너뜨리는 '다른 신들'에 대한 숭배이다.

### 결론

이상에서 살펴본 것처럼 고대 근동의 나라들과 이스라엘의 왕 시드기야는 국가경영상의 목적 때문에 자유농민들을 해방시켰다. 그들은 노예가 되었던 한때의 자유민들을 채무 이전의 신분으로 회복시켰으며 장기간 노예로 살던 사람들을 자유민으로 속량해 주었다. 그들은 또한 경제적 생존위협 때문에 경작권을 상실했거나 타인에게 팔았던 채무 경작자들의 곡식처분권을 되돌려주었다. 가족구성원들의 망실이나 토지 상실을 초래했던 농경 과정상의 채무나 국가미납 세금, 고리대금업 채무 등을 무효화하였다. 이것은 대다수의 민중에게 자기생계유지의 기본수단을 회복시켜 주는 것을 의미했다. 매각된 소유권은 토지경작권이나 토지소산물에 제한되었다. 고대 근동에서 발생한 대부분의 빚들은 대부에 의해 생긴 빚이 아니라 통치자에게 납부해야 할 수수료(세금) 등에서 발생했기 때문에, 이론적으로 군주는 언제든지 대중의 지지를 얻기 위해서 빚을 탕감해 줄 수 있었다. 특별히 전시(戰時)에는 더욱 그럴 이유가 분명해졌다 (비교. 렘 34장 시드기야의 노예해방). 왜냐하면 땅을 잃은 가족들은 채무노예로 전락했을 뿐만 아니라 국방을 위한 봉사 가능성도 잃었기 때문에 자유민으로의 복귀는 국방력 증대를 의미할 수 있었다. 고대 근동의 채주들은 대개 20%의 이자율을 부과했다. 이것은 소수 부자들에게 땅 집중소유를 가능케 했고, 대다수의 가난한 농민들을 사회 주변부로 몰아내는 결과를 초래했다. 바로 이런 이유 때문에 고대 근동에서는 왕의 주도 아래 주기적인 혹은 빈번한 노예해방이 요청되었던 것이다.

    말하자면, 이 해방적 정의의 실현은 단순히 윤리적 고려에 의해 이뤄진 것이 아니었다는 것이다. 고대 근동과 이스라엘의 제왕들은 이런 해방적 칙령들과 자비법령을 선포함으로써 채무노예로 전락했던 대다수의 사회구성원들에게 자유민의 지위를 회복시켜 주었다. 이를 통해 자유농민의 자작·자경·자립능력을 증대시켜 사회안정성을 제고할 뿐만 아니라 국방력의 토대를 확보하려고 했다. 그들은 나라에 기초적인 애국심을 가진 독립적이고 자유로운 군사력을 확보한 것이다. 그들은 땅 매각, 가족구성원들의 노예화 매각을 일시적으로 허용했지만 자유농민의 영구노예화는 금지했다. 이것은 왕의 입장에서 볼 때 불가역적인 토지소유권 이전이 영구적인 부재지주를 발생시켜 그 부재지주들이 준독립적인 부유한 귀족층으로 발전되는 것을 막는 장치이기도 했다.

요약하면, 고대 메소포타미아 문명에서나 구약성경에서나 왕/통치자의 정기적 혹은 빈번한 채무면제, 인신해방 선포는 신/신들에 대한 경건한 복종심의 발로였다. 고대 메소포타미아의 왕들은 자신들이 속한 공동체가 신의 우주적 공평과 정의질서와 조화를 이룰 수 있도록 사회적 최약자층의 아우성에 민감하게 응답했다. 고대 메소포타미아 통치자들은 자신의 왕조나 왕권이 신/신들의 우주통치 원리 아래 승인되고 지지받기를 기대했다. 이를 위해 공평과 정의를 구현하기 위한 광범위한 자비법령을 선포하고 집행했다. 구약성경의 경우 이런 모든 해방적 자비법령들이 유일신 신앙의 거푸집에서 재주형되고 더 정교하게 다듬어졌다. 고대 수메르나 고바벨로니아, 신앗수르 제국에서보다 훨씬 더 정기적이고 규칙적으로 면제와 해방을 선포하도록 명하는 법령들이 고대 이스라엘에 도입되었다. 면제년법, 안식년법, 그리고 희년법은 야웨 하나님의 왕적 통치를 구체적으로 관철시키는 으뜸법들이었다. 이 으뜸법들은 야웨 하나님의 왕적 통치가 거부되는 곳에서는 시행되지 못했다. 고대 이스라엘의 북왕국과 남왕국은 어느 순간부터 야웨 하나님의 왕적 통치, 즉 예언자적 관여를 거부하고 배척하기 시작했다. 바알과 아세라 같은 '다른 신들'에 대한 숭배가 야웨 하나님에 대한 일편단심적 숭배를 몰아내자 그것의 파급효과가 금세 나타났다. 하나님에 대한 두려움과 감수성이 사라지자 7년 주기 면제법, 7년 주기 인신해방, 7년 주기 땅 안식년법 등이 시행되지 못했다(합 1:4, "율법이 해이하고 정의가 전혀 시행되지 못하오니"). 바알과 아세라 종교 아래서 더 이상 이런 야웨의 해방적 자비법령들은 위력을 발휘하지 못했다. 그 결과 하나님께서는 느부갓네살이라는 침략 군주를 통해 땅의 안식년을 강제집행하기에 이른다. 예레미야는 유다 왕국의 멸망을 민족적 비극이라는 진부한 수사로 규정하지 않고, 땅이 안식년을 10번 연속 누리는 사건으로 파악했다. 느부갓네살의 침략으로 바알-아세라 토지제도에 입각해 가난한 동포들의 땅을 되돌려주지 않던 유다 지배층이 추방되자마자 가난한 농부들에게 포도원이 되돌려졌다. 느부갓네살을 통해 유다를 멸망시킨 하나님은 아주 역설적으로 그분이 유다의 농민들에게 기업을 되돌려주시는 언약의 하나님이요 왕이심을 입증하신 것이다(참조. 창 17:7-10). 가장 비극적인 사실은 이방 제국의 침략군주의 의로운 사회형평통치를 통해 하나님이 유다 백성의 왕이심을 선포했다는 사실이다. 하나님은 유다 왕국의 우상숭배적 지배층을 추방하고 빈천한 농민들에게 땅을 되돌려주심으로써 이스라엘에 대한 하나님의 언약적 의리(헤세드)를 갱신하셨다(창 17:7-10: 하나님이 이스라엘에게 하나님이 되어 주시는 언약창조 행위는 땅 하사 행위와 같다).

    이전의 많은 구약학자들은 구약성경의 희년사상을 유토피아적 환상이거나 종교적 사회주의의 표현이라고 치부했으나, 또 다른 많은 학자들은 구약의 희년제도가 가능했을 뿐만 아니라 필수적이었다고 본다.[103] 그 근거 중 하나가 고대 근동의 사회적 형평법들과 자비법령들 시행이었다. 고대 이스라엘은 고대 근동의 일부였다. 위에서 우리는 고대 근동의 형평법 전통과 자비법령의 예에서 희년제도의 유사물을 보았다. 고대 근동의 사회형평법들과 자비법령들에서 희년의 선구적 사례들을 찾을 수 있는 요소들은 네 가지다. 안두라룸과 미샤룸으로 표현되는 인신자유(해방) 선언, 채무 탕감, 원경작지로 복구, 휴경 등이 고대 근동에서 실행된 희년의 선구적 관습들이다.[104] 레위기 25장의 희년법은 비록 주전 6세기에 유래한 성결법전 안에 들어 있지만 그 최초의 기원은 모세와 출애굽 해방경험에서 연원되었다. 주전 25세기경 고대 수메르에서부터 주전 18세기 함무라비까지 왕성하게 선포된 사회적 형평법 전통과 자비법령 전통을 이집트 궁중에서 교육받았을 모세가 전혀 몰랐을 수가 없다. 앞에서 살폈지만 이 '깨끗한 새 출발' 사상의 전례들은 고대 수메르, 고바벨로니아, 신앗수르는 물론이요 심지어 이집트에서도 발견되고 있다(주전 2600년의 고왕조부터 1075년 신왕조까지 '정의'는 이집트의 정치신학의 중심주제). 함무라비는 주전 1792년에 즉위하자마자 그의 치세 동

---

[103] 대천덕, 『토지와 자유』(서울 : 도서출판 무실, 1989); 앙드레 트로끄메, 박혜련, 양명수 역, 『예수와 비폭력 혁명』(서울 : 한국신학연구소, 1986); Michael Hudson, "The Economic Roots of the Jubilee," *Bible Review* 15 (February 1999), 26-33. 대천덕은 우리나라에 희년운동을 가장 본격적으로 진지하게 소개한 인물로서 현재의 희년운동을 주도하는 모든 사람들은 대천덕과 관련된 인물들이다. 마이클 허드슨은 안식년법과 희년법은 결코 유토피아적 이상이 아니며 이스라엘은 물론이며 고대 근동에서도 실현되었고 또 당연히 요청된 관습이었다고 말한다.

[104] 그러나 이런 내용상의 공통점에도 불구하고 고대 근동의 형평법과 자비법령 및 구약의 희년 사이에는 분명한 차이점도 발견된다. 이것은 다른 지면을 통해 연구될 독립된 주제다.

안 적어도 네 차례는 이 새 출발 칙령을 공포했고, 그의 후임 왕 중 여섯 명은 채무 노예 계약기록물 폐기 법령을 공포했다.[105] 왕의 입장에서 볼 때 채무 탕감은 군주에게는 사회안정화와 통합을 추구하는 정책이었다. 채무 탕감, 노예해방, 농부들에게 자기 경작지 반환 조치는 사회적 활력을 제공하는 정치적 '신의 한 수'였다.

[105] 주전 196년에 프톨레미 5세에 의한 채무 탕감공포를 기록한 로제타 스톤도 실제로 깨끗한 새 출발 법령이었다.

# 4장

모세오경의
사회적 형평(衡平) 율법과
자비법령

# 모세오경의
# 사회적 형평(衡平) 율법과
# 자비법령

## 서론 : 윤리학의 연장인 구약성경의 경제학

이 장(章)은 성경과 하나님 나라 경제학에 대한 서설(序說)이다. 오늘날 '경제'라는 용어는 최소 비용을 통한 최대 생산성 추구 활동을 의미하지만 성경에는 그런 경제 개념이 거의 나타나지 않는다. 성경은 수요 공급을 통해 자기 조정 능력을 발휘하는 자유주의적 시장을 통해 이뤄지는 경제 활동을 무조건적으로 지지하지도 않는다. 성경이 주로 염두에 둔 경제는 대부분 공동체의 유지와 존속에 목적을 둔 생존 경제(subsistence economy)로, 하나님의 율법을 지키는 토라 준수 공동체의 존속이라는 대의명분에 종속된 경제였다. 하나님의 토라에 대한 반응에 따라 경제적 번영이 결정되는 신학적 원리 아래 경제 활동이 규제되었다는 말이다. 그래서 성경에서의 경제는 하나님의 율법을 순종하는 실험과 시험 영역이었으며, 하나님의 은총과 구원, 하나님의 심판과 저주를 동시에 경험하는 신앙적 진실성의 시금석이었다(신 28:1-19, 20-68). 신명기 28장은 하나님과 이스라엘 백성 사이에 체결된 언약과 그것의 조항인 토라 준수 여부에 따라 결정되는 경제적 번영과 몰락을 천명한다. 신명기 28:1~14은 하나님의 토라와 언약에 순종했을 때 누리게 되는 경제적 번영을 열거한다.

> $^1$네가 네 하나님 여호와의 말씀을 삼가 듣고 내가 오늘 네게 명령하는 그의 모든 명령을 지켜 행하면 네 하나님 여호와께서 너를 세계 모든 민족 위에 뛰어나게 하실 것이라 $^2$네가 네 하나님 여호와의 말씀을 청종하면 이 모든 복이 네게 임하며 네게 이르리니 $^3$성읍에서도 복을 받고 들에서도 복을 받을 것이며 $^4$네 몸의 자녀와 네 토지의 소산과 네 짐승의 새끼와 소와 양의 새끼가 복을 받을 것이며 $^5$네 광주리와 떡 반죽 그릇이 복을 받을 것이며 $^6$네가 들어와도 복을 받고 나가도 복을 받을 것이니라 …… $^8$여호와께서 명령하사 네 창고와 네 손으로 하는 모든 일에 복을 내리시고 네 하나님 여호와께서 네게 주시는 땅에서 네게 복을 주실 것이며 …… $^{11}$여호와께서 네게 주리라고 네 조상들에게 맹세하신 땅에서 네게 복을 주사 네 몸의 소생과 가축의 새끼와 토지의 소산을 많게 하시며 $^{12}$여호와께서 너를 위하여 하늘의 아름다운 보고를 여시사 네 땅에 때를 따라 비를 내리시고 네 손으로 하는 모든 일에 복을 주시리니 네가 많은 민족에게 꾸어줄지라도 너는 꾸지 아니할 것이요 ……

이 단락은 하나님의 말씀과 명령에 순종하는 경우, 경제적 번영과 땅에서의 영속적 정착을 보증하는 하나님의 복을 담고 있다. 이 단락이 예시한 경제적 번영은 인구 증가, 가축의 다산, 농작물 풍년, 호의적인 기후 조건, 금융상의 우위성 확보 등이다. 반면에 신명기 28:15~68은 하나님의 토라에 대한 순종과 언약 준수에 실패했을 때 받게 될 저주와 심판을 다룬다.

¹⁵네가 만일 네 하나님 여호와의 말씀을 순종하지 아니하여 내가 오늘 네게 명령하는 그의 모든 명령과 규례를 지켜 행하지 아니하면 이 모든 저주가 네게 임하며 네게 이를 것이니 ¹⁶네가 성읍에서도 저주를 받으며 들에서도 저주를 받을 것이요 ¹⁷또 네 광주리와 떡 반죽 그릇이 저주를 받을 것이요 ¹⁸네 몸의 소생과 네 토지의 소산과 네 소와 양의 새끼가 저주를 받을 것이며 ¹⁹네가 들어와도 저주를 받고 나가도 저주를 받으리라 …… ²¹여호와께서 네 몸에 염병이 들게 하사 네가 들어가 차지할 땅에서 마침내 너를 멸하실 것이며 ²²여호와께서 폐병과 열병과 염증과 학질과 한재와 풍재와 썩는 재앙으로 너를 치시리니 이 재앙들이 너를 따라서 너를 진멸하게 할 것이라 ²³네 머리 위의 하늘은 놋이 되고 네 아래의 땅은 철이 될 것이며 ²⁴여호와께서 비 대신에 티끌과 모래를 네 땅에 내리시리니 그것들이 하늘에서 네 위에 내려 마침내 너를 멸하리라 …… ²⁷여호와께서 애굽의 종기와 치질과 괴혈병과 피부병으로 너를 치시리니 네가 치유받지 못할 것이며 ²⁸여호와께서 또 너를 미치는 것과 눈머는 것과 정신병으로 치시리니 …… ³³네 토지 소산과 네 수고로 얻은 것을 네가 알지 못하는 민족이 먹겠고 너는 항

상 압제와 학대를 받을 뿐이리니 …… ³⁸네가 많은 종자를 들에 뿌릴지라도 메뚜기가 먹으므로 거둘 것이 적을 것이며 ³⁹네가 포도원을 심고 가꿀지라도 벌레가 먹으므로 포도를 따지 못하고 포도주를 마시지 못할 것이며 ⁴⁰네 모든 경내에 감람나무가 있을지라도 그 열매가 떨어지므로 그 기름을 네 몸에 바르지 못할 것이며 ⁴¹네가 자녀를 낳을지라도 그들이 포로가 되므로 너와 함께 있지 못할 것이며 ⁴²네 모든 나무와 토지 소산은 메뚜기가 먹을 것이며 ⁴³너의 중에 우거하는 이방인은 점점 높아져서 네 위에 뛰어나고 너는 점점 낮아질 것이며 ⁴⁴그는 네게 꾸어줄지라도 너는 그에게 꾸어주지 못하리니 그는 머리가 되고 너는 꼬리가 될 것이라 …… ⁴⁶이 모든 저주가 너와 네 자손에게 영원히 있어서 표징과 훈계가 되리라 ⁴⁷네가 모든 것이 풍족하여도 기쁨과 즐거운 마음으로 네 하나님 여호와를 섬기지 아니함으로 말미암아 ⁴⁸네가 주리고 목마르고 헐벗고 모든 것이 부족한 중에서 여호와께서 보내사 너를 치게 하실 적군을 섬기게 될 것이니 그가 철 멍에를 네 목에 메워 마침내 너를 멸할 것이라 …… ⁶²너희가 하늘의 별같이 많을지라도 네 하나님 여호와의 말씀을 청종하지 아니하므로 남는 자가 얼마 되지 못할 것이라 ⁶³여호와께서 너희에게 선을 행하시고 너희를 번성하게 하시기를 기뻐하시던 것같이 이제는 여호와께서 너희를 망하게 하시며 멸하시기를 기뻐하시리니 너희가 들어가 차지할 땅에서 뽑힐 것이요 …… ⁶⁸여호와께서 너를 배에 싣고 전에 네게 말씀하여 이르시기를 네가 다시는 그 길을 보지 아니하리라 하시던 그 길로 너를 애굽으로 끌어 가실 것이라 거기서 너희가 너희 몸을 적군에게 남녀 종으로 팔려 하나 너희를 살 자가 없으리라

이 단락이 상정하는 최악의 경제적 몰락과 저주는 자유농민과 지주급 부농들의 땅(경작지)의 상실과 이산, 그리고 유랑이다. 특히 68절은 충격적인 저주다. 가나안 땅을 잃을 뿐만 아니라 다시 이집트의 노예로 끌려가는 상황이다. 땅의 상실은 자유의 상실을 의미하기에 사실상 노예로 전락되는 것을 의미한다. 성경이 상정하는 경제적 번영은 야웨의 토라에 대한 순종을 통해 이스라엘이 가나안 땅에 영구적으로 존속하는 것이며, 그 반대는 가나안 땅을 빼앗기고 출애굽 구원 이전의 노예 상태로 되돌아가는 것이다. 이처럼 구약성경의 경제는 하나님과 이스라엘 백성 사이의 계약적인 결속 수준을 측정하는 시금석이었다. 신명기 28장의 결론은 십계명 준수 실패에 대한 하나님의 심판이 가나안 땅 상실과 열국으로의 이산과 유랑이라고 선언한다. 십계명 준수 실패는 왜 가나안 땅 상실을 초래했을까? 십계명이 이스라엘 백성 모두를 하나님 앞에 책임적인 자유농민으로 규정할 뿐만 아니라 자유농민의 보존을 기도(企圖)하고 있기 때문이다. 십계명은 이스라엘 백성을 향해 왕과 지배층의 신민으로 살아가지 말고 하나님의 멍에를 메고 하나님께 배타적으로 소속된 자유농민으로 살아갈 것을 명한다. 그런데 이 자유농민이 왕과 지주들의 노예가 되는 순간, 십계명을 지키고 수호할 언약 보존의 주체가 사라지게 된다.

　　위와 같이 구약성경은 이스라엘 자유농민의 생존을 위한 경제를 주창한다. 구약성경은 이스라엘 자유농민이 누리는 생존과 번영의 전제 조건이 하나님의 율법 순종임을 분명히 한다. 율법에 대한 지속적 순종을 통해 이스라엘 자유농민은 가나안 땅을 영속적으로 차지할 수 있다. 구약성경이 말하는 경제학의 대전제는 모든 토지가 하나님께 속해 있고, 대가족 단위의 공동체에게 이 경작권이 분여되어 있다는 사상이다(레 25:23). 다만 여기서 중요한 점은, 모세오경의 토지법이 흔히 생각하는 토지 공유 제도나 토지 국유화가 아니며, 존 로크가 주창한 근대적 시민들의 사적 소유는 더더욱 아니라는 점이다. 구약의 토지법은 '아버지의 집'으로 불리는 가부장(증조부 혹은 조부) 중심의 가족공동체 소유를 허용하며, 그것의 근본 취지는 땅은 하나님의 언약에 참여한 언약공동체 전체에게 향유되어야 한다는 것이다. 땅에서 발생한 소출을 누림에 있어 그 누구도 배제되어서는 안 된다는 것이다(신 15:11). 이처럼 구약성경이 그리는 이상사회는 하나님의 선행적(先行的)인 은총 위에 세워진 계약공동체이며, 하나님의 선행적 은혜에 감동된 자들이 실천하는 이웃 사랑과 공생의 모듬살이다. 여기에서 제일 중요한 미덕은 이웃 사랑, 즉 이웃의 생존권을 보장하는 책무다. 이것을 히브리어로는 '헤세드', '인애'라고 말한다. 이스라엘 언약공동체는 하나님의 계약적 선행 인애에 의해 지탱되고 있으며, 이스라엘 사람들은 이웃에 대해 인애적 미덕 실천으로 이웃이 하나님의 구원과 돌봄을 계속 누리도록 이웃 사랑 책임을 다해야 한다는 것이다. 이런 인애 사회에서 '땅을 잃고 유리하는 빈민'이 나타난다는 것은 아주 심각한 공동체 붕괴 징후 경보음인 셈이었다. 예언자들은 떼 지어 나타나는 가난한 자들을 보고 이스라엘 나라의 살림살이, 즉 경제가 무너졌다고 생각했다. 그들은 이웃에 대한 언약적 의무 불이행으로 하나님이 할당해 준 땅을 잃고 유민(流民)이 되어 표류하는 이웃을 목도하고 '하나님의 땅 절대 소유' 사상을 주창했던 것이다. 즉, 땅은 하나님의 선물이기에 하나님과 언약백성 모두 땅의 소출을 누릴 권리가 있다고 선포했던 것이다. 이처럼 구약성경이 말하는 경제는 바로 공동체 존속과 번영을 위한 자원의 배분과 활용을 통한 공동체 구성원 살림살이를 가리켰다. 이런 정의에 따르면 특정 기업이나 경제 주체들의 경제 활동 결과 양극화가 심화되고 빈부 격차가 생긴다면, 그것은 반경제다. 성경적인 경제는 공동체의 안녕과 평화를 해치는 특정 집단의 무한정한 이윤 추구를 경계하기 때문이다.

이런 이유 때문에 구약은 가난한 자들에 대한 우선적 배려를 드러낸다. 성경 경제학의 주요 관심은 불의한 사회구조, 법, 관습, 그리고 강한 자들의 탐욕 때문에 가난하게 된 자들에 대한 하나님의 보호와 돌봄이었다. 메시야에게 임한 거룩한 성령이 하시는 첫 번째 과업은 가난한 자들에게 복음을 전하는 일이며, 그것의 구체적 내용은 채무자들에게 빚 탕감을 선언하고 갇힌 자들을 해방시켜 주는 일이었다(눅 4:18-19). 이처럼 가난한 자들을 우선적으로 배려하는 경제 활동은 이스라엘 계약공동체에 있어 사활적(死活的) 중요성을 갖는 일이었다. 이는 농업 경제에서 가난한 자들에게 경작할 땅을 되찾아 주는 일이었다. 엘리야, 엘리사, 아모스, 호세아, 이사야, 예레미야 등 모든 예언자들은 가난한 자들이 이스라엘의 공동체에서 소멸되지 않도록 하나님의 공의와 정의를 각별히 대변했다. 오늘날의 의미로 말하면, 사회구성원들에게 실질적인 '자유'가 선사하는 세상을 옹호했다. 예언자들에게 이스라엘의 자유는 땅의 경작권을 의미했다. 모든 이스라엘 백성이 자기 몫의 경작지를 가지도록 돕고 보살펴 주는 것이 그들의 예언활동의 중심축이었다.

## 시장 만능주의 시대에 생각하는 하나님 나라 자비 경제학

애덤 스미스의 『국부론』(1776년)이 상정하는 보이지 않는 손을 필두로 한 고전주의 경제학자들로부터 오늘날 존 하이에크, 밀턴 프리드먼 등 신자유주의 경제학자들까지, 주류 경제학자들이 생각하는 자기조정적 시장 사상은 성경에 나타나지 않는다. 오히려 지주와 지배층의 무저갱 같은 탐욕과 교만으로 삶의 터전을 잃고 유리방황하는 가난한 자들에 대한 부단한 염려와 권념이 성경이 말하는 경제사상의 핵심이다. 시장주의자들은 개인 등의 하위 단위 경제 주체들의 이기적인 활동이 더 넓은 공공선을 창출한다는 이념을 신봉하면서, 국가(또는 사회/공동체)의 역할을 감축하는 데 전력투구해 왔다. 반면 성경에서의 경제는 하나님 백성들이 하나님의 다스림 안에 머무는 것을 돕는 방향으로 재화와 용역의 적정분배를 추구한다. 이런 점에서 성경이 말하는 경제는 칼 마르크스보다 한 세대 앞선 19세기의 사상가들인 프랑스의 클로드 앙리 드 생 시몽(1760-1825년), 영국의 로버트 오웬(1771-1858년) 등, 소위 공상적 사회주의부터 시작해서 칼 마르크스의 평등주의적 정치경제학, 그리고 20세기의 칼 폴라니의 시장을 통제하는 '사회' 우선의 '사회보호형 경제학'에 이르는 '사회적 지향이 강한 경제학 전통'에 가깝다.[1] 성경의 경제는 하나님

---

[1] 칼 폴라니, 『거대한 전환』, 627. 1944년에 나온 이 책은 시장 만능주의에 대한 가장 치밀하고도 포괄적인 비판을 제기하면서 그 대안으로 '사회' 우선 경제학을 주창한다. 특히 I부 사회의 자기보호(11-18장, 377-538)는 구약 예언자들의 예언운동을 이해하는 데 통찰의 빛을 던진다. 구약 예언자들은 언약공동체를 보호하기 위해 대지주·수출농·조방농업주의자들을 비판한 셈이다(암 2-5장; 사 3-5상). 19세기 이전에는 경제는 '사회에 묻어 들어가' 있었다(embeddedness). '묻어 들어 있음'이라는 용어는 경제가 경제

앞에 사는 거룩한 백성(고이 카도쉬, 출 19:6)의 번영과 유지에 그 초점을 두고 있기 때문이다. '거룩한 백성'은 열방 백성들과는 신분이 거룩하게 구별된 백성이라는 말이다. 왕이나 제후의 신민(臣民)이 아니라 야웨 하나님께 직접 책임을 지되, 어떤 인간 제왕이나 지배체제 아래 노예화될 수 없는 자경·자영·자작 농민을 가리킨다(왕상 4:25; 비교. 삼상 8:11-18). 그들은 야웨 하나님께 언약 준수의 책임을 지는 조건으로 땅을 경작하고 그 소출을 먹는 자유를 천부 불가양도의 선물로 받았다. 따라서 구약에서는 자기 땅을 경작하는 사람만이 자유민이었다. 하나님의 선물인 땅을 소유한 목적 자체도 생물학적인 존속이 아니라 하나님의 토라를 구현하고 실천하기 위함이었다(시 105:44-45). 이것은 하나님 나라를 이루기 위한 전제조건이었다. 땅 경작권이 자유의 참된 의미였다. 자기 땅을 경작할 수 있는 사람만이 야웨 하나님의 계명을 수행하고 하나님의 토라를 실천하는 계약공동체를 존속시키는 데 책임적인 기여를 할 수 있었기 때문이다. 노예나 거류민에게는 하나님의 토라가 전수되지 않았을 뿐만 아니라 그것의 준수가 기대되지도 않았다. 십계명과 같은 하나님의 토라는 철저히 땅을 가진 자유농민이나 그 이상의 유산자 거민에게 선포되고, 그 준수가 기대되었다.[2] 하나님에게 있어서 땅 경작권을

---

이론에서 말하는 것처럼 자율적인 것이 아니라 정치 종교 사회관계에 종속되어 있다는 생각을 표현한 것이다(39). "'사회'라는 실체를 발견하고 받아들이는 것은 인간의 자유를 실현하는 사회주의가 나아갈 길이다. 인간의 자유는 2,000년 전 예수의 복음서 이후로 새롭게 재정의되어야 할 때가 되었다"(627).

**2** David J. A. Clines, *Interested Parties: The Ideology of Writers and Readers of the Hebrew Bible* (JSOT Supplement Series 205; Sheffield: Sheffield Academic Press, 1995), 26-45.

가진 자유농민의 존재는 하나님의 통치를 땅에 구현시키는 데 결정적인 지렛대였다.

그러므로 구약성경의 경제는 이스라엘 자유농민들의 인권과 자유 옹호학이었다. 성경에서 경제는 하나님의 통치 아래 유지되는 이스라엘 언약공동체 안에서 규제되고 조절되는 사회내적 활동이며, 야웨 하나님께 책임을 지고 이스라엘의 정체성을 수호하도록 위임받은 자경·자작·자영 농민들의 공동체 보호활동이었다. 따라서 성경에서는 오늘날과 같은 경제 이해, 즉 부의 무한 창출, 혹은 중립적이고 보편적인 화폐로 계량화되는 생산성 추구 개념이 나타나지 않는다. 성경에 가장 자주 나타나는 경제 관련 계명이나 예언은 가난한 자들을 학대하고 압제하여 언약공동체를 와해시키려는 지배계층을 향해 경고하거나 탄핵하는 것들이다(사 3장과 5장). 물론 성경에서도 시장, 고용, 빈부 격차, 초보적인 금융, 생산성, 조세, 사회복지 등의 개념들이 나타난다. 그러나 성경의 압도적인 경제적 관심은 가난한 자들이 여러 가지 이유로 산업이 거덜나서 이스라엘의 언약공동체로부터 이탈되는 것을 막으려는 것이었다. 즉, 언약공동체를 유지하고 존속시켜 가나안 땅을 영구적으로 경작하도록 하는 데 있었다. 현재 이스라엘의 애국가이기도 한 시편 133:1("형제가 연합하여 동거함이 어찌 그리 선하고 아름다운고")이 성경의 이상적 사회를 노래한다.[3] 그것은 하나님의 위로부터 내리는 은총과 혜택이 가장 밑

---

[3] 막스 베버(Max Weber, 1864-1920년)는 유대인들이 지난 2,000년 동안 게토에 갇힌 부랑아요 이방인 취급을 당했기 때문에 구약의 형제자매 돌봄 윤리가 비유대인에게는 전혀 적용되지 못했으며, 그 결과 유대인들이 비유대인에게는 냉혹한 경제동물처럼 비쳤다고 분석한다(*The Religion of Sociology* [trans Ephraim Fischoff; London:

바닥 구성원들에게까지 확산되는 과정, 은총의 적하 효과(trickle down)를 노래한다. 아론의 머리 위에 쏟아부어진 야웨의 기름은 수염을 거쳐 옷깃까지 흘러내리고 헬몬의 이슬이 시온의 산들로 흘러내리는 그곳에 바로 야웨가 영생을 선사하신다는 것이다. 영생은 존속 가능하고 결속력이 강한 모듬살이를 가리킨다. 즉, 거룩한 적하 효과를 통해 하나님의 은총이 골고루 퍼지는 사회가 영생을 누리는 사회라는 말이다. 따라서 이런 사회에서는 인간욕망을 충족시키는 재화와 용역을 마음대로 사고파는 데 사용되는 신격화된 화폐, 즉 맘몬을 숭배하는 일이 불가능하다(마 6:24). 성경은 돈의 많고 적음이 아니라 어떻게 번 돈이며 어떻게 쓴 돈인가를 더 중요하게 본다. 세리와 창녀가 번 돈은 하나님의 성전에 헌물로도 바쳐지지 못했다. 거룩한 백성 공동체의 윤리성을 타락시키거나 희생시키면서 번 돈은 그 어떤 가치도 갖지 못했다. 요즘 식으로 말하면 조폭이나 창녀들, 부동산 투기꾼이나 사악한 금융공학적 조작, 주가조작이나 불법 상속, 탈세나 위법 조작, 뇌물 수수 등으로 획득한 재산이나 소득은 성경 경제에서 볼 때 GDP에 포함될 수 없다는 것이다.

이런 구약성경의 경제는 신약시대의 예수와 사도들의 급진적인 상호 부조, 유무상통하는 오순절 성령감화 경제에서 결실을 맺었다. 사도행전 2:44~47과 4:32~34은 구약성경의 경제가 구현된 현장이었다.

[44]믿는 사람이 다 함께 있어 모든 물건을 서로 통용하고 [45]또 재

Methuen & Co. Ltd, 1966]), 246-261(15장 "유대교, 기독교, 그리고 사회경제적 질서").

산과 소유를 팔아 각 사람의 필요를 따라 나눠 주며 <sup>46</sup>날마다 마음을 같이하여 성전에 모이기를 힘쓰고 집에서 떡을 떼며 기쁨과 순전한 마음으로 음식을 먹고 <sup>47</sup>하나님을 찬미하며 또 온 백성에게 칭송을 받으니 주께서 구원 받는 사람을 날마다 더하게 하시니라

<sup>32</sup>믿는 무리가 한마음과 한 뜻이 되어 모든 물건을 서로 통용하고 자기 재물을 조금이라도 자기 것이라 하는 이가 하나도 없더라 <sup>33</sup>사도들이 큰 권능으로 주 예수의 부활을 증언하니 무리가 큰 은혜를 받아 <sup>34</sup>그중에 가난한 사람이 없으니 이는 밭과 집 있는 자는 팔아 그 판 것의 값을 가져다가

위 두 단락에서 나타나듯이 신약성경은 '구약의 가난한 자 옹호 경제학'을 급진화시켰다. 사도 바울도 갈라디아서 2：10("다만 우리에게 가난한 자들을 기억하도록 부탁하였으니 이것은 나도 본래부터 힘써 행하여 왔노라")과 고린도후서 8：3~4, 9("내가 증언하노니 그들이 힘대로 할 뿐 아니라 힘에 지나도록 자원하여 이 은혜와 성도 섬기는 일에 참여함에 대하여 우리에게 간절히 구하니", "우리 주 예수 그리스도의 은혜를 너희가 알거니와 부요하신 이로서 너희를 위하여 가난하게 되심은 그의 가난함으로 말미암아 너희를 부요하게 하려 하심이라")에서 하나님 나라의 나눔과 상호부조 경제학을 주창한다. 그는 부유한 아가야 지방의 그리스도인이 예루살렘의 가난한 성도들을 돕도록 권고하는 일이 자신의 핵심적 과업이라고 설정한다. 사도 바울의 선교는 곧 그리스도의 몸, 즉 교회공동체 창립이요 운영이었다. 1세기 당시 바울의 교회

는 급진적인 구약성경의 언약공동체 경제의 실현체였다. 그는 성만찬을 통해 부자와 가난한 자들이 한 몸을 이루는 교회를 구성하고자 분투했다(고전 11:20-22).

이런 급진적인 언약공동체 중심의 구약 경제학은 3~5세기 교부 때까지 상당 부분 유지되었다(알렉산드리아의 클레멘트, 가이사랴의 바실, 암브로시우스, 크리소스톰, 어거스틴과 제롬 등).[4] 하지만 중세 가톨릭교회가 시작되면서 교회가 세상 권력에 기대어 종교 권력을 기관화하면서 구약성경의 급진적인 공동체 경제학을 망각했다. 종교개혁자들이 일부 교부와 구약성경의 공동체 이상 중심의 경제적 원리를 천명했으나 유럽 기독교 문명에 뿌리내린 이교적인 토지제도와 계층화된 계급 경제, 인간 노예화 경제 체제를 극복하는 데는 턱없이 부족했다. 서구 기독교 문명은 경제에 세례를 주는 데 실패한 이후 사실상 이교도적 문명으로 퇴행하기 시작했다. 그 결과 오늘날 우리가 직면하는 신자유주의적 자본주의가 출현한 것이다.

이 세상의 주류 경제학은 중립적이면서 신적 위력을 갖는 화폐로 계량화되는 무한 성장, 부의 축적을 기도(企圖)하는 기업의 자유를 가장 중시한다. 그러나 이명박 정부 때부터 유행한 기업 프렌들리 정책으로 엄청난 자산규모를 확보한 한국 기업들은 투자환경의 불확실성을 구실 삼아 고용 창출에 나서기보다는 노동시장의 유연

---

[4] 초대교부들의 경제사상에 대해서는 찰스 아빌라, 김유준 역, 『소유권: 초대 교부들의 경제사상』(서울: 기독교문서선교회, 2008)을 보라. 클레멘트는 개인사유재산권을 광범위하게 옹호하는 로마법에 맞서 하나님의 대의 아래 재산 사용을 스스로 통제할 것을 강조한다. 대부분의 교부들이 구약성경의 경제관을 반영하는 급진적인 경제윤리관을 설파했다.

성만을 끊임없이 고집한다. 언제든지 해고 가능한 노동자들의 노동력을 극히 싼값으로 사고 싶어 한다. 미국 월스트리트 증권사의 직원들은 하루 단위로 자기 직장의 영속성을 점검해야만 한다. 내일 출근했을 때 내 사무실의 명패가 없어지고 웃는 낯으로 시행되는 해고 통보를 받아야 한다. 경총이나 전경련, 상공회의소 등은 이런 수준의 노동시장 유연성을 원한다. 요즘 대학들도 인문학적 사유와 고상하고 아름다운 삶에 대한 꿈과 권리를 앞다투어 빼앗고, 대신 청년 대학생들의 취업 경쟁을 유도함으로써 그들이 누릴 수 있는 삶의 존엄 수준을 하향 조정하도록 위협한다. 그럼으로써 경제를 전체 사회의 유지와 번영, 즉 정치적 관심 아래에서 재규정할 수 있는 윤리적 상상력이 빈곤해지고 있다.[5]

그러므로 우리는 경제를 경제 전문가의 손에만 맡겨서는 안 되고, 사회 전체의 유기체적인 건강과 지속 가능성을 권념하는 하나님 나라 시민들의 중심 과업으로 삼을 것을 주장한다. 인간 공동체의 번영과 존립을 위협하는 경제는 이미 경제로서의 자격을 상실한 것이며, 경제 활동은 인간의 윤리와 도덕을 초월해서 작동할 수 없기 때문이다. 이것은 앞에서 살펴본 대로 애덤 스미스의 사상에도 나타난다.[6] 비록 스미스는 자유시장과 노동분업 옹호와 '보이지 않는 손'에 대한 교설로 자본주의적 자유주의의 창시자로 간주되나, 그에

---

[5] 김수행의 2011년 5월 25일자 『경향신문』 칼럼, "쇠퇴하는 자본주의"를 보라. 신자유주의 체제의 모순이 새로운 대안 경제 체제, 즉 기업을 사회가 접수하여 공적 자산화하는 길을 착상하도록 도와줄 수 있음을 말한다.

[6] Lionel Robbins, *A History of Economic Thought* (Princeton : Princeton University Press, 1998), 125-142.

게 경제학은 도덕 영역과 구분되지 않았다. 이처럼 경제학을 정치와 윤리와 연동시키는 전통에 서 있으면서도 기독교적 하나님 나라 경제 이념을 뚜렷하게 천명한 대표적인 인물이 바로 19세기 중엽 영국의 사회사상가 존 러스킨(John Ruskin, 1819-1900년)이다.

### 1. 『나중에 온 이 사람에게도』에 예해된 자비 경제학

그는 경제학과 인간의 행복에 관한 네 개의 논문을 담은 『나중에 온 이 사람에게도』라는 책에서 인간의 욕망과 동기의 복합성을 인정하는 데 실패한 자유방임주의 경제학을 신랄하게 비판했다. 그는 참된 경제학이란 사람의 존엄성과 도덕성을 표현하는 활동이라고 규정했다.[7] 러스킨은 특히 싼 노동을 사기 위한 기업의 경쟁적 노동시장 제도와 인간 노동을 소외시키는 분업을 비판했다. 그는 인건비를 낮춤으로써 생산성을 올리려는 자본주의 교설이었던 경쟁의 효용을 믿지 않았다. 그는 무조건 상대적으로 싼 가격으로 자기 노동을 팔려는 사람들 대신 최선의 기술을 갖춘 노동자가 고용되는 기회를 늘 가지려면, 노동자의 품삯을 깎아내리려는 기업가들의 노동시장 경쟁 유도 정책이 중단되어야 한다고 주장했다. 러스킨에게 가장 부자연스럽고 파괴적인 노동자 품삯 제도는, 노동 숙련도는 낮고 기술이 빈곤한 노동자가 싼 가격에 자신의 노동을 팔아 버림으로써 고도의 기술을 가진 자가 해고되는 사태였다. 러스킨은 인간을 사고파는 노동력으로 보는 반성경적이며 이교적인 경제이념을

---

[7] 존 러스킨, 『나중에 온 이 사람에게도』, 16-27, "제1편 명예의 근원"(29-60), "제4편 가치에 따라서"(117-130).

비판한 것이다. 하나님은 히브리 노예들을 안식 없는 노예 노동으로부터 탈출시키심으로 이스라엘을 창조하셨다. 이스라엘은 하나님에 의해 자유하게 된 백성이었기에 더 이상 노예 노동의 희생물이 되어서는 안 되었다. 러스킨의 사상에는 이런 구약성경의 인간해방이 중심 관심사였다. 그의 사상에는 인간을 노예화하는 노동시장, 분업제도 등에 대한 엄중한 비판이 있다.

한편 러스킨은 시장주의에 반대했지만 국가의 강력한 간섭을 옹호하지도 않았다. 그는 다만 국가는 무조건 이익을 남기려는 기업보다 더 고상한 가치를 추구하여야 한다고 역설했다. 국가는 이익을 남기는 기업이 아니라고 보았기 때문이다. 인권과 예술, 공동체 의식의 향유와 문화적 수혜 등 인간의 영적 갈망까지 포함한 총체적인 인간 필요를 돌보는 것이 국가의 역할이라고 본 것이다. 그래서 그는 육체 노동자들에게도 고급 예술을 향유할 수 있는 길을 열어 주려고 분투했고, 인간은 먹고 사는 데 그치지 않고 심미적이고 영적인 자양분도 섭취해야 하는 영적 존재임을 역설한 것이다. 그는 시장의 자기조정 기능에 대한 회의를 표명했을 뿐만 아니라 시장에 대한 국가의 간섭을 교조적으로 옹호하지도 않았다. 오히려 자비심이 넘치고 협동적인 비정부기구들의 연대를 통해 자유방임주의 시장경제, 분업주의적 대량생산 체제가 초래하는 비인간화에 맞서야 한다고 주장했다.

결국 러스킨이 주창한 시장경제는 구약성경이 말하는 하나님 나라의 자비 경제학을 잘 예해한다. 『나중에 온 이 사람에게도』의 대지(大旨)는, 마태복음 20:1~16에 나오는 포도원 품꾼들의 비유에 등장하는 포도원 주인의 동정심 넘치는 고용행위를 압축하는 구절

(14절)에서 나왔다. 이 비유에는 하루에 한 데나리온을 벌기 위해 노동인력 시장터를 어슬렁거리는 품꾼들이 나온다. 포도원 주인은 벌써 세 차례(오전 9시, 12시, 오후 3시)나 인력시장에 가서 품꾼들을 구해 일터에 배치했는데, 퇴근 한 시간 전인 5시에도 시장터에서 배회하는 품꾼들을 목격하게 되었다. 주인은 그들에게 대뜸 "왜 종일 놀고 있느냐?"라고 물었다. 그러자 그들은 "우리를 품꾼으로 쓰는 이가 없어서 그렇다."(7절)라고 대답하며 고용해 줄 것을 요청했고, 주인은 퇴근 1시간을 남겨두고 그들을 고용했다. 퇴근 시간이 되어 일당을 지급할 때 주인은 오후 5시에 온 사람들부터 급여를 지급하며 1데나리온을 주었다. 그런데 주인은 그들보다 앞서 온 사람들에게도 1데나리온을 주었다. 마침내 가장 먼저, 오전 9시에 온 사람들의 차례가 되었다. 그들의 계약상 일급은 1데나리온이었지만, 그들은 자신들보다 늦게 온 사람들도 1데나리온을 받는 것을 보고 내심 그 이상의 임금을 기대했다. 그러나 주인은 그들에게도 1데나리온만을 지급했다. 그러자 가장 일찍 온 그 품꾼들이 아주 거칠게 항의했다. 비례적으로 보자면 그들의 항의는 일리 있다. 1시간 일한 사람이 1데나리온을 받았다면 자신들은 7데나리온을 받아야 한다는 주장이었을 것이다. 그러나 주인의 대답은 분명했다. "내 것을 가지고 내 뜻대로 할 것이 아니냐 내가 선하므로 네가 악하게 보느냐"(15절). 그렇다. 문제는 주인의 비상식적인 자비심이었다. 왜 이런 반발이 일어났을까? 포도원 주인의 착한 마음씨 때문이었다. 왜 포도원 주인은 이런 방식으로 임금을 지불했을까? 굳이 본문에서 찾자면 두 가지 실마리를 찾을 수 있을 것 같다.

첫째, 오후 5시에 온 사람에게도 주인이 1데나리온을 지급한 이유는, 그들이 일할 의향도 있고 노동력도 있었으나 일할 곳이 없어 빈둥거려야 했던 상황을 고려했기 때문이다. 가장 늦게 온 자들은 1/7데나리온에다 실업수당 6/7데나리온을 받은 셈인 것이다. 둘째, 주인의 마음씨가 공로주의적 구원관을 가진 사람을 실족시킬 만큼 '착했다'는 것이다. 여기서 주인의 착한 마음씨가 도덕적 본성의 선량함에서 우러나온 것인지 아니면 그의 포도원이 너무 커 무한한 노동수요가 있어서 얼마든지 노는 자를 고용할 수 있는 경제적 관대함에서 우러나온 것인지는 확실치 않다. 러스킨은 여기서 동정 경제학 혹은 자비 경제학이라는 개념을 구사한다. 그는 경제학과 동정심의 제휴를 생각한 것이다.

오후 5시에 온 사람에게도 1데나리온을 주는 착한 주인의 마음씨가 하나님 나라 경제학이다. 신자유주의적 경제의 효율성 추구는 단기적으로 기업의 수량화된 생산성은 높일 수 있을지 모르나, 전체적으로 인간의 값어치를 저하시킬 가능성이 높은 반사회적인 행위다. 그런 흐름에 있는 기업체는 고용할 수 있는 여력이 있어도 위기에 대비하기 위해서 비자금을 구축하거나, 부동산 투기, 금 투기 등 다른 투자처를 확보하려고 하지, 고용을 늘리지 않는다. 사람을 고용해서 얻는 생산성보다 계량화한 현금을 많이 확보하는 것을 더 견고한 생산성이라고 보기 때문이다. 여기서 우리는 생산성이란 무엇인가를 묻지 않을 수 없다. 신자유주의적 자본주의가 공인하는 생산성은 주로 화폐로만 측정된다. 그러나 화폐로 계산된 수익만이 경제적 부가가치는 아니다. 사회를 안정시키고 평화를 증대시키는 것도 중요한 경제적 부가가치 창조이며, 도덕과 정의를 신장시키는 것도 경제적 부가가치의 창조다. 예를 들어, 장애인들을 고용하여 자활의 터를 마련하고 인권의 기치를 주창한 한 기업은 돈으로 환산할 수 없는 윤리·도덕적 가치를 창출한 것이다. 윤리와 도덕과 무관한 경제학은 우상숭배와 제휴하기 쉽다. 경제학이 몇 가지 비인격적 교조들과 그것을 뒷받침하는 숫자와 도표, 그래프와 통계의 덫에 빠지면 안 된다. 경제학은 윤리학(공동체 행복추구학)과 연동되어야 한다. 러스킨은 『나중에 온 이 사람에게도』의 "제2편 부의 광맥"에서 행복한 사람들을 가장 많이 생산하는 나라가 가장 부유한 나라이며, 참된 부자는 고귀한 인간애와 이웃 사랑을 위해 부를 소비하는 자라고 정의했다.[8]

이런 차원에서 보면 기업인건비 상승을 감수하면서 사람을 고용하는 것 자체도 또 다른 생산성의 증대 행위라고 볼 수 있다. 한 가정의 행복을 증대시켰기 때문이다. 따라서 불황기에도 오랫동안 직원을 해고하지 않고 기업을 유지한 사업가는 하나님 나라 경제를 실천한 사람이다. 포도원 품꾼을 고용해서 하루에 1데나리온을 벌게 만드는 것이 개인의 살림살이를 안정시키는 길이며 공동체를 세우는 길이기 때문이다. 신자유주의 경제학은 이런 정신적·윤리적 가치를 계량화하지 못하지만, 하나님 나라 경제 원리에 따르면, 인간의 값어치를 높이고 인간의 존엄성을 고취시키는 경제가 더 많은 경제적 가치를 창출한다고 본다. 반면에 한 나라에서 범죄율, 교통사고율, 소송비율, 이혼율, 자살률이 높고, 외국인에 대한 친절도, 유아출생률, 교육비 지출 정도, 여가나 휴가 이용일수, 빈부격차율 등이 열악한 공동체는 수량화된 GDP가 아무리 높다 하더라도 평가절

---

[8] 위의 책, 61-84.

하되어야 한다.

요약컨대 하나님 나라 경제학은 공동체에 소속할 자유를 옹호하고 그 터전을 잃어버린 가난한 사람들을 공동체 안에 묶어 놓는 데 투신된 경제학이다.[9] 이것은 모세오경, 예언서, 시편과 잠언, 복음서, 바울서신에 나타나는 공동체 경제학이다. 성경 경제학의 대전제는 공동체에 태어난 모든 사람은 하나님의 선물인 땅으로부터 오는 소출을 누릴 권리를 갖고 있다는 것이다. 성경 경제학은 공동체 구성원 모두 다 자기 포도원과 무화과나무 아래서 안연히 사는 사회를 궁극적으로 지향했다(왕상 4:25). 아무리 가난한 사람도 땅의 소출로부터 영구적으로 배제되어서는 안 된다는 명제(신 15:7-11)가 경제와 반경제 경계선의 지표석이었다. 특히 신명기 15:11의 "땅에는 언제든지 가난한 자가 그치지 아니하겠으므로"라는 구절의 의미는 가난한 자가 땅으로부터 끊어짐을 받아서는 안 된다는 말이다.[10] 즉, 땅의 소출을 향유하는 것에서 배제되어서는 안 된다는 의미다. 이처럼 성경 경제학은 무한 성장 경제학이 아니라 공동체의 존속과 공동 번영을 위한 경제학으로, 사회의 가장 연약한 자들의 생존권을 보장하는 데 최대의 관심을 갖는 경제학이다. 경제 활동이 사회(인류 생존공동체)의 존속과 번영을 위한 윤리적·정치적 고려를 완전히 일탈해서는 안 된다고 본 것이다. 경제는 사회, 즉 "인간이 서로서로 의존하는 포용력 있고, 연대심 넘치는 통일체"를 위한 부분 활동이

---

[9] 서인석, 『성서의 가난한 사람들』(왜관: 분도, 1979), 15-50. 이 책은 구약성경의 가난한 자 옹호 본문들, 특히 계약법전, 신명기법전, 성결법전, 예언서와 성문서의 주요구절들을 인증하고 잘 분석한다.

[10] 패트릭 밀러, 김회권 역, 『현대성서주석: 신명기』(서울: 한국장로교출판사, 1994), 220.

라는 것이다.[11]

이제 우리는 러스킨의 자비 경제학의 신학적 원천 개념인 하나님 나라 운동을 자세히 살펴보자. 구약의 경제는 하나님의 통치에 복속된 신앙활동이자 윤리적 행위였기에 하나님 나라 운동의 관점에서 구약의 경제 이해를 모색해 볼 필요가 있다.

## 2. 구약성경의 하나님 나라 운동과 하나님 나라 경제학

성경의 경제학은 하나님 나라 건설 운동의 하위 개념이다. 하나님 나라는 개인의 인격, 가정, 조직체, 국가, 국제 질서, 그리고 피조세계 전체에 하나님의 통치가 온전히 관철되는 과정이요, 그 상태다. 하나님 통치의 완성으로서의 하나님 나라는 예수 그리스도의 재림으로 실현될 것이지만, 인간 역사를 통해 귀납적으로 그리고 점진적으로 성취된다. 그것은 죄악된 권력 집단들과 개인들의 집단적인 반대와 완강한 저항을 감수하면서도 소수의 남은 자들인 하나님 자녀들의 부단한 순종과 견결한 실천을 통해 완성된다. 하나님 나라는 하나님의 고유한 과업이지만 동시에 하나님에게 진심으로 공명하며 응답하는 사람들의 과업이다. 하나님 나라는 하나님의 고유하고 '절대 주권적인' 통치 확장 행위이지만 특정한 시대와 장소에 사는 하나님의 자녀들에게 위임된 과업인 것이다. 그것은 하나님의 절대 주권적 운동임과 동시에 하나님께 붙잡힌 하나님 자녀들의 '응답적'인 운동이다. 이 하나님 나라 '운동'의 개념은 성경에 근거를 두고 있다.

---

[11] 칼 폴라니, 『거대한 전환』, 16장 "시장과 생산 조직"(또한 11장 "인간, 자연, 생산 조직," 377-383).

1) 하나님 나라 '운동'의 의미와 그 성경적 기원

첫째, 창세기 1:2이 하나님의 창조 운동을 증언한다. "흑암이 깊음 위에 있고(붜호세크 알퍼네 터홈) 하나님의 영은 수면에 운행하시니라"(붜루아흐 엘로힘 머라헤페트 알퍼네 함마임)라는 구절은 하나님의 세계 창조가 하나님의 명령과 하나님의 영이 주도한 '운행'의 산물임을 보여준다. '터홈'과 '함마임'은 둘 다 깊은 원시의 태고적 우주 바다(abyss, 深淵)를 의미한다. '운행하시니라'라고 번역된 히브리어 '머라헤페트'는 '라하프'(rāḥaph)라는 동사의 능동강세동사의 분사형으로, 바닷물을 말리는 지속적인 운동을 의미한다. 이 동사는 독수리가 그 새끼를 품는 동작(brooding, 신 32:11)을 가리키기도 하지만 바람이 너풀거리며 부는 모습을 묘사하기도 한다. 곧 이 말은 알이나 새끼를 품는 새처럼 하나님의 바람이 지속적으로 원시바다를 품는 상황을 묘사한다.[12] 즉, 하나님의 영(혹은 바람)이 지속적으로 흑암에 뒤덮인 바다를 향해 뭍을 드러내기 위해 운동했다는 뜻이다. 구체적으로 말하면 흑암의 원시 바다에 뒤덮여 있는 '땅'을 건져 내기 위해 하나님의 영이 쉴 새 없이 운행했다는 것이다(창 1:9-10; 8:1; 출 14:21; 15:19).[13] 마치 출애굽 구원을 위해 하나님의 동풍이 밤새도록 홍해 위에 불어서 마른 땅이 드러나게 했듯이(출 14:21), 하나님 나라의 기초가 될 마른 땅이 드러나도록 불어대는 바람

---

[12] 헤르만 궁켈(Hermann Gunkel)은 새가 알을 품는 모습을 묘사하는 이 동사가 고대 세계의 난생창조설화를 되울리고 있다고 본다(*Genesis*, trans. Mark E. Biddle [Macon, GA.: Mercer University Press, 1997], 105-106).

[13] Nahum M. Sana, *The JPS Torah Commentary Genesis* (Philadelphia et al.: The Jewish Publication Society, 1989), 6.

같은 야웨 하나님의 운행이 바로 하나님 나라 '운동'의 으뜸되는 신학적 근거다. 하나님 나라 운동의 원천은 마른 땅을 원시 바다 속에서 건져 올려 모든 피조물들을 위한 보금자리로 창조하신 하나님의 영(혹은 신적인 바람, 큰 바람)이다. 하나님께서 하나님 나라를 친히 세워 가신다는 명제는 항상 참이다. 하나님께서는 하나님의 통치를 피조물 속에 온전히 관철하실 때까지 불어 대는 거룩한 바람이시며, 생명의 숨결이시다.

둘째, 하나님 나라 운동론의 성경적 토대를 제공하는 또 다른 본문은 사도행전 2:1~4이다. 여기서 우리는 오순절 이후의 신약교회를 탄생시킨 사건을 만난다. 이것은 불의 혀같이 갈라져 예루살렘 120문도의 예수 제자들을 강습한 바람 같은 성령의 강림과 사역이다. 성령의 불 같고 바람 같은 역동적 '운동'은 개인들을 공동체로 변형시키는 운동이며, 하나님의 영에 100% 공명하고 공감하도록 결단하게 하는 자복 운동이다. 바람과 불 같은 성령의 내습(來襲)을 경험한 개인들은 하나님 나라 운동의 대의에 합류할 수 있는 능력을 덧입게 된다.[14] 성령은 고립되고 파편화된 예수의 제자들을 강력한 하나님 말씀 순종 공동체로 만들어 내신 하나님의 바람이요 생명 숨결이다. 이 본문은 하나님 나라 운동은 하나님의 큰 바람과 생명 숨결 운동임과 동시에, 하나님의 영에 사로잡힌 예수 그리스도의 제자들의 운동임을 강조한다. 하나님 나라 운동은 성령충만한 사람들의 공동체적인 운동이라는 것이다.

셋째, 히브리서 4:12~13은 하나님 나라 운동은 하나님 말씀

---

[14] 김회권, 『하나님 나라 신학으로 읽는 사도행전 1』(서울: 복있는 사람, 2007), 67-73.

에 노출되어, 하나님 말씀에 자복하는 운동임을 강조한다. "하나님의 말씀은 살아 있고 활력이 있어 …… 관절과 골수를 찔러 쪼갠다."라는 이 본문은 하나님 나라는 곧 하나님께 인격 가장 깊은 곳에서부터 우러나오는 순종을 드리는 운동이며, 하나님의 인격을 대표하는 하나님의 말씀에 자신을 쳐서 복종시키는 운동임을 강조한다. 하나님 말씀의 운동력은 인간의 가장 깊은 마음까지 분석해 내고 폭로하는 신적 분석력이자, 자복시키는 능력이다. 관절과 골수를 찔러 쪼갤 정도로 하나님의 말씀에 설복되고 감화되어 발생하는 활동이 바로 하나님 나라 운동이다. 관절과 골수 등으로 대표되는 인간 존재의 중심은 물론, 계급적, 계층적 토대 위에 영위되는 인간의 삶 전체가 하나님의 말씀으로 재구성된다는 뜻이다. 결국 이 본문도 하나님 나라 운동의 두 가지 요소인, 신적 주도성 및 인간적 응답성을 동시에 부각시킨다. 하나님 나라 운동은 하나님의 영과 말씀에 사로잡혀 파생되는 사람들의 운동이라는 것이다. 그것은 하나님께 지극히 순전한 복종을 바치는 운동이며, 자기 기득권(계급적·계층적·신분적 기득권)을 희생해 가면서까지 추진하는 자기 부인 운동이다. 하나님 나라 운동의 보상은 하나님과의 생명 연합, 하나님 모방, 하나님의 자녀로서 대가족 향유, 그리고 종말론적으로는 하나님 나라의 상속이다. 하나님 나라 '운동'은 바로 다차원적이고 복합적인 운동이다.

    하나님 나라는 성경의 중심 주제요 기독교 신앙의 핵심임에도 불구하고 현실의 종교 권력에게는 철저하게 외면당하고 배제된 성경 사상이다. 왜냐하면 하나님 나라는 지상에 존재하는 모든 기득권자나 권력 체제를 향해 항구적인 자기 갱신과 자발적 변혁을 요청할 뿐만 아니라 모든 개인에게는 급진적 전향을 요구하기 때문이다.[15] 하나님 나라라는 성경의 중심 메시지는 패역하고 음란한 세대에 살면서 정신적 불안정과 고독을 느껴 보지 못한 사람들에게는 부담스럽고 거추장스러운 신탁으로 들릴 것이다. 2,000년 교회사를 보면, 이스라엘 본토에서 시작된 기독교 복음이 유럽 문명에 이식될 때 기독교 신은 본래의 체제 변혁적이고 급진적인 신선함을 잃고 기존 세계의 상류층 문화에 길들여진 채 전파되었다는 사실을 확인할 수 있다. 그 결과 하나님 나라 복음은 제왕들과 영주들의 종교로 전락했고, 기독교회는 적어도 1,500년 이상 세상 정치권력과 종교, 경제적 권력의 최상층부에 자리 잡은 사람들, 곧 귀족들과 왕후로 대표되는 지배자의 종교가 되어 버렸다.

로마의 성베드로 대성당이나 파리의 노트르담 대성당을 보면 유럽 문명이 하나님 나라의 복음을 얼마나 결정적으로 왜곡하고 변질시켰는지를 가늠할 수 있다. 거대한 대리석 석궁과 엄청난 크기의 돔(dome) 지붕, 화려한 고딕식 예배당이 기독교 문명의 가시적 기념물로 남겨지는 동안, 하나님 나라의 세계 변혁적이고 자아 갱신적인 에너지는 거대한 대리석 예배당과 그 안에서 벌어진 거창한 종교 제의들 안에서 소거되어 버렸다. 우리는 이 시점에서 다시 한번 기독교 신앙의 거룩한 문화 창조 에너지를 발출하기도 전에 세속화의 위협 아래 굴러떨어진 한국사회와 한국교회의 앞날을 걱정하며, 하나님 나라의 성경적 가르침을 깊이 묵상해 보아야 한다.

---

[15] 한스 요하힘 크라우스, 박재순 역, 『조직신학 : 하느님의 나라-자유의 나라』(서울 : 한국신학연구소, 1986), 13-33.

## 2) 하나님 나라의 신적 주도성과 인간적 응답성

### (1) 하나님에 의해 시작되고 완성되는 하나님 나라

하나님 나라는 창세기 1~2장에서 그 첫 모습을 드러낸다. 창세기 1장은 하나님 나라의 기원과 토대를 말하고, 2장은 하나님 나라의 역사적 지향을 부각시킨다. 1장에서 하나님께서는 우주의 최고 주재권을 가지신 왕만이 내리실 수 있는 명령(fiat)으로 세계를 창조하신다. 하나님의 세계 창조는 인간의 협조와 지지, 믿음과 순종의 매개 없이 일어났다. 하나님께서 아무에게도 의논하지 않고 인간과 세계를 창조하셨다. 하나님께서는 자기 만족적 자기 평가를 일곱 차례나 반복하심으로써 이 세계가 하나님의 의도대로 창조되었음을 인정하셨다. 화가가 자기 그림에 낙관을 찍듯이, 하나님은 "보시기에 좋았더라."라는 반복된 표현으로 자신의 창조물을 품평하신다. 이 세계에 대한 하나님의 애착과 무한 긍정을 표현하신 것이다. 적어도 우리는 창세기 1장에서 이 세계의 창조 목적이 하나님의 자기 만족, 자기 왕권의 과시이자 확장임을 짐작할 수 있다.

후대의 예언자들은 하나님의 창조 목적에 부연 해설을 제공했다. 이사야에 따르면 하나님의 창조 목적은 하나님을 아는 지식을 창조 세계에 가득 채우는 것이었다. 하박국에 따르면 그것은 하나님의 영광을 알고 인정하는 거룩한 교양이 온 피조 세계에 넘치게 하기 위함이었다. 이 두 구절은 하나님께서 통치를 위해 이 세상을 창조하셨음을 강조한다. '온 세계가 하나님의 보좌요 발등상'이라는 말은 바로 온 세계가 하나님의 통치 대상임을 의미한다. 하나님의 통치는 온 세계 안에 하나님을 아는 지식, 하나님의 영광을 인정하는 지식과 교양을 충만하게 하는 사역인 것이다.

창세기 2장은 이 하나님 나라가 인간의 순종과 믿음을 통해 역사 속에 뿌리내릴 것을 보여준다. 하나님 나라는 천상 영역, 이데아 영역에 머무는 것이 아니라 인간을 대표로 하는 피조물의 세계 속으로 내려오는 것이다. 이 과정에서 하나님의 세계 통치에 결정적인 동반자로 '사람'이 등장한다. 하나님 나라는 하나님의 말씀과 그것에 대한 피조물의 대표자인 사람의 순종과 응답으로 완성되는 것이다. 여기에 바로 피조물인 인간의 믿음과 자발적 순종의 위상(位相)이 드러난다. 인류의 대표자인 마지막 아담, 그리스도의 순종이 첫 사람 아담의 실패를 일거에 만회하는 사건이 된 것은 바로 이러한 연유 때문이다(롬 5:12-21). 결국 창세기 1~2장은, 하나님 나라는 전적으로 하나님의 말씀과 명령으로 성취해 가시는 하나님 스스로의 통치권 확장 활동이면서 동시에 피조물 인간의 응답을 요청하는 매우 인간적이고 역사적인 과업임을 강조한다. 하나님 나라는 하나님의 전적인 고유 절대 주권과 권능으로 시작되고 세워지는 나라임과 동시에, 인간의 자발적인 순종으로 완성되어 간다는 것이다(시 33편).[16]

(2) 신인협력적 양두 체제로 유지되고 작동하는 하나님 나라

창세기 1~2장에서 인간에게 위탁된 중심 활동은 다스리고, 통치하며, 관리하고, 지키는 행위다. 하나님 나라와 인간에게 위임된 이러한 사명은 긴밀하게 결속되어 있다. 하나님 나라 운동은 하나님

---

[16] 김회권, 『모세오경』(수정증보판; 서울: 복있는 사람, 2017), 55-69, 127-129.

의 창조로부터 시작된다. 창조는 물과 땅이 뒤얽힌 혼돈(混沌)으로부터 경작지를 건져 내어 피조물들을 위한 생명의 왕국을 건설하는 행위였다. 하나님의 창조는 질서를 부여하는 행위였으며, 더 구체적으로 말하면 이 세계의 기초를 하나님의 성품인 공평과 정의 위에 세우는 일이었다. 하나님의 창조는 정치적으로 중립적인 물리적 환경의 창조를 넘어서서, 하나님의 성품에 맞는 질서, 신적 친절과 공평(시 89:13-14)으로 운영되는 생명 공동체의 창조까지 포함하는 활동이었다.

　　그러나 창세기 1~2장 이후의 하나님 나라의 행로는 아담 자손의 불순종과 저항으로 숱한 좌절과 퇴행을 겪었다. 구약성경의 첫 번째 책인 창세기 3~11장의 인류 원역사는 하나님 나라 운동의 전진을 가로막는 인간적 저항과 방해로 점철되어 있다. 하나님께서는 인간적 저항과 방해에 대하여 징벌과 심판으로 응답하셨다. 인간의 죄악을 징치하는 징벌 행위는 하나님께서 이 세계를 다스리신다는 증거였다. 그러나 사람과 피조 세계에 대한 하나님의 통치는 징벌과 심판만으로 관철되지는 않았다. 하나님은 일부 인간을 먼저 선택하셔서 구원하는 구원사를 개시하심으로써 그분의 세계 통치를 이어가셨다. 죄와 불순종으로 부패하는 인간을 갱생시켜, 자발적으로 순종하는 하나님의 동역자로 변혁시키기 위해 믿음의 사람들을 이 땅에 일으키셔서 세상에 파송하신 것이다. 아담-셋-에노스-노아-셈-아브라함-이삭-야곱으로 이어지는 믿음의 계보는 하나님께서 이 세상을 다스리고 계심을 보여주는 증거다. 또한 하나님의 특별 계시인 율법을 받아 나라를 이루고 사회를 구성하도록 부름받은 아브라함의 후손, 이스라엘 민족의 역사 자체가 하나님의 세계 통치의 증거였다. 특히 하나님께서 이스라엘 역사에 일으키신 예언자들은 인간 왕국들을 아우르시고 어거하시는 하나님의 초월적인 세계 통치 지휘부가 존재함을 보여준다(사 6:1-3; 렘 22:18-22; 암 3:7-8; 왕상 22:19-23; 시 103:19-22). 이스라엘 역사를 세계 만민의 역사와 결정적으로 구분 짓는 표지는, 초월적인 하나님 나라의 특명을 받아 전권 대사로서 활약한 이 예언자들이었다. 그들은 이스라엘 역사의 참된 왕은 인간 왕들이 아니라 천상 보좌에 앉아 세계를 통치하시는 야웨 하나님임을 결정적으로 증거했다.

이스라엘 예언자들의 역사의 종점에 나사렛 예수가 등장했다. 하나님 나라 운동은 구약 예언자들을 거쳐 독생 성자 나사렛 예수 그리스도를 통해 절정에 이르렀다. 구약 예언자들의 야웨의 말씀 대언은 창조 때 시작된 하나님 나라 건설 과업을 계승하는 작업이었고, 나사렛 예수의 하나님 나라 선포는 창세기 1장에서 시작된 하나님 나라를 완성시키려는 활동이었다. 나사렛 예수는 단지 하나님의 말씀을 잠시 혹은 부분적으로 대언하는 예언자가 아니라 하나님의 말씀 자체였다. 창조적 권능을 내뿜는 하나님의 말씀 자체면서 아버지 하나님의 말씀에 대한 전적 순종의 화신이었다. 그래서 나사렛 예수의 인격과 사역 전체는 태초부터 이 세계 속에 활동해 온 하나님 나라의 총체적 면모를 일시에 계시했다. 나사렛 예수의 순종을 격려하고 돕는 성령은 예수의 하나님 나라 운동의 고갱이었다. 이어진 열두 사도와 사도 바울의 복음 전파 사역은 성령으로 추동된 자발적인 순종 운동이었다.

하나님 나라는 이처럼 철저하게 하나님 주도적인 나라다. 성령의 감화 감동으로 하나님의 말씀에 순전하게 순종하는 자들에게 하나님의 통치, 즉 하나님이 이 세계를 다스리신다는 증거가 나타난다. 사랑, 평화, 희락, 연대와 우정, 돌봄과 치유가 일어난다. 나사렛 예수가 말한 하나님 나라는 십자가에 죽기까지 이어지는 부단하고 순전한 순종을 담보한 것이었다. 따라서 우리가 하나님 나라를 말하려면 성령의 감화 감동으로 하나님의 말씀에 순종하는 삶을 살아야 한다. 순종이 담보된 사람들의 입술에서 하나님 나라가 선포될 때 자아 갱신적이고 세계 변혁적인 파급력이 발산되기 때문이다. 하나님 나라 운동은 철저히 하나님의 일방적인 은총으로 주도되는 운동이다. 하나님께서 성령의 감화 감동과 말씀의 감화력으로 개인과 공동체를 추동시켜 하나님 나라에 근사치적인 세계를 만들어 가는 운동이다. 한국교회의 영적 분투나 열심만으로는 하나님의 통치를 매개할 수 없다. 하나님 나라 운동은 약간 더 의로운, 약간 더 청빈한 그리스도인들이 주도하는 대중 계몽운동도 아니고 윤리 각성운동도 아니다. 그런 행동들도 의미 있기는 하나, 성경적인 하나님 나라 운동은 아니다. 이 말이 모든 점진적이고 상대적인 의미의 사회 개선 활동의 의의를 훼손하는 말로 오해되어서는 안 된다.

### 3. 역사 속에서 점진적이며 유기적으로 성장하는 하나님 나라

하나님 나라는 하나님이 선택하시고, 하나님의 말씀에 순종하는 피조물에게 나타나는 은총이다. 그것은 구원, 약속과 인도의 형태로 나타나지만 종종 징벌, 정화적 심판, 그리고 쉼 없는 징계와 연단으로 나타나기도 한다. 아담과 하와가 범죄하기 이전의 에덴동산은 물리적 인간세계에 나타난 하나님 나라였다. 하나님 나라는 첫째, 하나님의 생명에 연합된 자, 의와 진리로 거듭난 자, 믿는 자에게 영생으로 나타난다. 이 영생은 하나님의 성품에 참여하는 삶이다. 둘째, 하나님 나라는 믿음의 가정에 나타난다. 셋째, 하나님 나라는 하나님의 사랑이 지배하는 확대된 가족 공동체나 교회 공동체에 나타난다. 넷째, 하나님 나라는 하나님의 사랑과 정의가 지배하는 국가 공동체에 나타난다. 다섯째, 하나님 나라는 하나님의 인애와 정의가 지배하는 국제 질서에 나타난다. 마지막으로 하나님 나라는 하나님의 인애와 정의가 지배하는 피조물 전 생태계 공동체에 나타난다(사 11, 65장).

따라서 하나님 나라 운동은 그리스도의 형상을 닮기 위한 개인의 부단한 인격 갱신과 하나님 나라의 질서에 근접하는 공동체를 이루기 위한 중단 없는 사회변혁 운동을 내포한다. 무엇보다도 하나님 나라 운동은 하나님의 감화 감동, 혹은 하나님의 강력한 부름에 응답한 개인들의 복음 영접과 회개 운동이다. 세례 요한과 나사렛 예수 모두 하나님 나라가 도래했다는 복음 선포를 통해 개인의 복음 영접과 회개를 동시에 요청했다. 개인의 믿음과 회개가 하나님 나라 운동의 가장 기초적인 단위이기 때문이다. 하나님 나라의 복음을 듣고 하나님 나라의 질서에 편입되려면, 개인이 하나님 나라 도래의 현실성을 인정하고, 즉각 하나님 없이 살던 때의 삶을 전적으로 혁파하고 돌이켜야 한다. 하나님 없이 살던 때는 돈과 권력, 부동산과 동산, 인맥과 학맥, 종교적 열심과 세습적 상속 등이 구원과 안정감을 주었다. 그러나 하나님 나라의 질서에서 이런 세상적인 토대들은 아무런 가치가 없어진다. 그래서 그것들을 버리고 나사렛 예수가 전파하는 하나님 나라의 가치에 순복하는 것이다. 이런 점에서 복음을 믿고 회개한 시민들이 많아지면 사회구조적 변혁 가능성이 그만큼 커진다. 로마 제국의 콜로세움 검투사 경기장이 사라진 역사가 이런 진실을 잘 예증한다.

콜로세움 원형 경기장은 주후 72년에 유대 전쟁을 통해 이스라엘을 멸망시키고 예루살렘 성전을 초토화했던 베스피안 황제 때를 시작으로 400년 이상 로마 제국의 대중오락장으로서 성황을 누렸으나 주후 500년경에는 사실상 용도 폐기되었다(523년경 마지막 검투 경기 기록). 그렇게 된 이유는 로마 인구의 대부분이 기독교인들로 바뀌면서 검투사 경기가 흥행에 실패했기 때문이다. 이것은 로마의 원형 경기장 2층, 베스피안 황제 유물 전시장에 걸린 해설문의 내용이기도 하다. 이것은 한 사회의 구조악을 해체하는 데 개인들의 자각적이고 의식 있는 조용한 결단이 얼마나 중요한지를 보여주는 일화다. 초대 로마의 기독교인들이 콜로세움 경기장 가지 않기 운동을 한 것이 아니다. 그들의 신앙고백과 가치 지향 자체가 잔인한 동물 학대, 전쟁노예 학대, 잔악한 살인 경기와는 상극이었다. 기독교인 개개인의 사사로운 소비 행위, 내밀한 윤리·도덕적 결단 등이 중요한 이유가 여기에 있다. 기독교인들의 내밀하고도 자발적인 결단이 축적되어야 비로소 한 사회에 기독교적 가치를 표방하는 문화가 생겨난다.

그러나 동시에 하나님 나라 운동은 개인들에게 엄청난 영향을 끼치는 사회 관습, 제도, 법, 그리고 가치관이나 세계관을 성경적 진리와 일치시키는 사회 구조를 만들어 가는 운동이어야 한다. 하나님 나라 운동은 한 사회의 운영 원리를 성서적 정의와 공평, 인애와 자비의 원칙에 수렴시키는 운동인 것이다. 예를 들어, 먼지가 가득 찬 체육관에서 성실하게 운동하는 개인을 생각해 보자. 성실하게 운동하는 것은 건강에 좋은 일이나 먼지가 가득 찬 체육관에서 막무가 내로 운동한다면 성실하게 한다 해도 하면 할수록 건강에 해롭다. 먼지가 가득 찬 체육관 시설과 구조의 문제를 해결하지 않고는 개인의 건강 증진은 어렵다. 우리가 속한 조직이나 사회의 구조적 악과 불의를 해소하지 않은 채 개인의 윤리적 청정화만 강조해서는 안 된다. 하나님 나라 운동은 개인의 양심을 더럽히고 죄 짓는 것을 종용하는 사회 운영의 틀, 즉 법, 제도, 관습, 심지어 가치관까지 바꾸고자 하는 활동이다.

## 4. 점진적이면서도 귀납적인 세계 변혁 운동으로 그 현존을 드러내는 하나님 나라

이상에서 살펴본 것처럼 하나님 나라 운동은 하나님의 거룩한 영에 추동된 하나님의 자녀들의 자발적이고 자기 희생적인 헌신 운동이다. 그것은 성령의 감화 감동을 덧입은 하나님 자녀들에게 위탁된 운동이다. 그것은 정치권력을 휘둘러 타인의 의지를 복속시키는 현실 정치 운동이 아니다. 유다의 예언자 예레미야에 따르면 하나님의 영이 임하면 고도의 민중 자치적·자율적인 계약공동체가 형성된다. 아무도 다른 사람에게 "너는 이렇게 살아야 한다."라고 하는 강제적 율법준수를 강요하지 않는다. 하나님의 영에 감동된 사람들은 인간의 어떤 시민적 법적 강제가 요구하는 것을 훨씬 초월하는 자기 희생적인 봉사를 할 능력으로 가득 차게 되기 때문이다. 사도행전 2장과 4장에서 성령의 감화 감동에 사로잡힌 120문도는 자발적으로 자신의 사유재산을 팔아 가난한 형제자매들의 생존권을 옹호해준다. 그 결과 아무도 핍절한 사람이 없는 공동체가 탄생된다. 사도 바울은 하나님의 영에 사로잡힌 그리스도인들의 자발적이고 자원적인 물적 희사로 유지되는 공동체적인 삶을 '그리스도의 몸'이라고 불렀다. 한 지체가 다른 지체의 불편과 고통을 자동적으로 공감하고 체휼하는 완벽한 공동체인 것이다. 교회는 그리스도의 몸, 이상 사회의 표본이다. 교회, 즉 그리스도의 몸에 붙어 있는 지체들의 삶이야말로 육법전서로 대표되어 법적 강제력으로 유지되는 세속 왕국을 거룩하게 해체하는 참 대안 사회, 곧 하나님 나라라고 본 것이다. 사랑이 율법의 완성이라는 말은 바로 그것이다. 예수 그리스도의 자발적이고 자원적인 십자가 순종을 재현하는 그리스도인의 삶은 십계명의 금지 조항이 요구하는 윤리적인 기대를 상회하는 사랑과 공의의 능력을 발휘한다(롬 13:8). 이처럼 하나님 나라 운동에 동참한 그리스도인들의 삶은 하나님의 감미로운 생명력 넘치는 통치가 구현되는 현장이어야 한다. 약간 더 의로운 삶을 사는 것으로는 다른 사람의 불의를 고칠 수도 없고, 이 세상을 거룩하게 변혁시킬 수도 없다. 하나님의 영에 사로잡힌 하나님의 자녀들만이 하나님께 순종할 수 있다. 바로 이런 점에서 하나님 나라는 하나님께서 친히 세워 가신다는 말이 맞다. 하나님의 성령으로 감동된 자들만이 하나님의 율법 요구에 복종할 수 있기 때문이다.

## 5. 인간의 대리행위(순종과 믿음)를 통해 완성되어 가는 하나님 나라

구약성경의 주제는 하나님의 통치, 하나님 나라다. 하나님은 창세기 1장부터 아예 왕으로 등장하신다. 우주 창조 자체가 왕이신 하나님의 봉지 행위이다. 왕이신 하나님의 왕적 권능은 무질서와 혼돈의 원시우주에 질서를 부여하시는 창조 행위로 표현된다. 창조 자체가 하나님의 왕적 통치 행위의 시작이라는 말이다. 창세기 1장에서 하나님은 왕적 명령(fiat)으로 천지를 창조한다. 오직 왕만이 말씀(명령이나 포고령)으로 현실을 창조한다. 불완전하게나마 지상의 모든 왕들도 칙령과 포고령으로 자신들이 원하는 현실세계를 창조하고 구성한다.

모세오경은 하나님의 명령과 율법에 복종하는 한 나라와 공동체(이것은 영토와 국가적인 틀과 상관없는 사람들 중심의 공동체다.)를 형성하시려는 하나님의 분투를 증언한다. 모세오경이 묘사하는 하나님의 백성은, 신정통치의 대리자들이 매개하는 인간 왕정에 속하지 않는, 절대적 의미의 순례공동체이다. 여호수아-열왕기하는 하나님께서 그 뜻에 따라 운영되는 영토적인 하나님 백성 공동체를 세우시려고 하지만 이스라엘의 불순종으로 좌절을 겪으시는 하나님과 그 나라의 이야기다. 가나안에서 이뤄진 하나님 나라 운동은 실패로 끝났다.

예언서에서는 하나님의 천상보좌에서 파견된 예언자들이 왜 이스라엘 백성 안에 하나님 나라를 세우려고 했던 하나님의 열망이 좌절되었는지를 규명할 뿐만 아니라, 인간 왕정의 실패와 좌절을 초극하여 다시금 귀환 포로들을 중심으로 하나님 나라의 토대를 세워나가실 하나님의 꿈을 노래한다. 그들은 인간의 실패와 불순종을 넘어 계속되는 하나님의 절대주권적인 희망과 미래를 증언한다.

시편은 하나님 나라의 흔적이 사라진 현실에서 눌려 있는 백성들이 하나님의 통치를 갈망하며 올리는 기도문이자 하나님의 백성들을 위한 하나님의 부단한 재활복구적 응답을 이야기한다. 성문서는 이 세상 질서 안에 내재된 하나님의 현존과 통치를 깊이 사색하고 성찰한다. 동시에 현실에 회의하고, 하나님 나라의 부재에 저항하고 냉소하며, 그 의심과 냉소마저 신앙의 이름으로 포용하는 하나님 나라의 광대하고 신비한 외연을 탐색하는 이야기다.

묵시문서인 다니엘은 하나님 나라의 대적자인 악의 원형적 세력들이 성도들을 죽이는 데까지 이르는 악의 이야기임과 동시에 죽음 너머까지 확산되는 하나님 나라 이야기다. 다니엘 때문에 하나님 나라 운동의 지평은 죽음 저편, 부활까지 포섭하게 되었다.

역대기상·하와 에스라-느헤미야는 두 번째 시도되는 하나님 나라 운동 이야기다. 예언서의 희망과 위로에 기대를 걸고 다시금 하나님의 통치가 남은 이스라엘 백성들에게 임하길 바라는 메시야 대망 공동체의 영적 분투와 좌절을 증언한다. 이처럼 구약은 철두철미하게 하나님 나라 이야기로 이뤄져 있다. 나사렛 예수는 구약을 단숨에 하나님 나라 이야기로 읽어 내셨고, 구약의 구원사가 완전한 순종자인 독생자에 관한 예언임을 선포했다.

이상에서 살펴본 것처럼 하나님 나라는 하나님의 명령과 말씀에 의해 창조되는 나라임과 동시에, 인간의 응답과 순종으로 역사 속에 뿌리내리는 운동이다. 하나님 나라 운동은 보편적인 역사에서 동시다발적으로 실험되거나 실현되지 않았으며, 아브라함의 후손 이스라엘 공동체에 우선적으로 실현되었다. 아브라함의 후손인 다윗의 의와 공도에 입각한 통치가 하나님 나라에 대한 예표를 보여주었고, 다윗의 후손으로 오신 예수 그리스도는 하나님 나라의 실체를 친히 그의 인격과 사역을 통해 구현하시고 밝히 계시하셨다. 예수 그리스도가 선포한 하나님 나라 운동은 오순절 성령강림으로 감동된 성도들의 순종과 결단으로 가속화되고 심화되어 세계 속으로 확장되었다. 그 하나님 나라 운동의 지상 실현은 유무상통 경제 공동체의 탄생이었고 가난한 자들의 소거(消去)를 초래했다. 이는 구약의 하나님 나라 자비 경제학의 절정이었고, 지상에서 구현할 수 있는 하나님 나라의 극대치였다. 이 신약시대에 만개한 하나님 나라 경제학의 중심 관심은 사실상 모세오경으로부터 시작된 가난한 자들을 돌보시고 세우시고 재활복구시키시는 하나님의 통치 자체로, 하나님 나라 운동은 가난한 자들의 소멸을 겨냥하여 전진해 온 것이었다.

지금까지 살펴본 대로 가난한 자들의 공동체 잔존은 하나님의 지대한 관심사였다. 가난한 자들에 대한 구약의 관심사를 대표하는 본문들은 적지 않지만 우선 몇 가지 구절들을 인증할 수 있다.

## 6. 가난한 자들과 특별 언약관계에 있는 야웨 하나님

1) 모세오경과 가난한 자들의 보금자리
① 하나님은 땅 없이 방황하는 외톨이들의 하나님이시다. '아브라함, 이삭, 야곱의 하나님'이라는 말은 하나님이 보금자리 없는 떠돌이들의 하나님이시라는 의미다(창 12:1-3; 12-16장).
② 히브리 노예들에게 보금자리를 찾아 주시는 하나님이시다 (출 3:6-13).
③ 하나님의 땅 선물 하사 목적은 그 땅에서 야웨의 율례를 행하게 하기 위함이다(시 105:44-45; 참조. 레 18:24-28 거민을 토해 내는 땅의 인격적 반응)
④ 신약에서 맥락 없이 인용된 신명기 15:11("땅에는 언제든지 가난한 자가 그치지 아니하겠으므로"[마 26:11; 막 14:7])을 올

바르게 해석하면 그것은 가난한 자들이 땅의 소출로부터 결코 소외되어서는 안 된다는 의미다.

⑤ 신명기 15장의 안식년, 면제년법은 노예화가 된 이스라엘 자유농민에게 또다시 출애굽 구원을 재현하는 구원이자 하나님의 이스라엘 통치 증거다.

2) 예언자들과 가난한 자들의 보금자리

① 이사야 3장과 5장의 포도원 노래 : 공평과 정의의 열매를 맺어야 하는 포도원. 전토와 주택을 독점하는 지주들에게 화를 선포한다.

② 이사야 58장 : 종교적 절기와 금식의 참된 의미는 유리하는 빈민을 집에 들이는 환대의 실천이다.

③ 아모스 5장 : 종교와 정의는 탄젠트적 상응성이 있으며 자비(체데크)를 하수처럼 흘려보내는 세상이 오래 존속된다(5:24).

④ 미가 6장 : 야웨께서 바라는 바는 오므리의 율례(바알 종교의 지주제도)를 파기하고 공평한 정의를 수립하는 일상생활이다 (6:6-8, 16).

⑤ 예레미야 34장 : 면제년법을 시행하지 않은 도성에 종말이 임한다.

3) 성문서와 가난한 자들의 보금자리

① 시편은 땅에서 유리방황하는 가난한 자들을 위한 중보기도집이다(9:9, 12, 18; 10:9, 12, 18; 40:17; 41:1; 69:29, 33; 70:5; 72:4, 12-13).

② 잠언은 예언자의 기상으로 가난한 자와 하나님의 특별 친연관계를 강조한다(13:23; 14:21, 31; 15:16; 17:5; 19:1, 17; 21:3; 22:2; 28:6, 8; 29:7; 대조. 잠 6:9-11[가난을 게으름 탓으로 돌림]).

③ 욥기는 언약공동체의 돌봄 밖으로 축출된 극빈층에 주목한다(24장; 30-31장).

④ 느헤미야는 가난한 자들의 아우성을 듣고 거룩한 평탄 정치, 채무 탕감, 인신해방을 선언한다(5장).

요약하면 성경은 압제에 대한 자유주의, 원자화된 개인주의를 초극하는 계약공동체주의, 무한양극화로 고착되는 빈부 격차 대신에 주기적인 희년적 형평주의, 그리고 전체적으로 고도로 조밀한 형제자매 돌봄주의를 주창한다. 이런 모세오경적 계약공동체주의와 나사렛 예수 안에서 선포된 하나님 나라의 진리를, 신자유주의를 채택한 오늘의 한국사회가 감당할 수 없다. 무한경쟁을 바탕으로 개인을 동력화시키고 생산성을 높이려는 한국사회에 상호돌봄적인 인애와 계약공동체주의라는 성서적 진리가 접목되는 것은 거의 불가능하다. 구약에서도 마찬가지였다. 안식년이나 면제년법이 준수되지 않았을 때 이스라엘 백성들은 급격하게 와해되고 해체되었다(겔 46:18). 하나님은 불순종하는 이스라엘에게 적응하시면서 안식년법보다는 약간 하향조정된 율법을 제시하신다. 희년법이다. 우리는 구약성경의 이상적인 모둠살이를 규정해 준 희년사상에 주목하며 한국사회에서 그것의 창조적 접목 가능성을 탐색해 보고자 한다. 희년법은 이스라엘 자유농민 재활복구법으로서 사회경제적 혁명을 주기적으로 송축하도록 한 독특한 법령이다.

## 하나님 나라의 근사치 모델, 희년공동체 이스라엘[17]

### 1. 구약성경의 토지사상, 희년법

구약성경에서 하나님 나라 경제를 규정하는 으뜸규정은 토지법이며, 토지법의 핵심에는 희년사상이 있다. 레위기 25장은 모든 토지를 하나님의 소유라고 선언하고, 인간은 땅의 거류민이요 일시체류자라고 말한다. 따라서 레위기 25장은 토지의 사적 영구 소유를 금지했으며 토지경작권의 가문별 공동 소유를 허용했다. 희년의 토지법은 요즘 말하는 토지 공개념보다 훨씬 더 급진적인 토지 매개 언약주의 공동체의 헌법적 대강령이었다. 한국의 일부 그리스도인들은 레위기 20장에 금지된 동성애(13절), 근친상간(19-21절) 등에 대해서는 엄청 강조하지만 토지 안식년법과 희년법을 규정하는 레위기 25장은 무시하고 있다.[18] 성경에는 특별한 경제제도나 토지제도에 대한 관점이 없다고 생각하는 많은 그리스도인들은 17세기 이후 태생된 근대적 토지 사유제를 기독교적 토지제도로 오해하고 있다.

---

[17] 이 단원은 저자의 2004년 『신학사상』 127호에 실린 "구약성서의 희년사상과 사회윤리적 함의"(131-166)와 『모세오경』, 808-815에 빚지고 있다.

[18] 중앙대 김승욱 교수(2008년 1월 5일 CGN 방송칼럼; 2008년 1월 10-11일 『뉴스앤조이』에는 김승욱의 희년폐기론과 고영근의 논박 참조)와 창조과학을 설파하는 평택대 조덕영은 대표적으로 희년제도나 성경토지법의 적실성을 의심하는 인물이다(조덕영, "희년의 법과 헨리 조지의 토지법은 상관이 있는가?" 기독교진리수호연구협회, 2019).

일찍이 17세기 말부터 토지 시민사유제를 옹호하던 유럽 사상가들은 자연 상태의 토지와 인간 노동 투입 이후의 토지를 전혀 다른 차원에서 파악했다. 이들은 자연 상태의 토지에 일련의 노동을 투입함으로 그 땅은 노동 투입자의 소유가 되고, 한 토지를 오랫동안 먼저 점유함으로 생긴 점유권이 소유권의 토대라고 주장했다. 17세기의 영국 사상가 존 로크는 이런 토지 사유제를 주창했고, 미국에 건너간 영국 식민지 개척자들은 이런 의미로 토지를 사적으로 취득했다. 로크의 토지 사유제는 토지 시민 사유제에 가깝다. 당시의 기준으로 보면 진보적인 토지사상이었다.[19] 문명 이전 사회의 인류는 토지를 재산으로 여기지 않았다. 수렵채집경제에 의존하는 초기 인류는 정착생활을 하더라도 경작을 통해 잉여 농산물을 축적함으로써 빈부 차이를 만들지 않았다. 그러다가 정착, 토지경작, 잉여 농산물, 철기금속문명 등이 합세해 사회적 위계질서를 갖춘 문명사회가 탄생되었다. 초기 인류 문명사회는 토지에 대한 왕실 독점 소유제, 혹은 신전 독점 소유제로부터 시작된다. 왕실, 신전, 귀족들의 토지 소유제에 비하면 로크의 토지 시민 사유제는 엄청난 시대선도적 혁신사상이었다. 이것이 자유주의, 민주주의, 그리고 자본주의를 발흥시켰다. 이런 점에서 지금 토지의 시민 사유제도는 아주 중요한 제도이다. 토지 국유화를 선언한 공산주의 전체주의보다 토지 시민 사유제를 옹호하는 자유주의, 자본주의의 토지 이해가 상대적으로 도덕적으로나 신학적으로 더 우위에 있다. 그러나 이 토지 시민 사유제

---

[19] 존 로크, 강정인, 문지영 옮김, 『통치론』(서울: 까치글방, 1996), 33-54. 5장 소유권 논의를 참조하라.

는 소수에 의한 또 다른 토지 집중을 막아내는 데 아주 무기력했다. 그래서 토지 시민 사유제 또한 아주 먼 고대 시대 토지의 신전 독점, 왕실 독점과 같이 과두 지주 독점 제도로 변질되면 하나님의 진노를 촉발할 수 있었다. 구약성경의 토지 안식년법과 희년법은 토지가 소수 시민들에 의해 영원히 독점되어 가난이 영구적으로 상속되는 것을 막는 은혜로운 제도였다. 안식년법과 희년법이 지켜져야 토지사용권을 시민이 소유하는 자유주의 체제의 우월성이 드러날 수 있다.

희년은 고대 이스라엘의 이상적인 계약공동체 유지를 위한 면제년법(출 21:1-2; 신 15:1-11; 렘 34장)의 후기(포로기 혹은 포로기 이후) 수정증보판으로서 가장 이른 시기에 실시되었을 면제년법(출 20-23장의 계약법전의 규정)을 완화시킨 법이다. 희년은 일곱 번의 안식년을 마친 후 50년째 되는 해를 특별 안식년으로 선포하여 이스라엘 계약공동체 구성원들을 총제적으로 자유케 하고 야웨신앙의 법도대로 살 수 있는 토대를 회복해 주는 주기적인 사회적 예전혁명이다(liturgical social revolution). 이 희년법은 성막을 중심으로, 하나님의 기업(基業)의 땅인 가나안 땅에서 이뤄지던 이스라엘의 공동체 생활을 전제하고 있다. 레위기의 모든 율법들과 계명들은 이스라엘 백성들이 시내산에 머물던 1년간 모세를 통하여 중개된 것들이라고 선포되고 있다. 그러나 그 율법들을 자세히 살펴보면, 레위기의 많은 율법들이 이스라엘이 가나안 땅에 들어가 살았던 상황을 전제하거나 반영한다. 모세 시대가 아니라, 사사 시대, 왕국 시대, 그리고 심지어 포로기 이후의 귀환 공동체 시대를 반영하는 율법들도 포함되어 있다(성전 세겔, 땅과 가옥법, 경작지 유지법 등). 특히 '성결법전' (the Holiness Code)이라고 불리는 레위기 17~26장의 대부분은 이미 가나안 땅에 오래 정착했던 상황을 반영하고 있으며, 가나안 문화와의 충돌과 혼합을 동시에 겪고 있던 이스라엘 백성들에게 선포되었던 계명들이다. 그런데 왜 레위기는 그 안에 포함되어 있는 율법들을 두고 모두 '모세가 시내산에서 중개한 율법'이라고 말(레 27:34)하고 있는가? 이것을 이해하기 위해서는 이스라엘의 계약 갱신 신학을 먼저 알아야 한다. 신명기 5:1~11(특히 3-6절)은 이스라엘 출애굽 2세대들을 제2대 시내산 계약 체결 당사자 세대로 규정한다. 계약의 '동시대화'인 것이다(contemporization). 즉, 이스라엘 모든 세대가 '실존적으로는' 한결같이 시내산 계약에 참여하는 세대라는 것이다. 또한 신명기 18:15~18은 하나님께서 각 시대에 모세적 권위를 가진 예언자를 일으켜 주셔서 하나님의 말씀을 각 시대의 백성들에게 적용 가능한 율법이 되도록 중개해 주시겠다는 약속을 담고 있다. 이런 식으로 보면 여호수아는 제2대 모세적 예언자가 되는 것이다. 주전 10세기에는 사무엘이, 주전 9세기에는 엘리야와 엘리사가 모세적 예언자가 되는 셈이다. 시내산에서 모세를 통하여 중개된 '하나님의 율법'들은 역사가 진행될수록 수정되고 보완되고 대체되는 과정에서 탄생되었다. '시내산에서 모세를 통하여 중개되고 가르쳐진 율법들'이란 '이스라엘 백성들에 의하여 하나님의 율법으로 승인된 율법들로서 공동체의 안녕과 존립에 결정적으로 중요한 율법들'을 총칭하는 말이다. 곧 '모세의 율법'이란 모세 시대의 법만을 가리키지 않는다. 따라서 우리가 레위기 17~26장에서 포로기 혹은 포로기 이후 시대의 귀환 포로 공동체의 삶의 정황에 잘 부합하는 법들을 발견한다고 해서 당황할 필요가 없다. 이스라엘이 계약공동체로서 존립하기 위한 최소한의 경제적 안전장치인 희년을 다루는 레위기 25장은 성결법전의 일부로서 바벨론 귀환 포로들의 상황에서 연원한 율법일 가능성이 크다.[20] 이 희년법은 귀환 포로들이 남겨 두고 떠났던 땅들의 소유권을 회복시켜 주려는 맥락에서 선포된 법이었을 가능성이 크다.[21]

## 2. 출애굽 구원의 영원한 기념 축제, 희년법(레 25장)

레위기 25장은 모세오경에 보존되어 있는 '땅 점유' 주제에 관한 유일한 실례를 담은 규정이다(25:23-25). 그것은 고대 이스라엘 문중(clans), 지파, 개인들에 의하여 점유된 땅의 법적 지위를 규정하는 유일한 율법규정이다. 이 규정의 근저에는 하나님께서 이스라엘에게 토지를 영원한 아후자(אחזה),[22] 즉 '영구임대'로 주셨다는 사상이 깔려 있다. 그래서 영구 매매나 양도는 있을 수 없다. 구체적으로 보면 25장은 안식년 규정(1-7절)과 희년 규정(8-55절)으로 구성되어 있음을 알 수 있다. 여기서 땅과 야웨가 대단히 직접적 관계라는 사실은 주목할 만하다. 이스라엘 백성이 야웨께 직접 소속된 하나님의 백성이듯이 가나안 땅 또한 직접적이고 특별한 의미에서 야웨께 소

---

[20] Frank Crüsemann, *The Torah: Theology and Social History of Old Testament Law*, trans. Allan W. Mahnke (Minneapolis, MN.:Fortress Press, 1996), 283.

[21] 희년법은 이사야 30-66장과 학개, 스가랴의 정황에서 가장 잘 이해될 수 있다 (Crüsemann, *The Torah*, 283-284).

[22] 김지은, "구약성서에 나타난 기업으로서의 땅 개념 연구," 『구약논단』 9(2000년 10월), 215-234. 또한 조상으로부터 후손에게 상속된 나할라는 친족 테두리 밖의 외부인에게 양도하거나 영구매각할 수 없는 양도불가 자산 아후자(אחזה['aḥûzaā])가 된다. 아후자는 '꼭 붙들다'를 의미하는 동사 '아하즈'(אחז)에서 파생된 여성명사이다(창 36:43, 민 27:7; 시 2:8).

속된 땅이라는 것이다.

　1~7절은 안식년법을 규정하는 더 오래된 전승인 출애굽기 23 : 10~11(땅의 안식)을 되풀이하고 있다. 이스라엘 백성들이 약속의 땅에 들어온 시점부터 계산하여, 땅은 매 7년마다 순환적으로 안식년을 가져야 한다. 희년은 일곱째 안식년의 그 다음 해, 즉 50년 되는 해를 가리킨다. 희년은 나팔을 불어 땅과 채무노예들을 동시에 자유케 하는 해방의 축제절기다. 8~12절은 희년이 "너희(이스라엘)에게 거룩할 것이다."(12절 ; 참조. 10절)라는 사실을 전면에 부각시킨다. 희년이 이스라엘 백성의 거룩한 품격을 드러내는 표징 중 하나가 된다는 말이다. 13~28절은 희년법의 뼈대다. 여기서 이스라엘은 하나의 거대한 가족 집단으로 이해되고 있다. 특히 빈번하게 사용되는 '형제', '이웃'이라는 용어가 희년 제도의 사회학적 배경을 명료하게 드러낸다. 희년법의 중심 관심은 하나님이 선물로 주신 땅이요, 조상에게 유산으로 받은 땅에서 가족 구조를 형성한 이스라엘 공동체가 가나안 땅에 계속 정착할 수 있게 만드는 토대를 구축하는 법이었다. 희년법은 이스라엘 공동체에 속한 거류민이나 가난한 자들의 생존을 가능하게 하는 공동체적 돌봄을 법제화하고 예전화(sacramentalize)하고 있다. 가난한 자와 신분이 불안정한 경제적 약자인 거류민들에 대한 돌봄과 공동체적 자비 구현을 법(명령)과 축제적인 예전(자발적 참여)이라는 맥락 속에 배치하는 것이다. 따라서 희년은 기쁨의 해로서 나팔(요벨)을 불어서 그것의 도래를 알릴 만한 50년 주기의 자발적이고 사회변혁적 축제 절기였다.

　하지만 사회학적인 견지에서 보면 희년은 모든 사람들에게 나팔을 불어 그것의 도래를 알릴 만한 보편적인 기쁨의 해가 아니었다. 희년 절기가 가난한 자 중심의 축제였기 때문이다. 부자들은 오히려 재산을 상실하고 기득권의 상실을 감수하면서 축제에 참여해야만 했을 것이다. 그러므로 하나님의 은혜로 마음이 감동되지 못한 부자들과 지주들은 나사렛 회당의 지주들처럼 예수님의 희년 도래 선포에 드세게 저항할 수밖에 없었을 것이다(눅 4:28-29). 이처럼 희년의 목표는 어떤 이유로든지 파산하여 생존 경계선 밖으로 추방당한 자들을, 계약공동체를 지탱시키는 하나님의 구원 은혜의 수혜자로 재활복구시키는 것이었다. 이스라엘의 잃어버린 양이었던 삭개오를 아브라함의 자손으로 재활복구시키는 과정은 이런 희년의 영적인 적용인 셈이다(눅 19장). 이처럼 희년은 법제화된 신적 친절과 자비였다. 23절에서 잘 요약되듯이, 법제화된 친절과 이웃 사랑의 중심에는 땅에 대한 하나님의 배타적 소유권을 고백하는 신앙이 있다. 나봇처럼 왕에게 땅을 빼앗기거나(왕상 21장; 참조. 겔 46:18) 빚, 기근, 혹은 전쟁 등으로 파산된 이스라엘의 자유농민들은 자신의 기업의 땅에서 소외되고 이산과 방랑의 삶을 살 수밖에 없었을 것이다(룻기). 자신의 본거지를 떠나 이방 지역의 주변에서 간신히 살아가는 불안정한 빈곤층을 게르(gēr, גר)라고 부르는데, 23절은 이스라엘 백성 모두가 하나님 앞에서는 땅에 대한 어떤 기득권도 주장할 수 없는 거류민, 게르임을 규정한다. 하나님은 이스라엘 땅 한복판에 사는 경제적 약자인 게르를 보호하기 위하여 이스라엘 모두를 하나님께 붙들려 지내는 게르라고 규정한 것이다. 원칙적으로는 페르시아 제국이나 로마 제국 아래 식민지 백성으로 살아가는 모든 이스라엘이 게르였던 셈이다.

이처럼 희년법의 근저에는 거류민과 가난한 자의 생존권과 인간 존엄성을 확보해 주려는 신적 자비가 흐르고 있다. 이미 땅을 가진 유산자와 유력자들이 되어 버린 일부 이스라엘 자유시민들에게, 그들 역시 본디 이스라엘 땅에 정착할 때의 법적 신분이 이주민이었음을 깨우침으로써 그들이 거류민들과 나그네들을 신적 자비로 돌볼 것을 촉구하는 전략이었던 것이다. 이주민들이었던 이스라엘에게 땅은 영속적으로 매각될 수 있는 사유재산이 될 수 없다. 왜냐하면 땅은 하나님의 것이요, 이스라엘 백성들은 "나에게 붙어 사는 나그네들이요 거류민들이기 때문이다"(23절). 이 절은 몇 가지 중요한 함의를 내포하고 있다.

첫째, 하나님께서 땅에 사는 인간 거주자들과는 전적으로 독립적으로 존재하는 땅을 스스로 소유하신다는 것이다. 둘째, 하나님께서 토지재산을 매매가능한 일반적 상품과는 다른 수준으로 취급하신다는 것이다. 즉, 어떤 사람도 어떤 땅을 사서 영구적으로 소유할 수 없다. 절대적인 의미에서 인간은 땅의 소유자가 될 수 없다. 셋째, '이스라엘이 하나님 앞에서 거류민이요 나그네'라는 사실은 거류민과 나그네에 대한 친절과 환대라는 사상을 발전시킬 신학적 준거를 제공한다. 곧 이스라엘 계약공동체는 가난한 자들의 살림살이가 파탄나지 않도록 공동체적으로 돌볼 윤리적·신앙적 의무 아래 속박된다(39-42절). 25절은 23절에 상관없이, 사람들이 재정적인 이유 때문에 자신들의 토지재산을 팔지 않으면 안 될 상황에 직면하는 때를 인정하고 있다. 이 상황은 단지 인정받을 뿐만 아니라, 이렇게 팔린 토지재산이 원소유자(경작자)에게 궁극적으로 회복되는 규정들에 반영되어 있다. 매각된 땅은 어떻게 회복될 수 있는가?

첫째, 원주인은 그것을 다시 사들일 수 있다(26-27절). 둘째, 친족이 팔린 토지를 다시 사서 가문의 재산으로 복구시킬 수 있다. 기업 무르는 일이 가능했다(25절 하반절). 셋째, 희년이 오면 성벽으로 둘러싸인 지역 안에 있는 집을 제외한 토지재산은 원소유주에게 다시 회복되었다(레 25:8-12, 29-31). 아마도 희년이 안식년의 확장이었기 때문에(레 25:1-8, 25-28), 어떤 땅이 원래의 재산으로 회복되는 것은 원래 매매거래와 관련된 채무 탕감이라는 전제 아래서 가능한 일이었을 것이다. 이런 규정들을 통해서 안식일법과 안식년법(희년법 포함)에 명령하는 두 가지 특징적인 사건은 땅의 안식(휴경)과 이스라엘 동포 노예들의 해방, 채무 탕감이었음을 알 수 있다. 그래서 우리는 모세오경 안에서 사회복지라고 칭할 이 일이, 이스라엘 백성(한때 애굽의 노예요 가나안 땅에 들어와서는 약 200년간 거류민 신세를 경험한 이스라엘)을 향해 베푸신 하나님의 선행적(先行的)인 환대와 돌봄을 반영하는 법과 축제절기 속에서 시행되고 있었음을 알 수 있다.

35~46절은 이스라엘 공동체 안의 극빈자에 대한 공동체적인 돌봄을 명령하고 있다는 점에서 희년 정신의 적용 사례다. 이방인은 종으로 부릴 수 있지만 동포 이스라엘은 종으로 팔리더라도 희년까지만 섬기게 하고 풀어주어야 한다. 47~55절은 이방인에게 노예로 팔린 이스라엘 동포를 속량하도록 하되, 가까운 친족부터 속량 책임을 더욱 직접적으로 느껴야 함을 말한다. 결국 희년법은 광범위한 공동체적인 사랑의 연습을 위한 제도적 장치였던 셈이다.

희년에 취해야 할 이상의 조치들은 이스라엘 백성들뿐만 아니라 가나안 땅도 야웨 하나님 자신에게 할당된 기업(基業)이라는 보다 더 오래된 전제에 근거하고 있다(삼상 26:19; 삼하 14:16; 렘 2:7; 16:18; 50:11; 시 68:10; 79:1). 그래서 희년의 법적·예전적 조치들의 핵심은 영구적인 땅 상실과 땅의 소출로부터의 소외라는 현실에 직면하였을 때, 옛 조상들에게 할당해 주신 가문의 토지재산을 지켜주시겠다는 하나님의 계약적 투신에서 찾아볼 수 있다. 토지재산의 복구와 관련된 친족-기업 무를 자 사상은 성경의 다른 책에서도 잘 알려져 있는데, 확실히 그것은 가족 공동 소유 재산을 보전하는 데 영향을 끼쳤다(룻 4:3-6; 렘 32:6-12; 왕상 21:1-19). 희년제도의 근저에 깔려 있는 세계관은 자발적 평등주의적인 사회를 지향하고 있다. 그러나 이 평등은 개인 행복의 총량을 균등하게 배분하거나, 물질적 재화나 용역을 산술적으로 균등하게 배분하는 평등주의적 이데올로기로 각질화되지 않는다. 한 공동체의 건강하고 평화로운 존립을 해치지 않는 한에서의 개인별, 가족별 재산상의 차이를 인정한다. 다만 묵은 땅을 주기적으로 갈아엎고 객토함으로써 땅의 비옥도를 높이듯이, 공동체의 불평등과 거의 세습화된 가난을 상대화시키는 사회학적 기경과 객토 작업을 해 주자는 것이었다.

 구약이 말하는 하나님 나라는 두 가지 사건으로 구성되어 있다. 죄 사함을 통한 하나님과의 언약관계 돌입(참여), 그리고 하나님의 은혜에 추동되어 이스라엘 백성이 서로에게 기업 무르는 자가 되는 것이었다. 결국 구약성경과 신약성경이 말하는 하나님 나라는 이런 점에서, 영적인 기업 무르기(죄 사함을 통한 언약공동체 구성원 자격 획득)와 물질적 기업 무르기(물질적인 땅 회복을 통한 언약공동체 구성원 자격 획득)를 통한 희년 사회의 구현을 의미했다. 에스겔 46:18("군주는 백성의 기업을 빼앗아 그 산업에서 쫓아내지 못할지니…… 백성이 각각 그 산업을 떠나 흩어지지 않게 할 것이니라")이 암시하듯이, 왕이 만일 이스라엘의 자유농민의 땅을 빼앗아 버리면, 자유농민은 땅을 잃고 정처 없이 떠도는 유민(流民)으로 전락한다. 지킬 땅이 없는 이 유민들은 외적 침입 시 국방의 의무를 맡지 못한다(왕하 15:20은 북이스라엘 왕 므나헴이 부자들에게 군역을 부과하는 상황 묘사). 열왕기상 4:25이 보여주듯이 각자 자기 포도원과 무화과 과수원을 경작하는 자경·자영 농민이야말로 애국심과 국방력의 기초 단위였다. 따라서 이스라엘 백성이 가나안 땅을 점유하고 있는 현실은 하나님의 다스림 아래 있는 표지이며, 가나안 땅을 잃고 열국 중에 흩어져 사는 것은 하나님 통치의 중단이자 구원의 소멸을 의미했다. 하나님의 백성이 자기 땅을 떠나 이방 땅에 사는 것 자체는 자신들을 더럽히는 일이었고, 하나님의 이름을 이방인 중에 더럽히는 일이었다(겔 36:20-22). 하나님의 백성 이스라엘이 가나안 땅, 하나님이 기업으로 주신 땅에 평안히 거주하는 것은 구약성경이 그리는 최고의 구원이었고, 낙원이었던 것이다. 이스라엘 백성의 질적·양적 번영은 그들이 하나님이 하사하신 토지를 맡아 얼마나 잘 경작하고 생산성 있게 사용하는가에 달려 있었다. 땅의 점유와 사용 방법 자체가 하나님의 율법준수로서의 시금석이었던 것이다.[23]

    이처럼 면제년법이나 희년법은 둘 다 이스라엘 자유농민의 숫자를 일정 정도 확보하기 위한 국가 경영적인 목적을 갖고 있었다. 예레미야 34장에서 암시된 면제년법이나 레위기 25장이 말하는 희년법은 단지 윤리도덕적 명령이 아니라, 국가공동체를 유지하기 위하여 고안된 주도면밀한 정치적인 장치였던 것이다. 땅을 잃고 떠도는 유민들로 붐비는 나라, 그것은 모래 위에 지은 집과 같다. 땅이나 생계

---

[23] Weinfeld, *The Promise of the Land*, 184.

수단으로서의 안정된 직장을 갖지 못한 사람들이 많은 나라는 아무리 계량화된 경제 지표로 선진국임을 자랑할지라도 사실상 그런 나라는 사상누각이며 반드시 붕괴될 수밖에 없는 공동체다.[24]

## 3. 희년의 현대적 적용 가능성

앞에서 살펴보았듯이, 이스라엘의 이상적인 국가공동체의 구성과 생활에 대한 강령들과 율법들은 모세오경의 면제년법이나 희년사상에 잘 집약되어 있다. 이 두 율법들은 출애굽 구원과 가나안 땅 정복이라는 하나님의 선행적인 구원에 대한 이스라엘의 응답 차원에서 실행되기로 예정된 가르침들이었다. 이스라엘에게 주어진 국가공동체의 삶에 대한 모든 율법들은 하나님께서 파라오의 압제에서 자신들을 해방시키시고 가나안 땅을 선물로 주신 것에 대한 감사의 응답으로 지켜져야 할 것들이었다. 이 두 사상의 핵심은 이스라엘에게 선물, 즉 기업으로 주어진 가나안 땅이 원천적으로는 하나님의 땅이요, 이스라엘 백성은 땅의 거류민(일시적 경작자)이었기에 땅의 영구적 사적 소유를 금지한 것이었다. 특히 희년은 땅의 일시적 매매를 허용했으나 매입된 땅의 수익권을 49년만 보장했고, 50년이 되는 해에는 모든 팔린 땅들이 원래의 주인에게로 되돌아가도록 규정함으로 가난이 50년 이상, 즉 두 세대 이상 세습될 수가 없었다. 따라서 이스라엘의 계약공동체 일원으로 태어나는 사람은 누구나 하나님의 땅 선물을 누릴 자격을 갖게 된다. 어떤 가난한 이스라엘 국민도 땅의 소출로부터 영구적으로 소외될 수는 없도록 한 것이다.

---

[24] 김회권, "'고용 없는 경제성장' 시대에 생각하는 하나님 나라 경제학"을 보라.

이처럼 희년법으로 대표되는 모세오경의 이상적 공동체 규정은 자발적인 우애 실천 및 상호견인적 사랑 실천을 최고의 덕목으로 삼는 계약공동체 사회였다. 이스라엘 사람들은 하나님과 맺은 언약으로 동포와 이웃과 자신을 결박시켰다. 결국 희년 율법이 상정하는 이상적인 국가는 우애와 협동, 상호 돌봄과 지지가 전제된 공동체다. 이 이상적인 성서적 국가공동체는 어떤 파라오의 압제도 허용하지 않는 자유사회이면서, 동시에 어떤 특정 계급이나 계층의 절대적 지배권력의 소유도 인정하지 않는 균등적인 우애공동체였다. 그것은 전체주의나 압제, 독재정치, 노예화를 금지하며, 사유재산이나 거주 이전의 자유가 보장되지만 그 개인의 자유는 공동체의 공공선을 해치지 않는 범위 안에서 보장된 자유다. 결국 희년사상이 설정하는 이상적인 사회는 하나님과의 계약적 친밀성 안에서 동포와 이웃과 결속되는 수평적이며 공동체적인 인애주의 공동체였다. 인애(ḥesed)는 계약공동체의 의리와 친절을 가리킨다. 따라서 3일 굶은 장발장이 고대 이스라엘에서 태어났다면 절도죄로 감옥에 가지 않는다. 구약의 법에 의하면 굶은 자의 생존권은 사유재산권보다 더 신성한 권리였기 때문이었다. 거칠게 말하면 모세오경이 설정하는 이상적인 국가는 개인의 자유와 형제자매적 우애 의무를 절묘하게 결합시키며, 빈부 격차의 영구적 세습을 금지하는 사회다. 이런 사회는 법적 강제와 외적 규제를 통해서가 아니라, 하나님의 은혜에 대한 응답으로서의 자발적인 헌신과 우애로 유지될 것을 기대했다.

나사렛 예수는 헬레니즘화된 개인주의가 유대사회를 지배하던 당시 아주 보수적인 원칙을 선포한 신앙인이었다. 그는 오래전 열두 지파 시대의 모세율법을 존숭(尊崇)했고, 그것을 어기며 사는 동시대인들을 향해 예언자적 비판을 서슴지 않았다. 나사렛 예수가 선포한 하나님 나라는 모세오경과 예언자들의 가르침에 순종하는 백성들의 공동체로서 하나님을 지극 정성으로 사랑하고 이웃을 자기 몸처럼 사랑하는 우애공동체였다. 예수는 부재지주들에게 땅을 빼앗기고 광범위한 유민들과 소작인으로 전락한 팔레스타인 농민들에게 이런 하나님 나라를 선포했다. 그분은 메시야 취임 설교로 알려진 나사렛 회당 설교에서 청중들에게 오랫동안 잊혀졌던 희년법을 구현할 것을 촉구했다가 큰 반발을 샀다.[25] 이 설교에서 희년을 선포하는 이사야 61:1~4을 인증하면서 청중들에게 "희년 실천을 촉구하는 이사야 말씀이 오늘 여러분들의 귀에 응했습니다."라고 선포했다. 듣는 자들에게 실천 의무를 일깨운 것이다. 하지만 구약성경의 토라 말씀은 정치와 경제, 종교와 문화의 권력 상층부로 진입한 엘리트들에게는 실천하기 어려운 계명들로 가득 차 있다. 7년에 한 번씩 종들을 풀어주고, 채무를 탕감하고, 50년에 한 번씩은 땅의 원소유자들에게 땅을 넘기라고 요구하는 것은 이스라엘 계약공동체 구성원들이 마땅히 준행해야 할 의무임에도 불구하고, 힘써 부를 일군 성실한 지주들에게 상당히 부담스러운 상황이었을 것이다. 풍요로운 생활 수준에 익숙한 부자가 50년에 한 번씩 낙차 큰 자기 강하를 통해 자발적인 궁핍화를 감수하는 일은 자신의 탐욕과의 쟁투를 요청했을 것이다. 선한 부자들의 상황이 이러했을진대 부당한 방법으로 지주가 된 자들에게는 면제년이나 희년 계명 실천이 얼마

---

[25] André Trocmé, *Jesus and the Nonviolent Revolution* (Rifton, NY.: Plough Publishing House, 2011), 11-25; 존 하워드 요더, 신원하, 권연경 옮김, 『예수의 정치학』(서울:IVP, 2007), 68-72.

나 어려운 과업이었을까? 누가복음 4:22, 28에 나오는 나사렛 회당 사람들의 반응에서 보이듯이 희년 실천을 촉구하는 예수의 설교는 그의 목숨을 위태롭게 하는 행위였다. 이것이 무엇을 의미하는가? 하나님의 압도적인 은혜에 사로잡힌 자들만이 모세오경의 희년 강령들을 실천할 수 있었다는 것이다. 오순절 성령강림 때에야 이런 희년적 사랑과 우애 실천이 일어났다. 성령의 첫 열매인 원시 예루살렘 교회가 탄생했고, 압도적인 성령의 감동으로 초대교회는 물질적 유무상통의 공동체를 이루어 낼 수 있었다(행 2장과 4장).

그런데 이런 나사렛 예수의 하나님 나라 메시지가 바울의 메시지에 이르러서는 개인 구원 곧 자신이 전하는 나사렛 예수가 주와 그리스도가 되셨음을 믿으라는 복음 초청의 메시지로 바뀐다. 가장 큰 이유는 토라의 가르침을 실천할 사회정치적 맥락이 사라졌기 때문이다. 주후 70년 이후 모세오경을 산출했던 팔레스타인의 영토적 국가 실체인 이스라엘은 사라져 버렸다. 결과적으로 바울서신들과 신약의 기타 책들은 팔레스타인의 이스라엘을 상대로 쓰인 글들이 아니라 그레코-로만 제국의 헬레니즘화된 도시 공동체에 흩어져 살던 소수의 이주민 공동체에게 보내진 글들이었다. 이런 상황에서 유대교인들이 가장 중요하게 생각하는 모세오경의 토지법, 재판법, 가정법, 민법, 상법 등을 지중해 일대의 유대인 디아스포라에게 적용하는 데는 무리가 있었다. 하지만 바울이 희년정신 안에 담긴 이상적인 모듬살이의 원칙, 모세오경이 상정한 강력한 상호돌봄적인 계약공동체주의를 포기한 것은 아니다. 오히려 그는 그것을 팔레스타인을 무대로 한 한계를 넘어 국제주의적 영적 공동체의 구성 원리로 활용했다. 그는 이방교회의 물질적인 기부로 기근을 당한 예루살렘 성도들을 돕는 일을 필생의 선교사명 중 하나로 설정했다(고후 8-9장; 롬 15:16, 25-27). 이것은 단지 일과성 구제활동이 아니라 희년 율법이 설정한 이상적인 공동체 정신을 디아스포라 교회공동체 안에 접목하려고 한 시도로 보인다. 비록 그는 희년 율법을 자신의 이방교회 공동체에 문자적으로 적용하지는 못했으나 그것의 핵심인 계약 공동체주의나 나사렛 예수가 그토록 강조했던 가난한 자들을 위한 사랑 실천을 포기하지는 않았다.

다른 신약성경의 문헌들도 마찬가지다. 신약성경의 많은 책들이 비록 과도한 종말론과 임박한 재림신앙으로 채색되어 있지만, 이 세상에서 어떤 모듬살이를 펼칠 것인가에 대한 전망도 제시하고 있다. 야고보서와 요한복음, 요한서신들, 그리고 대부분의 바울서신들은 한결같이 종말에 나타날 하나님 나라의 완성 시점에서 실현될 과격한 사랑과 돌봄을 과시하도록 격려하고 촉구하고 있다. 바울은 지극히 조밀한 종말론적인 형제자매 공동체를 구성하는 것을 목표로 사역에 매진했다. 형제우애가 구현된 사랑의 공동체를 지중해 여러 거점 도시들에 형성하여 예루살렘의 성도들과 교제, 즉 '신코이노니아'(synkoinonia)라고 불리는 물질적 유무상통을 실천하는 데까지 성장하도록 도왔다. 이렇게 바울은 가난한 자들의 구제와 물질적 유무상통까지 포함하는 복음의 교제를 이방교회에 가르침으로써, 팔레스타인 이스라엘 국가공동체를 떠나서도 실천 가능한 신앙의 중간 공리를 개발해 낸 것이다. 여기에 한국교회의 하나님 나라 운동이 배울 점이 있다.[26] 즉, 바울처럼 희년사상의 근본정신을 살

---

[26] 희년사상의 실천을 위한 중간공리 개발의 필요성에 대한 이 논의는 저자의 『복음과

리되 적용상의 변화를 가미한 중간 실천 공리를 개발할 필요가 있다는 것이다. 하지만 우리는 이런 국가공동체의 구성과 운영에 관한 성서적 진리를 세속적인 국가를 향해 먼저 외칠 것이 아니라 하나님의 선행적인 구원을 경험한 교회공동체에 외쳐야 한다. 하나님의 선행적인 구원을 경험한 교회공동체 안에서 그 성서적 진리가 먼저 적용되고 실험된 후에 세속사회로 그 파급력을 확장해 가야 한다는 것이다. 그러므로 하나님의 선행적인 구원을 경험한 교회공동체가 우선적으로 실천한 후, 그 실천의 성과 위에서 세속사회를 향해 일반적인 입법운동을 추진할 수 있을 것이다. 이런 점에서 희년사상 운동은 한국과 같은 세속국가에게 문자적으로 적용하기에는 무리가 있을지도 모른다.

하지만, 하나님의 선행적 구원을 경험한 교회공동체에 희년 계명을 실천해야 할 사명이 우선적으로 있다고 해서, 희년사상의 중간공리를 세속국가나 일반사회에 동시에 적용할 수 있는 길이 원천적으로 봉쇄되어 있는 것은 아니다. 헨리 조지의 토지단일세론이나[27] 최근 한국의 희년 연대 모임 등이 주창하는 공정국가론, 토지신탁운동 등은 희년사상의 실천을 위한 중간공리라고 보여진다. 토지의 공동체 소유사상에 입각한 토지단일세론이나 공정국가론은 토지를 인류공동체에게 주신 하나님의 선물로 보는 희년사상의 연장선상에서

---

상황』 226(2009년 8월)에 실린 글, "우리가 추구하는 '성서한국'"(32-45)의 논의에 빚지고 있음을 밝힌다.

27 헨리 조지, 김윤상 역, 『진보와 빈곤』(서울: 무실, 1989); 김윤상, 박창수 편역, 『진보와 빈곤: 땅은 누구의 것인가』(파주: 살림, 2007). 이 두 번째 책은 헨리 조지의 토지단일세론을 한국 현실에서 적용하고자 할 때 발생되는 문제를 포함하여 주요한 쟁점들에 대한 숙고를 담고 있다(특히 98-121).

나온 이론들이다. 개인의 토지소유권을 보장하기보다는 개인의 토지 사용권을 보장하고 그 토지 사용권 매매를 장려하는 데 초점을 두는 '공정국가'가 출현한다면, 토지를 통한 불로소득 환수제도와 개발이익 환수제도 등을 통해 희년사상을 어느 정도 구현할 수 있을 것이다. 더 나아가 구약의 희년법 사상은 인간의 자연법적인 정의감에 호소하는 입법원리와도 제휴가 가능하다. 왜냐하면 그것은 특정 종교를 신봉해야만 실천가능한 법이 아니라, 국가경영적 측면이나 경제적 측면에서도 사회적 통합이나 생산성 향상에 이바지할 가능성이 크기 때문이다. 최근 세계 경제학자들이 중국의 토지제도에 중대된 관심을 보이는 이유는 역설적으로 중국이 채택하는 토지제도가 토지공개념에 접근하기 때문이다. 토지의 사적 소유를 무제한적으로 허용하고 정당화하는 현재의 자본주의 토지경제관은 기독교 신앙이나 윤리에 부합하지 않는 것은 물론이거니와 국가경영적 차원이나 경제 발전의 차원에서도 영구적인 장애물이 된다. 토지공개념은 토지권의 공동 귀속을 천명함으로써 공동체 구성원의 인권과 소속감을 증대시켜 경제적으로도 훨씬 생산성이 높은 공동체를 창출할 수 있다고 보는 입장으로, 희년사상의 중간실천을 위한 유용한 제도가 될 것이다. 이것은 무엇을 의미하는가? 하나님의 특별 구원 은총을 경험한 교회가 희년 실천의 우선적 사명을 이론적으로 가졌을지라도, 교회와 그리스도인들은 세속사회를 향한 희년사상의 자연법적 타당성과 경제적인 효용성을 환기시키는 운동에도 참여해야 한다. 희년운동은 토지로부터 나오는 모든 이익을 한 나라의 토지 위에 태어난 모든 사람들에게 근본적으로 나누자는 지극히 성경적이고 지극히 자연법적인 이성에 합당한 운동인 셈이다.

## 4. 소결론: 희년은 실제적인 법령인가? 예언자적 희망인가?

앞에서 잠깐 언급했듯이, 이런 급진적이고 해방적인 희년이 과연 실현된 적이 있었는지, 아니면 실현되기를 기대했던 법령이었는지에 대한 질문은 여전히 완전히 해결되지 않았다. 고대 이스라엘의 입장에서 면제년법(안식년법)과 희년법은 야웨의 백성들 가운데 극단적인 부자와 극단적인 가난한 자들이 출현할 가능성을 차단하기 위하여 빈곤의 시간적 한계를 정한 거룩한 하나님의 명령이었으며, 모든 구성원들이 풍성한 삶을 누릴 수 있게 만드는 기본 생계수단을 확보하도록 하기 위한 조치였다. 하지만 이스라엘 사회구성원들이 이 희년제도를 충분히 수긍하고 받아들였다는 증거는 거의 없다. 그러나 희년보다 더 급진적인 면제년이나 땅의 안식년이 시행되었음을 보여주는 직간접 증거(왕하 8:1-6; 대하 36:21; 렘 34장)에 비추어 볼 때 희년법이 유토피아적인 희망사항에 불과한 것이 아니었을 가능성이 크다. 이런 점에서 누가복음 4:18 이하의 예수의 나사렛 회당 선포 중 '은혜의 해' 도래 언급이 희년의 실천을 요구한 것이라고 본 앙드레 트로끄메나 대천덕의 관찰은 설득력이 있다. 예수 당시의 산헤드린은 이 희년의 요구를 비껴갈 수 있는 방법을 고안했지만 예수는 희년을 요구했다. 또한 주전 2세기 마카베오 항쟁 시절에 '안식년'을 지켜 기근이 더욱 격심해졌다는 언급이 나오는 것을 볼 때 안식년과 희년은 이스라엘 지주들에게 거룩한 압박이자 법적 속박력을 가졌을 가능성이 적지 않다. 비록 오랫동안 배척당하고 외면당했을 수는 있으나 이스라엘 민족이 희년 전통을 몰랐을 수는 없을 것이다. 나사렛 예수가 나사렛 회당 선포를 통해 순식간에 소환한 희년 전통은 나사렛 회당 청중을 경악시켰다. 예수의 희년 선포는 경악할 정도로 급진적이고 참신했다(눅 4:18-19). 그래서 주로 지주들이나 유력자들로 구성된 회당의 청중들은 예수의 선포에 분개하여 그를 낭떠러지 절벽으로 끌고가 밀쳐 떨어뜨려 죽이려고 시도했다(눅 4:28-29).

여기서 안전하고 확실한 결론은, 모쉐 와인펠드 등이 이미 밝혔듯이 구약성경 면제년(안식년)과 희년은 고대 근동의 자비법령 선포 전통과 동일 궤적에 속한 사회의 자기활력 갱신 노력의 일환이었다는 사실이다. 다만 그것의 법적 구속력에 대해서는 와인펠드도 다소 신중한 입장을 취한다. 그는 고대 근동의 사회적 형평법 전통에 비추어 희년 제도는 고대 메소포타미아의 미샤룸과 안두라룸 전통의 이스라엘 버전이며, 그 일부에는 유토피아적 요소가 담겨 있다고 보았다. 그러면서도 와인펠드는 함무라비 법전처럼 희년법 역시 고대 이스라엘에게 널리 속박력 있는 법이었다기보다는 애써 도달하고자 하는 사회적 이상을 제시했다고 본다.

와인펠드 외에 레위기 25장과 모세오경의 자비법령 출애굽기 21:1~11, 23:10~11, 신명기 15:1~8의 관계를 연구한 대부분의 선행연구들은 희년법을 구약 윤리의 입장에서 보려고 했다. 대부분의 희년연구들은 레위기 25장이 포로기 이후 혹은 포로기 후기에 계약법전과 신명기 등에 근거해 유래했다고 보았다.[28] 그러나 와인펠

---

[28] Rainer Albertz, "Die Tora Gottes gegen die wirtschaflichen Sachzwäge," *Ökumenische Rundschau* 44(1993), 290-310; Yairah Amit, "The Jubilee Law- An Attempt at Instituting Social Justice," in *Justice and Righteousness. Biblical Themes and Their Influence*. eds. H. Graf Reventlow and Yair Hoffman (Sheffield:JSOT Press, 1992) 47-59; Stephen A. Kaufmann, "A Reconstruction of the Social Welfare Systems of Ancient Israel," in *In the Shelter of Elyon*, eds. W. B.

드 등의 연구가 잘 지적하듯이 희년법 연구를 더욱 정치경제학적 관점에서 분석하지 않고 그것의 윤리적·도덕적 차원에만 주목하게 되면 희년법이 지나치게 이상화된 비현실적인 율법이라고 판단하는 우를 범하게 됨을 주지시키고자 한다.

베르그스마 등 많은 학자들이 지적하듯이 모든 세부적인 목적이나 시행방법 등에서 구약의 희년과 똑같은 고대 메소포타미아의 법 전통이나 법 관습은 없다. 하지만 포괄적으로 보자면 고대 근동의 형평법과 자비법령은 구약 희년법의 전례가 될 수 있다. 왜냐하면 ① 자유 선언(안두라룸과 미샤룸), ② 신들에게 바쳐진 도시들과 주변 경내에서 실시된 토지 회복과 거룩한 도시들의 해방, ③ 거룩한 도시의 특권들 회복 조치(키딘우투, kiddinutu ; 레 25:42 이스라엘은 야웨의 종이다[출 19:6]), ④ 일곱째 달 축제들(레 25:9), ⑤ 휴경, ⑥ 땅과 인신 회복, 해방, ⑦ 50년 주기[29] 등 이 일곱 가지 요소들이[30] 이

---

Barrick and J. R. Spencer (Sheffield: JSOT Press, 1984), 277-286. 이 연구들은 모세오경을 기본적으로 바벨론 포로기 이후의 저작이라고 간주하는 전형적인 벨하우젠 학파의 입장을 대변한다.

**29** 레위기 25장은 레위기의 사회적 법령 집성물인 성결법전(레 17-26장)의 절정에 배치되어 있으며, 제사법령의 절정(레 1-16장)에 배치된 대속죄일 준수 명령(16장)과 상응한다. 희년이 대속죄일에 나팔을 풀어 선포되고 축성되기로 기대되었다는 것은 의미심장하다. 성전 정화를 통해 이스라엘의 후견신 야웨의 왕적 통치가 재확증되고 갱신되었듯이, 야웨는 그의 특별 성전 경내에 사는 종들에게 정의와 공평을 표현했다는 것이다. 희년의 주기는 안식년 주기에 터한다(레 25:1-7). 이 휴경 관습은 제2성전 시기에도 준수되었다(마카베오). 희년은 일곱째 안식년 다음해에 축성되었는데, 이것은 초막절/오순절 역법에 근거한 것이다(레 23:15-16). 희년의 가장 큰 엄명은 각 이스라엘 사람이 자신의 조상 땅과 종족 가문으로 되돌아가는 것, 즉 가족과 토지의 회복이 가장 큰 희년의 관심사다.

**30** John Sietz Bergsma, *The Jubilee from Leviticus to Qumran : A History of Interpretation* (Leiden/Boston : Brill, 2007), 36-37.

스라엘보다 더 오래된 고대 근동의 사회적 형평법과 자비법령에서 나타나고 있기 때문이다. 레위기 25장의 저자는 이스라엘과 그 땅을 야웨의 성전에 속한 인적 구성물과 토지로 보았다. 이스라엘은 야웨를 섬기는 성전노예 같은 경작자들이었고, 이스라엘 땅은 야웨의 특별 성전 경내 영지라는 것이다.

이는 고대 메소포타미아의 성전 보유 도시의 지위와 흡사하다. 야웨의 성전노예로서 이스라엘의 성전 직할 영지에 사는 이스라엘 백성들은 고대 키딘우투 제도에서와 마찬가지로 특별권리를 향유할 수 있었다. 그들의 땅과 그 경작자들은 일시적으로 팔리거나 종의 신분으로 전락될지언정 영구적으로 그런 지위에 머물 수는 없었다. 이 땅 경작권 매각과 인신노예화 처지는 가족 중 기업 무를 자에 의해 해소되었는데, 그것은 언제든지 가능했다. 그러나 가족 중 기업 무를 자가 없는 경우, 입법자(느헤미야 총독)는 왕이 없는 이스라엘 사회에 정기적인 안두라룸을 제공했다. 채무 탕감(말소), 노예해방, 주기적인 순환력과 거룩한 일곱 수 원리에 의해 가족경작영지를 원주인에게 회복시켰다. 이 안두라룸은 일곱째 달에 선포되었고, 통상 축제 기간 동안 이뤄졌다. 고대 근동에서는 이 안두라룸을 통해 신적인 왕에 대한 자신들의 충성을 갱신했다. 이처럼 고대 근동에서나 구약의 이스라엘에서 희년은 윤리적·도덕적 고려이기 이전에 정치공학적 고려였다. 앞에서 살펴보았듯이 귀족 지주 세력 등장을 어느 정도 막고 신들에 대한 봉사를 촉진시키기 위한 조치였다. 즉, 신학적 동기가 작동했다.

이에 비하여 구약성경과 레위기의 자비법령, 그 절정인 면제년법과 희년법은 유일하신 하나님, 이스라엘의 언약종주인 하나님의 성품에 근거한 신학적 요구를 가장 크게 부각시킨다. 이스라엘 땅은 하나님이 주신 선물이며, 이스라엘은 야웨에게 언약으로 매인 백성이었다. 이들은 하나님의 통치의 열매인 공평과 정의를 결실하여 소작료로 바쳐야 할 하나님 땅의 소작인들이었다. 이스라엘에게 땅은 하나님과 이스라엘 백성 사이에 맺어진 언약관계 유지를 위한 저당물이었다. 주기 50년은 매우 후퇴한 요소이지만 원주인에게 토지가 돌아가는 제도는 결코 이상한 법이 아니다. 이스라엘 역사 초기, 즉 출애굽과 가나안 정착-사사시대의 부족사회에서 유래했을 레위기 25장의 희년 규정이 포로기 이후 시대에 약간 수정되었지만 그 뿌리는 하나님의 가나안 땅 하사에 있다. 희년법의 근본 전제는 하나님의 이스라엘 땅 소유 사상과 하나님의 땅 하사 사상 곧 하나님의 고엘(기업 무를 자 사상)적 역할 사상이다. 이스라엘 존립은 하나님의 고엘적 과업성취에 달려 있었다. 이 하나님의 고엘에서 이스라엘은 서로가 서로에게, 친족은 친족에게 서로 고엘이 되어 주어야 한다는 사상이 나온 것이다. 희년은 하나님이 50년에 한 번씩 이스라엘의 땅 상실자, 자유 상실자에게 고엘이 되어 주는 제도였다. 이 희년제도는 단순한 정치경제문제가 아니라, 하나님의 백성 이스라엘을 언약백성으로 재활복구시키는 영적인 일이었다. 땅을 되찾음으로써 고대 이스라엘은 언약백성 신분을 되찾았다. 그들은 하나님의 선물인 땅을 되찾게 해 줄 고엘, 메시야를 기다리고 있었다. 이처럼 고대 이스라엘의 채무노예들은 희년을 기다리며 종말론적인 소망 속에서 노예살이를 감당할 수 있었다.

## 결론

우리가 예수 그리스도를 주와 구세주로 고백하여 구원을 받아도 이 땅의 질서를 순식간에 박차고 영적인 천국으로 직행하거나 순간 이동하지 않는다. 상당한 긴 시간 동안 땅의 질서 안에서 살아야 한다. 기독교 구원은 이 세상의 정치적 책임과 시민적 의무의 방기나 도피가 아니다. 하나님 나라 운동은 인류사의 마지막 단계에 가서야 꽃필 수 있는 종말론적 사랑, 우애를 앞당겨 맛보고 실천하는 운동이다. 신약 성도들의 성경이었던 구약성경은 오늘날 그리스도인들에게도 여전히 성경이다. 따라서 구약에 나타난 땅 중심의 하나님 나라 지평은 신약에서도 소멸되거나 사상되지 않는다.31 희년법이 대표적으로 잘 보여주듯이 모세오경의 국가생활 관련 법령이나 예언자들의 가르침은 철저한 상호부조와 친절을 법제화하고 있다. 그것들이 상정하는 이상적인 국가공동체는 우애와 협동, 상호 돌봄과 지지가 전제된 공동체로서 어떤 파라오의 압제도 허용하지 않는 자유 사회이면서 동시에 어떤 특정 계급의 지배권력 소유도 인정하지 않는 균등적인 우애공동체였다. 그것은 전체주의나 압제, 독재정치, 노예화를 금지하며, 사유재산을 보유할 자유나 거주 이전의 자유가 보장되지만 그 개인의 자유는 공동체의 공공선을 해치지 않는 범위 안에서 보장된 자유다.

  결국 모세오경이 설정하는 이상적인 국가공동체는 하나님과의 계약적 친밀성 안에서 동포와 이웃과 결속되는 수평적이고 공동체

---

31 Walter Brueggemann, *The Land* (Philadelphia, PA.: Fortress, 1977), 184-185.

적인 인애주의 사회다. 모세오경이 꿈꾸는 하나님 나라는 개인의 자유와 형제자매적 우애 의무를 절묘하게 길항시키며, 빈부격차의 영구적 세습을 금지하는 사회였다. 이런 사회는 법적 강제와 외적 규제를 통해서가 아니라, 하나님의 은혜에 대한 응답으로서의 자발적인 헌신과 우애로 유지되기를 기대한다. 이런 면모가 정치경제 이데올로기와 기독교사상의 결정적인 차이다. 하나님 나라의 정치경제학은 하나님의 은혜로운 통치와 선행적 구원에 응답한 천국 시민들의 자발적인 양도와 겸허한 이웃 사랑에서 실현되기 때문이다. 구약성경의 경제 강령은 현실 정치권력을 장악하지 않아도 대부분 실천할 수 있다.

# 5장

예언자들의
사회적 형평(衡平) 활동과
자비사역

# 예언자들의 사회적 형평(衡平) 활동과 자비사역

## 구약성경의 '경제' : 하나님의 언약공동체를 존속시키는 공동체 살림살이

구약성경의 '경제'는 이스라엘에 대한 하나님의 통치를 매개하고 실현시키는 살림살이다. 구약성경에 현대적인 의미의 자율적 '경제'를 가리키는 말은 없다. 그것은 야웨 하나님께서 창조하신 언약공동체의 존립과 번영을 도모하는 공동체적 살림살이인데, 오늘날 좁게 정의된 '경제'보다 훨씬 더 광범위한 개념이다(참조. 잠 31 : 10-31). 결국 구약성경의 경제는 야웨께서 주신 선물인 땅에서 형제가 연합하여 함께 살며 번영을 누리는 삶을 가리킨다. 그것은 언제나 언약공동체의 전체 규약 안에 내포되어 있는(embedded) 사회내적 활동이다. 언약공동체 유지를 위한 대표적인 경제 활동은 토지경작과 생산 및 분배, 물물교환, 화폐를 통한 무역, 이웃을 돕기 위한 사회부조활동, 그리고 산업이 거덜난 동포들의 기업 무르는 책임 감수(룻 4장), 흩어 구제하여 가난한 자들이 나지 않도록 돌보는 일 등이다(구제처럼 돈을 낭비하는 것도 구약의 경제성장지표다!). 따라서 이웃과 동포의 생존권을 침해하면서까지 무한한 부를 추구하는 활동은 그 자체가 반경제적인 활동이다.

이런 '경제'를 가능케 하는 원천은 하나님께서 마련해 주신 선물(基業)인 가나안 땅이다. 가나안 땅은 순수 사유재산 개념이 들어설 여지가 전혀 없는 하나님의 선물이다. 은혜로 주어진 선물 개념이 구약 경제의 선험적 전제다. 모든 민족들과 국가들, 크고 작은 공동체에게도 땅은 하나님의 선물이자 기업이다(신 32:8-9; 암 9:7; 비교. 출 19:5-6). 순수 사유재산이란 있을 수 없다. 전적으로 신유(神有)재산, 즉 공동체 모두에게 주신 선물이다. 대기를 쉼 없이 순환하는 공기와 바람, 지표를 적시는 바닷물과 강물, 비와 눈 등이 만민에게 주어진 하나님의 선물이듯이(미국 대통령에게 보낸 두아미쉬-수쿠아미쉬족의 추장 시애틀의 편지[1]), 땅은 하나님이 마련해 주신 선물이라는 것이 구약성경 경제관의 헌법적 요강이다. 이런 구약성경과

---

[1] 김종철 편, 『녹색평론선집 I』(대구: 녹색평론사, 1993), 16-21. 1854년에 미합중국 대통령 피어스에게 보낸 미국 서부의 인디언 추장 시애틀의 편지는 땅을 사유하고, 배타적으로 사용하려는 백인들을 도무지 이해하지 못하며 인디언 문화의 비폭력성과 공동체정신을 집약적으로 보여준다. "워싱턴의 대추장(미국 대통령)이 우리 땅을 사고 싶다는 전갈을 보내 왔다. …… 그대들은 어떻게 저 하늘이나 땅의 온기를 사고팔 수 있는가? 우리로서는 이상한 생각이다. …… 땅이 인간에게 속한 것이 아니라 인간이 땅에 속하는 것임을 우리는 잘 알고 있다. …… 그대들은 땅을 소유하고 싶어 하듯 하느님을 소유하고 있다고 생각할지 모르지만 그것은 불가능한 일이다. …… 한 가지 우리는 알고 있다. 우리 모두의 하느님은 하나라는 것을…… 결국 우리는 한 형제임을 알게 되리라."

같은 순수한 땅 이해는 고대로 갈수록 자연스러운 사상이었고, 인디언들은 유럽 백인들에게 침략당할 때까지 그렇게 긴 세월 동안 '땅은 만민에게 속한, 만민에게 주어진 신의 선물'이라는 생각을 품고 살았다. 인간 역사가 문명화될수록 개인 단위의 땅 소유 개념이 이런 원시적이고 야생적인 땅 이해를 밀어내고 그 자리를 차지하게 되었다.

고대 이스라엘이 이집트에서 거류민(게르)으로 살 때는 땅 소유개념이 없었고, 광야 40년 동안에도 땅이나 정착지, 경작지, 주택지 등에 대한 부동산 개념을 발전시킬 수 없었다. 이스라엘이 가나안 땅에 들어선 시기는 후기 청동기 시대와 철기 시대 초기였다. 다른 가나안 도시국가들이 사회적 계층 분화를 통해 안정화되어 가던 시기에도, 이스라엘은 국가적 정체성을 갖추지 못한 채 열두 지파 부족연맹체 상태로 가나안 땅에 들어가 200여 년을 국가 없이 지냈다. 구약성경에 기록된 모세의 율법 중에는 후기 청동기(주전 2000-1200년) 시대와 철기 시대 초기(주전 1200-1000년)의 사회사를 반영한 아주 원시적 촌락 경제, 마을 중심의 부족사회 단계의 경제관이 반영된 것이 있다. 철기 시대를 살았던 사무엘, 사울, 그리고 다윗이 이스라엘 역사에 등장한 때는 이스라엘이 '열방' 같은 사회구성체를 이루는 시점이었다. 사회경제적으로 유력자가 생겼고, 청동기나 철기로 무장한 개인 무사들이 부자들과 호족들의 사설 경호부대원을 자처하며 독자적인 직업군을 형성하기 시작했다. 이스라엘 부족연맹체 중 사회경제적 유력자들의 '왕'을 세워 달라는 요구가 하나님께 상달되어 왕정이 시작되었다(삼상 8-12장). 왕국 시대는 이스라엘 부족연맹체 사회가 열방의 사회경제 체제로 편입되는 시기였고,

왕을 중심으로 장군, 고급 관리, 징세와 군역을 담당하는 지방 행정 장악 담당 관리들이 출현하여 국가 유지 비용이 엄청나게 늘어났다. 이 경우 이스라엘 자유농민들이 기층 민중층을 형성하여 국가 유지 비용 전부를 충당하였다. 잦은 전쟁으로 왕과 그 주변의 전문 군대 세력, 관료들의 권력이 점점 비대해졌다. 이런 사회 변화를 결정적으로 재촉한 것은 가나안 토지제도의 도입이었다. 이스라엘 언약공동체 구성원이었던 이스라엘 자유농민들을 야웨의 기업으로부터 소외시키는 토지 사유사상이 도입된 것이다.

다윗 왕국이 분열된 후 100년이 채 못 되어 가나안 땅 사유재산 사상이 바알 종교라는 이름으로 이스라엘 언약공동체, 고이 카도쉬(암 카도쉬), 암 아도나이(야웨의 백성)를 해체시키기 시작했다. 이런 변화를 최초로 감지한 사람이 바알 종교의 영향을 가장 적게 받은 요단강 동쪽 지파 디셉 사람 엘리야였다.[2] 북왕국의 오므리-아합 왕조가 시돈의 제사장 엣바알의 딸 이세벨을 통해 도입한 가나안의 토지 사유사상(미 6:16, 오므리의 율례)이 북이스라엘 자유농민 공동체를 해체시키기 시작했다. 이스라엘의 자유농민 나봇의 포도원을 빼앗아 버린 아합 왕의 학정과 이스라엘 자유농민층의 노예화를 가져온 토지 사유사상에 대항하여 엘리야가 분연히 일어난 후(왕상 21장), 100년 만에 저 유명한 주전 8세기의 위대한 예언자들(아모스, 호세아, 이사야, 미가)이 출현한다. 그들은 주전 750년부터 주전 700년까지 약 50여 년간 이스라엘과 유다의 자유농민 해체를 지켜보며 언약공

---

[2] Gerhard von Rad, *Old Testament Theology* vol. 2, trans. D. M. G. Stalker (Louisville, KY.: John Knox Press, 2000), 15.

동체의 재활 복귀를 위하여 지배층과 일전 불사하며 심판, 탄핵, 멸망의 신탁들을 쏟아냈다.³ 그들은 언약공동체의 헤세드로 유지되는 모세오경의 공동체 경제를 허물어뜨리는 국제주의적 경제, 왕과 지주가 주도하는 수출 농업, 무역에 의존하여 화폐 총량을 늘리려는 화폐 경제, 그리고 이 모든 것을 정당화하는 종교적 제의와 재판 체제를 강력하게 규탄했다. 그들에게 있어 경제는 어디까지나 야웨 하나님이 주신 선물인 가나안 기업의 땅을 거룩한 소작인으로서 관리하고 지키는 일이었고, 야웨의 기업의 땅에 태어난 모든 사람들에게 땅의 소출을 누리게 하는 거룩한 정치경제학이었다. 경제는 하나님 나라의 통치 원리를 구현하는 도구였다. 모세오경 경제학의 보수와 유지를 위한 예언자들은 국제주의의 편입을 거부하고, 화폐로 환산되는 총량 성장 산정에 반대하고, 언약공동체적인 결속감과 유대를 강조하며 야웨 하나님의 선행적(先行的) 은총에 대한 응답의 진정성이야말로 경제성장의 지표라고 주장했다. 야웨 하나님을 아는 지식은 공평과 정의의 실행이었다. 공평은 범람하는 욕망에 어쩔 줄 모르는 경쟁력 강한 유력자들과 지배층을 법과 관습으로 억제하고 견제하는 것, 즉 고아와 과부의 땅을 지켜주는 일이었고, 정의는 여러 가지 이유로 산업이 거덜난 동포들을 다시 언약체제, 야웨의 언약공동체 안에 초청하여 머물도록 하는 것이었다.

주전 8세기 예언자들에게 땅, 곧 기업은 이스라엘이 하나님 안

---

**3** 어떤 학자들은 주전 8세기 문서 예언을 창출한 결정적인 요인이 바로 주전 8세기 유다의 웃시야 왕과 북이스라엘의 여로보암 2세 왕이 추진했던 극심한 수출 중심형 집약 농업 경제였다고 주장한다(우택주,『8세기 예언서 이해의 새 지평』[서울 : 대한기독교서회, 2005], 107-120).

에서 누리던 구원의 실재였고 언약의 유효성을 입증하는 담보물이었다. 이스라엘이 가나안 땅에 사는 것은 아브라함, 이삭, 야곱 언약의 유효성이 지켜진다는 말이었고, 야웨의 구원을 손에 만지듯이 경험하는 것을 의미했다. 땅을 빼앗기는 것은 재노예화였고, 다시 이집트로 끌려가는 일이었으며, 출애굽 구원의 원천 무효화였다. 기업의 땅에서 쫓겨나는 것은 야웨에 대한 신앙 상실, 이방종교로의 귀의를 의미했다(삼상 26:19; 겔 36:20-23).

5장은 주전 8세기 예언자들의 경제사상을 추적하며 예언자들의 사회적 형평활동과 자비사역을 연구한다. 아모스, 호세아, 이사야, 미가의 예언들에서 직간접으로 그들의 경제관을 엿보게 해 주는 본문들을 모아 해석할 것이다. 이에 앞서 우리는 주전 8세기 예언자들의 선배격인 엘리야의 경제관, 그리고 바알 종교와 토지겸병제와의 싸움을 먼저 살펴보고자 한다. 그들은 이스라엘에 침투한 바알 종교와 토지 사유사상이 초래한 위기를 돌파하려고 일어선 사람들이었다.

## 구약 예언자들의 하나님 나라 경제학 원리

### 1. 오므리-아합의 율례(왕상 21:1-16)에 대한 대항 속에 드러나는 예언자의 경제사상

열왕기상 21장은 아합의 전제적 왕정과 엘리야의 예언자적인 딘핵을 다룬다. 그 갈등에는 이스라엘 자유농민 나봇의 포도원을 강탈하는 아합 왕의 학정이 있다. 또한 이 학정 뒤에는 가나안 토지 사유사상, 왕 중심의 경제관을 이스라엘에 도입한 아합의 아내 이방 왕후 이세벨이 있다. 북이스라엘의 제2수도였던 이스르엘의 자유농민 나봇은 아합 왕의 궁궐 옆에 조상이 남겨 준 야웨의 기업을 갖고 있었다. 조상이 남겨 준 야웨의 기업은 가문의 경작권 안에 머물러야 할 재산이었기에, 고대 이스라엘 사회는 '형사취수법'(兄死娶嫂, levirate law, 신 25:5-10)을 통해서라도 조상으로부터 상속받은 토지를 타 지파나 가문에 매매하지 않고 가족 선산으로 남기도록 했다. 레위기 25:23은 어떤 형태의 영구적인 매매도 금지하는 것처럼 보이지만, 미가 2:2에 따르면 실제로는 거래가 일어났다. 아합은 나봇에게 그의 포도원을 자신의 채전으로 삼게 하고 또 다른 포도원을 주겠다고 제안했다가 거절당하자 극도의 무력감을 느낀다. 토지 거래가 쉽지 않았음을 의미한다.

　나봇의 포도원을 '채소밭'(채전)으로 사용하려는 아합의 제의는 보다 더 깊은 구원사적 울림을 일으킨다. 아합의 제의는 이집트의 채소밭과 약속의 땅을 대조하는 신명기 11:10에 대한 반어법적인 언급처럼 보인다. 구약성경의 은유 전통(사 3:14; 5:1-7; 렘 12:10)은 이스라엘을 하나님의 돌보심을 받고 가꾸어지는 '포도원'(사 5장; 렘 2장; 시 80편)으로 그리는데, 열왕기상 21장은 이것을 떠올릴 만한 맥락이다. 이 이야기 속에 나오는 다른 어구나 표현들도 이스라엘의 전통적인 땅 신학이 이 이야기의 이데올로기적인 배경으로 사용되고 있음을 가리킨다. 즉, 나봇이 사용하는 의미심장한 용어 '기업'(나할라) 혹은 '상속받은 토지', 이세벨이 사용하는 말인 '차지하다'(15절) 등의 어구들은 신명기에 집중적으로 나타나는 이스라엘의 땅 신학을 대표하는 신학적인 개념들이다. 특히 '차지하다'(야라쉬)라는 말은 '가나안 정복'을 표현하는 신명기의 전문용어다. 신명기 15:4~5에서는 '기업'이라는 용어와 '차지하다'라는 용어가 함께 사용된다(참조. 신 12:12; 14:27). 모세오경의 땅 신학(신명기의 땅 신학과 레위기 25장 희년사상)의 핵심은 토지를 사사롭게 사고팔며 영구적으로 매매·양도할 수 없다는 것이다. 이스라엘 자유농민의 토대를 구축한 이 모세오경 토지법, 즉 토지 매매를 불허하는 법률적인 장애 외에도 아합의 소원을 좌절시킨 것은 절대로 팔지 않겠다고 나봇이 '맹세를 했다'(3절)는 사실이다.[4]

이처럼 아합의 폭정을 촉발시키는 왕과 자유농민과의 갈등은 나봇의 맹세에 의하여 심화된다. 그는 하나님께서 그의 조상들에게 주신 '포도원'이 애굽식의 '채소밭'으로 바뀌는 것을 거부한 것이다. 아합은 야웨의 이름으로 드려진 이 맹세에 의하여 깊은 좌절감을 느낀 나머지 근심하고 답답한 마음으로 집으로 돌아가 단식으로 대응한다(4절). 이때 이세벨이 끼어든다. 정상적인 방법으로는 나봇의 포도원을 가로챌 수 없게 되자 이세벨은 (가나안) 법률적인 전통에 근거하여 공작을 벌인다. 이세벨은 한편으로는 아합의 단식을 부추기면서도 또한 동시에 식사를 하라고 권고한다(7절). 나봇에 대한 적의를 심화시키려는 방책이었다. 이세벨은 아합의 꿈을 좌절시켰던 나봇의 맹세를 전적으로 왕실에 유리하도록 역이용할 방안을 세워놓고 왕의 소극성을 뛰어넘는 악행에 돌입한다. 7절에 있는 그녀의 말("왕이 지금 이스라엘 나라를 다스리시나이까?")은 수사학적인 질문이

---

[4] 나중에 왕과 하나님을 저주했다는 정죄를 받게 된 상황에 미루어 볼 때 공개적인 거부 의사표시였을 것이며 다분히 법률적 맹세였을 것이다.

될 수도 있고, 냉소적인 직설법("당신, 참 이스라엘의 좋은 왕이 되겠구려!")이 될 수도 있다. 아니면 위로를 가져다주는 예언이 될 수도 있다("자! 이제 당신은 이스라엘의 왕으로서 왕권을 행사하시옵소서."). 어떤 의미로 읽히든 상관없이 나봇이 확보하지 못한 그 포도원을 이세벨은 "내가 나서서(일인칭 대명사 '아니'의 돌출적 사용) 이스르엘 사람 나봇의 포도원을 왕께 드릴 것이다."라고 선언한다(7절; 참조. 2, 6절).

이 자신감은 반역죄로 죽임을 당한 사람의 가산을 적몰하는 가나안 전통이 이세벨의 마음속에 떠올랐기 때문일 것이다.[5] 정상적인 거래 절차 대신 나봇을 반역죄인으로 사형시키는 방법이 착상되었다. 하지만 처형당한 범죄자들이 상속받은 재산을 왕이 압류하여 차지하는 이 가나안 전통은 이스라엘에게는 생소한 관습이었다.

그녀는 왕을 지지할 가능성이 농후한 이스라엘의 토착적 두 집단들에게 아합 왕 명의로 편지를 보냈다. 특히 '장로들'과 함께 편지 수신인으로 소개되는 '귀족들'(하호림)은 왕에게 토지를 하사받아 점유하고 있는 귀족들이다. 편지의 핵심 메시지는 금식 선포와 나봇을 법정에 소환하라는 것이었다. 그녀의 '금식 선포'는 하나님의 율법을 어겼다고 추정되는 나봇의 죄책에 대한 반응일 수도 있고, 단순히 긴급 재판을 열기 위하여 정규적인 사업 활동을 정지시키는 수단일 수도 있다. 나봇은 사람들의 첫 줄(개역개정의 '높이')에 앉아 있는데 이것은 그의 임박한 전락을 극적으로 보이게 만들려는 장치다. 처음

---

[5] 마리(Mari)와 우가릿(Ugarit)에서 나온 고고학적인 자료들은 고대 마리와 우가릿 사회에서 토지 거래가 여러 가지로 제한을 받았음에도 토지 거래가 일반화되었음을 보여준다. 우가릿과 알라카 지방에는 재판받아 사형당한 사람의 재산을 국고(왕실)에 귀속시키는 제도가 있었다(von Rad, *Old Testament Theology* vol. 2, 23).

이 송사는 룻기 4장의 토지 매입 공청회와 비슷해 보이지만, 소환된 두 증인(신 17:6; 19:15)의 등장과 함께 그 현장은 이내 하나님에 대한 신성모독죄와 왕에 대한 반역죄(출 22:28; 레 24:14-16)를 취조하고 재판하는 법정으로 바뀐다. 이세벨은 법정의 최종 판결까지 이미 편지해 두었다. "그를 끌고 나가서 돌로 쳐 죽이라"(10절).

두 증인은 포도원 매도를 거절하는 나봇의 맹세를 야웨의 이름을 남용하는 죄라고 왜곡한다.6 피고의 변론도 없이 재판은 '돌로 쳐 죽이라'는 평결로 종료되었다(10, 13, 14, 15절). 무죄한 자의 피를 흘림으로 이스라엘 자유농민 나봇의 포도원은 적몰되었다.

나봇의 죽음을 아합에게 보고하는 이세벨의 냉정한 보도(15절)에서 나봇은 한낱 죽은 자로 규정된다. 이세벨의 보도 방식은 마치 아합은 나봇의 사법적인 살해 과정에 실제로 연루되지 않았고 심지어 그런 일이 일어났다는 사실조차도 모르고 있다는 인상을 주려고 한다. 하지만 본문은 나봇의 포도원을 차지하려고 했던 아합의 첫 동기가 이세벨의 살해 음모와 더불어 하나의 통일적인 범죄 행위를 구성한다고 본다(19a, 25절). 이 일화는 자유농민의 땅이 어떻게 왕과 귀족들과 불의한 재판에 의해 강탈당하는가를 범례적으로 보여준다.

---

6 하나님의 이름을 저주한다는 생각은 너무나 신성모독적이고 거슬리는 죄악이기 때문에 열왕기서 저자도 하나님의 이름을 저주하는 장면을 보여주지 않는다. 그래서 히브리어 원어 성경에는 나봇이 "하나님과 왕을 축복했다."라는 식으로밖에 보도되지 못한다. 이상하게도 '저주하다'라는 말 대신에 '축복하다'라는 말이 사용된 것이나('저주하다'라는 히브리어는 'rr이고 '축복하다'라는 히브리어는 brk이다).

## 2. 예언자적인 탄핵(왕상 21 : 17-29)

17~29절은 이 나봇 포도원 강탈 사건에 대한 야웨(예언자)의 분노 어린 반응을 다룬다. 17~29절에서 엘리야에게 임한 두 가지의 은밀한 하나님의 말씀들(17-19절과 28-29절)이 엘리야와 아합의 대면(20-24절) 장면 앞뒤로 배치된다. 19절의 정죄와 위협("네가 죽이고 또 빼앗았느냐"와 "개들이 나봇의 피를 핥은 곳에서 개들이 네 피 곧 네 몸의 피도 핥으리라")은 둘 다 사명을 위임하는 사신(使臣) 정형구문에 의하여 강력하게 부각된다. 그 효과는 심각하고 불길하다. 특히 19절은 "네 피 곧 네 몸의 피"에 대한 강한 문법적인 강조로 결론을 맺는다. 20절의 양자 회동은 18 : 17의 극적인 회동을 상기케 한다. 여기서 엘리야는 아합의 양심을 휘젓는 폭풍언어를 분출한다. "네가 네 자신을 팔아 여호와 보시기에 악을 행하였으므로……" 아합은 자신의 양심과 신앙 정절을 매각한 대신 악을 샀다는 것이다. 그는 포도원을 얻은 것이 아니라 악행을 획득했고 야웨의 심판을 매입했다.

이 맥락에서 신명기 역사가의 전문 언어가 사용되고 있다. 아합이 '악'을 행하였기 때문에, 하나님께서는 그에게 '악'으로 되갚으실 것이다(20-21절). 왕과 왕비가 저지른 죄는 단지 나봇에 대한 범죄 혹은 이상적인 정의를 훼손한 죄 정도로 이해되지 않고 하나님께 저질러진 범죄로 간주된다. 이 신탁들 중에서 가장 중요한 신탁은 21~22절과 24절에서 다뤄지는 오므리 왕조의 몰락이다(비교. 왕상 14 : 10-11 ; 16 : 3-4). 이 왕조 몰락 예언은 아합의 둘째 아들의 재위 때까지 지연된다(29절). 그것은 예후가 오므리 왕가의 모든 남자와 사내아이들을 학살하는 열왕기하 10 : 17에 가서야 명시적으로 성취된다.

두 개의 다른 신탁들이 아합(19b절)과 이세벨(23절)에게 파멸을 약속한다. 아합의 피는 나봇이 죽임을 당했던 그 장소(거기 사마리아에서)에서 개들에 의해 핥아질 것이다(22:38). 이 신탁은 열왕기하 9:37에 의하여 정확하게 성취되었다.

이사야 5:8과 미가 2:2과 더불어 나봇의 포도원 강탈 일화는, 자신을 보호할 힘이 없는 미약한 이웃의 상속받은 땅을 강탈하는 범죄는 어떤 추상적인 경제 정의의 원리를 위반하는 정도의 범죄가 아니라 살아 계신 하나님을 대적하는 범죄임을 일깨워 준다. 토지 문제가 곧 신앙과 신학 문제임이 드러난 것이다. 이런 점에서 100년 후에 다시 이스라엘 지배층들에 의한 자유농민의 땅 강탈을 하나님에 대한 범죄라고 선포한 주전 8세기 예언자들은 엘리야의 후예들이다.

## 주전 8세기 예언자 : 아모스, 호세아, 이사야, 미가

### 1. 주전 8세기 예언자들의 중심 의제(議題, agenda)

예언이란 당대의 역사적 및 자연적 사건이나 현상을 신학적으로 해석하는 참조의 틀(mental frame of reference)을 가리킨다. 성경의 예언은 점성술에서 주로 시도하는 미래 예측(fortune-telling)이 아니라 현실 분석이었으며, 동시대 사람들, 특히 지배층과 권력 엘리트들(왕, 관리, 지배계층, 그리고 일반 백성)의 마음에 모종의 결단을 하도록 돕는 신탁 중개사역이었다. 성서의 예언은 인간의 역사가—하나님의 공평과 정의의 잣대로 볼 때—급격한 퇴락과 영적 일탈의 길로 치달을 때 분출하였다. 예언은 위기의 순간에 인간의 역사를 덮친 신적 기습 사건이며 하나님의 말씀 분출 사건이었다. 따라서 예언자 사역은 어떤 점에서 위기사역이었다. 남유다와 북이스라엘 왕국이 맞이한 주전 8세기 중후반(750-701년 : 아모스 사역 시작 기점-이사야 사역 종료 시점)은 위기의 시대였다.[7] 그간 정상적으로 운용되던 하나님의 뜻의 전달 과정(왕을 통한 전달, 제사장과 선견자, 혹은 성소 중심의 예언자 집단)은 더 이상 효과적인 기능을 수행하지 못했다.

그래서 회오리바람 같은 예언 운동이 주전 8세기 중후반에 일어났다. 주전 8세기 예언자들은 하나님의 어전회의에서 의논된 의제를 지상의 왕들과 지배층에게 전달하는 거룩한 전령(messenger)이 되어(왕상 22장 ; 사 6 : 1-8 ; 렘 23 : 18-22) 왕과 지배층과 대결하고 충돌했다. 예언 운동은 모세-사무엘로 이어지는 하나님의 말씀 대언(代言) 운동이자, 하나님께 속한 언약백성의 존재 기반을 보호하는 정치경제학적 운동이었다(신 18 : 15-18).[8] 물론 이런 예언자들이 질풍노도처럼 이스라엘과 유다를 진동하기 전에도 많은 생계유지형 예언자들이 활동하고 있었다(미 3 : 7). 그러나 그들은 모두 소비자/고객 중심의 예언활동에 종사하고 있었다. 그들은 공적인 담론으로서의 하나님의 말씀을 전하지 못하였고, 지극히 사유화된 '예언'으로 개인들의 길흉화복을 예측하고 그것들에 대처할 만한 액땜을 처방하는 사역에 머물고 있었을 것이다. 이에 비해 주전 8세기의 네 예

---

[7] 게르하르트 폰라드, 김광남 옮김, 『예언자들의 메시지』(서울 : 비전북, 2011), 248-267.
[8] 이사야 6장, 예레미야 1장(렘 18 : 18 "제사장에게서 율법이, 지혜로운 자에게서 책략이, 선지자에게서 말씀이"; 23 : 18-22)과 아모스 7장, 호세아 1-3장, 에스겔 1-3장은 예언자들의 탄생 배경을 잘 예해(例解)하고 있다.

언자들은 하나님의 말씀을 공적 담론으로 격상시켰고, 자신들을 찾아오는 소비자/고객 중심의 신탁을 중개한 것이 아니라 하나님이 보내시는 사람들/계층에게 하나님의 말씀을 중개하였다. 그들은 대부분의 경우 현실 분석가였고, 때로 미래를 말했을 때도 현실 사람들에게 모종의 영향을 끼치기 위한 노력의 일환으로 말했다.

무엇보다도 주전 8세기 예언자들의 소명 수납 경험은 그들에게 있어 이스라엘/유다를 향한 야웨의 계획들에 대한 직접적인 앎을 제공하였다. 그들은 구원사 전승의 창조적인 해석자이자 계승자였다(시내산 전승, 출애굽 전승, 선택 및 계약 전승, 십계명 전승).[9] 그들은 이러한 과격한 구원사 전승에 대한 재해석이 야웨의 '계몽' 혹은 '계시'에 의한 것임을 고백하였다. 그들은 비인습적인 용어로 하나님을 묘사(사 7:20 이발 비유; 호 5:12 이스라엘 몸에 생긴 종기; 성공하지 못한 연인[사 5:1ff])하였다. 그들이 외친 가장 새롭고 충격적인 메시지는 야웨가 이스라엘/유다를 심판 보좌 앞으로 소환하고 있다는 주장이었다(암 8:2).

그들의 예언활동은 하나의 요인이 아니라 다수의 요인들에 의하여 촉발되었다. 그중 두 가지가 현저한 영향을 미쳤는데, 자유농민의 해체와 북방 앗수르 제국의 파괴적 서남진 팽창 정책이었다. 아모스는 처음으로 하나님의 심판이 국가지배층 요원들의 유배 형식으로 집행될 것이라고 예고했다. 그들은 하나님의 진노를 하나의 사실로 말하였고, 동시대 사람들의 전적인 삶—경제적, 정치적 및 종교적 삶의 체계—이 심판의 대상이 될 것이라고 말하였다. 특히

---

[9] von Rad, *Old Testament Theology* vol. 2, 180-182.

예언자들의 이런 신랄한 심판 메시지를 가능케 한 역사적인 상황은 파괴적이고 압도적으로 강한 앗수르 제국의 팔레스타인 진출이었다. 예언자들은 스스로를 어떤 특정한 사회집단의 혁명적인 대변인으로 자임하지 않았다. 하지만 그들의 메시지는 일관되게 왕실과 지배층에 의한 유다/이스라엘의 자유농민공동체 해체의 위험성과 그것이 가져올 폐해에 관한 것이었다. 그들에게 유다/이스라엘 자유농민의 보호는 야웨신앙공동체, 즉 야웨를 역사 속에서 대변할 공동체의 존망을 결정하는 중대사였다. 그들은 야웨 하나님과 언약 체결을 주체적으로 담당했던 농민공동체의 존립이야말로 세계에 대한 야웨 하나님의 통치 거점이라고 보았다.

이 큰 그림 안에서 네 예언자는 이상의 중심 의제를 약간씩 다르게 제기한다. 아모스는 법정의 타락과 이에 결탁된 종교집단의 악행을 부각시키고, 호세아는 땅의 구원적 가치(saving gift)에서 출발하여 당대의 이스라엘 지배층 사람들의 불신실성을 공격하였다. 그들은 땅이 얼마나 놀라운 하나님의 조건적인 선물인지를 이해하지 못하고 있었다.[10] 이사야는 시온 전승을 이용하여 예루살렘 사람들의 행위를 비판하였다. 특히 유다가 군사적 무장이나 외국과의 동맹외교를 통하여 안전보장을 획책하는 것과 그 과정에서 자유농민에게 가혹한 군역을 강요하는 사태를 비판한다(사 30장). 또 다른 한편, 미가는 남유다 농민들이 겪는 전쟁의 참상과 그 전쟁을 촉발시킨 지배층의 농민 학대와 압제를 집중적으로 부각시킨다.

---

[10] 이 단원은 폰라드의 위의 책, 176-180, 183-184에 빚지고 있다.

## 2. 아모스와 호세아의 시대 : 주전 750년 전후의 북왕국 이스라엘

아모스(주전 750년경-여로보암 2세)와 호세아는 이스라엘이 금과 옥조처럼 여겨오던 고대 이스라엘의 구원사 전승을 과격하게 재해석하여 선택과 계약 전승을 책임과 의무의 전승으로 전환시킨다. 아모스는 출애굽 전승마저도 상대화시키며 진정 택함 받은 백성이라면 하나님의 계약적 요구에 부응하는 높은 도덕과 윤리적인 이상을 사회의 각 영역에서 구현해야 함을 강조한다(암 9:7). 선택과 계약은 남용되어야 할 특권이 아니라 오히려 높은 윤리와 고상한 삶으로 감당해야 할 책임이다.

아모스가 사회정치적-경제적인 영역의 공의의 실현을 강조한 반면, 호세아 선지자는 아모스보다 약간 늦은 시기에 등장하여 이스라엘의 종교적 배교의 문제에 초점을 맞춘다. 그는 바알 숭배가 어떤 사회경제적인 함의를 가지고 있는지를 깊이 파헤친다. 호세아는 제사장 계급의 타락과 부패, 왕정제도의 배교적 특성, 그리고 종교·윤리적인 음란을 집중적으로 다룬다. 호세아의 바알 종교 비판은 이스라엘의 부국강병책, 강대국 동맹정책에 대한 비판이며, 이 과정에서 희생된 자유농민들의 자리를 회복시키는 데 초점을 두고 있다.

주전 8세기는 곡식 시장의 왜곡, 거대한 지주와 농지 탄생, 채무 급증, 히브리 자유 자작 소농들의 몰락과 채무노예화 가속화를 목격한 때다.[11] 임금 의존 노동자들의 증가는 이스라엘과 유다 사회

---

[11] 아모스는 실로 다면적인 재능과 학식의 소유자였다. 역사 지식, 문예 수사학적 기예, 국제 정세, 민속학, 실물 경제, 그리고 각 나라 족속의 내정과 근본 문제에 통달한 인물이었다(William R. Harper, *Amos and Hosea* [ICC; Edinburgh : T & T Clark, 1973], p. cvi).

의 기초를 붕괴시켰다. 여로보암 2세 재위 시, 지진이 일어나기 2년 전에 사마리아의 종교적 수도격인 벧엘에 유다의 농촌 드고아 출신 아모스가 출현하였다. 그는 벧엘 성소 앞에서 성소에 출입하는 경건한 예배자들을 향하여 저항할 수 없을 정도로 어마어마한 산사태가 오고 있음을 고지한다.[12] 아모스와 호세아를 비롯한 주전 8세기 예언자들은 거의 같은 어조로 '이스라엘의 하나님' 대신에 '공의와 정의의 하나님'을 우선시하였고, 하나님과 이스라엘 사이에 있다고 믿어졌던 자연적 유대는 이미 깨어졌다고 주장한다. 그들은 모세 시대부터 전해 내려오던 하나님의 이스라엘 선택과 계약이라는 구원사적 전통이 일정한 조건하에서만 유효한 계약전통임을 강력하게 주장하였다. 이스라엘에 대한 하나님의 계약적 돌보심과 보호는 이스라엘의 계약적 신실성, 공평과 정의에 입각한 공동체 창조와 유지에 의하여 확보된다고 믿었다.

  호세아의 시대는 북이스라엘의 번영과 국력 강성의 시기가 끝나 가고 국운이 급격하게 쇠락하던 때였다(1:1, 웃시야와 요담과 아하스와 히스기야 시대, 그리고 여로보암 2세 시대 예언 활동). 궁중 정변을 통하여 왕권의 권위는 몰락하고 지파 내부의 갈등과 분쟁이 병발하였다. 가장 참담한 재난은 제사장 및 귀족 계급의 철두철미한 부패였다. 호세아는 예후 왕조의 마지막 왕 여로보암 2세의 통치가 끝나갈 즈음에 등장하여 예후 왕조에 대한 임박한 하나님의 심판을 선언하였다(1:4). 그러나 그는 심판을 선언하면서도, 어쩌면 그 자신

---

[12] Julius Wellhausen, *Prolegomena to the History of ancient Israel* (Cleveland & New York: Meridian Book, 1961), 470.

이 자신의 백성들의 영적인 일탈과 배교 상황을 하나님의 입장에서 느껴 보지 않으면 안 되는 기막힌 가정을 이루게 된다. 음란한 여인과 결혼하여 음란한 자식을 낳아야 하는 소명을 받는다. 아모스가 공의 없는 종교/예배를 탄핵하며, 선을 찾으면 살 수 있을 것처럼 말한 데 비하여, 호세아는 하나님이 이미 밟고 있는 이혼 절차의 정당성을 옹호하기 위하여 기구한 결혼을 함으로써 소명을 수납한다. 호세아는 이스라엘이 하나님의 계약 당사자로서 완전히 자격을 상실하였음을 선언하며, 이제 남은 희망은 다시 '광야의 밀월시대'로 돌아가서 새로운 출애굽 구원을 경험해야 함을 말한다. 호세아는 주전 8세기 예언자 중 누구보다도 모세 전승, 즉 계약 전승(하나님을 아는 지식, 인애, 음부와 음행 등은 계약함의적인 용어들임.)에 자주 호소하는(2장 '광야로 가자'; 11장 '내 아들을 애굽에서 불러낸다') 예언자다.

### 3. 이사야와 미가의 시대 : 주전 740-701년의 남유다[13]

이사야와 미가는 주전 8세기 북이스라엘의 예언자들인 아모스와 호세아의 동시대 사람이었다. 그들이 예언자로 공식적인 활동을 시작할 무렵인 주전 8세기 중엽은 북쪽의 앗수르 제국이 제국주의적 정복전쟁을 남서쪽으로 확장하던 시점이었다. 이사야는 예루살렘에 본거지를 둔 상류계층에서 태어났으며 왕실 내부에서 일어나는 일들과 외교정책의 추이들을 면밀하게 분석하고 비판할 수 있을 만큼 유다 왕국 내부의 사정에 정통하였다. 넓게 말하면 그는 유

---

[13] 이 단원과 이사야의 메시지와 구소에 내한 논의는 김회권, 『성시주석 이시야 I』, 41-55에 빚지고 있다.

다 왕실의 내부자인 셈이었다(사 7:3, 4; 8:2; 30:1-7; 36:1-38:8, 21f.; cf. 왕하 18:3-20:21). 역대하 26:22과 32:32이 그를 웃시야 왕과 히스기야 왕의 서기관이었다고 기록한 것은 신빙성 있는 역사적 증언일 것이다.

이사야는 유다가 야웨 하나님과의 계약관계를 파기하였기 때문에 발생되는 사회적 문제들을 폭로하고, 귀족과 관료, 지주 등 상류사회의 타락과 부패(사 1:3-9; 3:13-15; 5:8-23) 곧 포도원을 삼켜버린 지배계층의 죄악들을 탄핵했다. 반면에 미가는 이사야보다 약간 늦은 시기에 출현한 유다 농촌 출신 예언자. 그는 북이스라엘의 유력자들이 예루살렘에 피신해 와서 남유다의 정치적·경제적 불의와 불법을 조장하는 상황에 주목하고, 유다 농민들의 입장에서 예루살렘의 부재지주들과 권력 엘리트들에게 심판을 예언하였다. 시온의 패망 가능성에 대하여 극도로 조심하였던 이사야와는 달리 미가는 시온도 멸망당할 수 있음을 공공연히 선포함으로써(렘 26:18), 히스기야 시대에는 왕실에 붙들려 재판을 받는 고초를 겪기도 하였다.

이사야가 역사의 무대에 공적으로 등장한 시점은 앗수르 제국의 세계적 패권이 가시화되고 이스라엘과 유다의 국력 신장세가 외형적으로 안정을 보이던 시기였다. 앗수르 제국의 정복군주인 디글랏 빌레셀 3세는 이미 주전 740~738년경에 북시리아 지역의 소왕국들을 다 정복한 상태였다(주전 740년은 웃시야가 죽기 전후의 시기). 이 와중에 시리아와 북이스라엘이 주도하는 시리아-에브라임 전쟁이 일어나고(주전 734-732), 두 나라의 동맹군은 유다의 아하스 왕에게 반앗수르 연합전선에 동참하도록 강요하기에 이른다. 예언자 이사야가 처음으로 공적인 무대에 등장하는 때가 바로 이 상황이다.

이사야는 아하스와 다윗 왕실에게 시리아-에브라임 동맹국 왕들의 강요에 굴복하지도 말고, 앗수르 원군을 요청하지도 말라고 권고하였다. 이사야의 권고 때문인지는 분명하지 않지만 유다 왕국은 시리아-에브라임 동맹에 참여하기를 거부했던 것처럼 보인다.

그러나 열왕기하 16:8~10에 따르면 아하스는 결국 앗수르의 팔레스타인 출병을 요청하는 편지를 보냈고, 앗수르의 봉신이 되는 대가로 안전보장을 구걸했다. 아하스의 출병 요청 때문인지, 독자적 결정인지는 불확실하지만 주전 732년에 디글랏 빌레셀 3세는 아람을 완전히 멸망시키고 북이스라엘의 북부 지역을 앗수르의 속주로 병탄시켜 버렸다. 급격한 쇠락을 맛본 북이스라엘의 왕 베가는 이때 막대한 조공을 지불하고 간신히 파멸을 면하였다. 베가의 왕위를 찬탈하고 왕이 된 호세아는 애굽 왕 소와 동맹을 맺고 앗수르 왕 살만에셀 5세에게 저항하였다(왕하 17:4). 그 결과 북이스라엘 왕국은 국가적 파멸을 겪지 않을 수 없었다. 살만에셀 5세는 이스라엘을 침략하여 3년간 사마리아를 포위하였고, 그의 아들 사르곤 2세가 사마리아를 함락시키고 많은 상류층 사람들을 포로로 잡아갔디(주전 722/1년). 이제 유다 왕국의 정치적 독립은 풍전등화의 위기 앞에 놓인 셈이 되었다(사 5:29). 그래서 유다는 시리아와 팔레스타인의 많은 소왕국들이 애굽과 힘을 합하여 반(反)앗수르 봉기를 일으킬 때도(가자의 하눈 왕이 주도한 주전 720년 반앗수르 봉기 등) 그 반앗수르 봉기에 가담하지 않았다. 그러나 유다는 얼마 후 블레셋의 아스돗이 주도하는 반앗수르 봉기에는 약간 참여하였던 것 같다(사 14:28-32). 이때 애굽이 그 반앗수르 동맹의 잠재적 후원자 역할을 자임했을 것이며, 실제로는 에돔, 모압, 블레셋의 도시들이 봉기를 주도했을 것이다(주전 714-711년). 이에 앗수르 왕 사르곤 2세가 아스돗과 가드를 정복하였고 유다를 고립무원의 지경으로 몰아간다(ANET, 285-287 ; 사 20 : 1-2). 그러나 유다는 소극적으로 참여하였기 때문에 정복되지는 않고 조공을 바치는 봉신국가 신분을 유지하게 되었다. 하지만 주전 705년에 사르곤 2세가 죽자 다시금 팔레스타인 소왕국들의 반앗수르 봉기 열기가 분출되기 시작하였다. 이때는 유다 왕 히스기야가 반앗수르 봉기의 선봉장이 된다(왕하 20 : 12-15 ; 사 39 : 1-4).

불안한 정정(政情)에 휩싸인 국내 상황과 북쪽 산악 족속들의 문제를 처리하느라 남서쪽 지역의 반앗수르 봉기에 효과적으로 대처하지 못하던 앗수르의 새 군주인 산헤립은, 마침내 주전 701년에 남서진 정복 원정에 돌입하였다. 산헤립의 단호한 징벌 원정은 파죽지세로 팔레스타인 지역으로 육박하여 신속하게 사태를 장악하였다. 그는 북쪽의 시돈을 패배시키고 일시에 정상적인 종주-봉신 관계를 회복한다. 또한 그는 암몬, 모압, 그리고 에돔으로부터 조공을 받아 낸다. 그리고 여전히 불안정한 입장을 견지하던 에스겔론과 에그론을 복속시키고 유다의 히스기야를 새장의 새처럼 에워싸 버린다. 산헤립은 히스기야에게 매년 바쳐야 할 조공 외에 엄청난 전쟁 배상금을 지불하도록 강요하며 완전 항복을 종용하였다. 히스기야는 지체 없이 산헤립의 요구에 굴복함으로써 성이 함락되는 참변을 피했다(왕하 18 : 13-16 ; ANET, 288).[14]

반면에 미가는 주로 산헤립의 유다 침략기인 주전 701년 전후

---

[14] Martin Noth, *The History of Israel* (London : A. & C. Black, 1960), 253-269.

상황의 피폐하게 될 혹은 피폐하게 된 유다 농촌 현실에 초점을 맞추며 예언하였다. 둘 다 공평과 정의에 대한 강조를 통하여 유다에 대한 앗수르의 침략이 하나님의 진노의 발현이라고 보는 데 일치하였다. 유다 저지대 농촌 성읍들에 사는 이스라엘 자유농민들의 입장에서 예언한 미가는 주전 721년 북이스라엘 멸망 후 남유다로 피난해 온 북왕국 지배층들의 대규모 이주가 유다에 끼친 악영향(지주제도 심화, 빈부 격차 심화)을 비판하며, 한때는 자유농민이었다가 이제는 가난한 자와 궁핍한 자로 전락하여 고리대금업과 지배계층의 압제적인 소작료 등에 시달리는 자유농민의 아우성을 대변했다.

## 주전 8세기 예언자들의 자유농민 옹호경제학

### 1. 이스라엘 자유농민 경제의 열렬 옹호자 아모스

아모스 1~9장 전체는 이스라엘 자유농민 중심의 자급자족 경제(subsistence economy)를 옹호하는 예언이다. 아모스는 사신이 웃시야와 여로보암 2세(솔로몬 시대와 방불한 국가적 번영기, 50여 년간 지속된 평화와 번영) 시대에 받은 하나님의 강권적인 부르심을 천명한다(1:1). 이 두 왕 치세에 팔레스타인 일대를 타격한 큰 지진이 있었는데 그는 지진이 일어나기 2년 전에 부름받았다. 베들레헴 남쪽 대상들의 무역로 근처에 중농 이상의 자유농민이었던 아모스는 국제정세(무역정책의 동선), 국내 정세, 그리고 종교와 재판정의 철저한 부패와 타락상황에 정통했다. 그는 자신의 예언자적 탄핵을 시온에서부터 부르짖는 사자의 음성을 대변한 것이라고 말했다(1:2). 1~2장은 이스라엘과 유다를 포함한 열방들에 대한 하나님의 심판 이유를 말한다. 그것은 가난한 자들에 대한 무자비한 압제(2:6-7a), 종교의 부패와 변절(2:7b-8), 사회계층의 차위(2:9-12)로 인한 양극화, 국제 간의 조약 파기와 신의(信義) 부정과 억압적 국가 체제에 대한 광범위한 예언자적 탄핵을 담고 있다.

아람과 다메섹이 하나님의 심판을 불러일으킨 죄는 요단강 동쪽의 길르앗 사람들에 대한 압제와 학대(1:3) 죄였다. 권력과 종교의 중심지는 앗수르에게 철저히 파괴될 것이다(1:4-5). 블레셋(가사)의 죄는 에돔에게 팔려간 포로들에 대한 잔혹한 대우였다(1:6-8). 하나님은 아무것도 남지 않을 만큼 블레셋의 권력 중심지들을 파괴하실 것이다. 두로의 죄는 에돔에게 팔아넘긴 이스라엘 포로들에 대한 잔혹한 대우였다(1:9). 두로의 방벽들과 요새들은 철저하게 파괴될 것이다(1:10). 에돔의 죄는 형제 이스라엘 사람들에 대한 잔혹한 대우였다(1:11). 에돔의 중심도시들을 파괴하실 것이다(1:12). 암몬의 죄도 길르앗 사람들에 대한 잔혹한 대우였다(1:13). 야웨께서는 암몬의 요새들과 수도를 파괴하실 것이며 암몬을 유배 보내실 것이다(1:14-15).

모압은 에돔 왕을 잔혹하게 대우했기에 정죄되었다(2:1). 모압의 중심 요새들을 파괴하실 것이다(2:2-3). 또한 이스라엘과 유다, 하나님의 자녀들이 이룬 두 경쟁 왕국의 율법 파기와 동포 압제와 학대죄를 심판하실 것이다(2:4-16). 유다의 율법 배척죄를 심판하실 것이다. 유다와 예루살렘 요새들을 철저하게 파괴하실 것이다(2:4-5). 이스라엘 왕국의 죄는 동포 이스라엘 자유농민의 학대와 인권 유린죄다. 이스라엘은 반역(다시 이집트로 내려감.)죄를 범했다(이스라엘 자유농민을 재노예화). 또한 의로운 자, 궁핍한 자, 고립무원한 자, 비천한, 여인, 채무자들을 잔혹하게 대우했다(2:6-8). 야웨께서는 이집트의 종 되었던 집에서 그분의 백성들을 기업의 땅으로 이끌어 들이셨건만, 이스라엘은 출애굽 구원을 무효화하는 반역을 범했다(2:9-10). 광야 유목민적 영성, 광야 영성을 대표하는 나실인을 비롯한 영적 지도자들을 타락시켰고, 학대하고 유린했으며, 포도주를 먹여 취하게 했다(2:11-12). 광야적 영성은 이스라엘 열두 지파 체제의 소박한 촌락단위 곧 자급자족경제 시대의 우애로운 공동체 생활을 의미한다. 이스라엘의 죄는 너무 커서 하나님께서는 어떤 유력자도 심판을 피할 수 없게 하실 것이다(2:13-16).

2부 신탁들(3:1-6:14)은, 임박한 멸망에서 살아나려면 회개하고 선을 추구할 것을 촉구한다. 임박한 심판은 가난하고 의로운 자들에 대한 부유층, 유력자들의 오만한 죄를 징치하기 위해 일어날 것이다. 하나님께서 위에서 나열된 열국들을 아예 사마리아에 초청하신다. 야웨의 택함 받은 백성들의 죄가 얼마나 큰지, 그들에게 야웨 하나님이 어떤 심판을 집행하시는지를 와서 목격해 보라는 초청이었다(3:1-15). 열국 중에서 하나님께서 이스라엘만을 알고 선택하셔서 성민의 예우를 다 베풀어주셨건만(3:2), 그들은 배은망덕의 극에 이른다. 그래서 하나님께서 예언자를 일으키셔서 하늘 법정의 판결을 통고하신다(3:7-8). 열방들은 이제 이스라엘의 우상숭배, 물질적 탐욕주의, 그리고 권력남용의 죄를 목도하도록 초청받는다(3:9-15).

이스라엘의 유력자 계층의 부인들은 남편들과 함께 하나님의 엄혹한 심판을 촉발시킨다. 야웨의 징계를 받았음에도 계속해서 죄를 짓는다(4:1-13). 이스라엘의 여인들, 바산의 암소들은 가난하고 궁핍한 자들의 인권을 유린하고 압제하는 남편들의 죄악에 적극 동참한다. 그들은 이제 유배될 것이다(4:1-3). 또한 야웨의 징계에도 불구하고 아주 타락한 야웨 예배를 계속 드리는 이스라엘에게 훨씬 더 참혹한 심판을 집행하실 것이다(4:4-13). 야웨 하나님은 예언자를 통해 이스라엘 유력자들의 성소 순례행각을 조롱하신다. 숨어 버린 야웨의 현존을 찾아나서는 순례자들의 무모한 시도를 비판하신다(4:4-5). 야웨께서 많은 징계를 집행하시고(기근, 가뭄, 건조한 바람, 역병, 전쟁 패배), 회개를 기대하며 극적 구원을 베푸셨으나 그들은 도무지 회개하지 않았다(4:6-11). 야웨께서는 이 자연재해 수준의 심판을 받고도 회개하지 않으면 훨씬 더 강력한 심판이 있을 것을 예고하면서 또 이스라엘의 회개를 요청하신다(4:12-13).

이에 애가를 부르시면서(5:1) 이스라엘의 회개를 촉구하신다. 애가는 죽은 자를 위한 애도의 노래다. 이스라엘의 국가적 멸망을 통보한 셈이다. 이스라엘은 90% 정도 파괴될 것이다. 재기불능의 파괴가 될 것이다(5:2-3). 북이스라엘의 멸망 원인은 자신의 백성 이스라엘 자유농민에 대한 오만, 권력남용적 학대와 유린, 그리고 압제였다(5:1-6:14). 이스라엘이 임박한 하나님의 파괴적인 심판을 모면하기 위해서는 회개해야 하지, 성소들로 도피해서는 안 된다는 권고를 받는다(5:4-9).

야웨께서는 약한 자와 의인을 유린하고 학대한 죄 때문에 이스라엘에 심판을 가하실 것이다(5:10-14). 이스라엘이 야웨의 진노가 누그러지기를 기대하면 회개하여야 하지만 작정된 심판은 불가피하다(5:15-17). 그들은 야웨께서 그들을 위하여 앞서 싸워 주실 승리의 날로서의 야웨의 날을 기대해서는 안 된다. 야웨의 날은 심판의 날이 될 것이기 때문이다(5:18-20). 만군의 야웨께서는 이스라엘 백성을 다메섹 밖으로 사로잡혀 가게 하실 것이다(5:21-27). 특히 이스라엘의 '위세등등한 사람들'에게 화를 내리실 것이다. 그들의 권력을 빙거해 온갖 악을 다 범한 죄악 때문에 이방 나라의 손에 유배당하게 될 것이다(6:1-14). 이스라엘의 지배층(the strong of Israel)들도 안전하지 못할 것이다. 갈레(칼노), 하맛, 가드의 지배층도 이미 심판을 당했기 때문이다(6:1-3). 이스라엘의 타락을 슬퍼하지 않는 부유층들과 권력자들은 유배 행렬의 선두에 서서 이방 땅으로 끌려갈 것이다(6:4-7). 야웨께서 일으키실 한 나라의 손에 이스라엘의 오만은 참혹하게 심판당할 것이다(6:8-14).

다섯 개의 환상(메뚜기, 불, 다림줄, 여름 과일, 성전 문지방 요동)을 통해 아모스는 가난하고 궁핍한 자들에 대한 유린 때문에 이스라엘을 해체하고 지배층에게 유배의 벌을 내리실 것이라고 선언한다(7:1-9:6). 농작물을 파괴하는 메뚜기떼 환상 때문에 아모스는 중보기도를 하기에 이르고 응답받았다(7:1-3). 그는 이스라엘 백성을 파괴하는 불 환상에서 중보기도를 통해 야웨의 마음을 돌이키게 했다(7:4-6). 이어 야웨께서는 다림줄 환상을 통해 예후 왕조의 멸망을 선언하신다. 타락한 예배가 심판의 구실이 된다(7:7-9). 아모스는 자신의 심판 신탁을 배척하는 여로보암과 벧엘 제사장 아마샤에게 심판을 통고한다(7:10-17).

수확된 잘 익은 과일 광주리 환상에서 아모스는 하나님께서 그 땅에 사는 가난한 자와 궁핍한 자를 오만하게 학대하고 유린한 이스라엘의 죄악을 징치하기 위해 아주 굴욕적인 심판을 집행하실 것을 선포한다(8:1-14). 이스라엘의 죄악은 이제 무르익어 수확할 때에 이르렀다(8:1-3). 땅의 궁핍한 자와 비천한 자들에 대한 유린과 학대 때문에 야웨께서 땅의 모든 거주민들을 낮추실 참혹한 심판을 가하실 것이다(8:4-14). 이스라엘은 비천한 자와 궁핍한 자를 짓밟았다(8:4-6).

야웨의 심판(제단 곁에 서 계시는 야웨 환상)은 우상 숭배의 중심지부터 시작될 것이며, 땅의 모든 곳에 속속들이 미칠 것이다(9:1-6). 이스라엘은 비록 다른 악한 나라처럼 심판받겠지만 야웨께서는 이스라엘을 회복시켜 주셔서 약속된 기업의 땅으로 인도하실 것이다(9:7-15). 야웨께서는 다윗의 무너진 장막을 회복시키셔서 이스라엘을 영구적으로 가나안 땅으로 이끌어 오실 것이다(9:13-15). 자기 땅에 사는 것이 구원임을 방증하는 선언이다. 이 희망과 회복의 신학 진술에도 자기 땅에서 사는 자유농민의 소원이 강력하게 피력되어 있다. 하나님이 주신 구원은 이 땅에서 거룩한 소작인이자 게르가 되어 우애와 평화를 누리고 사는 것을 의미했다(시 133편).

이처럼 아모스는 특정 단락을 빼내지 않아도 그 자체로 자유농민들을 땅에서 추방하는 북이스라엘 여로보암 2세 시대의 죄악상을 다채롭게 증언한다. 그럼에도 불구하고 우리는 아모스 2:6~16, 5:4~13을 집중적으로 살펴볼 것이다.

## 2. 출애굽 구원과 가나안 땅 정복 전승을 무효화하는 이스라엘 지배층의 죄(암 2:6-16)

이 단락은 열국 예언의 마지막 단락이면서 절정이다. 열국의 죄악들은 북이스라엘의 서너 가지 죄를 규탄하는 데 동원된 들러리로 보일 정도로 북이스라엘의 죄는 심대하다. 여기서 언급된 서너 가지 죄악들은 이스라엘에 대한 하나님의 대파국적 심판을 촉발시키는 죄로, 어떤 종교제의로나 중보기도로도 철회될 수 없는 큰 죄악들이다(6절 상반절).

첫째, 6절 하반절은 은을 받고 '의인'을 팔며 신 한 켤레를 받고 '가난한 자'를 파는 죄악을 적시한다. 여기서 의인은 야웨의 언약 안에서 언약규범과 율법을 지킬 의무를 지고 있는 이스라엘 자유농민 '암 카도쉬'를 가리킨다. 의인은 도덕적 성향이 의로운 자가 아니라 하나님과의 올바른 관계를 가정, 개인, 국가 단위의 차원에서 유지하고 실현할 의무를 진 계약백성을 의미한다. 이들은 야웨 하나님을 믿는다는 이유로 가난하게 된 자들이다. 이들이 채무노예로 팔리는 것은 출애굽 구원과 해방이 무효화되는 것이다. 은은 빚을, 신발은 빚을 낼 때 던진 신발(계약체결 시 던진 서명 행위)을 의미할 것이다(룻 4:7; 시 60:8 "에돔에는 나의 신발을 던지리라"). 이들은 채무 변제 계약을 지키지 못해 노예가 된 것이다.

둘째, 7절은 이스라엘을 대표하는 자들, 즉 이스라엘은 힘없는 자의 머리를 유린하는 죄악, 연약한 자의 길을 굽게 한 죄악, 한 사람과 그의 아버지 대에 걸쳐 맺은 저당권을 강탈하는 죄를 범한다. 그들의 죄는 단지 경제적 범죄가 아니라 신학적 범죄 곧 야웨 하나님의 이름을 더럽힌 죄다. 야웨 하나님의 이름을 더럽힌 자는 하나님과 이스라엘 사이에 언약을 체결하신 하나님의 법적 명의를 무효화하는 죄악을 범한 자다. 즉, 이스라엘 자유농민의 자유를 박탈하여 동포를 노예로 학대하는 죄다. 이스라엘 하나님의 이름 중 "이스라엘을 애굽 땅 종 되었던 집에서 끌어내어 가나안 땅, 기업의 땅으로 인도하신 하나님이요", 모세에게 나타나실 때 알려 주셨던 바로 그 이름 야웨이시다. 야웨라는 이름은 하나님의 절대적 신실성을 가리킨다. 여기서 한 가지 지적할 것은 하나님의 이름을 더럽힌 죄악의 내용을 이루는 근접 문맥인 7절 중간절("아버지와 아들이 한 젊은 여인에게 다녀서")의 개역개정이 현재로서는 맥락상 어울리지 않는 번역이다. 따라서 우리는 여인으로 번역된 히브리어 '나아르'를 '떨어버림', 즉 법률전문 용어로는 '저당권 상실'을 의미하는 말로 번역한다(느 5:13).[15] 그런 경우 그 소절은 "그들은 한 가장과 그의 아버지에게 저당권 상실을 선고하고 내 거룩한 이름을 더럽히며"라고 번역됨으로써 전체적으로 우리의 해석을 돕는 구절이 된다. 부자 간의 성적 일탈을 말하는 죄가 아니라 가난한 이스라엘 자유농민의 기업을 강탈하는 죄가 하나님의 이름을 더럽히는 죄라는 것이다. 결국 그들은 '연약한 자의 길', 즉 하나님이 만드신 자유의 길을 굽게 하여(붸 데렉 아나뷤 야투) 다시 이집트로 되돌아가게 만든다. 재노예화를 강요한 것이다.

셋째, 7절의 죄악과 연접된 8절의 죄악이다. 가난한 자들의 전당물인 겉옷(출 22:26)과 그들의 벌금으로 얻은(출 21:22; 신 22:19) 포도주를 가지고 성전(벧 엘로헴, '그들의 하나님 집')에서 연회를 벌인다. 이것은 아마도 종교적 의미가 강한 축제적 화목제나 서원제였을 것이다(비교. 삼상 1:3, 9:12-13; 신 14:26-28; 호 8:11, 12:11). 이것이 또한 야웨의 거룩한 이름을 더럽히는 죄라는 것이다. 가난한 자들의 법률적인 약점을 발판으로 빼앗아 온 전당물과 벌금으로 잔치를 벌이는(아마도 하나님께 드리는 화목제사인 듯) 행태는 하나

---

[15] 우택주, 위의 책, 156-157.

님의 거룩하신 이름(사 5:16), 즉 고아의 아버지라는 하나님의 정체성에 심각한 오해를 불러일으킨다.

넷째, 구원사 망각죄 곧 가나안 땅을 선물과 기업으로 주신 하나님의 선행적 은혜를 망각한 죄다. 9~11절은 출애굽 구원을 일으켜 이스라엘을 이집트 종살이에서 끌어내셨을 뿐만 아니라, 아모리 사람의 땅을 차지하게 하신 목적을 망각한 죄를 규탄한다. 하나님이 이스라엘에게 가나안 땅을 기업으로 주신 까닭은 이스라엘 자신이 하나님이 심으신 포도원이 되어 극상품 열매, 공평과 정의의 열매를 결실하게 하려는 것이었다. 그런데 그들은 구원사의 대강령과 목적을 상실한 채, 이스라엘 자유농민의 물적 토대와 영적 존재의 기반을 소멸시켜 버렸다. 특히 11~12절은 하나님께서 구원사의 항구적 기억을 통해 가나안 땅 기업을 영구적으로 차지하기 위해서 야웨의 율례를 지키는 데 전념하도록 선지자들과 예언자들을 일으키셨음에도 불구하고, 나실인에게 포도주를 취하게 마시게 함으로써 타락시키고, 예언자들의 예언을 금지시킨 죄악을 추가적으로 고발한다.

13~16절은 돌이킬 수 없는 하나님의 심판 통고다. 곡식단을 실은 수레가 흙을 누르듯이, 이제 하나님께서 이스라엘의 지배층을 누르실 것이다. 이 신적 유린은 아무리 빠른 자도, 강한 자도, 용사도 피할 수 없으며, 그것을 피할 자구책을 강구할 수도 없다(14절). 활을 가진 자도 맞설 수 없는 신적 압박이자 유린이며, 발 빠른 자나 말 타는 자도 피할 수 없다(15절). 용사 중에서 굳센 자도 벌거벗고 도망칠 것이다(16절). 마지막에 이것은 "여호와의 말씀이니라"라는 발문적 성격의 인봉이 더해진다. 강력한 신적 추동과 압박으로 쏟아낸 신탁이라는 말이다(미 3:8).

### 3. 거짓 종교로 도피하는 행악자들이 이스라엘 자유농민에게 행한 구원 박탈, 하나님 박탈(암 5 : 4-13)

이 단락은 정치경제학적 불의, 불법, 악행을 종교로 덮으려는 지배층의 종교행각을 규탄함으로써 시작된다. 4~6절은 벧엘, 브엘세바, 길갈로 순행하는 순례행군자들의 종교적 위선을 고발한다. 이 성읍들은 고대부터 유명한 성소를 갖고 있었고, 이스라엘 구원사의 선명한 기억들이 서려 있던 곳이다. 벧엘은 야곱의 성소로서 이스라엘 땅을 기업으로 주시겠다는 약속을 받은 곳이다. 가나안 땅의 신학적 전유(專有)와 점유를 정당화시키는 성소인 셈이다. 길갈은 하나님의 백성들이 갱신 결단의 표지인 할례를 행하고, 가나안 땅 정복의 출정사령부가 차려진 곳이다. 브엘세바는 아브라함과 이삭에게 나타난 하나님의 성소요, 그들의 후손들이 언젠가 가나안 땅을 점유할 것이라는 약속을 베푸신 곳, 가나안 땅을 차지할 약속을 확증시킨 성소들이다. 주전 8세기 당시 이스라엘 지배층들의 성소 순례는 하나님의 가나안 땅 정복 전쟁 구원사 회고를 통해 하나님께 자신들을 보호해 달라고 압박하는 몸짓이었을 것이다. 길갈(Gilgal)은 '굴러가다' 혹은 '떨어져 나가다'를 의미하는 갈라(galah) 동사의 파생어답게, 오히려 포로로 끌려갈 이스라엘을 역설하며 파멸신탁을 대변하는 성소가 될 것이고, 벧엘은 비참하게 버림받게 될 것이다. 6절은 이런 성소 순행을 통한 구원감, 안전보장감 확보에 혈안이 되기보다는 야웨 하나님을 찾으라고 요구한다. 하나님을 찾는 것은 공의를 행하고 자비를 행하는 것을 의미한다. 가난한 자들을 권고하고 돌보는 것이 바로 하나님을 찾는 것이다. 그렇지 않으면 끌 수 없는 불이 요셉의 집에 임할 것이다. 이스라엘 중심 지파인 요셉과 므낫

세 지파에게 덮친다는 말이다. 심판의 불은 왕실 성소인 벧엘에서부터 시작될 것이다. 이는 북이스라엘의 죄악을 주도하는 세력이 왕실임을 암시한다.

7~13절은 북이스라엘의 타락한 법정을 고발한다. 정의를 쓴 쑥으로 만들고 공의를 땅에 던지는 재판관들을 겨냥하는 심판 신탁이다. 8절은 지진, 해일 등 천재지변을 일으키시는 창조주 하나님을 부른다. 개역개정에는 "별들을 만드시고 사망의 그늘을 아침으로 바꾸시고 낮을 어두운 밤으로 바꾸시며 바닷물을 불러 지면에 쏟으시는 이여!"라고 번역해도 될 구문을 "묘성과 삼성을 만드시며 사망의 그늘을 아침으로 바꾸시고 낮을 어두운 밤으로 바꾸시며 바닷물을 불러 지면에 쏟으시는 이를 찾으라"라고 번역한다. 본문에는 없는 '찾으라'를 추가한 것이다. 그러나 우리는 이것을 영탄문으로 읽는다. "별들을 만드시고 사망의 그늘을 아침으로 바꾸시고 낮을 어두운 밤으로 바꾸시며 바닷물을 불러 지면에 쏟으시는 이여! 그의 이름은 야웨시다." 이 구문은 이사야 40~55장의 케리그마를 반향하고 있다. 천지의 창조주 하나님은 동시에 이스라엘의 하나님이시다. 우주의 최고 주재 하나님이 이스라엘의 하나님이시라는 말이다. 이는 그분의 결정 철회 불가능을 강조하는 맥락인 셈이다. 아모스를 통해 말씀하시는 하나님은 온 우주의 창조주이자 최고의 대주재 하나님이시기에 그가 작정한 패망은 지상의 강한 자에게 임하고, 그가 숨은 산성에도 미친다(9절).

10~13절은 다시 한번 창조주 하나님이자 이스라엘의 하나님 야웨로부터 임할 대파국적 심판의 이유를 말한다. 약탈적이고 압제적인 지배층은 성문에서 책망하는 예언자, 정직히 말하는 자를 증오

하고 배척했다. 예언자들을 침묵하게 하고 압제한 후에 그들은 무력한 민중을 유린하고 그들로부터 부당한 밀세를 거두었다. 그러나 그들은 가나안 땅 정복 시절의 구원과 정반대의 심판을 경험한다. 가나안 정복 당시에는 짓지 않은 집을 얻었고, 경작하지 않은 포도원을 얻었는데(신 8장), 이번에는 다듬은 돌(최고급 석조건물)로 최고급 집을 지어 두고도 거주하지 못할 것이며, 아름다운 포도원을 경작했으나 그 포도원에서 나는 포도주를 마시지 못할 것이다(11절). 이유가 무엇인가? 그들이 죽거나 먼 곳으로 유배될 것이기 때문이다. 12절은 자유농민의 토지 강탈, 부당과세가 형식뿐인 재판에 의존했음을 보여준다. 이런 악행들은 성문에서 열린 저당권 말소재판들을 통해 이뤄졌다. 재판관들은 뇌물수수를 통해 형식상으로는 합법적인 토지 강탈, 가렴주구가 가능하게 해 주었다. 부당한 재판을 통한 약자 압제와 인권유린은 야웨의 율법들, 즉 출애굽기 23:6~8, 레위기 19:15, 신명기 16:18~20을 정면으로 파기하는 죄악이다(참조. 사 1:23, 3:14-16, 5:23, 10:1-3; 렘 5:28, 22:3; 겔 22:29; 미 3:9-11, 7:3; 말 3:5). 이런 불의한 악행들을 보고 일어난 예언자들과 정직한 양심들을 증오하고 배척함으로써 사법적 살인과 강탈이 가능했던 것이다. 지혜자가 잠잠할 수밖에 없는 악한 때(키 에트 라아 히)에 악행들이 활개친 것이다. 한 가지 인상적인 사실은 2:6에서와 같이 여기서도 아모스는 땅을 잃고 노예로 전락할 위기에 처한 이스라엘의 가난한 자를 '의인'이라고 칭한다는 점이다. 의인은 하나님과의 바른 관계에 놓인 사람이다. 땅은 하나님과 이스라엘 농민 사이에 놓인 바른 관계의 상징이다. 의인은 야웨 하나님과의 계약에 주체적으로 참여해 하나님의 율법을 삶의 모든 영역에서 구현할 책임을 가진 언약백성을 가리킨다.[16] 나봇처럼 야웨께서 가족 단위로 하사해 주신 기업의 땅을 지키려고 애쓰는 사람이 의인인 것이다(민 27, 36장의 슬로브핫의 딸들). 이런 점에서 이스라엘과 유다의 자유농민들, 즉 의인들은 야웨 하나님 나라에 있어서 일종의 인계철선(引繼鐵線)이다. 의인이 무너지면 야웨 하나님이 자동 개입하실 수밖에 없다는 뜻이다.

### 4. 소결론

주전 8세기 예언자들은 '하나님 나라' 맥락에서 경제문제의 정위를 가린 최초의 신학자들이었다. 그들은 땅 문제, 의식주 문제를 영의 문제이자 구원의 문제로 간주했다. 그들은 삶의 터전을 잃은 이스라엘 농민 공동체의 해체를 보며 야웨 하나님의 뜻을 지상에서 대행할 아담적인 사명인들이 사라졌음을 보았다. 그래서 그들은 땅 상실을 자유 상실, 구원 상실, 그리고 하나님 상실로 이해했다. 지상의 유력자들과 권력자들에 의해 자행된 가난한 동포 농락, 유린, 학대는 이미 외국군대의 침략을 받기 전에 하나님의 영광의 눈을 촉범한 죄악이자, 하나님의 이름을 더럽힌 최악의 죄악이었다. 그래서 정치경제학적 쟁점을 하나님 담론 속에 재편제하여, 이스라엘 자유농민 유린과 학대, 압제에 대하여 돌이킬 수 없는 심판으로 징치하실 하나님을 선포한 것이다. 하나님의 대파국적 심판은 많은 허물과 무거운 죄악의 누적 효과를 상쇄시키려는 정의 회복 행위였다(참조. 5:12).

---

[16] Harper, *Amos and Hosea*, 49.

## 호세아의 '광야 시절' 이상화에 담긴 자유농민 경제학

호세아는 북이스라엘 왕국의 정치적·종교적인 일탈과 타락을 야웨와 이스라엘이 맺은 혼인계약의 파기라고 본다. 야웨와 이스라엘의 혼인적 관계(이스라엘의 남편이요 주로서 야웨와 이스라엘의 계약)를 전제하고, 그 혼인관계가 파괴된 상황을 탄핵하고 있는 것이다. 예언자는 모두 14장에 걸쳐서 이를 규탄하며 그 원인을 다른 남자들(情夫)을 따라간 이스라엘의 음행에 돌린다.[17] 바알 종교는 바알 경제, 즉 대토지 집중소유제도의 토대였기에 오늘날처럼 분화된 종교가 아니라 정치경제학의 다른 이름이었다.

호세아는 당대의 야웨 신앙이 바알 종교의 탈을 쓴 야웨 종교였음을 규탄하고, 이런 영적 일탈의 원인을 이스라엘을 형성시킨 구원사의 중심사건 곧 출애굽 구원 전승과 가나안 땅 기업 상속 전승의 망각이라고 보았다. 호세아는 이스라엘은 애굽에 있었을 때(11:1; 12:13), 광야에 있었을 때(9:10; 13:5; 비교. 2:10) 이미 야웨와의 계약 관계가 확정되어졌다는 점을 강조했다. 호세아는 부국강병책과 강대국 동맹정책 추구에 혈안이 된 왕실과 지배층의 조작적 예배 분위기에 맞서서, 인격적인 관계, 친밀한 앎을 기반으로 한 자발

---

[17] 레이너 알베르츠는 호세아의 경우 강대국에 대한 헛된 신뢰에 대한 비판이라기보다는 강대국에 도움을 바라고 기웃거리는 것 자체가 국가적 정체성의 상실과 정치적 도덕의 악화를 초래한다고 본다. 우리가 보기에는 이런 알베르츠의 해설이 그렇게 적절해 보이지 않는다. 강대국 의존 자체가 야웨와 맺은 일편단심 계약의 파기이므로 당연히 국가적 정체성의 약화를 가져오는 것이 아닌가?(Rainer Albertz, *A History of Israelite Religion in the Old Testament Period* [trans. John Bowden; London:SCM, 1994], 167-168).

적인 순종과 사랑(11:1의 아버지와 아들 관계; 2장의 남편과 아내 관계)의 관계를 역설했다. 광야 시절에 야웨의 인격적 투신을 동반한 전폭적인 사랑이 이스라엘을 향하여 쏟아졌다는 점에 주목하며 신(新)광야시대를 주창한 것이다('āhab:11:1; 비교. 14:5). 이스라엘은 가나안 땅에 들어가 가나안의 풍요를 경험하면서부터 야웨 하나님께 의존하지 않고도 독자적인 국가적 생존의 길을 개척해 갔다(13:5; 비교. 9:10; 10:1-2, 11-13). 외교와 국력, 경제력과 관료조직, 왕과 군대 등이 국가공동체의 중심요소들로 부상한 것이다. 이런 탈선과 배도의 결과 국가적 멸망이 초래되었으며, 이 국가적 멸망 너머에 준비되고 기획된 하나님의 계획에 대한 예고와 선포가 호세아의 핵심 메시지였다.

우리는 '광야 전승'에 대한 호세아의 호소가 어떻게 이스라엘 자유농민 경제 옹호의 예언자적 수사가 되는가를 살펴보고자 한다. 이를 위하여 우리는 호세아 2:14~23을 자세히 살펴볼 것이다.

### 1. 이스라엘 구원사의 시원(始原, 광야 전승) 의존

율리우스 벨하우젠은 주전 13세기의 모세 시대가 아니라 주전 8세기 문서예언자들이 구약의 유일신 신앙과 계약신앙의 원류라고 주장하는 한편, 모세오경은 고대 이스라엘에 대하여 알려 주는 책이 아니라 포로 후기 유대교 상황을 반영하는 문서일 뿐이라고 주장했다.[18] 벨하우젠은 이스라엘의 유일신 신앙은 특정 시점의 계시의 산

---

[18] J. H. Hayes & F. C. Prussner, *Old Testament Theology:Its history and development* (Atlanta, GA:John Knox Press, 1985), 127.

물이 아니라 정령신앙-다신교-윤리적 유일신 종교로 이어지는 종교 발전 도상의 한 현상일 뿐이라고 주장한 것이다.[19] 그러나 이런 벨하우젠의 입장은 성경의 증언들과는 매우 다르다. 성경은 특정한 역사 속에서 이뤄진 하나님의 자기계시, 그리고 하나님과 이스라엘 백성 사이에서 있었던 약속과 언약의 역사가 윤리적 유일신 신앙을 인류에게 선사한 결정적인 계기가 되었음을 강조한다. 벨하우젠 자신이 윤리적 유일신 신앙의 창시자들이라고 그토록 강조해 마지않았던 주전 8세기 예언자 중 한 사람인 호세아는, 그 어디에서도 자신이 윤리적 유일신 신앙의 창시자라는 의식을 보여주지 않는다. 오히려 그는 그의 책 전편에서 이전에 있었던, 즉 이스라엘 역사의 시원에 있던 전승들에 호소하여 자신의 비판적 예언들을 펼치고 있는 것이다.

벨하우젠의 주장에 대항하여, 호세아를 비롯한 주전 8세기 예언자들을 두고 새로운 종교의 창시자라기보다는 옛 종교의 비판적 재해석자로 간주하는 편이 낫다는 주장이 계속 있어 왔다. 주전 8세기 예언자들은 모세 중심의 '광야-율법-제의 전승'에 대한 기존의 정보를 가진 자들이며, 이 제의의 이교적 변질에 대항한 자들이었다는 것이다(카우프만, 시갈, 침멀리 등). 호세아의 중심 주장은 유일하신 야웨 하나님의 자기 계시가 이스라엘 역사의 시원에 있었다는 주장이다. 이스라엘은 이스라엘의 출애굽 구원, 광야 인도와 계약체결 등 일련의 구원사적 궤적들을 통해 야웨 하나님께서 배타적 요구를 가진 하나님임을 점차 깨달았다고 보는 것이다. 이런 전승에 대한 이해가 전제되지 않았다면 당대 이스라엘의 종교와 정치 상황에 대한

---

[19] Wellhausen, *Prolegomena to the history of ancient Israel*, 53-79.

호세아의 예언자적인 비판은 아무런 반향도 불러일으키지 못했을 것이다. 새로운 종교를 도입하는 사람이 어떻게 과거의 전승에 호소하여 당대의 지배 엘리트들과 백성들을 규탄할 수 있었을까?

호세아 전체에는 야웨의 역사적 구원 행위의 전형인 '출애굽-광야 전승'이 가나안의 자연신들인 바알제의적 음란으로 전락하는 현상이야말로 예언적 탄핵의 주요대상이 되고 있다. 자유농민의 자급자족 경제 대신에 부국강병책, 강대국 의존형 동맹정책을 추구하던 왕실과 지배층의 정치적 선택이, 바알 제의에 대한 탐닉으로 표현된 것이다. 호세아는 매우 빈번하게 광야 전승이나 그와 관련된 전승을 전제하여 당대 이스라엘의 영적 일탈과 타락을 규탄한다. 호세아에서 광야(계약) 전승과 그것과 관련된 전승을 직간접적으로 암시하는 구절들은 다음과 같다(개역개정 인용).

1:2 이 나라가 여호와를 떠나 크게 음란함이니라 하시니(비교. 4:15, 17-18; 5:3; 6:10; 7:4; 9:1)

1:9~10 여호와께서 이르시되 그의 이름을 로암미라 하라 너희는 내 백성이 아니요 나는 너희 하나님이 되지 아니할 것임이니라 그러나 이스라엘 자손의 수가 바닷가의 모래같이 되어서 헤아릴 수도 없고 셀 수도 없을 것이며 전에 그들에게 이르기를 너희는 내 백성이 아니라 한 그곳에서 그들에게 이르기를 너희는 살아 계신 하나님의 아들들이라 할 것이라

2:2 너희 어머니와 논쟁하고 논쟁하라 그는 내 아내가 아니요 나는 그의 남편이 아니라

2:5 그들의 어머니는 음행하였고 그들을 임신했던 자는 부끄러운

일을 행하였나니

2:7 그제야 그가 이르기를 내가 본 남편에게로 돌아가리니

2:13 그가 귀고리와 패물로 장식하고 그가 사랑하는 자를 따라 가서 나를 잊어버리고 향을 살라 바알들을 섬긴 시일대로 내가 그에게 벌을 주리라 여호와의 말씀이니라

2:14~23 그러므로 보라 내가 그를 타일러 거친 들로 데리고 가서 말로 위로하고 거기서 비로소 그의 포도원을 그에게 주고 아골 골짜기로 소망의 문을 삼아 주리니 그가 거기서 응대하기를 어렸을 때와 애굽 땅에서 올라오던 날과 같이 하리라 …… 내가 나를 위하여 그를 이 땅에 심고 긍휼히 여김을 받지 못하였던 자를 긍휼히 여기며 내 백성 아니었던 자에게 향하여 이르기를 너는 내 백성이라 하리니 그들은 이르기를 주는 내 하나님이시라 하리라 하시니라

3:1 여호와께서 내게 이르시되 이스라엘 자손이 다른 신을 섬기고

4:1 여호와께서 이 땅 주민과 논쟁하시나니 이 땅에는 진실도 없고 인애도 없고 하나님을 아는 지식도 없고

4:6 내 백성이 지식이 없으므로 망하는도다 네가 지식을 버렸으니 나도 너를 버려 내 제사장이 되지 못하게 할 것이요 네가 네 하나님의 율법을 잊었으니

4:12 내 백성이 나무에게 묻고 그 막대기는 그들에게 고하나니 이는 그들이 음란한 마음에 미혹되어 하나님을 버리고 음행하였음이니라

5:3 에브라임은 내가 알고 이스라엘은 내게 숨기지 못하나니 에브라임아 이제 네가 음행하였고……

5:7 그들이 여호와께 정조를 지키지 아니하고 사생아를 낳았으니 그러므로 새 달이 그들과 그 기업을 함께 삼키리로다

6:3~7 그러므로 우리가 여호와를 알자 힘써 여호와를 알자 그의 나타나심은 새벽 빛같이 어김없나니 비와 같이, 땅을 적시는 늦은 비와 같이 우리에게 임하시리라 하니라 …… 나는 인애를 원하고 제사를 원하지 아니하며 번제보다 하나님을 아는 것을 원하노라 그들은 아담처럼 언약을 어기고 거기에서 나를 반역하였느니라

8:1~2 …… 그들이 내 언약을 어기며 내 율법을 범함이로다 그들이 장차 내게 부르짖기를 나의 하나님이여 우리 이스라엘이 주를 아나이다 하리라

8:14 이스라엘은 자기를 지으신 이를 잊어버리고……

9:10 옛적에 내가 이스라엘을 만나기를 광야에서 포도를 만남같이 하였으며 너희 조상들을 보기를 무화과나무에서 처음 맺힌 첫 열매를 봄같이 하였거늘 그들이 바알브올에 가서 부끄러운 우상에게 몸을 드림으로 저희가 사랑하는 우상같이 가증하여졌도다

11:1 이스라엘이 어렸을 때에 내가 사랑하여 내 아들을 애굽에서 불러냈거늘

12:6 그런즉 너의 하나님께로 돌아와서 인애와 정의를 지키며 항상 너의 하나님을 바랄지니라

12:9 네가 애굽 땅에 있을 때부터 나는 네 하나님 여호와니라 내가 너로 다시 장막에 거주하게 하기를 명절날에 하던 것 같게 하리라

13 : 4~5 그러나 애굽 땅에 있을 때부터 나는 네 하나님 여호와라 나밖에 네가 다른 신을 알지 말 것이라 나 외에는 구원자가 없느니라 내가 광야 마른 땅에서 너를 알았거늘

이상의 인용구절들은 적어도 세 가지 사실을 가리킨다. 첫째, 이스라엘과 야웨 하나님은 한때 이상적인 연합(결혼적 관계) 안에 머물렀고, 그 이상적 결속상태가 이스라엘 역사의 시원이었다. 둘째, 그것은 광야와 관련된 구원사의 기억 속에 갈무리되어 있다. 셋째, 그런데 한때 감미로웠던 이러한 결속은 이제 바알 숭배로 이스라엘이 행음함으로 와해되고 있다는 것이다. 바알 숭배는 이스라엘 사회의 핵심구성원들인 자유농민의 토지 박탈을 강요한 지주 제도를 이스라엘에 도입하는 계기가 되었다(미 6 : 16).[20] 호세아는 가나안 농경토착문화에서 기득권을 행사하던 바알 종교에 의하여 야웨 종교가 급격하게 약화되거나 쇠퇴하는 상황에 직면하여, 가나안 농경문화에 이스라엘이 접목되기 이전 상황, 즉 광야 상황을 기반으로 다시금 영적·종교적·국가적 갱신이 일어나야 한다고 주장한 셈이다.

이스라엘이 바알[21] 종교제의와 처음으로 조우한 곳은 바알브올에서였다(민 25 : 3-4 ; 호 9 : 10 "그들이 바알브올에 가서 부끄러운 우상에게 몸을 드림으로"). "이스라엘이 싯딤에 머물러 있더니 그 백성이 모

---

[20] 김회권, 『김회권 목사의 청년설교 1』(서울 : 복있는 사람, 2009), 21-22.
[21] 호세아가 바알을 단수 혹은 복수로 언급하는 구절들은 다음과 같다 : 단수로 언급 (2 : 8, 16 ; 13 : 1 ; 비교. 9 : 10) ; 복수로 언급 (2 : 13, 17 ; 11 : 2). 그 외에는 호세아는 바알 숭배와 관련된 시설들과 제의적 물건들에 대하여 빈번하게 언급한다 : 산당(4 : 13-15 ; 10 : 8), 돌기둥(3 : 4 ; 10 : 1-2), 신탁매개 나무들(4 : 12), 신 형상들(4 : 17 ; 8 : 4b ; 10 : 2) ; 사마리아의 황소 형상(8 : 5-6 ; 10 : 5 ; 13 : 2), 건포도 과자(3 : 1 ; 비교. 삼하 6 : 19).

압 여자들과 음행하기를 시작하니라"(민 25:1). 여기서 이스라엘 남자들이 모압 여자들과 행음하였다고 말할 때 '행음하다'의 주어는 3인칭 남성단수다. 이것은 무엇을 말하는가? 온 백성을 대표하는 이스라엘 남자가 한덩어리가 되어, 즉 종교적 제의를 통하여 정식으로 행음하였음을 의미한다.[22] 이 장면이 호세아가 규탄하는 이스라엘의 국가적 집단적 바알 숭배(행음)의 첫 사례다.[23]

바알브올 사건 이후 가나안 땅에 정착하기 시작한 이스라엘 농민들은 숱한 바알 관련 성읍들과 바알 숭배제의들을 목격하고 이를 자신들의 종교제의로 수용하기 시작한다. 사사 기드온 사후에 이스라엘은 바알브릿(Baal-Berith)을 섬겼다(삿 8:33; 비교. 삿 9:46). 바알과의 관련을 가리키는 이스라엘 사람들의 이름에서 추론되듯, 때때로 이스라엘은 야웨 예배와 바알 숭배를 동일시하기도 했던 것처럼 보인다(대상 12:5의 브아랴[Yahweh is Baal]; 대상 14:7의 브엘랴다[Baal knows]; 비교. 삼하 5:16의 엘랴다[God knows]; 대조. 삿 6:32 여룹바알[Let Baal contend with him]로 불린 기드온).[24] 이스라엘의 바알 숭배를 비약적으로 촉진시킨 인물이 바로 오므리의 며느리요 아

---

[22] 김희권, 『모세오경』, 983-985.

[23] 바알은 고대 시리아 팔레스타인 일대는 물론 바벨론 앗수르 지역에서까지 숭배되던 풍요와 다산의 신이었다(사 46:1; 렘 50:2; 51:44). 아마르나 서신(the Amarna Letters)을 보면 바알은 거의 항상 바벨론-앗수르 지역의 천둥신 하다드(Hadad)와 병렬적으로 언급된다.

[24] Allen C. Myers, "Baal" in *The Eerdmans Bible Dictionary* (Grand Rapids, MI.: Eerdmans, 1987), 113; W. F. Albright, *Yahweh and the Gods of Israel* (New York: Garden City, 1968); G. R. Driver, *Canaanite Myths and Legends* (Edinburgh: T & T Clark, 1956).

합 왕의 시돈 출신 아내(시돈의 바알 종교 제사장 엣바알의 딸) 이세벨이었다. 그녀는 사마리아에 바알 신전을 건축하고 850명 이상의 국가 사제들을 고용하여 지원함으로 바알 숭배를 활성화시켰다(왕상 16:32; 비교. 왕하 10:28). 호세아는 가나안 농경문화에 너무나 깊이 함몰되어 버린 동시대의 백성들에게 다시 광야로 나아갈 것을 독려한다. 광야로 나아가는 것은 나라의 멸망을 통해 땅을 빼앗기는 경험을 의미한다(비교. 사 41:17-20). 곧 그가 설정한 광야 상황은 다가올 국가적 멸망, 왕조의 멸절, 그리고 이스라엘 백성의 앗수르 유배 상황으로 보인다.[25] 이 파괴적이고 부정적인 경험이 오히려 이스라엘의 국가 갱신, 종교 갱신의 기회가 된다고 본 호세아는 광야시대의 순수한 시절로 이스라엘을 소환하고 있는 것이다. 이런 호세아의 신학적 역사 해석이 가장 현저하게 드러난 대목이 호세아 2:14~23(MT 2:16-25) 단락이다.

## 2. 호세아 2:14~23에 나타난 호세아의 케리그마(kerygma) : "광야가 미래의 희망이다."

광야 전승에 대한 호세아의 적극적 해석은 2:14~23이 잘 보여주고 있다. 이 단락에서 호세아는 세 가지를 말하고 있다. 첫째, 임박한 멸망의 위기는 이스라엘의 창조적 해체 기회를 제공한다(1장). 이스라엘의 영적·국가적 갱신은 하나님과 맺은 계약 갱신으로 실현된다. 이스라엘은 땅을 빼앗기고 다시 광야(미드바르)로 내몰린다.

---

[25] William R. Harper, *A Critical and Exegetical Commentary on Amos and Hosea* (ICC; Edinburgh: T & T Clark, 1973), 239.

광야는 황폐함의 상징이 아니라 영적·국가적 갱신이 일어날 장소다. 아골(Achor) 골짜기(수 7:1-26)가 소망의 문으로 역전되는 처소다. 이 광야에서 야웨 하나님은 새로운 출애굽적 구원을 기획하시고 실행하실 것이다. 둘째, 광야에서는 이스라엘이 다시는 야웨와 바알을 혼동하지 않는다. 바알의 이름이나 기억은 도말될 것이다('거기', '그곳'이 강조된다). 셋째, 광야는 새로운 번영을 초래할 언약체결이 이뤄질 곳이다. 하나님과 이스라엘은 다시금 계약적 친밀감으로 재결속될 것이다. 재계약은 이스라엘을 '땅에 심는' 하나님의 행동으로 표현된다(23절; 렘 1:10). '땅에 심는다'는 것은 이스라엘의 가나안 재정착, 좀 더 구체적으로 말하면 자유농민들의 토지경작권 회복을 의미한다. 이처럼 호세아는 순수하고 좋았던 시절, 이스라엘 역사의 시원인 광야 시절을 기준으로 삼고, 가나안 농경사회에 접목된 가나안 정착생활이 배교로 귀결된 상황을 타개할 해결책으로 다시 광야로 내몰리는 상황을 설정하였다.

### 1) 본문 사역(私譯)[26]

---

[26] MT 본문 중에서 호세아의 본문 부식은 타의 추종을 불허할 정도다. 레닌그라드 코덱스(1008년경)를 대표하는 MT와 좀 더 이른 시기의 본문인 알렙포 코덱스(952년경)는 둘 다 심각하게 파손되어 있으며, 그만큼 서기관의 실수도 많이 보유하고 있다. 많은 중세사본들은 레닌그라드 코덱스나 알렙포 코덱스와 다른 이본들 혹은 다른 읽기들을 보여주고 있다. 쿰란자료(4QXIIc, d, g)들은 MT와 다른 많은 본문상의 읽기들을 보여주고 있다. 불행히도 쿰란사본들은 한결같이 단편적이라서 본문비평에 별다른 유익을 주지 못한다. 70인역의 본문 전승과 번역의 질은 물론 초기 그리스 역본들(Aquila, Symmachus, Theodotion)의 번역도 전체적으로 일관성 있는 질을 유지하지 못하고 있다. 어떤 곳에서는 그것들은 MT보다 더 나은 본문을 보선하고 다른 곳들에서는 더 열악한 본문 전승을 대표한다. 그래서 BHK나 BHS는 고대 그리스 역본들(Greek, Syriac,

¹⁴(MT 16) 정녕²⁷ 보라 내가 친히²⁸ 그녀를 유혹하여²⁹ 광야를 걷게 하리라. 그리고 그녀의 심장에 대고 말하리라. ¹⁵그리고 그곳으로부터³⁰ 그녀에게 그녀의 포도원을 그에게 주며 아골 골짜기로 소망의 문을 삼아 주리라. 그러면 그녀가 그곳을 향하여 젊었을 때와 애굽 땅에서 올라오던 때처럼 응답하리라. ¹⁶그날에—이것은 야웨의 말씀이시다—네가 말하리라. '내 남편'. 그래서 나를 더 이

Latin, Aramaic)을 토대로 하여 많은 본문 수정들을 제안한다. 많은 경우들에서 MT 읽기들은 어형론적으로(morphologically), 구문론적으로(syntactically), 그리고 문맥상 너무나 어려워 본문을 의미 있게 해석하기 위해서는 보수적인 학자들이라도 본문 재구(再構)를 위한 추측을 시도하지 않을 수 없다. 대다수의 영어번역본들(예. KJV, ASV, RSV, NEB, NAB, NASB, NIV, TEV, NKJV, NJPS, NJB, NRSV, REB, NCV, CEV, NLT)은 다른 역본들이나 판본들에 있는 다른 읽기를 채택하거나(좀 더 빈번히) BHK나 BHS에 제시된 본문 수정제안을 따른다. 하지만 호세아 본문의 난제들은 너무 심각하여 영어성경들마저도 의견이 크게 엇갈린다. 이런 점을 감안하여 우리는 이 단락의 사역을 시도한다.

**27** 접속사 라켄(lākēn)은 여기서 힌네(hinnē)와 함께 하나님의 새로운 역사(役事)를 도입하는 부사어 '정녕'으로 번역하는 것이 문맥상 더 나아 보인다(JPS Hebrew-English Tanak, 1276).

**28** 1인칭 대명사 아노키('ānōkî)의 사용은 하나님의 절대주권적인 구원의지를 부각시킨다.

**29** 머파테하(mĕpatêhā)는 파타(pātā, '유혹하다', '꾀다', '속이다')의 피엘 능동분사형으로 힌네+주어+능동분사형 구문을 이룬다. 이 힌네+주어+능동분사형 구문은 근접 미래에 일어날 일을 묘사할 때 사용되는 구문이다. 하나님은 이스라엘을 연인이나 아내로 대하며 다시 유혹할 것임을 강조한다. 그 뒤따라 나오는 홀라케티하(hôlakĕtîhā, hālak 능동분사+목적접미어)도 "그녀로 하여금 광야를 걷게 할 것이다."라는 의미다. 광야를 걷는 상황은 출애굽 여정이나 제2의 출애굽으로 비유되는 바벨론/앗수르 포로들의 귀환 여정을 의미한다(사 11:10-16; 40-44장 여러 구절들).

**30** 광야를 구체적으로 그리고 강조적으로 적시하는 단어 샴(šām) 혹은 샤마(šāmā)가 사용된다. 후자는 방향접미어 locale-he가 붙어 있는데 이스라엘이 '광야를 향하여', '응답하는' 상황을 부각시킨다.

상 '내 바알'[31]이라고 일컫지 않으리라. [17]내가 바알들의 이름을 그녀의 입술에서 제거하리니 그들이 더 이상 이름으로 기억되지 아니할 것이다. [18]그날에는 내가 그들을 위하여 들짐승과 공중의 새와 땅의 곤충과 더불어 언약을 맺으리라. 그리고 활과 칼과 전쟁을 이 땅으로부터 부서뜨려 제할 것이며 그들로 평안히 눕게 하리라. [19]내가 영원히 네게 장가들되[32] [33]의와 공평과 인애와 긍휼로 네게 장가들리라. [20]내가 진실함으로 네게 장가들리니 네가 야웨를

---

[31] 이쉬('îš)도 남편을 의미하고 바알(ba'ălî)도 '남편'을 의미한다. 전자가 좀 더 인격적이고 정감 넘치는 사랑의 대상으로 남편을 의미한다면(창 2:23; 3:6, 16) 후자는 법적인 지위와 권리와 관련된 경우의 남편(출 21:3; 신 22:22; 24:4)을 의미한다. 여기서 우리는 이스라엘은 하나님을 바알(일반명사인 남편 또는 바알과 동일한 하나님으로서의 야웨)이라고 불렀음을 짐작할 수 있다. 하나님은 자신이 바알로 불리는 것을 원치 않으시고 바알과 혼동되는 것을 싫어하신다.

[32] "장가들다"로 번역된 에레스('ēreś)+리(lî)는 한 총각이 한 처녀에게 구애하거나 청혼하는 행동을 묘사할 때 사용되는 구문으로서 이혼당한 아내를 다시 아내의 자리로 회복시키는 행동을 묘사하는 표현이 아니다. 하나님께서는 이스라엘을 숫처녀 같은 완전히 새로운 존재로 영접하여 혼인예식을 치르시겠다는 결단에 이르신 것이다. 직역하면 이 소절은 "나는 너를 나에게 정혼시키겠다."(혹은 약혼시키겠다)는 의미다(C. F. Keil and F. Delitzsch, *Minor Prophets*, Vol. 10 [trans. James Martin; Grand Rapids, MI: Eerdmans, 1988], 64).

[33] 19-20절에 나오는 의, 공평, 인애, 긍휼, 진실함 앞에 붙어 있는 전치사 쁘(bĕ)는 신랑이 신부를 아내로 데리고 올 때 지불하는 선물(대가)을 함의하는 전치사다(BDB, 90. III. 2; 겔 3:14). 야웨께서는 압도적인 계약적 선물을 지불하시고 이스라엘을 아내로 삼으신다. 다른 말로 하면 이스라엘이 야웨의 아내로 남아 있으려면 이 신랑의 예물을 잘 받아 그것들을 만천하에 과시하여야 한다. 의, 공평, 인애, 긍휼, 진실함이 신부인 이스라엘이 구현해야 할 계약적·도덕적 덕목이자 가치가 된 것이다(6:4-6; 10:12; 12: 6).

알게34 되리라. 21그날에 "내가 응답하리라."고 말할 것이다. 35 야웨의 말씀이시다. "내가 하늘들에 응답하며 그들은36 땅에 응답하고 22땅은 곡식과 포도주와 기름에 응답하고 그리고 그것들은 이스르엘37에 응답하리라. 23(MT 25절) 내가 나를 위하여 그녀를 이 땅에 심고 "긍휼히 여김을 받지 못하였던 자"를 긍휼히 여기며 "내 백성 아니었던 자"를 향하여 "너는 내 백성이라."고 말할 때 그는38 말하리라. "내 하나님."

## 2) 주석

**34** '알다'라는 말은 계약신학적 측면에서 보면 친밀한 연합상태를 의미한다. 이스라엘이 야웨 하나님의 사랑과 계약적 투신을 아는 만큼 야웨의 계약적 요구를 알고 이해한다는 말이다. '알다'라는 말은 여기서 '순종하다'라는 말과 거의 동의어다(H. Huffmon, "The Treaty Background of Hebrew yā'da", *BASOR* 181[1966]: 31-37).

**35** '응답하다'로 번역된 히브리어 아나('ānā)는 '대답하다', '주의 깊게 경청하다', '기꺼이 반응하다', '소통하다'를 함의한다(BDB, 772; HALOT, 852).

**36** 3인칭 남성대명사가 주어로 쓰이는 이 구문은 상황절로서 앞 소절의 상황과 동시에 일어나는 부대상황을 기술할 때 사용되는 구문이다. 22절의 '그것들'도 같은 구문이다. 응답이 응답을 낳는 상황이 동시발생적이라는 점을 강조한다(하나님 → 하늘들에 응답 → 땅에 응답 → 곡식에 응답 → 이스르엘에 응답).

**37** '이스르엘'이라는 말에는 삼중적인 어희(語戲)가 작용하고 있다: ① 1:4, 5에서 이스르엘은 예후가 흘린 피가 흥건히 고인 죄악의 장소였다. 하나님의 심판을 촉발한 이스르엘이 은총의 장소가 된다는 것이다; ② 23절에 나오는 "내가 심으리라"는 말과 조응한다. 하나님께서 이스라엘을 "다시 심으실 것을" 강조하는 말이다; ③ 이스르엘은 이스라엘과 유사하게 들리는 유음이어다. 이스라엘에 대한 심판이 이스라엘에 대한 심판이었듯이, 이스라엘에 대한 하나님의 응답은 이스라엘에 대한 하나님의 응답이 된다는 것이다.

**38** 23절(MT 25절) 마지막 소절도 3인칭 남성대명사(hû)로 시작되는 상황절이다. '내 백성'이라고 말하는 하나님께 동시적으로 이스라엘이 '내 하나님'이라고 응답하는 상황을 부각시킨다.

14절은 1:1~2:13을 지배하던 심판과 징벌의 분위기를 반전시키는 강조적 부사 라켄, '정녕'으로 시작된다.[39] 이 위로 예언을 듣는 예상 청중은 바알들을 섬기고 거짓된 연인들을 따라갔다가 징벌을 당한 이스라엘이다. 야웨를 잊어버리고 바알을 섬긴 날수대로 징벌을 받은 이스라엘에게 들려준 위로다(비교. 사 40:1-2). 야웨께서는 부정한 아내처럼 남편을 배반한 이스라엘을 가나안 농경문화의 주신(主神) 역할을 하던 바알과 결별하도록 하기 위해 광야로 데리고 나가신다. 이스라엘을 유혹하여 광야를 걷게 하신다. 야웨께서는 이 광야길을 걷는 이스라엘의 심장에 대고 말하신다(디뻬르 알 렙). "심장에 대고 말하다"(사 40:2)라는 표현은 이스라엘과 야웨의 밀월관계를 말한다(비교. 출 22:5[16]; 호 7:11; 참조. 창 34:3; 룻 2:13). 가나안 농경문화에 깊이 빠져든 이스라엘이 주술적이고 미신적인 바알 제의에서 분리되어 단독자가 될 때 그녀의 심장에 대고 말씀하려고 하신다. 이처럼 앞 단락 3절의 '마른 땅'은 죽음과 심판의 장소인 데 비해, 14절의 '광야'(거친 들)는 사랑과 회복 이미지로 역전되어 사용된다.

15절에는 광야 장소를 강조적으로 가리키는 '샴'(거기)이라는 부사어가 두 번이나 사용된다. 12절에 의하면 가나안의 포도나무와 무화과나무는 거칠게 되고 들짐승의 먹이가 되어 버렸다. 포도나무와 무화과나무는 단지 과수농업을 의미하지 않는다. 이스라엘 계약공동체가 바로 하나님의 포도원이요 무화과나무 동산인 것이다(사 5장; 렘 2장). 포도나무와 무화과나무가 수풀로 변하고 들짐승의 먹

---

[39] Douglas Stuart, *Hosea-Jonah* (WBC; Waco, TX: Word Books, 1987), 61.

이 터로 변질되었다는 것은 외국 군대에 의하여 이스라엘 공동체가 파괴되고 유린되었음을 의미한다(사 5:5-6). 그래서 하나님께서는 광야에서 이스라엘에게 포도원을 주시며 죄악으로 인한 심판과 징계의 땅인 아골 골짜기로 소망의 문을 삼아 주겠다고 약속하신다. 15절 하반절은 이스라엘이 '그곳을 향하여', 즉 광야를 향하여 그녀가 젊었을 때, 즉 애굽 땅에서 올라오던 때처럼 야웨 하나님께 응답하게 될 미래를 그린다.

16절은 그 응답 내용을 말한다. 야웨께서 아골 골짜기를 소망의 문으로 삼아 주시는 바로 그날에 이스라엘은 야웨를 향하여 '내 남편'이라고 부를 것이다. 그때 더 이상 이스라엘은 야웨를 '내 바알'이라고 일컫지 않을 것이다. 이 구절은 이스라엘 백성들이 야웨와 바알을 얼마나 심각하게 혼동했는지를 추정하게 한다. 17절은 이스라엘의 일상 언어와 종교적 언어에서 바알들의 이름이 더 이상 언급되거나 기억되지 않게 하실 것임을 천명하시는 하나님의 결심을 강조한다. 이스라엘은 이제까지 전쟁이나 자연재해 등 위기의 순간에 야웨 하나님 대신에 바알들을 불러 댄 것이다.

18절은 이스라엘의 포도원을 유린한 들짐승과 공중의 새와 땅의 곤충(암 7:1-3의 메뚜기)과 언약을 맺으실 하나님의 계획을 강조한다. 이 피조물들은 이스라엘을 심판하는 대행자들인데, 하나님이 이스라엘을 징벌하도록 파견한 이방군대들이 바로 들짐승이며 새와 곤충이다. 이제 하나님께서 그들과 언약을 맺으심으로 더 이상 그들이 이스라엘에 대한 심판을 수행하지 못하도록 하시겠다는 의미다. 포도나무와 무화과나무가 들짐승의 밥이 되게 하신다는 하나님의 심판을 기술하는 12절과 달리, 18절에는 모든 하나님의 백성들을 위하여 들짐승과도 계약을 맺어 주시는 하나님의 사랑이 드러난다. 들짐승, 새, 곤충이 이방 침략군을 빗대어 말한다는 이해를 지지하는 것이 18절 하반절이다. 하나님께서는 이스라엘을 향하여 겨누어진 활, 칼, 전쟁을 그치게 하실 것이다.

19~20절은 이스라엘 땅에 영구적인 안전과 평화를 정착시키실 하나님의 결단을 부각한다. 야웨 하나님께서 다시 이스라엘을 신부로 맞아들이신다. 하나님의 신부 이스라엘은 하나님의 일방적인 사랑을 받은 수혜자가 되어 하나님의 사랑에 응답하게 된다. 하나님의 계약적 요구를 이해하고 능동적으로 순종한다는 것이다. 이런 영적 혼인상태가 정립된 이후에 이스라엘은 하나님이 주시는 복으로 농업 부흥(국가적 부흥의 상징)을 맛보게 될 것이다. 하나님은 '하늘들에 응답'하실 것이다(21절). 곧 하늘의 비와 구름을 보내 주시겠다는 말이다. 하나님의 명령에 응답한 하늘은 땅에 비를 내려 줌으로써 땅에게 응답하게 될 것이다(왕상 17장의 가뭄의 반대). 22절에 의하면 땅은 보다 더 구체적으로 곡식과 포도주와 기름에 응답하고 그리고 그것들은 이스르엘(심으심)에 응답하게 될 것이다. 곡식을 박탈하는 대신에(9절) 땅은 곡식과 포도주와 기름에 응답하여 풍성한 수확을 거둘 것이다(22절). 그것들은 특히 이스르엘 평원에서 큰 풍년을 이룰 것이다. 이스르엘은 더 이상 피 흘리는 장소가 아니라(호 1:4-5), 새로운 싹들(새 백성)이 심긴 땅이 될 것이다.

23절은 야웨와 이스라엘의 새로운 혼인의 결과를 말한다. 야웨 하나님은 이스라엘을 다시 가나안 땅에 심으시며(포로들을 재정착시키는 것을 의미함.), 한때는 '긍휼히 여김을 받지 못하였던 자'를 긍휼히 여기고, 한때는 '내 백성 아니었던 자'를 향하여 "너는 내 백성이라."고 말씀하실 것이다. 그때 가나안 땅에 새롭게 정착된 이스라엘은 "내 하나님."이라고 응답할 것이다. 곧 '내 바알'은 '내 남편'으로 불릴 것이다(16절).

결국 2:14~23은 바알리즘(Baalism)의 '신성한 결혼' 제의에 대항하는 하나의 새롭고 역사적인 '야웨-이스라엘'의 결혼, 즉 새 출애굽의 형식으로 치러질 계약갱신에 대한 예언이다. 모종의 심판과 징벌을 통과한 후에 이스라엘을 위한 야웨의 절대적 주도로 체결된 시내산 계약의 회복이 있을 것이다.

### 3. 호세아의 광야 전승

이스라엘의 출애굽 전승은 요셉 지파에서 보양되다가, 북왕국의 선지자 아모스(3:2; 9:7)와 호세아(11:1; 12:9; 13:4)가 가나안화된 야웨 신앙을 갱신하도록 외치는 거점이 되었다.[40] 당대의 대다수 사람들이 구원사 전승을 빌미로 종교적 방종(성소 순례를 규탄하는 아모스)에 빠졌던 상황과 비교해 보면, 아모스와 호세아는 이 구원사 전승에 근거해 가나안 바알-농경 문화와의 창조적 단절을 주장하였다. 아모스와 호세아는 구원론 중심의 출애굽 이해를 규탄하고 계약적 응답을 촉구한 것이다(암 3:2; 호 11:1-2). 호세아에서 사용된 공식 구절 "나는 너희들이 애굽 땅에서 있을 때부터 너희 하나님 여호와다."(12:9, 13:4)라는 구문은 하나님 사랑의 배타적·독점적 성격을 나타낸다(3:1, 13:4). 바알의 풍요와 다산제의로 변질

---

[40] Werner H. Schmidt, *The Faith of the Old Testament*, trans. John Sturdy (Philadelphia: Westminster, 1983), 28.

된 신앙을 회복하기 위해, 호세아는 '시내계약-광야 시절'의 하나님과 이스라엘의 계약적 밀월관계를 상기시켰다. 그는 이것을 이스라엘이 이미 공통적으로 알고 있는 영적 유산으로 전제하고 예언활동을 전개한 것이다(2:14-23).

구약의 공식 계약구절인 "나는 너희를 내 백성 삼고, 나는 너희의 하나님이 되리라."는 광야에서 맺은 하나님과 이스라엘의 계약적 밀월과 감격을 함축한다. 이 호세아 단락에서 자주 반복되는 '응답하다'라는 동사는 계약적 상호귀속을 천명하는 계약 당사자의 선언 교환을 가리킨다. 호세아는 이스라엘과 야웨의 결혼 관계적 밀월은 가나안의 다산제의에서 발생한 신들의 신성한 결혼제의와는 아무런 관계가 없고, '출애굽-시내산 계약 체결'이라는 유일회적 역사적 사실에서 연원된 것임을 강조한다. 바알 제의는 자연신화에 토대를 둔 '바알-아세라'의 '신성한 결혼' 제의에 근거한 다산지상주의 종교인 반면, 야웨 신앙은 '출애굽-시내산 계약'이라는 역사적 사건에 근거한 '계약' 관계임을 설파한 것이다. 이처럼 호세아는 출애굽 구원이라는 역사적 특수 시점과 광야라는 특정 장소에서 발생한 역사내적인 계약사건에 호소함으로써, 자연순환적인 바알주의 신앙과 야웨 종교가 얼마나 다른가를 납득시키기를 원하였다. 겨울(죽음의 신 모트가 바알을 죽이는 시기)-봄(바알이 모트를 죽이고 부활하는 시기)의 자연순환적인 리듬을 극화(劇化)하는 바알 제의와 대립하는 야웨 종교는 바알 종교가 내세우는 실용주의적 구원과는 달리, 엄정한 도덕적 원리에 따라 이뤄지는 하나님의 구원활동을 강조한다.[41]

---

[41] 그리하여 호세아는 그 이전의 어떤 예언자에게서도 발견되지 않는 파격적 미래상, 즉

이처럼 호세아는 그 당시 변질된 야웨 신앙의 시정을 촉구하면서 '모세-광야 전승'의 풍요로운 영적 유산을 근저로 삼는다. 그러므로 호세아가 말하는 '하나님을 아는 지식'(4:1, 6; 6:6)은 구원사 전승에 대한 친숙한 앎을 의미한다.42

발터 아이히로트(W. Eichrodt)에 의하면, 모세 이후의 역사에서 모세의 '출애굽-광야' 계약 전승을 가나안 바알 종교에 순치시키려는 과정에서 심각한 갈등이 유발되었다.43 이 갈등을 본격적으로 인지한 것은 아마도 엘리야-엘리사-예후로 이어지는 주전 9세기 반(反)바알주의 척결운동이었을 것이다. 그러나 이 문제를 본격적인 신학적 성찰의 대상으로 삼고 바알 종교와 야웨 종교의 차이를 명확하고 체계적으로 밝힌 사람들은 주전 8세기 예언자들이었다.44 아이히로트에 따르면, 호세아를 비롯한 주전 8세기 예언자들이 야웨 종교의 혼합주의적 경향성을 인지하는 과정에서 윤리적 유일신 신앙

---

야웨 하나님과 이스라엘 간의 '계약'은 해체되고, 이스라엘은 멸망하게 될 것을 선포했다. 야웨의 계약, 곧 야웨와 이스라엘의 결혼은 자연신화에 근거한 자율적 관계가 아니라 상호 간의 인격적 신실성을 요구하는 살아 있는 '역사'적 실체임을 설파한 것이다.

42 von Rad, *Old Testament Theology* vol. 2, 142-143.

43 Walther Eichrodt, *The Theology of the Old Testament* vol. 1 (London:SCM, 1975), 36-46.

44 Gerhard von Rad, *Old Testament Theology* vol. I. *The Theology of Israel's Historical Traditions*, trans. D. M .G. Stalker (San Francisco:Harper, 1962), 64-65. 폰라드는 예언운동을 촉발시킨 네 가지 요인들을 논한다:① 바알 숭배의 침투로 인한 혼합주의의 득세로 야웨 숭배의 급격한 쇠퇴, ② 상비군, 관료조직 등 국가 조직의 형성으로 이스라엘 계약공동체가 야웨의 보호와 인도로부터 자유로운 자율적 기관으로 발전, ③ 국가 운영(상비군과 관료)을 위한 징세와 군역(군사 의무)의 과다한 요구로 이스라엘의 기초 사회조직인 종족사회(clan systems)가 붕괴되고 애국심의 기초가 망실되고 국방력 근간 쇠락, 지주들의 농토 장악, ④ 앗수르 제국의 등장.

을 주창하게 되었다. 구체적으로 말하면 바알 제의는 세 가지 동화 과정을 통해서 야웨 신앙을 위협했다.

무엇보다도 주전 8세기 예언자들이 가장 심각하게 파악한 혼합주의적 양상은 첫째, 야웨 종교의 신관이 가나안 토착 종교인 바알 종교의 신관에 의하여 심각하게 지배당하고 있었던 상황이다. "지역적 연고자에게나, 숭배나 제의에 참여하는 자에게 무조건 호의를 베푸는 바알은 의와 상호계약적 교감을 요청하는 야웨 신앙을 위협했다."[45] 하지만 2:23이 분명하게 밝히듯이, '야웨-이스라엘' 사이는 상호계약적 앎(교감)에 의하여 지탱되지, 기계적인 주술이나 제의에 의하여 지탱되지 않는다(참조. 호 4:1, 6 ; 6:1-2). '바알-아세라'의 '신성한 결혼' 제의에 참여하는 것이 풍요와 평화를 보증하지 않는다(2:18-20). 호세아는 '계약적 교감'보다는 일반적 종교제의적 위탁으로 외식화되고 변질된 야웨 신앙을 규탄하고, 그 원시적이고 순결한 광야 시절의 '영적 교감'을 회복할 것을 호소했다. 공의, 정의, 은총, 긍휼히 여김, 진실함으로 결속된 계약관계를 지탱하기 위해서는 이스라엘 또한 기계주의적 제의나 절기 축성(祝聖), 성소 순례 등이 아니라 공의, 정의, 은총, 긍휼히 여김, 진실함을 실천하는 부담을 스스로 떠맡아야 한다는 것이다. 호세아 12:6은 하나님께로 회복된 이스라엘은 '인애와 정의'를 지키면서 하나님의 계속적 구원을 기대해야 함을 강조한다. 그러나 바알 종교의 기계주의적 신관에 익숙한 대다수의 이스라엘 백성들은 하나님과의 인격적 교감의 부재에도 어떤 위험도 감지하지 못하고 있었으며, 하나님과의 결혼관계

---

[45] Eichrodt, 위의 책, 46.

가 공의, 정의, 은총, 긍휼히 여김, 진실함의 가치를 공동체적으로 구현해야 할 의무를 내포하고 있다는 것을 깨닫지 못하고 있었다.

둘째, 호세아를 비롯한 주전 8세기 예언자들이 우려하며 주목한 야웨 종교의 가나안 동화 현상은 가나안 정착 이후의 야웨신앙에서는 종교제의적 측면이 윤리적 측면보다 더 왜곡된 발전을 하였다는 점이다. 가나안 만신전에서 봄 파종기에 처러지는 '바알-아세라'의 '신성한 결혼' 제의는 이스라엘 백성들에게 큰 유혹이었고 배도의 지름길이었다. 학자들의 연구에 의하면 그 당시 성전에서 벌어지는 제사장(Baal)과 성전창녀(Aserah)의 종교적 매음행위에 연루된 여인들이 흔히 있었고, 호세아의 아내 또한 예외가 아니라는 것이다. 이런 점에서 보면 농업의 풍요를 보장하는 하나님의 계약적 돌보심에 대한 호세아의 강조(2:21-23)에는, 당시 이스라엘의 야웨 종교에 엄청난 부정적 영향을 끼치던 가나안의 바알주의적 자연종교를 향한 변증적 의도가 깃들어 있다.[46]

셋째, 가나안의 몰역사적이고 몰도덕적인 자연종교에 동화되어 가던 야웨 종교 안에 민족의 이익과 하나님의 절대주권을 동일시하려는 경향이 나타나기 시작했다. 여로보암 2세 때 찾아온 정치적 안정과 경제적 풍요, 외교·국제관계에서의 득의만만함은 북이스라엘의 낙관주의를 팽배시켰다. 이런 과정에서 이스라엘은 출애굽 구원 경험과 실존적인 응답이 요청되는 야웨와의 계약을 가나안 종교의 신화적 제의 속에서 해소시켜 버린 것이다. 하나님의 역사 안에서의

---

[46] 이동수, "나의 하나님"(호 2:18-25), 『호세아 연구』(서울: 장로회신학대학교 출판부, 2005), 66-67.

독특한 구속사역을 자연 속에서 일어나는 순환체험으로 축소하며 '계약적 응답'이라는 야웨 신앙의 본질을 외면해 버린 것이다.

이런 야웨 종교의 바알주의적 동화과정을 비판적으로 관찰하던 호세아는 이스라엘이 안일하게 도피해 있는 바알리즘적 야웨신앙의 진면목을 폭로하고, 새로운 출애굽만이 대안이라고 보았다. 그러나 그것은 대파국적 재난과 위기를 돌파한 후에 비로소 열리는 가능성이다. 심판과 징벌을 당하여 왕이나 제사장 없이 무정부 상태, 이방 땅으로 끌려가는 유배상황을 거친 후에야 새로운 미래가 열릴 수 있다.

### 4. 소결론: 새로운 출애굽을 통한 이스라엘의 재정착

호세아 2:14~23에 따르면 야웨와 이스라엘 사이에 맺어진 계약의 주도권이 야웨께 있기 때문에, 야웨 하나님께서는 '계약 체결-계약 해제-계약 재체결'이라는 변증법적 긴장으로 이스라엘의 '계약적 귀속감'을 한층 더 고양시키신다. 이스라엘의 신앙과 사랑은 하나님의 주권적이고 계약적인 긍휼에 대한 실존적이며 전인격적 응답이기 때문에 이스라엘의 행음은 그 자체가 계약 파기 행위다. 따라서 가나안 땅에서 이어지던 구원사는 이제 단절을 맞이할 수밖에 없다. 광야는 가나안 땅에서 이뤄지던 구원사의 단절을 의미하고, 새로운 단계의 구원사가 시작될 처소다.

이렇듯 호세아에게 광야는 이스라엘의 불순종과 반항의 장소가 아니라, 종말론적 새 출발과 계약 갱신점이 되는 곳이다. 광야는 야웨가 이스라엘을 '포도나무의 포도알을 만난 것'같이 만난 '기쁨과 감격'의 만남의 장소였고, 계약적 밀월이 싹튼 곳이다. 이 광야의 결혼식인 시내산 계약체결은 '로루하마-로암미'가 선포된 다음에 뒤따라오는 절차로서, 이전보다 더 길고 오묘한 영적 상응(Mutual Knowledge)이 발생하는 새 출애굽을 예기케 함으로 모든 계약의 전범적(典範的) 기능을 수행한다.

    호세아는 가나안 종교에서 유래하는 바알과 아세라의 신적 결혼관계를 야웨와 이스라엘 간의 역사 내적인 계약적 밀월관계로 승화시켜 이해하도록 했다. 광야는 아내로서의 이스라엘의 정체성과 남편으로서의 하나님을 발견하는 장소가 되는 것이다. 이처럼 호세아는 그 동시대의 레위 제사장 그룹에 의해 보양된 광야 전승을 활용하여, 야웨 백성의 이교화에 부성적 격정으로 맞선 것이다(4:6; 6:6; 8:12). 그는 '광야'와 포도원을 결합시키는 설교를 통해 오직 야웨만이 복지(2:7, 10)의 공급자이며, 풍요와 안식의 제공자임을 역설한 것이다. 그런데 이스라엘은 바알과 아세라의 음란제의에 의해 비가 내리고 각종 풍산이 발생한다고 신봉했으니 그 당시 이스라엘의 영적 일탈과 배교가 어느 정도였는지 짐작하고도 남을 것이다(2:5). 바알에게 '광야'는 신적인 결혼에 의하여 회복되어야 할 '마른 땅, 불모의 땅'(죽음의 모트[Mot]가 지배하는 땅)이라는 부정적 이미지를 갖지만, 야웨의 백성에게는 종말론적 계약 갱신의 거점이 된다. 가나안 만신전에서 자행되는, 성적으로 분화된 신들의 음란제의의 풍요주의로부터 이스라엘을 분리시켜, 광야에서 맺은 계약적 밀월관계로 소환하려는 것이 호세아 예언사역의 으뜸 목표였다(1:9; 2:4).

    이처럼 호세아 2:14~23은 지나간 구원사를 남편으로서의 하나님의 사랑과 아내 이스라엘의 간음의 역사로 소급적으로 정리하되, 이 배교의 역사를 배경 삼아 '오늘' 이스라엘의 배도를 능히 압도하고 극복하는 야웨 하나님의 신실한 사랑과 주도적 역사를 부각시킨다. 2:19~20에 나오는 여섯 가지 주제—공의, 정의, 은총, 긍휼히 여김, 진실함, 여호와를 아는 지식—는 4:1~2에서 묘사되는 계약 파기적인 이스라엘의 현상을 완전히 반정립시키는 주제다. 이 두 구절을 비교해 보면 십계명에 대한 기존의 앎을 반영하는 4:1~2의 죄악상—진실과 인애 결여, 하나님을 아는 지식(da'ath 'ĕlôhîm) 결여, 저주, 속임, 살인, 도둑질, 간음, 폭력 등—은 야웨와의 광야계약 갱신을 통해 극복되리라는 저자의 암시적 메시지를 포착할 수 있을 것이다.

결국 이스라엘을 '광야'로 인도하시는 하나님의 주도적 행위는 이스라엘의 멸망과 흩으심의 시작을 의미한다. 그러나 이 계약 무효 처분은 하나님의 부성적 격정, 남편다운 포옹의 격정에 의해 철회되고, 새 출애굽으로 가는 광야 여정으로의 단독자적 소환에 이른다. 음부 이스라엘은 자신의 회개 여부에 관계없이 압도적이고 선행적인 남편의 계약적 포옹과 격정인 감미로운 사랑, 긍휼, 진실, 공의와 정의, 영적·계약적 교감(2:19-20) 속에서 망각되고 왜곡된 자신의 정체성을 회복하고 전적 갱생을 맛본다. 광야에서 새롭게 실현되는 하나님과 이스라엘 사이의 계약적 연대(New Covenant-making)는 이스라엘의 회개에 대한 야웨의 보상이 아니라 오히려 이스라엘의 회개를 촉발시키는 주도적인 조치다. 하나님의 남편다운 포옹의 격정이 이스라엘의 회개를 추동시키는 선행적 원동력이 된다.

다시 한번 정리하면 '광야'는 가나안 풍요제의에 빠진 이스라엘의 변질된 신앙으로부터 그들의 태생적 정체성을 환기시키는 주제이다. 바알리즘의 주권이 미치지 못하는 광야, 메마른 땅, 바알리즘으로 볼 때는 죽음과 비탄의 땅인 광야가, 야웨의 계약 안에서는 밀월과 교감의 처소가 된다. 호세아는 지나간 역사 속에 보양된 거룩하고 감격에 찬 '출애굽-시내산' 계약관계와 그에 따른 '율법-제의'에 대한 기존의 앎을 전제하여 이 장엄한 구원-타락-회복의 드라마를 전개하고 있다.47

언뜻 보면 호세아는 정치경제학이나 자유농민들의 아우성, 혹은 그들을 압제하는 악한 지배층의 학정과 압제를 다루지 않고 단순히 종교 문제만 다루는 것처럼 보인다. 그러나 우리가 2장에서 살펴본 것처럼 호세아는 현대적으로 구성된 종교, 즉 정치경제와 구획된 사적 영역의 종교를 다루지 않고 넓은 의미의 종교를 다룬다. 열왕기상 21장에 대한 논의에서 엿보이듯이, 이스라엘 자유농민의 몰락에는 바알 종교가 깊이 관련되어 있었다. 열왕기상 17~19장 전체는 이스라엘의 기근과 가뭄이 바알 종교에 대한 왕실과 지배층의 탐닉에서 기인한 것으로 본다. 오므리-아합 왕실에서 월급을 받는 바알-아세라 종교의 사제가 당시 850명이었다는 말이 이 사실을 증시한다. 북이스라엘 왕국의 바알 종교 제사장들은 영적인 문제만 다루는 사적 종교의 제관이 아니라 자유농민의 땅을 빼앗아 가면서라도 경제성장 총량지표를 올리려는 수출형 조방농업 지주들의 대변인이었다. 경제적 잉여가치를 생산자인 농민들로부터 통치계층으로 이전시키는 과정을 합법화하거나, 자작·자경·자유 소농민들의 분할경

---

47 발터 침멀리도 예언자들과 고대 구전 구원사 전승과의 관계 연구에서 모세오경을 주전 8세기 예언자들의 신학보다 더 후의 저작물로 보는 벨하우젠류의 연구 방향보다는, 모세가 예언자들에 대하여 갖는 우위성을 탐구하는 방향이 더 진지하게 추구되어야 한다고 주장한다. 그는 적절하게도 오경 중에는 주전 8세기 예언자들에게 돌릴 수 없는 율법들이 해결되지 않은 채 남아 있음을 지적하고 있다(Walther Zimmerli, *The Law and the Prophets* [Oxford: Basil Blackwell Press, 1965], 30).

작적 자급자족 경제 체제를 해체시켜 대규모 생산 투입-대규모 생산물 수출-사치품과 군수품 수입이라는 국제 경제 체제를 정당화하는 이념적 선동가들이었다.[48]

주전 1200년 시대, 광야에서 막 가나안 땅으로 들어온 시기의 이스라엘은 주로 팔레스타인 고산지대에서 자급자족하는 경제 체제를 유지하며 나름대로 자유롭게 살아왔다. 이때는 야웨 하나님에 대한 신앙이 살아 있었던 시기다(아마도 요단강 동쪽 지역에서 배회하던 시기, 즉 가나안 땅 입성 직전의 긴 시기를 가리킬 것이다). 밀, 보리, 과수, 그리고 반유목업이 그들의 주업이었다. 이런 농업구조가 주전 8세기에 와서 환금작물인 포도주, 올리브 등에 집중하는 수출형 농업으로 바뀌면서 산간지 개간을 통한 농경지 확장이 일어났다(대하 26장, 웃시야의 땅 사랑, 산간지 개간 증언 ; 왕하 14 : 25, 여로보암 2세의 영토 확장열의 과시 증언). 왕실 외에도 잦은 전쟁으로 공을 세운 귀족들이 식읍으로 받은 땅이 늘어 감에 따라 땅을 가진 귀족지배층의 토지 집중이 일어났고 수출형 조방농업의 토대가 마련되었다. 바로 이런 주전 8세기 상황에서 자급자족용 주곡보다는 현금작물인 포도주와 기름 생산에 주력하는 지배층의 집약농업체제가 등장한 것이다. 가뭄이나 전쟁, 기타 요인들로 가난하게 된 사람들은 잉여생산물을 가진 지배층에게 곡식을 빌릴 때 땅과 집 등을 담보로 잡혔다. 원금 상환이 이뤄지지 못해 누적된 부채는 형식적 재판을 통한 채무자의 저당권 상실로 이어졌고, 야웨종교의 세포 같은 자유농민들이 이집트 시절의 노예(소작인, 떠돌이, 이주자)로 전락하게 되었다. 이런 자유농민

---

[48] 우택주, 『8세기 예언서 이해의 새 지평』, 261.

을 해체로 몰아간 것은 지배층의 탐욕과 부의 추구, 수출업을 통한 국부 증가, 왕실과 지배층의 안전보장을 위해 강대국을 의존하고 동맹에 집착한 것 등이다. 이 모든 것을 집약적으로 표현하면 '연인들을 쫓아간 고멜 여인의 행음'이다. 연인들을 쫓은 고멜(이스라엘과 유다의 지배층과 왕실, 지주와 조방농업자들, 이들을 도와준 제사장들과 법관들)의 모습은 바알 신과의 합일을 추구하는 행음종교로 나타났다. 바알 신과의 합일을 위해 그들은 참 남편 야웨를 버렸다. 이는 참 남편의 동맹인 이스라엘 자유농민을 배척하고 몰각한 것과 이어진다. 본문은 이스라엘 지배층들이 의도적으로, 또 비의도적으로 바알을 야웨 하나님으로 오인하며 행음을 범했다고 증언한다(2:16). 고멜은 오므리-아합-이세벨의 모형으로서 정치권력과 부, 그리고 그들의 부귀영화의 영속적 향유를 위해 땅과 주곡과 환금작물을 확보했고, 이 과정에서 자유농민들을 희생시켰다.

## 시온의 공평과 정의를 회복하라고 외치던 이사야 : 남유다 자유농민의 옹호자

이사야의 이스라엘 자유농민 경제학은 3장과 5장에 비교적 잘 나타나 있다. 그는 한때 공평과 정의의 도시였던 시온이 유력자, 지배자, 지주와 귀족의 타락한 연회장이 되어 버렸고 창녀처럼 불결하게 된 상황에서 예언활동을 시작했다(3:1-15). 그는 예루살렘 상류 마담들의 외제품 선호와 집착은 비참한 재난을 불러일으킬 것이라고 예언했으며, 외국 침략으로 국가조직이 붕괴된 후 발생한 가공할 만한 무정부 상태에서 남자 인구가 지극히 희소해져 예루살렘 여인들은 결혼하기 어려워질 것이라고 예고했다(3:26-4:1).

5장은 출애굽 전승(시 80편)과 시내산 계약 전승을 담고 있는 노래로서 앗수르 제국에 의한 북이스라엘의 멸망(주전 722/1년)과 남유다의 초토화(주전 701년)가 가져다준 충격을 보도한다. 하나님은 공평과 정의 대신, 압제와 포학의 들포도를 맺어 버린 자신의 포도원 울타리를 허물어뜨려 짐승들의 발밑에 두실 것이다(5:8-30; 10:5-6). 그 결과 전무후무한 용맹과 무예로 무장한 외국 군대에 의하여 북이스라엘 왕국이 먼저 가차없이 유린당하고 파탄당할 것이다. 이런 북왕국의 재난을 목격하고도 유다 백성들은 영적 무감각과 술취함에 빠져 있다. 그들은 자신들을 향한 하나님의 결단과 계획을 알지 못하고 오히려 하나님의 결단의 실체를 보여 달라고 조롱한다(5:18-20). 하나님은 이 오만무도한 유다 백성들도 공격하고 낮추기 위하여 양봉업자가 벌을 부르듯이 벌떼 같은 군대를 아주 멀리서 불러오신다(5:26-30).

### 1. 하나님의 심판 아래 붕괴된 유다와 예루살렘(사 3장)

3장은 2장에서 예고된 모든 높아진 것, 교만한 자들을 낮추실 한 위대한 신적 진동의 날이 구체적으로 어떤 사태를 초래하는가를 보여준다. 3장은 주전 701년에 유다 왕 히스기야가 앗수르의 정복 군주 산헤립 군대에게 포위당한 사건을 전후하여 선포된 예언이다. 유다 왕 히스기야는 주전 705년부터 701년까지 약 4년 동안 당시 세계 최강의 제국주의 군대였던 앗수르와 대결했던 용맹무쌍한 군주였다. 앗수르의 산헤립이 앗수르의 국내 정세(흑사병으로 인구 1/4

죽음, 코카서스 산맥의 우라투 족속과의 전쟁)가 안정되자 마침내 히스기야 왕 즉위 14년째 되는 해에 팔레스타인 및 시리아 일대의 반역 왕국을 징벌하러 원정에 나섰다. 원정의 거의 마지막 작전이 유다 침략이었다. 당시 산헤립은 25만 명의 군대로 유다 46개 성읍을 초토화하고, 약 3년간 예루살렘을 에워쌌는데, 히스기야는 한편으로는 무모함으로 다른 한편으로는 거의 광신적인 믿음으로 저항한다. 3년 동안 두더지 작전으로 접전을 벌인 것이다. 그는 장기간의 포위 상황에서 버티기 위해 실로암 망대 터널 공사를 해서 기드론 시냇물을 보다 높은 곳인 예루살렘 도심지로 끌어올리기도 하였다. 물의 확보가 저항 작전의 관건이라고 본 것이다. 아마도 히스기야 왕은 물을 믿고 군사적인 저항을 계속하려고 한 것처럼 보인다. 그러나 산헤립은 히스기야를 새장의 새처럼 가두었다. 산헤립이 예루살렘을 에워쌌던 주전 701년 전후 상황이 본문의 무대요 배경이다.

1) 복되도다! 건강한 노동으로 소득을 얻는 의인들이여!
　(사 3:1-12)

1절은 예루살렘과 유다가 의뢰하는 양식과 물을 제거해 버리겠다는 하나님의 결심을 말한다. 2~3절에는 유다와 예루살렘이 의지하는 다른 모든 것들이 망라되고 있다. 용사와 전사로 불리는 군사력, 행정과 공동체 질서를 지탱하는 재판관, 그리고 전쟁의 경과에 올바른 지침을 줄 것으로 기대되는 선지자, 복술자, 장로들, 그리고 오십부장, 귀인과 모사, 탁월한 기능공과 장인(匠人)들, 초월적인 힘을 부릴 줄 아는 능란한 요술자들을 끊어 버리시겠다는 것이다.

이런 위기 상황을 초래한 사람이 보통 선하고 의로운 군주로 알려진 히스기야 왕이다. 아마도 한국 기독교인들은 역대하 32장에서 묘사되는 히스기야에 친숙한 것 같다. 실상 주전 8세기 당대의 관찰을 기록한 이사야와 역대기보다 먼저 쓰여진 열왕기하 18장에 의하면(특히 13-16절) 히스기야는 상당히 복합적인 인물이었음에 틀림없다. 그는 하나님에 대한 믿음과 광기 어린 모험심이 뒤섞인 인물이었다. 주전 8세기를 기점으로 어떤 나라의 왕도 앗수르 보병들과의 야외 기동전을 기획한 왕이 없었는데, 성경 기록에 의하면 히스기야는 아마도 앗수르 군대와 야외 기동전도 고려했던 것처럼 보인다. 그는 한편으로 용감무쌍하고 또 다른 한편으로는 무모한 고집쟁이였을 것이다. 실상 그는 앗수르 최정예 원정부대인 25만 명과의 전쟁을 벌일 만큼 군사력을 보유하지는 못했지만, 하나님이 결정적인 순간에 개입하실 줄 믿고 전쟁을 촉발시킨 것처럼 보인다.

    2~3절은 이 위급한 순간에 유다가 단지 군사력에만 의지한 것이 아니라 신적 개입에 대한 기대도 컸음을 보여준다. 히스기야 왕에게는 하나님을 향한 믿음이 있었을지라도 유다의 귀족들은 점을 치러 다녔던 것처럼 보인다. 3년 동안 산헤립 군대가 팔레스타인 일대를 초토화시킨 이 징벌 전쟁의 막바지, 유다가 앗수르 정복군대와 맞서게 되었을 때 유다 백성들의 불안은 얼마나 컸을까? 이런 경우에 사람들은 바로 신접한 자와 복술자를 찾아가는 영적인 대공황 상태로 전락하기 마련이다(사 8:21-22). 그들은 아마도 신접한 자와 복술자를 통해서 거짓된 위로일지언정 무엇인가 버팀목이 될 만한 신탁을 필사적으로 갈구하였을 것이다. 그러나 하나님께서는 유다 왕국이 히든카드로 준비한 이 양식과 물을 끊어버림으로 크나큰 낭패와 수렁에 빠지게 하신다. 더 나아가 예루살렘 시민들이 의지하는

모든 지도력의 자원들을 제하여 버리신다.

1~3절은 유다 왕국의 중심 지도자들과 안전보장을 담당하는 국가 요원을 소개한다. 첫째, 양식과 물은 인간의 기본 생필품을 의미한다. 둘째, 용사와 전사들은 군사적 안전보장을 담당한다. 셋째, 재판관은 사회공평과 정의를 통하여 유다 왕국의 공동체적 결속을 유지하는 데 필수적이다. 넷째, 선지자와 복술자와 요술자는 사람의 마음을 안정시켜 주는 영적 지도력의 대표자들이다. 다섯째, 장인과 기능공들은 사회의 물리적 토대를 구축하고 유지하는 지도자들이다. 그런데 하나님께서는 이 모든 의지처들을 제거하겠다고 위협하신다. 이 말에 앗수르 군대가 예루살렘을 정복하면 이 사람들이 일차적으로 제거되거나 바벨론 포로로 잡혀갈 것이라는 암시가 들어 있다.

4~7절은 국가 기간요원들, 즉 지도자 자원들이 제거되었을 때 벌어질 수 있는 기막힌 정치적 무정부 상황을 보여준다. 지도자감이 한 명도 없어서 어린아이가 장관이 되어야 할 만큼 인맥의 공동화(空洞化)가 일어난다. 미처 성숙되지 못한 풋소년들이나 유아적 미숙함을 가진 자들이 유다 왕국을 다스리는 책임을 맡게 된다는 것이다. 12절에는 지도자 절대 결핍 상황이 더욱 악화되어 부녀자가 백성을 관할하는 지도자 행세를 하게 되는 상황이 나온다. 고대 근동의 평상적인 상황에서는 여자가 관료적인 의미의 지도자가 될 수 없었는데, 남자가 다 죽고 파멸되었기에 어쩔 수 없이 여자가 통치자가 되었다. 이 말은 '지도자 소멸'이라는 인물 대공황을 맞이했다는 뜻이다. 이로써 도덕적·정치적 무정부 상태가 초래되었다. 5~7절은 선량한 지도력이 제대로 기능하지 못할 때 벌어지는 일을 말한다.

백성들은 서로 학대하고 잔해한다. 공동체 구성원 사이에 적개심과 갈등이 고조되고 정상적인 사회질서와 교양 및 예의범절이 무너진다. 각기 폭력으로 이웃을 대하며, 아이는 노인에게, 비천한 자는 존귀한 자에게 교만을 행한다. 노유(老幼) 그리고 노비와 귀족 사이에 있어야 할 질서가 사라졌다. 옷 한 벌 가진 사람이 바로 지도자로 추천되는 것에서 나라 전체가 어느 정도로 쑥밭이 되었는지 가늠할 수 있다. 이렇게 의복이 있고 먹을 양식이 있는 사람은 지도자로 즉각 추대되지만 이를 거절하는 사태가 백출한다. 단지 의복과 양식이 있다는 이유로, 멸망의 상황을 통제하고 다스릴 지도자가 되어 달라는 요구를 받는 상황은 너무나 비극적인 희극 상황이 아닐 수 없다. 하지만 멸망당한 공동체의 민심을 수습하고 상황을 통제해 달라는 요청을 받은 사람은 단호히 거절한다. "그날에 그가 소리 높여 이르기를 나는 고치는 자가 되지 아니하겠노라"(7절). 곧 "나는 이 망가지고 파산되어 산산이 부서진 유다공동체를 다시 회복시킬 만한 어떠한 비책도 없다."라는 말이다. 멸망의 거적 안에 굴러떨어진 공동체의 지도자가 되어 달라는 요청은 만인에게 거부당한다.

왜 이런 참혹한 파멸이 도래하였는가? 8~9절은 예루살렘과 유다가 하나님의 영광의 눈을 촉범했기 때문이라고 말한다(개역한글). 촉범이라는 말은 꼬챙이로 찌르는 것을 가리킨다. 이 말은 감찰하시는 하나님의 면전에서, 하나님의 눈을 찔렀다는 것을 가리킨다. 압살롬이 아버지 다윗 왕의 면전에서 아버지의 후궁들을 범했을 때를 아버지의 눈을 촉범한다고 말한다. 참혹한 파멸은 그들의 언어와 행위가 하나님의 광대한 영광에 정면으로 대적하였기 때문이다. 하나님이 쳐다보고 있는데 하나님이 철두철미하게 없는 것처럼 묵살하면서 행동하는 것이 촉범이다. 하나님의 영광의 눈을 촉범하는 죄는 순수한 무신론자가 저지를 수 없는 죄다. 오히려 이 죄는 하나님을 너무 잘 아는 자들이 범할 수 있는 죄다. 하나님의 정하신 기준을 명백하게 거부하고 깨뜨리고 파괴하면서 보란 듯이 오만 속에 살아가는 사람이 하나님의 눈을 촉범하는 자다. 오만이라는 이름의 큰 쇠꼬챙이로 하나님의 눈을 찌르는 행위, 즉 하나님의 존재를 묵살하는 행위다. 유다와 예루살렘은 하나님의 원칙을 알고도 하나님이 보는 앞에서 하나님을 능욕하기 위해서 하나님의 원칙을 범했다. 이것이 바로 하나님의 영광의 눈을 촉범한 죄다.

여기서 또한 예루살렘과 유다가 소돔에 비유되고 있다는 점이 시사적이다. 이것은 예루살렘이 사회정의가 사라진 성읍이 되었다는 것이다. 소돔은 가난한 자의 얼굴에 맷돌질하던 성읍이요 남색과 집단 폭력이 만연한 우상의 도시였다. 유다와 예루살렘의 '안색'(9절)이 그들 자신의 유죄를 증거한다. 그들의 교만하고 자기충족적인 안색이 예루살렘과 유다 거민들이 하나님께 심판을 자초할 만큼 큰 죄인임을 증명한다는 것이다. 그래서 유다와 예루살렘은 주전 701년에 전무후무한 대파국적 재난을 자초하고 말았다. 유다 왕국은 46개 성읍의 파괴를 감수하였고, 예루살렘은 3년간 버티다가 엄청난 전쟁 배상금을 물고 간신히 산헤립 군대의 철수를 유도할 수 있었다(왕하 18:13-16). 유다의 영토는 거의 4분의 1이 축소되었고 국가경제는 거덜났다.

그런데 10절에서는 이 참혹한 재난 선언 속 한줄기 위로의 음성이 들려온다. 예루살렘과 유다를 덮친 참혹한 재난은 선별적으로 적용된다는 것이다. 의인들은 심판의 한복판에서도 자기 수고의 열매를 먹고 살 수 있을 것이라는 선언이다. 대파국적 재난이 악인에게는 화가 될 것이지만, 의인에게는 자신의 수고의 열매를 따 먹을 수 있는 기회가 될 수 있다는 것이다. 이것은 무엇을 의미하는가? 아마도 이사야는 앗수르의 유다 침략이 유다 왕국 내의 악인들을 징벌하여 공동체 정화 작용을 수행한다고 생각했을 수도 있다.

주제상으로 4절과 연이어 읽어야 할 내용이 다시 12절에 등장한다. 여기서 아이 지도자와 부녀자 지도자가 백성을 정로(正路)에서 이탈하게 만드는 죄를 범하는 것으로 묘사된다. 여기서 '부녀'라는 말이 경멸적으로 사용되고 있는데, 그 말은 남자에 대응하는 생물학적 의미에서의 여자를 가리키는 말이 아니라, 정치적으로나 사회적으로 고립되어서 나라를 다스리는 일과 같은 정규적인 지도자 업무를 처리하는 데 전혀 경험이 없는 사람을 지칭한다. 단지 정치에 문외한인 사람을 말하는 것이다. 이사야는 공평과 정의를 관할하는 데 아무런 경륜과 식견이 없는 유치한 자들이 이 백성을 좌우하며 오도하고 있다고 비판하고 있다.

2) 포도원을 삼킨 장로들과 방백들은 화 있을진저(사 3:13-4:1)

13절은 하나님의 법정이 열리는 장면을 보여준다. 주님께서 재판하시려고 법정에 서시고 백성들, 장로들, 고관들이 피고로 소환되고 있다. 왜 장로들과 고관들이 심판을 받는가? 14절에 의하면 그들이 하나님의 포도원을 망쳐놓은 자들이기 때문이다. 이 말은 특정한 개인 아무개의 포도원을 빼앗았다는 말이 아니다. 그보다 훨씬 심각한 의미가 여기에 들어 있다. "하나님의 포도원을 삼켰다."라는 말의 뜻을 알기 위해서는 이사야 5:1~7을 읽어야 한다. 여기서 하나님의 포도원은 이스라엘의 계약공동체를 가리킨다. 정의의 꿀과 평화의 젖이 흐르는 이스라엘의 계약공동체가 하나님의 포도원이다(시 80편). 따라서 포도원을 삼켰다는 말은 이스라엘의 계약공동체(하나님과 맺은 계약이자 백성들 사이에 맺은 계약)를 파괴했다는 말이다. 하나님께서는 이스라엘을 형제자매의 우애에 의해서 지탱되는 한 무리의 공동체로 만드셨다. 이 공동체성을 파괴하는 지도자들은 포도원을 망친 암세포적 존재들이다. 암세포는 정상세포와 보조를 맞추지 않고 무한히 급속한 자기증식을 하는 세포다. 공동체성을 파괴하는 무한 자기증식 욕구가 바로 장로들, 지주들, 그리고 고관들의 죄악의 본질이다(사 5:8; 암 4장; 미 2장). 다시 말해서 지주들, 장로들, 그리고 고관들은 유다 왕국이 한 나라, 한 공동체라는 의식을 갖지 못하도록 암세포적인 탐욕을 충족시킴으로써 공동체적인 결속감과 친밀감을 파괴해 버렸다는 것이다.

13~15절에서 하나님께서는 이스라엘과 유다의 공동체성을 파괴한 일차적인 책임자로 장로, 지주(백성들은 지주, 땅을 가진 유산자), 고관들을 지목하신다. 그들은 하나님의 백성들을 짓밟으며 가난한 자들의 얼굴에 맷돌질을 하였다. 이는 가난한 자들을 마치 곡식 낱알로 여기며 가혹하게 학대하였다는 말이다. 앗수르의 군사적 공격은 장로, 방백, 지주들을 역사의 법정에 세우는 사건이었다. 유다와 이스라엘의 역사는 사악한 지도층들이 외국 세력에 의하여 척결된 후에 정화되곤 하였다. 표토를 갈아엎고 객토를 하여 땅의 비옥도를 높이는 농부처럼 하나님께서는 악한 지도층을 역사의 법정에 세워 고소하였다. 그런 점에서 보면 우리나라의 역사에는 유럽의 역사에 비하여 악한 지도자들을 역사의 법정에 세우는 일이 없었다. 역

사 속에서 국민들을 핍박한 관련자들을 잠시 단죄한 적이 있었으나 역사적 의미를 가질 만큼 진지하고 철저한 역사의 법정 단죄는 이뤄지지 않았다. 이런 점이 우리나라의 공평과 정의의 중요성에 대한 이해를 깊게 하는 데 방해가 되고 있다. 우리 한국교회는 개인 구원에 대한 과도한 집착에 비하여 사회적 구원인 공평과 정의에 대한 관심을 다소 결여하고 있다. 그러나 하나님께서는 그분의 포도원을 무한 증식적이고 암세포적인 탐욕으로 삼키는 자들을 반드시 법정에 세우심을 기억해야 한다.

그런데 유다 사회 내의 공평과 정의의 몰락 이면에는 무엇이 있었을까? 상류층 여성들의 기가 막힌 사치가 있었다. 북이스라엘 왕국에는 예루살렘의 여인들 못지않게 타락한 유한(有閑) 마담들이 있었다. 아모스 4장에서 '바산의 암소들'이라 불리는 여인들은 남편들에게 독주를 사 오라고 소리치는 여인들이다. 바산의 암소는 힘이 엄청 세고 많이 먹는 암소다. 이 암소들이 자기 남편들에게 술을 더 사 달라고 재촉하고 있는 것이다. 이 권력 지향적인 여인들이 음란과 주지육림의 사치에 탐닉하는 사이에 북이스라엘은 멸망당했다.

16절 이하에 소개되는 예루살렘 여인들은 약간 다른 양상의 타락을 보여준다. 시온의 딸은 일차적으로 예루살렘 상류층 여자들을 가리키지만, 이차적으로는 유다와 예루살렘 공동체를 가리키는 말이기도 하다. 시온의 여인들은 교만하고 음란하며 요란하다. 하나님께서 시온의 딸들을 앗아갈 것이며, 굴욕과 수치를 당하게 하실 것이다.

18~23절은 시온의 여자들이 부착하거나 입었던 화려한 21개의 장식품을 지루할 정도로 자세하게 나열한다. 이사야는 왕족이거나

귀족이었기 때문에, 예루살렘 상류층 여인들의 일상적인 장신구에 대하여 친숙했던 것 같다. 발목 장식, 머리 망사, 반달 장식(목걸이), 귀고리, 팔찌, 머리 장식, 발찌, 향수, 부적, 겉옷, 목도리, 손 주머니, 손거울들 등 화려한 목록이다. 그런데 이런 화려한 장신구들도 소용없게 될 것이다. 그들의 짙은 향수는 썩은 냄새로 변질될 것이며, 고운 허리띠는 포로를 잡아가는 새끼줄로 변질될 것이다. 잘 빗어 넘긴 머리칼은 다 빠져 대머리가 될 것이다. 고운 옷을 걸치던 몸에는 상복을 걸치게 될 것이며, 고운 얼굴 대신에 칼로 베이고 파인 상처투성이 얼굴이 될 것이다.

　여인들의 사치와 음란한 연락(宴樂) 속에서 예루살렘 공동체는 돌이킬 수 없는 군사적 패배를 당하였다. 전사들과 용사들로 불리는 남자들이 거의 다 전멸되었기 때문에 급작스러운 여초 현상이 일어났다. 전쟁 패배를 슬퍼하는 국가적 애도식이 성문에서 열린다. 그때 예루살렘 여인들에게 참담한 상황이 발생하였다. 배우자를 찾을 수 없을 만큼 남자가 희귀해져 버렸다. 전사와 용사가 멸절되어 남자의 인구가 1/7 정도로 줄어들었기 때문이다.

　4:1을 보라. 그날에 일곱 여자가 한 남자를 붙들고 제발 "시집가지 못했다."라는 말을 듣지 않게 해 달라며 애원하게 될 것이다. 자신들의 이름을 누구누구의 아내로 호적에 올려 달라는 것이다. 고대 사회에서 신랑 측에서 여자를 아내로 데려오기 위해서는 비싼 지참금을 신부 부모에게 지불해야 했다. 그런데 지금은 상황이 역전되어 버렸다. "우리가 우리의 떡을 먹으며, 우리 옷도 입을 것이다. 오직 당신의 이름으로 우리를 칭하게 하라. 호적에 당신의 아내라고만 올려 달라."

## 2. 들포도를 맺은 포도원에 대한 하나님의 심판 계획(사 5장)

5장은 출애굽 전승(시 80편)과 시내산 계약 전승을 담고 있는 노래로서 앗수르 제국에 의한 북이스라엘의 멸망(주전 722/1년)과 남유다의 초토화(주전 701년)의 충격, 그리고 그것이 가져다준 영적인 각성을 보여준다. 하나님은 공평과 정의 대신, 압제와 포학의 들포도를 맺어 버린 자신의 포도원 울타리를 허물어뜨려 짐승들의 발에 유린당하게 하실 것이다(5:8-30; 10:5-6). 그분의 백성들에게 아주 굴욕적인 군사적 재난이 덮칠 것이다. 전무후무한 용맹과 무예로 무장한 군대에 의하여 이스라엘과 유다는 유린당하고(북이스라엘에게 먼저 임함), 일부는 포로로 잡혀갈 것이다(5:13-17). 바야흐로 하나님은 전무후무한 재난의 형태로 결단/계획의 실체를 드러내신다. 하나님은 오만무도한 백성들을 공격하고 낮추기 위하여 양봉업자가 벌을 부르듯이 벌떼 같은 군대를 멀리서 불러오신다(5:26-30). 이사야는 바로 이런 영적, 국가적 파탄의 위기 상황에서 예언자로 부름받는다.

### 1) 하나님의 포도원에 맺힌 들포도(1-7절)

3장에서 보았듯이, 하나님의 포도원은 하나님께서 세우신 계약 공동체, 즉 이스라엘과 유다를 가리킨다. 1절에서 이사야는 자신이 사랑하는 자가 자신의 포도원에 대해 쏟아부은 사랑 이야기를 소상하게 소개하며 노래한다. 그는 먼저 가장 기름진 산에 포도원을 조성했다. 2절은 후속적인 노력을 말한다. 땅을 개간하여 표토를 뒤집어 비옥한 땅을 만들었다. 돌을 제하고 극상품 포도나무를 심었다. 그리고 포도원을 지키기 위하여 망대를 세우고 풍성한 수확에 대비하여 술틀까지 파 놓았다. 그는 좋은 포도 열매를 간절히 기대하였으나 들포도가 맺혀 버렸다. 예언자의 친구이자 포도원 주인은 크게 실망한다. 이제 갑자기 포도원 노래의 주어가 주인으로 바뀐다. 포도원 노래는 이제 주인이 직접 지나가는 사람들에게 자신이 경험한 배반과 상처를 토로하는 방향으로 흘러간다. 좋은 포도 열매를 기대한 포도원 주인은 들포도를 맺은 포도원에 대한 실망과 배신감을 격하게 분출한다.

　　3절은 이제 예루살렘 거민들을 향하여 포도원 주인과 포도원 사이에 누가 과연 이 개탄할 만한 사태의 책임을 져야 하는가 판단해 보라고 말한다. 포도원 주인은 원고가 되고 포도원은 피고가 된다. 원고는 4절에서 다시금 자신이 포도원을 위하여 더 해야 할 일이 무엇이냐고 반문한다. "내가 내 포도원을 위하여 행한 것 외에 무엇을 더할 것이 있으랴" 5~6절은 이제 실망과 배반감으로 격분한 포도원 주인이 포도원을 포기하고 심판할 계획을 전한다. "내가 그 울타리를 걷어 먹힘을 당하게 하며…… 그 위에 비를 내리지 못하게 하리라 하셨으니" 가나안 땅에 정착한 이래로 이스라엘에게 쏟아부은 열정적 사랑의 투자를 배반당한 하나님이 취하실 수 있는 심판은 두 가지로 나타난다. 외국의 침략에 무방비로 노출되는 것과 가뭄과 기근을 통한 경작지에 대한 심판이 그것이다. 그래서 하나님께서는 이제 더 이상 포도원을 보호해 주시지 않으리라 선언하신 것이다(6절). 포도원 주인이신 하나님은 이제 사나운 짐승들이 그 울타리를 끊고 와서 포도원을 다 유린하도록 허용하겠다고 말씀하신다. 더 이상 비도 내려 주지 않으실 것이며, 가지치기도 해 주지 않겠다고 말씀하신다. 포도나무는 가지치기를 해 주지 않으면 열매를 맺을 수 없는 나무다. 열매를 맺지 못할 가지들도 계속 뻗어 자라기 때문에 주인이 가지치기를 잘해 주어야 한다. 이제 가지치기를 해 주지 않은 포도원은 찔레와 가시로 가득 찬 땅이 되어 버릴 것이다. 비구름이 없는 땅은 건조해져 가시를 가진 잡초들이 한때 비옥했던 포도원을 점령할 것이다(창 3:17-18).

7절은 포도원 농부이신 하나님의 좌절된 기대를 예리한 시적 대구로 표현한다. 하나님은 공평과 의로움의 열매를 맺어 주기를 기대하며 이스라엘이라는 포도원에 온갖 수고를 아끼지 않으셨다. 아브라함부터 예수님 때까지 약 1,500년 동안 이스라엘 역사 속에 베풀어주신 구원과 복은 의로움과 공평의 열매를 맺어 달라는 하나님의 속 깊은 기대와 의도를 드러내는 도구였던 것이다. 그러나 그 하나님의 포도원은 들포도를 맺어 버렸다. 여기서 하나님의 포도원이 들포도를 맺었다는 의미가 분명하게 밝혀진다. 포도원은 이스라엘 공동체, 즉 열두 지파로 구성된 통일된 이스라엘 계약공동체를 가리킨다. 그중에 하나님이 심으신 극상품 포도나무는 유다를 가리킨다. 그런데 이 유다가 맺은 열매가 들포도인 것이다. 7절 하반절에는 어희(語戲, wordplay)가 작용하고 있다. 하나님은 유다에게 정의(미쉬파트)를 바라셨는데 오히려 포학(미쉬파흐)의 열매를 맺었다. 포학은 가난한 자들의 얼굴에 맷돌질하는 잔인함을 말한다. 그들에게 공의(츠다카)를 바라셨는데 부르짖음(츠아카, 피억압 계층이 하나님께 호소하는 부르짖음)이라는 열매를 맺은 것이다. 정의(미쉬파트)는 지배층들과 유력자들의 위법과 불법을 억제하고 견제하고, 자행된 불의를 교정하고 정의를 회복하는 사법적인 행위이며, 공의(츠다카)는 가난한 자에 대한 공동체적인 친절과 편애를 말한다. 츠아크는 사회적 강자들에게 유린당하는 사회적 약자들이 내지르는 아우성이다. 계약공동체 구성원들 중 가장 연약한 자들에게 베풀어야 할 신적인 친절과 사회적인 자비인 의로움과, 강자와 유력자들의 권력 남용과 횡포를 견제하는 사법적·정치적인 견제행위인 공의는 사라졌다. 그 대신 가난한 자들의 아우성과 상류층 사람들의 포학과 폭력이 하나님의 포도원을 삼켰다. 8~17절은 공의와 정의 대신 들포도를 맺은 망가진 포도원의 세부적인 실상과 그에 대한 하나님의 심판을 보도한다.

### 2) 거룩하신 하나님(8-17절)

8절은 이스라엘 사회에 지주들이 출현한 사태에 대한 예언자의 당혹감을 잘 보여준다. 하나님의 포도원을 망친 악인들은 부동산, 땅과 집을 독점하여 넓은 땅을 홀로 차지하려는 자들임이 드러난다. 이사야 당시에 이스라엘과 유다는 지주들과 가난한 자들(땅을 잃은 자들)의 집단 출현을 동시에 목격하였다. 당시의 지주들은 조방농업(아마도 수출농)을 통하여 가난하게 된 이스라엘의 자유농민을 소작인으로 부려먹었을 것이다. 그들은 가옥에 가옥을 이으며 전토에 전토를 더하여 부동산과 집, 땅과 자원을 독점하였다. 과히 그들은 넓은 땅 가운데서 홀로 거하려 하는 자들처럼 보였다. 이사야는 가옥에 가옥을 이으며 전토에 전토를 더하여 빈틈이 없도록 하고 독점의 가치를 숭상하는 자들에게 '화 있을진저'라는 저주를 선언한다.

9절은 하나님께서 이사야의 귀에 속삭여 알려 주었다고 말한다. 전무후무한 대황폐화가 일어날 것이다. 지주들이 독점해 모아 놓은 가옥들이 아무리 크고 아름다울지라도 거주할 자가 없을 정도의 폐허로 전락될 것이다. 탐욕에 찬 사람들에 의하여 독점되었던 가옥들은 황폐해지고, 결국 집주인들도 거기서 살 수 없게 될 것이다. 또한 10절에 따르면 지주들이 독점해서 모은 농장 농토들은 급격한 생산량 감소에 직면할 것이다. 열흘 갈이 포도원에 겨우 포도주 한 바트(약 5리터)가 나고 한 호멜의 종자를 뿌려도 한 에바가 간신히 소출될 것이다.

11~12절은 다시 왜 이런 급격한 생산성의 감소가 발생하는지 그 이유를 보여준다. 유다와 이스라엘의 상류층은 만취되어 있다. 지주들과 사회상류층 사람들은 아침부터 밤늦게까지 포도주와 독주에 인 박힌 생활을 하고 있다. 주지육림의 귀족 문화에 빠져 역사 속에 일하시는 하나님의 행동 궤적을 감지할 인식능력이 마비될 정도로 만취되었다. 비파와 수금, 피리와 소고로 흥을 돋우는 연회에 탐닉하는 이스라엘과 유다의 상류층 인사들은 하나님의 임박한 심판 손길을 감지하지 못하고 있다.

13~14절은 이 만취와 연회 탐닉의 장본인들과 그들의 사회를 향한 하나님의 선고를 선포한다. 영적 지각력을 상실한 하나님의 백성들은 포로가 될 것이며, 빈부귀천을 막론하고 극심한 결핍에 시달릴 것이다. 치명적인 기근과 갈증이 죄악된 하나님의 백성들을 엄습할 것이다. 그들은 술 취한 상태에서 무지함을 인하여 사로잡힐 것이고 포로로 잡혀갈 것이다. 귀한 귀족들은 굶주릴 것이고 무리는 목마를 것이다. 14절은 스올에 삼켜지는 부패하고 타락한 상류층 사람들의 비참한 종국을 말한다. 스올은 죽은 자들이 내려가는 지하 세계다. 탐닉적 연회와 잔치에 빠져 탐욕의 삶을 살아가는 자들은 입을 크게 벌려 죽은 자를 삼키는 스올과 비교된다. 그들은 잔치와 연회의 요란한 풍류, 노랫소리와 함께 스올로 빨려 들어간다. 이

스올은 앗수르 제국을 가리킨다. 이스라엘과 유다의 지도층은 앗수르 제국에 의하여 재기가 불가능할 정도로 굴욕을 당하고 파멸을 당하게 될 것이다. 평범한 사람은 앗수르 사람에게 구푸리고 존귀한 자는 낮아지고 오만한 자의 눈은 겸비하게 될 것이다. 이사야는 여기서 앗수르 제국, 스올의 도발적인 침략을 통하여 이스라엘과 유다의 지배층이 사실상 궤멸된다고 본다.

16절은 이스라엘과 유다의 교만한 상류사회 몰락이 하나님께 무슨 의미가 있는가를 보여주고, 17절은 사회의 가장 연약하고 가난한 사람들에게 무슨 의미를 갖는지도 보여준다. 무엇보다도 이스라엘과 유다의 상류층에 대한 파괴적인 심판은 하나님의 정의를 과시하는 사건이다. 하나님의 거룩하심과 정의로우심을 만천하에 선포하는 사건이다. 거룩하신 하나님은 이스라엘과 유다 상류층의 계급적, 혹은 국가적인 이익과 동일시될 수 없는 전적 타자이시다. 하나님은 어떤 집단이나 계층과 결코 동일시될 수 없는, 질적으로 너무나 현격한 거리를 유지하시는 분이다. 이 거룩하신 하나님은 공평과 정의를 역사 속에서 관철시키시고 구현하심으로써 자신의 이름을 거룩하게 하신다. 거룩하신 하나님은 타락하고 부패한 사회지배층에게는 무서운 파괴적인 심판을 가하시고, 사회경제적·정치적·종교적 강자들에 의해서 주변화되고 압제받는 가난한 자들에게는 살 소망을 북돋는 신적 친절을 베풀어 주신다. 울퉁불퉁한 공동체의 높낮이를 평탄케 하시는 것이 공평과 정의의 사역이다(사 40:3-5; 눅 3:4-6). 공평과 정의는 단지 산술적인 균형감과 중립적인 정의감이 아니라 가치 내포적인 균형감이다. 사회적으로 부패한 강자들과 상류층에 대한 하나님의 파괴적 분노는 가난하고 궁핍한 어린 양들에 대한 하나님의 무한 자비심의 다른 얼굴일 뿐이다. 지존무상하여 거룩하다고 이름 지어진 하나님 여호와는 높고 거룩한 곳에 거하실 뿐만 아니라, 마음이 상하여 찢어지고 망가진 심장 한복판에 거하시는 하나님이다(사 57:15). 하나님은 우리에게 "내가 거룩하니 너희도 거룩하라."고 말씀하신다.

17절은 하나님의 거룩하심이 역사 속에 공평과 의로움으로 구체화되고 천명될 때 세상에 참된 평화와 평등이 구현된다고 말한다. 이제 드디어 어린 양과 같은 자들이 자기 초장을 찾아 풀을 뜯게 되고(사 11:6-7), 유리하던 자들은 부자의 버려진 밭에서 음식을 얻게 된다.

### 3) 자기 백성에게 노를 발하시는 하나님(18-30절)

다시 18~23절은 언어와 행동 면에서 하나님께 도전하는 사람들의 행태(行態)를 고발한다. 24~25절은 그들이 받은 하나님의 징벌을 다룬다. 여기에서 하나님의 진노는 이스라엘과 유다 백성들 불특정 다수를 겨냥하지 않고 특수한 계층의 사림들을 겨냥하고 있다. 18절은 그들을 향해 거짓으로 끈을 만들어 수레 줄로 삼아 죄악을 끌고 가는 자들이라고 말한다. 그들은 거짓에 기초하여 정책을 입안하고 추진하는 현실정치 세력가들을 가리킨다. 그들은 거짓의 끈으로 무엇인가를 운반하는 자들, 거짓된 현실 인식에 입각하여 나라 정책을 펼치는 자들이다. 여기서 말하는 거짓은 일부 비의도적으로 거짓말을 하는 정도의 거짓이 아니라 의도적이고 분명한 거짓 행위와 그것에 근거한 지향성 있는 행동을 의미한다. 그들이 거짓으로 죄악의 수레를 끌었다는 말은 일종의 죄악된 수레를 끌고 대로를 횡단했다는 말로, 공공연히 죄를 저질렀다는 말이다. 무엇인가를 운반하는 자들인 그들은 필시 지도자적 인물들이었을 것이다. 그런데 그들은 거짓에 기초하여 죄악된 행동으로 판명될 행동을 집행한다는 것이다. 19절에 의하면 그들의 결정적인 죄악은 영적 인식능력의 파탄이다. 그들은 이제 바야흐로 시작된 하나님의 역사적 행동의 실체를 감지하지 못한다. 19절의 직접 인용문 "그는 자기의 일을 속속히 이루어 우리에게 보게 할 것이며 이스라엘의 거룩한 이는 자기의 계획을 속히 이루어 우리가 알게 할 것이라"라는 말은 이사야가 '하나님의 계획'(에차트 카도쉬 이스라엘, 즉 '이스라엘의 거룩한 자의 계획')이라는 이름으로 선포한 일련의 심판 메시지를 비꼬는 말처럼 들린다. 더 나아가서 그들은 이사야와 하나님을 향해 다음과 같이 비아냥거리는 셈이다. "글쎄, 자네가 그렇게 요란스럽게 떠드는 '그 하나님의 계획', 그것의 실체나 한번 보여주게나. 어서 하나님으로 하여금 그 계획의 실체를 속히 보여 달라고 해 봐." 이사야가 하나님의 임박한 심판을 선포하자 하나님의 적대자들이 되받아친 말이다. 그들은 이사야가 "하나님의 심판이 곧 임합니다. 하나님께서 곧 그분의 손을 펼칠 것입니다."라고 말하자 그대로 말을 받아서 "그 일을 우리가 볼 수 있게 해 보아라." 하고 조롱했던 것이다.

20절은 역사 속에 활동하시는 하나님의 활동궤적 동선(動線)을 알아차리지 못하였기에 선악을 판단하는 능력에서도 파탄을 맞이하고 있음을 보여준다. 선악, 빛과 어둠, 단것과 쓴 것을 완전히 역전시킨다. 전도(顚倒)된 판단력은 물론 그들의 모든 행동과 말은, 선악을 창조하시고 빛과 어둠을 창조하시고 나누신 창조주 하나님과 필연적인 충돌을 일으키고 갈등을 초래한다. 이사야는 이런 자들에게 하나님의 돌이킬 수 없는 재난, 화를 선고한다.

21~23절은 그들의 영적인 판단력 파탄이 구조적인 문제임을 보여준다. 그들은 자신들이 선악을 아는 자, 지혜와 명철의 사람들이라고 생각하나 사실상 술에 만취된 자에 불과하다는 것이다. 술에 취한 상태, 포도주와 독주를 마시기에 용맹을 발휘하는 그들은 서서히 그들에게 육박하는 하나님의 심판 손길을 전혀 감지하지 못한 채 자아도취에 탐닉하고 있다. 그들은 뇌물을 받아서 악인을 의롭다고 하며 의인에게 마땅히 돌아가야 할 법의 정의를 박탈해 버린다. 하나님에 대한 앎이 전혀 없기에 선악을 아는 능력도 파탄당한 것이다. 선악 판단에서 파탄당한 그들의 재판은 뇌물에 의해 조작될 수밖에 없다.

24절에서 이 후안무치한 적대자들이요 신성모독적인 도발자들을 향한 하나님의 복수가 불꽃처럼 타오른다. 하나님의 백성들에게 심판의 불꽃을 점화시키는 도화선이 바로 이사야의 예언이다. 하나님의 백성들은 이사야의 예언을 듣고 저항하다가 하나님의 불꽃에 점화되어 버린다. 불꽃이 마른 풀과 그루터기를 삼킴같이 전적인 파멸이 그들을 삼켜버린다. 뿌리, 꽃, 그루터기 모두 다 멸절된다. 그들이 하나님의 토라, 사활적(死活的)인 가르침을 공공연히 배척해 버렸기 때문이다. 여기서 여호와의 율법과 이스라엘의 거룩하신 이의 말씀은 생과 사를 가르는 결정적으로 중요한 가르침을 가리킨다. 그것은 모세율법이나 그것 위에 더하여진 하나님의 가장 중요한 계명, 공평과 정의 실행의 계명을 가리킬 수도 있다. 좀 더 좁혀 말하면 이사야를 통해 제시된 회개와 갱신의 요구를 가리킬 수도 있다.

25절은 다시금 자신의 백성에게 노를 발하신 하나님의 진노의 정당성을 옹호한다. 하나님의 1차 심판은 지진의 이미지로 집행되었다. 이것은 실제 지진을 의미할 수도 있고 앗수르 제국의 군사적 공격을 의미할 수도 있다. 여하튼 1차분의 심판으로 거리에는 주검들이 가득 찼다. 그러나 하나님의 진노는 다 폭발한 것이 아니라 여전히 위험한 중간 휴지 상태에 머물고 있을 뿐이다. 이 단락의 예언은 주전 701년 이전의 어느 시점에 선포된 예언일 것이다. 주전 732년부터 722년 사이, 혹은 주전 721년부터 705년 사이에 선포된 예언일 것이다. 이 시기는 하나님의 1차 심판이 폭발되고 2차, 3차 심판의 분출을 기대하는 긴장감이 팽팽하게 고조되고 있었다.

    26~30절은 이제 하나님의 심판을 집행할 대행자에 대한 좀 더 구체적이고 생생한 묘사를 담고 있다. 26절에 따르면 하나님께서 자신의 백성들을 징치하시기 위하여 땅끝에서부터 한 나라를 불러들이신다. 구체적으로 하나님은 먼저 깃발을 들고 먼 나라에서 출병하는 한 군대를 친히 향도하신다. 하나님께서 기치를 세웠다는 말은 먼 나라의 군대에게 공격목표인 이스라엘을 향하여 모이도록 지시하는 전쟁의 향도부대 역할을 했다는 말이다. 27절이 증언하는 것처럼 멀리서 공격해 오는 그 나라의 군대는 용맹무쌍한 정예부대로서 엄청난 기동력을 갖춘 채 이스라엘과 유다를 향해 돌진해 온다. 28절은 그들이 완벽한 임전태세임을 냉정하게 보도한다. 그들의 화살은 날카롭고 활은 이미 당겨졌다. 29절은 그 침략군의 전율스러운 기세를 묘사한다. 그들은 암사자나 이제 막 성인 사자로 자라기 위해 스스로의 맹폭성을 과시하려는 어린 사자 떼처럼 포효한다. 천하무적이다. 그들이 한번 움켜쥔 것은 아무도 빼앗을 수 없다. 그들이 내지르는 소리는 태초에 땅을 창조하시던 하나님의 창조주권에 저항

하던 원시 혼돈세력처럼 이스라엘과 유다 백성을 향하여 부르짖는다(17:12-14). 예언자 이사야는 아무도 대항할 수 없는 이 압도적인 대적의 침략 행위의 배후에 하나님의 작정된 의지가 역사한다고 주장하는 것이다.

30절 하반절은 하나님의 심판이 집행된 땅을 처연하게 묘사한다. 흑암과 고난만이 땅을 지배하고, 빛은 구름에 가려서 어두움이 심연처럼 땅을 뒤덮고 있다. 이사야의 혹독한 심판예언을 들을 수밖에 없는 백성들의 영적 파탄 상태가 이사야의 소명 사건의 전경(前景)을 이룬다. 이사야가 공적인 역사의 무대에 등장하던 때에 빛은 구름에 가려 어둠이 땅을 무겁게 내리누르고 있었다는 것이다(8:20-22; 9:1-2).

### 3. 소결론

이사야는 앗수르 제국의 위협적인 출현을 신학적으로 해석하고 있다. 신학적 해석이란 한 나라나 제국의 흥망성쇠 등 역사적 변동을 하나님의 목적과 의도의 빛 아래서 해석하는 것을 의미한다. 하나님께서는 이사야로 하여금 앗수르 제국의 출현과 하나님 백성들의 공동체 안에서 벌어지고 있는 죄악과 반역 상황 사이에 모종의 인과관계가 있음을 깨닫게 하셨다. 그래서 이사야는 앗수르 제국이 하나님의 백성들을 심판하시려는 하나님의 심판 도구가 될 것이라는 확신에 이르고, 앗수르 제국의 쇄도가 하나님 백성들의 죄악을 징치하기 위한 하나님의 행동이었음을 선포하기에 이르렀다. 자신의 민족 공동체 안에서 벌어지고 있는 악행과 영적 파탄 상황이 앗수르 제국의 군사적 침략을 초래했다고 본 것이다. 자르고 베고, 파괴하고 부수는 이 모든 재난의 목적은 사자와 어린 양이 함께 뒹구는 거룩한 시온산 공동체의 회복이었다. 이사야는 비록 왕정 메타포(메시야 비유)에 기대긴 하였으나, 이상 왕 다윗의 이미지를 활용하여 자유농민 공동체의 재활복구를 희구했다. 그에게 구원은 가나안 땅에서 사방의 대적이나 내부의 대적(착취적인 지배층이나 학정을 일삼는 왕과 지주들) 없이 평안히 사는 것이었다. 자기가 뿌린 씨앗의 열매를 먹고 살아가는 평범한 일상이었다(3:10 ; 27:2-6).

### 유다 농촌의 자유농민들을 대변한 예언자 미가

1. 자유농민을 삼키고 궤멸시키는 예루살렘 부재(不在)지주와 권력 지배 집단(미 2장)

미가는 이스라엘-유다의 자유농민의 이상적 삶을, 각자 자기 포도나무와 무화과나무 아래에서 사는 삶이라고 보았다. 그런 삶이 솔로몬의 황금 시대가 가져온 평화와 구원이었다(왕상 4:25). 미가는 북이스라엘의 부유층 난민들이 가져온 토지 집중제가 유다 저지대 농민들에게 끼친 폐해와, 앗수르 제국의 침략이 초래한 농촌 파괴, 농경지 황무화, 농촌공동화를 친히 경험하고 목도한 예언자였다. 그는 이 재난이 오므리-아합의 가나안 토지 사유제도의 도입과 자유농민의 해체 때문에 초래되었다고 보았다.

미가 2장은 이런 미가의 메시지를 집약적으로 보여준다. 1~5절은 가나안 땅을 통째로 강탈당하는 상황에 대한 예언, 6~11절은 야웨의 심판에 대한 이스라엘의 냉소적 반응을 다룬다. 주전 8세기의 여로보암 2세-웃시야 시대가 도입한 광범위한 수출형, 기업형 조방농업, 자유농민의 소작농화, 그리고 가난한 자들의 집단 출현이 야기한 총체적 사회 변화는 주전 8세기 예언자들의 신탁에 직간접으로 많이 반영되어 있다. 왕실과 지배층 중심의 수출형 조방농업은 포도주와 감람 과수농업의 융성을 가져왔고, 그 결과 얻어진 화폐는 왕실과 지배층에게 긴요한 사치품 수입과 무기 수입(사 30:6-8, 3:18-23, 31:1) 비용으로 충당되었다. 주전 8세기는 자급자족형 물물교환 경제 또는 소박한 화폐경제에서 상당히 진전된 화폐경제로 발전되어 있었고, 그래서 가난과 기근 때문에 곡식을 빚낸 사람은 고리의 이자를 지불하느라 원금을 갚지 못해 땅을 매각할 수밖에 없었다.

 1~2절은 침상에서 죄를 꾀하는 힘 있는 자들이 날이 밝으면 열리는 촌락법정에 가서 가난한 자들의 땅과 밭을 사법적 절차를 거쳐 강탈하는 상황을 말한다. 2절은 강탈 대상이 되는 품목들이다. 밭, 집, 남자, 그의 집, 사람, 그리고 산업을 강탈한다. 1절에서는 악을 실행하기까지 악인들이 얼마나 주도면밀한 과정을 거치는가를 보여준다. 꾀하고, 꾸미고 그리고 행하는 과정을 거쳐 악행을 완성한다. 악행을 모의하는 단계는 침상에서 벌어진다. 잘 때 악행을 도모한다는 말이다. 1절 하반절 "그들의 손에 힘이 있다."라는 표현은 "그들의 손에 재판관이 있다."라는 말로도 번역된다(시 82편; 요 10:34). 힘으로 번역된 히브리어 '엘'은 재판관을 의미하기도 한다. 재판관이 그들의 손에 있다는 자신감이 배어 있다.

 2절은 지배층에 속한 악인들이 가난한 자들의 토지와 기업을 강탈하여 자유농민의 직위를 부정하는 과정을 체계적으로 진술한다. 토지 몰수, 담보물로 잡힌 가옥 몰수, 가족, 그리고 조상이 남긴 유산 '나할라'의 강탈이 차례로 이뤄진다. 이 상황은 이사야 5:8이 그리는 상황과 동일하다. "가옥에 가옥을 이으며 전토에 전토를 더하여 빈틈이 없도록 하고 이 땅 가운데에서 홀로 거주하려 하는 자들은 화 있을진저" 도시에 근거지를 둔 권력 엘리트가 지방민의 생존 근거 곧 야웨의 백성이라는 신분증과 같은 땅을 강탈함으로 계약공동체를 파괴하는 죄를 범하는 것이다.[49]

3절은 미가를 통해 전달된 하나님의 말씀이다. "내가 이 족속에게 재앙을 계획하나니……" 즉, 재앙의 때가 당도했음을 선포하신다. 미가가 말하는 재앙을 계획하시는 하나님은 이사야가 말하는 '재앙을 계획하시는 하나님'과 같은 하나님이다(사 5:12, 19; 6:8-9). 그 재앙의 결과 이스라엘 족속들은 교만하게 행세하며 다니지 못할 것이며, 멍에를 메고 어딘가로 끌려가는 굴욕적 심판을 당하게 될 것이다. 출애굽 구원의 목적이 쇠빗장 멍에를 떨치고 똑바로 서서 걷는 자유인의 행보인데(레 26:13), 이제 이스라엘 족속들은 그 자유를 잃고 굴욕적인 행보를 감수해야 한다.

4절은 이스라엘 족속('너희')의 몰락과 굴욕적 심판 상황을 보고 조롱의 시가 불릴 것임을 말한다. "우리가 온전히 망하게 되었도다 그가 내 백성의 산업을 옮겨 내게서 떠나게 하시며 우리 밭을 나누어 패역자에게 주시는도다" 그 족속들이 탐하여 가난한 자들로부터 강탈했던 그 산업(분깃, 시 16:5)과 밭을 패역자에게 줘 버리신다. 4절 하반절의 '패역자'라고 번역된 히브리어 '쇼베브'는 '쪼개는 자, 불태우는 자, 회수하는 자' 등의 의미를 갖는다. '불태우는 자'

---

[49] 우택주, 위의 책, 336.

라고 번역하면 외국침략군이 밭과 전토를 불사르는 행위를 묘사하는 셈이 되고, '회수하는 자'라고 번역하면 원래 강탈당했던 원주인에게 되돌려주는 행위가 된다. 앞 소절과 평행관계를 고려하면 불태우는 자나 침략군으로서의 쪼개는 자(토지를 강제로 재분배하기 위해)로 읽는 것이 낫다. 이 절은 가난한 자의 토지를 강탈한 자들의 비참한 몰락을 강조하지, 토지가 원래 소유자에게까지 환수되는 정의 회복 차원까지 말하지는 않기 때문이다. 가난한 이웃의 토지 몰수와 불의에 의한 축재를 이뤘던 악한 체제의 수혜자들이 그들 자신에 의해 희생당했던 자유농민들의 처지로 전락했음을 강조한다. 하나님의 비례적 응징이 일어나 강제로 역지사지를 경험하게 된 것이다.[50]

5절은 이스라엘 농민들이 가문 단위로 매년 경작하기 위해 토지를 재분배하는 과정이 그칠 것을 선언한다. 그들은 매년 확대가족 구성원들끼리 줄을 재어 가며 주곡 생산 경작지를 분할했다. 이런 경작지 분할이 없어질 것이라는 말은 토지 주인의 대가 끊겼다는 말이다. 죽임을 당했거나 유배를 당한 상황이라는 것이다. 이스라엘 자유농민을 노예화하며 출애굽 구원을 무효화시키는 유력자 가문들의 경제적 수탈 행위는 나라의 멸망을 초래했다. 아마도 그들이 비운 그 공백의 기간 동안 다시 빈천한 농민이 경작권을 행사하게 될 것이다(왕하 24:14, 25:12; 렘 52:16). 이스라엘 땅은 유다의 멸망 이후, 바벨론 유수가 일어난 이후에야 비로소 안식년을 누릴 수 있었다는 증언이 있듯이(대하 36:21), 야웨의 기업의 땅을 사유하고 공동체를 파괴한 자들이 그 땅에서 추방될 때에야 땅과 가난한 자들

---

[50] 우택주, 위의 책, 339.

도 비로소 안식을 누릴 수 있었을 것이다.

비록 6~11절은 본문 훼손이 심하게 일어났지만 그것의 대지는 분명하다. 야웨의 파국적 심판의 불공정함에 대해 불평하는 자들에 대한 반론이다. 6절은 야웨의 대파국적 심판을 초래한 사악한 족속(가문)들의 죄악상에 대한 세부묘사를 일부 포함하고 있다. 6절 상반절 "예언하지 말라."는 예언자를 향한 적대적 청중의 말이다. 이런 대파국적 예언을 금지하라는 것이다. 그들은 이런 내용(경제 정의 등과 같은 비종교적 쟁점들)을 예언하지 말라고[51] 적시하며, 욕하는 말을 그치라고 말한다. 청중은 예언자의 말씀신탁을 욕이나 비방으로 듣는다. 이처럼 야웨께 패역한 자들은 정로를 가르치는 예언에 총체적으로 저항하는 법이다(사 30:10).

7절은 이들을 '야곱의 족속'이라고 부른다. 이것이 북이스라엘 지파들의 남유다 피난민들인지 아니면 이스라엘과 유다 자손 전체를 가리키는지 분명하지 않다. 어떻게 읽든 대지에는 별다른 차이가 없다. 그들은 심판신탁을 듣고 기껏 한다는 생각이 "야웨의 영이 성급하며 행위가 이러하시다."라는 불평이다. 이것은 일찍이 시내산 언약 체결 맥락에서 주어진 그 유명한 선언, "야웨께서는 노하기를 더디하신다."는 신학술어(출 34:6)의 반어법적 빗댐이다. "야웨 하나님은 원래 오래 참으시는 분이 아니냐?"라는 식이다. 그러나 예언자는 정직하게 행하는 자에게는 야웨의 파국적 예언이 유익한 것을 설파한다. 넓게 보면 야웨의 예언이 가져오는 파국적 심판이 사회 정의 회복 차원의 신적 행위이기 때문이다. 이는 곧 지배계층과 지주들의

---

[51] James Limburg, *Hosea-Micah* (Atlanta, GA.: John Knox Press, 1988), 171.

몰락과 유배의 결과, 자유농민으로 복권될 빈천한 농민들의 미래를 그리게 한다.

8절은 개역개정 번역("근래에 내 백성이 원수같이 일어나서 전쟁을 피하여 평안히 지나가는 자들의 의복에서 겉옷을 벗기며")이 어색하다. 8절은 "그러나 너희들은 내 백성을 원수처럼 대하며 들추어 일어나는구나. 평화로운(자급자족하는 농민) 자들로부터 피부를 벗겨 내는구나." 정도의 의미다. 백성들의 피부 곧 가죽을 벗긴다는 표현은 주전 8세기의 다른 예언자들에게 유사하게 나타나는 표현이다. 가죽을 벗긴다는 말은 극단적인 고율의 세금이나 소작료 부과를 통해 살인적 가난과 존엄파괴적 고난의 삶을 강요받는 상황이다. 예언자, 즉 하나님은 가죽을 벗김당하는 백성과 자신을 동일시하신다. 하나님은 자신의 백성들의 생존토대가 붕괴되고 그들이 죽음의 지경으로 내몰릴 때 그분 자신이 가죽 벗김을 당하는 짐승처럼 아우성치는 고통의 하나님이 되신다. 9절도 8절의 뒤를 이어 이스라엘 자유농민층을 학대하는 그 야곱의 족속들의 만행을 규탄한다. 그들은 이스라엘의 안연한 부녀들을 집에서 쫓아내고 그녀의 어린 자녀들로부터 하나님의 영광(생존권, 생명)을 빼앗아 버린다. 침상에서 도모되던 악한 계획이 실행되자 가족이 파괴되고 인륜이 부서지며 하나님의 백성들로 불리는 사람들의 공동체는 산산조각난다. 남자, 여자, 그리고 어린 자녀까지 집에서 추방해 버리는 이 악한 자들의 만행은 하나님의 가난한 자들에 대한 연대를 더욱 심화시킨다. 가난한 자들을 멸시하는 것은 야웨를 멸시하는 것과 같다는 잠언은 이런 사회과학적 통찰이자 하나님의 계시다(잠 14:31; 19:17). 10절 상반절, "이것은 너희가 쉴 곳이 아니니 일어나 떠날지어다"의 화자가 누구인지

불명확하다. 만일 화자가 이스라엘 부녀의 집을 빼앗은 자들이라면, 이스라엘 부녀들에게 하는 말이다. "너희들은 채무를 갚지 않아 재산권을 상실했으니 이 집은 더 이상 너희 집이 아니다."라고 말하는 셈이다. 혹은 화자가 예언자라면 그것은 이 야곱의 족속, 즉 강탈자들에게 하는 말이다. "너희들은 이제 빼앗은 땅을 놓고 떠나라. 너희들이 쉴 곳이 아니다. 하나님께서 자유농민들에게 되돌려 주실 땅이다."라고 말하는 셈이다. 둘 다 가능하지만 후자가 더욱 가능성이 많다. 10절의 나머지 본문은 심히 훼손되어 어떤 번역도 만족스럽지 못하다. 개역개정은 후자처럼 읽는다. 즉, 예언자를 화자로 보고 읽는다. 10절 하반절은 이스라엘 땅을 더럽힌 자들에게 큰 멸망이 올 것이라 통고한다. 확실히 도래할 그 멸망은 땅을 떠나는 유배가 될 것임을 암시한다고 보는 것이다. 전자처럼 읽는 것은 강탈자들이 가난한 자들에게 가하는 불행을 말하는 구절로 보는 읽기다. 이런 읽기도 다소 의역이 가해진 본문수정적 번역이지만 전체 맥락과 조화될 수 있는 읽기다. 둘 다 가능한 읽기로서 전체의 대지 파악에는 별 차이를 내지 않는다. 11절은 미가의 적대적 청중들이 선호하는 통속적인 예언자상이 제시된다. 미가 시대의 주류 거민들은 덧없는 말들(바람, 희망사항)과 속임수를 갖고(렘 23장; 겔 14장) 포도주와 독주를 빌어 예언하는 자들(부드러운 말을 흘리는 자들)을 환영한 것이다.

## 2. 소결론

하나님을 아는 것은, 피폐케 된 하나님의 자녀들의 삶의 고통을 알고 공감하는 일이다(1:8-9). 미가는 북이스라엘에서 내려온 부자들과 남유다의 토착 권력 엘리트들에 의해 쉐펠라 유다 저지대 평야가 급격하게 수출 조방농업화 단지로 바뀌는 과정에서 발생한 자유농민들의 참상을 목격했고, 유다 왕실의 멸망의 필연성을 예언했다. 북이스라엘 피난민들로 예루살렘 시유지가 네 배로 확장되면서 남유다 대부분의 자유농민들은 엄청난 반강제노동 부역에 동원되었을 것이다. 시온을 피로, 예루살렘을 죄악으로 건설했다는 비난은 유다 농촌 지역 주민의 입장에서 보았을 때 지당한 비판이었다(4:10). 1:8~16에 언급되는 여러 성읍들과 촌락들은 북이스라엘의 죄악들이 재현된 곳이었다(1:13, 라기스). 자유농민의 땅을 여러 가지 방식으로 강탈하여 대규모 농산물 수출단지를 만들려는 라티푼디움적 재구조화에 맞서서 미가는 각 농민이 각자의 포도나무와 무화과나무 아래 평화롭게 사는 날을 간절히 열망했다(4:4).

## 결론

이스라엘의 하나님 신앙은 철저히 하나님의 땅 통치, 세계 만유 통치의 확실성에 대한 믿음이었다. 죽음 이후 천국은 그들의 주관심사가 아니었다. 하나님 나라의 땅 지향성(the landedness of God's Kingdom)이 구약종교의 가장 현저한 거룩함이자 특이점이었다. 범아리안족의 철학인 영육이원설과 영혼불멸성 등은 플라톤의 철학에 유입되어, 플라톤의 고귀한 철학에 매료된 2~5세기 교부들을 온전히 사로잡았다. 그중 아우구스티누스는 플라톤의 이원론을 『하나님의 도성』에 집약적으로 이식해 두었다. 영육이원론은 영혼, 이데아 세계(천상 세계) 우월론이자 육체, 땅, 물리적 세계 멸시론이었다.

땅에서 일어나는 모든 일들은 덧없는 것이고, 땅에서 흙 만지고 일하는 농민들은 수도원에서 기도하고 성경 연구하는 정신노동자들에 비해 한층 열등한 인간들로 여겨졌다. 이런 물질, 육체 멸시사상은 땅의 가치를 훼손하였고 농민이 창조 질서와 생명 순환체계의 중심 리더임을 망각하게 만들었다. 이런 이교도적 사상은 아주 일찍이 바벨론의 창조설화인 "에누마 엘리쉬"와 "아트라하시스"에서 전개된 바 있었다. 그 설화에 따르면 인간은 신들을 섬기는 육체노동자급의 열등한 신으로 창조되었다. 인간의 역할은 신들의 안식을 위한 노동봉사, 음식공궤 봉사직 이외에 아무것도 아니었다. 이 바벨론 신화의 불의한 인간 이해를 돌파하고 등장한 것이 고대 이스라엘의 창세기다. 창세기가 하나님의 숨결이 깃든 영감 받은 진리의 증언임은, 고대의 모든 다른 문명과 종교에서 산출한 세계 기원 설화와 창세기의 세계 기원, 그리고 양자의 인간 이해를 비교해 보면 알 수 있다. 범아리안 세계관이자 고대 메소포타미아 세계관의 자문명인 그리스 고전사상의 결집체, 플라톤의 대화 편 중 "티마이오스"편과 "파이돈"편 등도 마찬가지로 육체의 피조물적 열등성과 물질세계의 비궁극성에 대한 담론들이다.

그러나 구약성경의 창세기부터 땅을 경작하는 농민은 하나님의 창조질서의 왕적 관리자요 하나님과의 동역과 순종을 통해 이 땅에 하나님 나라를 건설해 가는 공동창조자로 격상되었다. 자작·자영·자경 자유농민, 이 유형의 인간이 최초의 인류요 이상적인 인간이었다. 모세오경과 예수님의 복음서들은 죄로부터 자유로운 인간만이 하나님의 계명을 준행할 수 있고, 성령으로 죄와 사망의 법에서 해방된 자만이 하나님의 법에 순종할 수 있는 능력을 부여받았다고 증언한다. 특히 구약성경에서 땅은 하나님의 백성에게 천국시민권과 같은 것이었고, 하나님과 마주 대하는 성만찬의 식탁이었으며, 하나님께 감사하고 이웃에게 사랑을 전하는 성례전이 이뤄지는 성전 같은 곳이었다. 사방 대적으로부터 보호받으며 형제자매와 함께 오순도순 사는 것, 그것이 영생이었다(시 133편). 결국 하나님 나라도 허공이 아니라 땅에 건설되고 완성된다. "하늘은 여호와의 하늘이라도 땅은 사람에게 주셨도다"(시 115:16; 창 1:26-28; 2:6-8). "내가 생명이 있는 땅에서 여호와 앞에 행하리로다"(시 116:9). "하나님이 우리에게 복을 주시리니 땅의 모든 끝이 하나님을 경외하리로다"(시 67:7).

하나님께서 이스라엘 백성에게 가나안 땅을 선물로 주신 까닭은 야웨의 뜻에 복종하는 하나님 나라로 성장하기를 바라는 하나님의 마음 때문이었다(시 105:44-45). 이처럼 땅은 하나님과 이스라엘의 언약관계를 확증 짓는 계약 문서와 같다. 그러므로 이스라엘 자유농민의 땅은 하나님의 뜻이 준행되는 공간으로 주어진 특수영역이다. 우주의 대왕이신 천시의 내주새 이스라엘 하나님 야웨의 직할·직영 식민지다(시 89:12-14; 103:19-22). 이스라엘 자유농민은 천상의 대주재 야웨께 직접 책임을 진 자유농민들로서 왕 같은 제사장이었기에, 그들이 지상 권력자들에게 땅을 빼앗기는 것은 하나님, 구원, 자유, 인권, 인간 존엄 모두를 강탈당하는 것이다. 자신이 의식하지 못할지라도 이 세계의 모든 땅 경작자는 아담의 후예요, 하나님 나라의 중간관리자이자 지상 소작인들이다. 이들은 창조질서의 선순환 체계를 돌보는 생명지킴이들이다. 이들이 땅을 빼앗겨 강도떼가 되거나 땅을 포기하고 약탈하는 왕들의 부하가 되어 다른 나라를 주유하고 다니는 바람에 땅이 버려지면 그 공동체와 문명은 반드시 멸망하게 되어 있다. 신구약 성경 66권은 한결같이 땅에 임할 하나님 나라, 땅에서 완성될 하나님 나라를 주창하고, 심지어 완성될 하나님 나라도 새 하늘과 '새 땅'이라고 불린다. 주전 8세기 예언자들은 이런 땅에 임할 하나님 나라 사상의 중시조급 선포자였고, 주전 8세기 하나님의 백성들에게 닥친 위기와 재난을 이런 땅 신학의 빛 아래에서 해석하며 살길을 제시한다. 그들에게 구원은 형이상학적 세계로의 도피도 아니요, 밀교적 개인 내면 탐구로의 도피도 아니었고, 다시금 사방대적의 위협 없는 땅으로 와서 재정착하는 것이었다 (secure settlement in the land; 사 11:10-16; 호 3장; 암 9:1-15; 미 2:12-13). 그들은 한결같이 죄악의 심판과 정화 이후에 재개될 구원도 가나안 땅의 재정착으로부터 시작된다는 것을 천명했다.

예수 그리스도가 주신 구원은 땅에 임하는 구원, 즉 새 하늘과 새 땅에 임하는 구원이다. 인간은 피조물인 한 허공을 떠다니는 신 천신지에 살 수 없다. 결국 땅에서 살게 된다. 땅은 공기와 같이 하나님의 창조물이면서, 동시에 만민에게 주신 하나님의 선물이다. 기독교는 땅과 만유가 하나님께 속했음을 선포하고, 은혜(공짜, 거저 주는 행위, 거저 주는 선물)를 호모 에코노미쿠스가 지배하는 세상에 유포시켜 인간을 악마처럼 만드는 냉혹한 시장 체제를 속량하는 일에 투신되어야 한다. 이자 없는 여신서비스를 하는 은행들이 나타나 현재의 고율이자로 돈놀이하는 금융질서를 구원해야 한다. 돈에 지배당하지 않고, 하나님의 은혜에 지배당하는 사랑에 빚진 자들이, 맘모니즘이 지배하는 세상을 거룩하게 전복시키고 변화시켜야 한다. 이윤 동기가 아닌 고상한 신앙과 윤리적 투신을 동기로 이뤄지는 활동이 돈 버는 활동보다 더 주도적 활동이 되어야 한다. 호모 에티쿠스가 호모 에코노미쿠스를 압도해야 한다.

예수 그리스도가 꿈꾸는 하나님 나라는 호혜성, 하나님의 은혜의 왕적 영향력이 충분히 실현되는 나라였다. 그는 값없이 병을 고쳤고, 값없이 먹였다. 그의 산상수훈 새 담화 강론이 그리는 하나님 나라에서는 가장 작은 새인 참새와 제비가 하나님의 성전에서 보금자리를 얻는다. 이 넓고 광활한 세상에서 하나님의 빛나는 형상으로 창조된 인간이 보금자리를 얻지 못한다는 것이 너무 이상하지 않은가? 세계에 남아도는 엄청난 식량을 두고도 발생하는 아프리카의 기근을 보며 하나님의 알 수 없는 신비에 속한 일이라고 하면 될까? 하나님의 은혜에 사로잡혀, 거저 받았으니 거저 주는 은혜의 정치경제학, 이것이 신약성경이 말하는 구원의 현실적 경험이다. 마태복음 6:9~13, 14~18이 말하는 그 죄 사함은 바로 총체적인 채무 탕감이다.[52] 1만 달란트 빚을 청산해 주는 운동, 그것이 십자가에 달린 예수님이 주신 구원이다. 창에 찔린 옆구리에서 물과 피를 쏟으며 죽으신 예수님이 주시고자 한 구원은 죄와 죽음의 지배로부터의 구원이다.[53] 예수님은 우리가 맘몬의 지배에서 벗어나, 오뉴월의 종달새

---

[52] 리처드 A. 호슬리, 이준모 역, 『예수 운동-사회학적 접근』(천안: 한국신학연구소, 1993), 135-137. 호슬리는 예수 당시의 빚 형성 과정을 잘 보여준다.

[53] "…… 예수 운동은 상호간의 빚의 탕감, 사회경제적 협동, 그리고 지역공동체에서의 여러 가지 상호성의 형태들을 주창했다. 지역 촌락공동체들의 붕괴와 가부장적 권위의 쇠퇴에 대한 반작용으로, 예수 운동은 평등한 비가부장적 가족공동체의 견지에서 지역공동체의 삶에 활력을 불어 넣은 것이 분명하다. …… 마침내 예수 운동은 개인적이고 집단적인 정신의 개혁, 사회적 삶의 재활성화(revitalization)를 위한 여러 가지 측면들을 자극할 수 있었던 것으로 보인다"(호슬리, 위의 책, 189).

처럼 자유롭게 되기 원하셔서 십자가에 달려 죽으셨다. 예수님의 구원은 영적·정신적 해방과 자유에 그치는 것이 아니라 총체적 해방이자 자유다. 그것은 정치, 경제, 사회, 문화 등 모든 영역에서 하나님의 은혜 충만한 현존을 향유하고, 하나님의 은혜에 의해 죄 사함(빚 탕감) 받은 하나님의 자녀들과의 부단한 친교다.

# 6장

십계명
제1계명의
사회경제적 함의

**십계명
제1계명의
사회경제적 함의**

## 서론

구약성경 특히 모세오경과 예언서를 관통하는 계명 중 가장 특이한 계명은 '다른 신들'에 대한 극단적인 배척과 혐오이다(출 20:1-7; 34:14-17; 신 7장; 12장; 13장). 십계명의 첫째 계명은 아예 '다른 신들'의 존재를 인정하고 이스라엘이 그것들을 '야웨 옆에 병렬적으로 두고 섬기지 말 것'을 엄히 명한다. 십계명은 고대 이스라엘의 종교영역만 관장하는 계율이었을까? 결코 아니었다. 구약성경은 오늘날 좁게 정의된 '종교' 영역을 다루는 종교적 계율집이 아니다. 오히려 구약성경은 국가를 지탱하는 핵심 계명, 즉 헌법적 대요강(大要綱) 역할을 하는 계명을 전부 하나님과 관련된 계명으로 표현하고 있다. 거의 대부분 종교적 언사(言辭)로 국가의 구성원리를 설명하는 구약성경은 국가의 멸망 원인을 분석할 때도 '하나님이 아닌 다른 신들'(특히 바알과 아세라)에 대한 우상숭배를 제1원인으로 지목한다. 대표적으로 열왕기하 17장은 북왕국의 멸망 원인을 '다른 신들'을 경외하고 이미 하나님이 가나안 땅에서 축출해 낸 이방 사람의 규례와 이스라엘 왕들이 세운 율례를 행한 데서 찾는다(7-8절). 9~12절은 산당을 건설하여 목상과 아세라 상을 세우고 이방인들이 행했던 우상숭배를 함으로써 예언자를 통해 준 명령, 율례, 율법을 어겨서 마침내 나라가 망했다고 첨언(添言)한다. 15절은 여호와의 율례와 조상들과 세운 여호와의 언약과 경계하신 말씀을 버리고 허무한 것을 뒤따라 허망하여졌다고 말한다. 16~17절은 이스라엘이 두 송아지 형상의 신상을 만들어 섬기고, 아세라 목상을 만들고, 하늘의 일월성신을 섬기며, 바알을 섬겼고, 자녀를 불 가운데 지나가게 함으로써 사술과 복술을 행하여 야웨의 격노를 초래했다고 역설한다. 그런데 더 비극적인 사실은 유다 왕국도 이와 같이 우상숭배 때문에 망한 이스라엘 사람들이 만든 관습을 따라 행했으며, 급기야 하나님께서는 '이스라엘 온 족속'을 이방인의 노략군에 넘기셨다는 것이다(19-20절).

요약하면, 열왕기하 17장은 십계명의 첫 두 계명을 어긴 죄 때문에 나라가 망했다고 단언한다. 십계명의 첫 두 계명이 북왕국의 멸망을 거친 후에 이스라엘의 최고 헌법적 대요강으로 등장했음을 짐작케 하는 장면이다. 대부분의 그리스도인들은 십계명을 포함한 구약성경의 율법들을 하나님이 백성들에게 일방적으로 선포해 제정해 준 신성한 법이라고 생각하며 받아들인다. 하나님이 돌판에 새겨 주신 십계명을 모세와 이스라엘 민족이 수동적으로 받아 자신들의 헌법적 대요강으로 삼았다고 믿는다. 이런 이해는 경건하지만 구약성경의 상징적인 그림언어를 문자적으로 직해함으로써 발생한 오독(誤讀)이자 그에 근거한 불완전한 이해에 해당된다. 인류 사회의 어떤 족속이나 집단도 '신이 써 주었기 때문에 신성하다고 믿어지거나', '외부의 초월적 권위로부터 하달되고 명령되어진 법'을 그대로 자신들을 위한 법으로 채택한 사례는 없다. 인간사회의 모든 법은—그것이 신의 이름으로 선포되었든 인간 영웅의 이름으로 선포되었든 상관없이—민중적 아우성에 대한 응답이었고, 민중적 승인을 획득한 후에 구속력(拘束力) 있는 법으로 작동했다. 고대 이스라엘 사람들도 시내산 언약율법 돌판 수여 장면을 '그림언어'로 이해했지, 문자적으로 해석하지는 않았다. 모세오경에서 최초로 율법이 만들어지는 정황을 보도하는 본문은 출애굽기 15:25~26이다.

[25]모세가 여호와께 부르짖었더니 여호와께서 그에게 한 나무를 가리키시니 그가 물에 던지니 물이 달게 되었더라 거기서 여호와께서 그들을 위하여 법도(ḥôq)와 율례(mišpāṭ)를 정하시고 그들을 시험하실새 [26]이르시되 너희가 너희 하나님 나 여호와의 말을 들어 순종하고 내가 보기에 의를 행하며 내 계명(miṣwā)에 귀를 기울이며 내 모든 규례(ḥôq)를 지키면 내가 애굽 사람에게 내린 모든 질병 중 하나도 너희에게 내리지 아니하리니 나는 너희를 치료하는 여호와임이라

이 두 절이 가리키듯이, 하나님은 마라의 쓴 물을 단물로 바꿔

주신 바로 그 사건 후에 율례와 법도를 만들어 주셨다. 여기서 모세가 하나님의 법도, 율례, 규례를 제정하게 된 동기는 광야생활에서 발생한 보건위생적 위기를 극복하기 위함이었다. 그 당면 목적은 광야생활 내내 이스라엘이 야웨의 말을 순종하는지, 야웨의 눈앞에서 의(義)를 행하며, 야웨의 계명과 규례를 지키는지 '시험'하는 데 있으며,[1] 궁극적으로는 '애굽 사람에게' 내려진 어떤 질병도 이스라엘에게 생겨나지 않도록 하기 위함이었다.

출애굽기 18:16 또한 모세가 시내산에서 율법을 받기 전에 이미 호렙산 근처, 맛사 혹은 므리바[2]에서(출 17:6-7; 신 1:6) 재판을 통해 하나님의 율례(ḥôq)와 법도(mišpāt)를 알게 했다고 말한다. 또한 그때부터 벌써 십부장, 오십부장, 백부장, 천부장으로 위계화된 재판관들이 활동했다고 말한다(출 18:25). 이 '율례'와 '법도'는 출애굽기 15:25~26이 말하는 바로 그 '율례'와 '법도'를 가리키는 것처럼 보인다.

이처럼 모세오경은 처음부터 하나님의 법도와 규례가 이스라엘 민족의 구체적인 삶의 정황에서 만들어져 반포되고 가르쳐졌음을

---

[1] 참조구절은 신명기 8:15-16이다. "너를 인도하여 그 광대하고 위험한 광야 곧 불뱀과 전갈이 있고 물이 없는 간조한 땅을 지나게 하셨으며 또 너를 위하여 단단한 반석에서 물을 내셨으며 네 조상들도 알지 못하던 만나를 광야에서 네게 먹이셨나니 이는 다 너를 낮추시며 너를 시험하사 마침내 네게 복을 주려 하심이었느니라"

[2] 반석에서 물을 얻었던 호렙산 어딘가의 이름이 '맛사'(massā) 혹은 '므리바'(měrîbā)라고 불린다는 점도 의미심장하다(출 17:7). "여호와께서 우리 중에 계신가? 안 계신가?"를 의심하는 이스라엘은 여기에서 모세에게 '법적 다툼'을 본격적으로 제기했을 가능성이 크다. 히브리어 므리바는 '법적 소송'이나 '법적 다툼'을 가리키는 전문용어로 자주 사용되기 때문이다. 이는 결국 모세의 율법제정이 '백성들의 다툼'에 추동되었을 가능성을 시사한다. 출애굽기 15:25은 하나님이 율례와 법도를 정해 이스라엘 백성을 시험했다고 말한다. '다툼'을 의미하는 므리바는 '법적인 다툼을 하다'라는 히브리어 동사 립(rîb)에서 파생된 용어이다.

인정한다. 따라서 우리가 시내산 율법 돌판 수여 장면을 문자적으로만 읽고 모세율법의 '아래로부터의 기원'을 무시해서는 곤란하다. 오히려 '하나님이 내려 주신 율법'이 무엇을 의미하는지, 그것의 기능과 역할이 무엇인지를 따져묻는 것이 더 중요하다.

    간단하게 말하면, 고대 이스라엘은 하나님의 영감에 추동되고 사로잡힌 예언자들이 반복적으로 선포하고 관철시키려 했던 법들은 모두 하나님이 주신 율법이라고 믿었다. 십계명은 모세로부터 이어져 오던 예언자들이 거룩하신 하나님의 영에 추동되어 선포한 가르침들의 결정(結晶)이었기에 당연히 '하나님이 내려 주신 율법'의 선두에 서 있다. 곧 십계명은 모세를 머리로 하는 '전(全) 세대별 예언자 동아리'가 주창한 법이었다는 뜻이다(신 18:15-18; 34:10). 이런 점에서 야웨 하나님이 이스라엘과 언약관계에 들어가는 절차를 최초로 중개한 예언자가 모세였기 때문에, 오늘날 모세오경에 적힌 십계명은 '모세가 중개한 야웨 하나님의 성품을 반영한 율법'임에 분명하다. 하지만, 그 자구(字句) 하나하나가 모두 모세가 직접 반포한 법조문이라고 보기는 힘들다. 우리에게 남겨진 현재의 십계명은 오랜 가나안 정착생활을 거친 후, 더 구체적으로는 이스라엘의 국가적 멸망이라는 재난을 거친 후에 아래로부터 형성된 법이었을 가능성이 더 크기 때문이다. 그럼에도 우리는 '모세가 처음 이스라엘에게 중개한 거룩하신 야웨 하나님의 성품, 이름, 사역'(출 3:14; 시 103:6)이 주도한 법이라는 점에서 십계명을 '모세가 시내산에서 받은 언약율법'이라고 말할 수 있다(출 24:7, 12; 32:15, 19; 34:27-28).

    하지만 우리는 십계명의 어떤 계명, 특히 마지막 계명은 가나안 땅에 들어가지도 않았던 시내산의 모세가 선포할 수 있었던 계명이라고 보기 어렵다는 것을 발견한다. "네 이웃의 집을 탐내지 말라 네 이웃의 아내나 그의 남종이나 그의 여종이나 그의 소나 그의 나귀나 무릇 네 이웃의 소유를 탐내지 말라"(출 20:17; 신 5:21 집 외에 "그의 밭이나" 추가). 제4계명 안식일 계명도 마찬가지이다. "안식일을 기억하여 거룩하게 지키라 엿새 동안은 힘써 네 모든 일을 행할 것이나 일곱째 날은 네 하나님 여호와의 안식일인즉 너나 네 아들이나 네 딸이나 네 남종이나 네 여종이나 네 가축이나 네 문 안에 머무는 객이라도 아무 일도 하지 말라"(출 20:8-10).

이처럼 이 두 계명은 이스라엘 사회가 종, 객 등으로 계층화된 이후에야 의미 있게 들리는 계명이다. 모두가 평등하게 가난했으며, 땅은커녕 남종과 여종을 거느릴 특별 부유층이 존재했을 가능성이 없던 광야의 이스라엘 사회에서는 아무 의미가 없었다. 광야의 이스라엘에게는 땅, 전토 자체가 없었으며, 종과 노예, 문 안에 머무는 객도 존재할 수 없었기 때문이다. 오히려 두 계명을 포함한 십계명 전체는 사회계층과 계급 분화가 이미 상당히 진행된 시대상황을 전제하고 있다.[3] 구체적으로 말하면, 십계명은 사회경제적으로 부유하고 유력한 지배층 사람들의 탐욕과 죄악을 경계하고 억제하는 법임

---

[3] 윌리엄 디버(William G. Dever)의 팔레스타인 고고학 연구에 따르면, 십계명이 전제하는 복합적인 사회계층과 계급 분화는 철기 시대 II단계인 주전 920-586년의 이스라엘 사회상, 특히 주전 722-586년간의 사회상을 반영한다고 봐야 한다. 이 시기에 대한 고고학 연구는 열한 계층의 사회 분화를 지지하는 유물들을 다수 제시했다(왕으로부터 게르[gēr]로 불리는 거류민과 노예들, 고아, 과부, 병약자, 걸인 등)("Social Structure in Palestine in the Iron II Period on the Eve of Destruction," in *The Archaeology of Society in the Holy Land*, ed. Thomas E. Levy [New York, NY: Facts on File, 1995], 416-430[특히 427-429]).

을 알 수 있다.4 하층민들은 '다른 신들'을 야웨 옆에 병렬적으로 모시고 섬길 여력이 없으며 금송아지 형상을 주조(鑄造)해 신의 형상을 경배할 수 없었다(삿 17장의 미가의 모친은 은[silver] 천백 개 중 이백을 들여 신상을 주조한다; 삿 6장 기드온의 아버지가 소유한 오브라 산당의 바알 제단과 아세라 목상).

이 글의 목적은 십계명의 첫 계명인 '다른 신들' 숭배금지는 단순한 종교적 계명이 아니라 사회경제적 함의를 담고 있는 계명임을 밝히고, 그 사회경제적 함의가 무엇인지를 밝히는 데 있다. 이 논지를 뒷받침하는 근거는 세 가지이다.

첫째, '다른 신들', 특히 바알-아세라 예배를 국가공식 종교로 도입한 오므리-아합 가문이 야웨 하나님의 백성 이스라엘의 토지 정의를 파괴했다는 점에서, 바알-아세라 종교는 단순히 종교 문제가 아니라 이스라엘 국체(國體) 변경 동력이었다. 미가는 여러 곳에서 '오므리의 율례와 아합 왕실의 모든 예법'(미 6:16; 참조. 미 2:1-11; 3:1-12; 6:1-16)이 가난한 자들에 대한 부자들의 합법적 토지 강탈을 외견상으로 정당화하는 기반이 되었음을 암시하고 있다. 열왕기하 17장은 유다 왕국의 몰락도 이스라엘 모든 왕들이 세운 율례(19절) 곧 오므리-아합의 율례와 모든 예법을 답습했기 때문임을 암시한다.

둘째, 호세아는 바알-아세라 숭배가 북이스라엘에서 '하나님을 아는 지식'(다아트 엘로힘5)을 소멸시켰으며, 그 결과 십계명의 핵심

---

4 Clines, *Interested Parties*, 26-45.
5 다아트 엘로힘(knowing God, da'ath 'ĕlôhîm)은 야웨 하나님과 이스라엘의 언약적 친밀

계명들의 연쇄적 파기를 초래했고, 끝내 이스라엘 언약공동체를 해체시켰다고 말한다. 바알-아세라 신은 야웨와 이스라엘의 언약관계를 파괴했으며, 그 결과 이스라엘은 언약 백성의 지위를 박탈당하고 언약의 보증물인 '땅'도 빼앗겼다.

셋째, 역대하 36:21은 유다 지배층의 70년 바벨론 유배가 토지 정의의 근간인 안식년 율법을 누적하여 위반한 것에 대한 하나님의 일괄 심판이었다고 말한다. 역대하 36장은 우상숭배에 대한 하나님의 심판이 지배층의 열국 유배와 경작지의 황폐화, 그리고 유기(遺棄)라고 말하는 레위기 26:30~35과 이 단락에 근거한 예레미야의 바벨론 유배 예언을 인증(引證)한다. 예레미야 25:8~11(특히 11절)을 인증하는 역대기하 저자는 안식년 시행을 70년 동안 막았던 토지 정의 파괴에 대한 하나님의 비례적 응징이 바로 지배층의 70년 땅 상실과 해외 추방이었음을 증시(證示)한다. 역대하 36장은 열왕기하 17장이 국가 멸망을 초래한 죄라고 지목했던 '다른 신들' 숭배가 사실상 '다른 신들' 숭배로 인한 토지 정의 파괴 행위였음을 가리킨다.

## 제1계명의 의미 : '다른 신들'의 정체

십계명의 제1계명이 그토록 적대하는 '다른 신들'은 누구인가? 혹은 무엇인가? 첫째, 모세오경에서 단죄되고 타기(唾棄)되는 이방민족들,

감, 부부간의 정분(情分)을 가리키는 계약함의적인 용어이다.

특히 가나안 일곱 부족과 인근 족속들, 혹은 이스라엘과 유다를 정복한 강대국들이 섬기는 신들이 '다른 신들'이다. 야웨의 백성 이스라엘에게 어떤 도덕적·윤리적 법적 책임을 요구할 권리가 없는, 낯선 신들이 '다른 신들'이다. 더 구체적으로 말하면, 야웨 하나님을 대체하고 밀어내려는 신들이 '다른 신들'이다. 암몬의 몰록과 밀곰, 블레셋의 다곤, 모압의 그모스, 시돈의 아스다롯, 바알과 아세라, 그리고 바벨론의 마르둑이 다른 신들이었다. 모세오경의 언약, 율법, 법도, 규례는 하나님과의 수직적 언약과 이스라엘 백성 간의 수평적 언약을 집약하는 헌법적 강령이자 요강이다. 그 요강의 핵심은 하나님이 언약백성에게 주시는 언약선물인 땅의 공평하고 공정한 배분과 사용을 지도하는 데 있었다. 이스라엘이 야웨의 언약을 지키고 언약 율법들을 준행할 의무는 땅의 하사에서 나오는 의무이다(창 17:7-10; 시 105:44-45). '다른 신들' 숭배는 이상적인 이스라엘 언약공동체 사회를 구성하는 것을 방해하고 좌절시켰다. 결론적으로 말하면 '다른 신들'은 무엇보다도 야웨 하나님이 희구하는 이상적인 언약공동체 사회를 구성하지 못하게 만드는 신들이었다.

또한 '다른 신들'은 호세아에서 예시되듯이, 축소 혹은 왜곡된 방식으로 예배되는 '야웨 하나님이다'. 호세아에는 야웨 하나님을 바알과 혼동하는 통속적 민간신앙의 일탈을 증언한다(2:16 '야웨, 내 바알'). 야웨 하나님을 거룩하신 하나님이 아니라 그저 풍요와 다산을 후원하는 신으로 축소시켜 야웨를 예배하는 것은 '다른 신' 숭배인 셈이다. 주전 9~8세기(주전 800년 전후) 가나안 남부 시나이 반도 북동부 지역 쿤틸라트 아주르디에서 발견된 고고학 유물에서 '사마리아의 야웨와 그의 아세라', '데만의 야웨와 그의 (아내) 아세라'라는 구절이 발견되었다.6 이 유물은 야웨를 그의 아내 아세라를 가진 남신으로 오해한 당시의 통속적인 신앙의 일단을 보여준다. 출애굽기 32장에서도 '다르게 이해된 야웨'가 '다른 신'으로 취급되는 상황이 나온다. 모세의 장기 부재 속에서 무리들이 아론에게 '우리를 인도할 신'을 보여 달라고 요구하자, 아론이 백성으로부터 금 고리를 거둬 불 속에 던져 급하게 송아지 형상을 주조한 후 "이는 너희를 애굽 땅에서 인도하여 낸 너희의 신이로다"(4절)라고 말했다. 무리들은 아무런 저항 없이 그 송아지 형상의 신 앞에서 '송아지와 춤을' 췄다(출 32:19).

그런데 이 출애굽기 32장 본문과 민수기 25장의 바알브올 숭배를 제외하고는 모세 시대에 이스라엘이 본격적으로 진지하게 '다른 신들'을 숭배했다는 기록은 없다. 십계명이 상정하는 사회상을 전체적으로 고려해 볼 때, 십계명은 확실히 '다른 신들'을 경험한 이후에 생긴 예언자적 성찰을 담고 있는 것으로 보인다. '다른 신들' 숭배를 금지하는 십계명 제1계명은 이스라엘이 가나안에 들어가기도 전에 선포된 법으로 말해지지만(출 20, 32, 34장), 이것이 십계명의 첫 계명이 되는 과정에는 '다른 신들' 숭배가 끼친 치명적이고 파괴적인 영향을 경험한 사람들의 역사적 기억이 크게 작용했을 것이다. '다른 신들에 오랫동안 노출되었던 가나안 정착 이후의 이스라엘 민족'에게 비로소 '다른 신들' 숭배가 얼마나 파괴적인지 실감되었을 것이다. 즉, "너는 너를 위해 다른 신들(엘로힘 아헤림['ĕlôhîm 'ăḥērîm])

---

6 Anthony Bonanno, *Archaeology and Fertility Cult in the Ancient Mediterranean* (Malta: University of Malta Press, 1986), 228-230.

을 내 면전에('al-pānāy) 두지 말라"는 법이 첫 번째 계명으로 격상된 데에는, '다른 신들'을 두었다가 나라가 망한 경험을 한 사람들의 각성이 작용했을 것이다.

'다른 신들'을 야웨 옆에 두고 나라를 쇠락하게 하거나 멸망으로 이끈 대표적인 인물이 솔로몬과 아합 왕이었다. 이 사실은 '다른 신들' 숭배는 개인이 시도할 수 있는 것이 아니라, 왕실 단위의 공적 종교 열정에 의해 추동됨을 암시한다. 모든 예언서는 '다른 신들' 숭배가 이스라엘 남북 왕국 모두에서 왕이나 왕실에 의해 추진되어 전국적으로 퍼지게 되었음을 반복적으로 증언한다. 열왕기상 11장은 솔로몬이 이방 여인들을 아내로 삼아서 이방신들을 섬겼다가 나라를 쇠락하게 하는 과정을 기록하고 있다. 열왕기상 17장부터 열왕기하 10장까지는 오므리-아합 가문이 '바알과 아세라'라는 '다른 신들'을 섬겼다가 왕조를 넘어 나라 전체를 멸망에 이르게 만든 악행들을 자세히 기록한다.

오므리-아합 가문이 국가 신으로 존숭한 이 두 이방신인 바알과 아세라는 야웨와 이스라엘의 언약적 유대를 파괴한 이방신들이었으며, 거룩하신 야웨의 공평과 정의에 전혀 관심이 없는 신들이었다. 놀랍게도 이 '다른 신들'은 이스라엘 지배층들과 왕들과 고관들이 앞다투어 섬겼던 신들이었다. 그렇기에 엘리야, 엘리사, 아모스, 호세아, 예레미야가 가장 줄기차게 단죄한 다른 신들이 '바알과 아세라'였다. 바알은 남편 신이며 아세라는 아내 신으로 땅의 풍요를 가져오는 비를 만드는 데 특화된 능력을 가진 농경의 신이었다. 바알은 비를 부르는 폭풍과 구름의 신이며 채소와 곡식의 신이었다. 바알과 아세라의 성적 교합이 하늘과 땅의 교합을 제의적으로 대행하기 때문에 바알과 아세라를 쌍(雙)으로 섬겨야 제의적 효력을 경험할 수 있다고 믿었다. 열왕기상 18장은 3년 6개월간 계속된 기근을 끝낼 신이 바알인지 야웨인지를 내기하는 기도 결승전 상황을 보도하며 바알-아세라와 야웨 하나님의 근본적 차이를 명시한다. 바알과 아세라 선지자 850명 대(對) 야웨 선지자 1명의 기도 대결이었지만 끝내 불로 응답하여 비를 오게 한 신은 바알과 아세라가 아니라 야웨 하나님이었다.

오므리-아합 왕실이 바알-아세라 신들을 예배하기로 작정한 가장 큰 이유는 농업생산력의 비약적 증대를 통한 국부 창출, 그로 인한 부국강병 추구라는 정치적 비전이었다. 야웨 하나님의 경우, 농사의 풍작은 단지 비에만 달려 있는 것이 아니라, 땅의 공평한 사용과 땅의 소출의 정의로운 사용에 달려 있음을 수없이 강조하였다. 하나님이 이스라엘 민족에게 땅을 언약 선물로 주신 이유는 땅에서 정의롭고 공평한 사회생활이라는 열매를 기대했기 때문이었다(사 5:1-7). 그런데 오므리-아합 왕실을 필두로 고대 이스라엘의 왕조들이 다른 신들, 바알-아세라를 섬겼을 때, 이 다른 신들은 정의롭고 공평한 땅 사용을 감독하지도 않았고 가난한 자들의 생존권을 옹호하는 그 어떤 예언자를 성문 광장에 파송하지도 않았다. 왕실이나 왕들이 '다른 신들'을 따라가면 땅을 매개로 맺어진 야웨-이스라엘 언약은 파기되고, 땅에서 공평과 정의를 추수해 야웨께 소작료로 바쳐야 할(사 5:7; 시 105:44-45) 야웨의 언약백성은 해체되고 멸망당했다. "내 백성이 상했다"(렘 8:21). 결국 '다른 신들'을 섬기는 다른 신 숭배의 피해는 이스라엘 자유농민, 야웨의 언약백성의 몫이었던 것이다. 여기서 바로 기층민중의 아우성이 터져 나왔다. 그들은 야웨 하나님 외에는 아무도 이스라엘의 기층농민, 즉 사회경제적 약자를 돌봐 주지 않음을 깨닫고, 십계명의 첫 번째 계명이 이스라엘의 언약 백성의 존립에 얼마나 사활적(死活的)인 계명인가를 환기했다. 이 기층농민의 아우성을 하나님의 음성으로 해석해 대변한 사람들이 바로 모세의 전통을 따르는 예언자들이었다(신 18 : 15-18). 이처럼 십계명의 첫 번째 계명에는 아합에게 포도원을 강탈당하고 죽임을 당한 이스라엘 자유농민 나봇의 핏소리가 반영되어 있는 것이다.


**제1계명의 사회경제적 함의를 표현하는 구절**


1. 미가 6 : 16의 빛 아래서 본
　　열왕기상 21장 나봇의 포도원 사건


1) 이스라엘 자유농민 나봇의 포도원을 **빼앗는** 이세벨-아합

주전 8세기 예언자 미가는 북왕국의 멸망과 남왕국의 멸망 원인을 오므리의 율례와 아합 집의 모든 예법에서 찾는다. "너희가(유다 지배층) 오므리의 율례와 아합 집의 모든 예법을 지키고 그들의 전통을 따르니 내가 너희를 황폐하게 하며 그의 주민을 사람의 조소거리로 만들리라 너희가 내 백성의 수욕을 담당하리라"(미 6 : 16). 오므리는 북왕국의 두 번째 세습 왕조 오므리-아합 왕조를 개창한 인물이다. 오므리는 전임자였던 왕위 찬탈자 시므리를 죽이고 왕으로 추대되어 12년간 재위하면서 은 두 달란트로 세멜에게서 '사마리아'를 매입해 왕도(王都)로 삼았다. 그의 아들 아합은 사마리아에서

22년간 왕으로 재위했다. 아합은 시돈 제사장 엣바알의 딸 이세벨과 결혼해 사마리아에 바알 신전을 지었고 그곳에 바알 제단과 아세라 상을 세웠다(왕상 16:21-34).

열왕기상 16:25~26은 "오므리가 여호와 보시기에 악을 행하되 그 전의 모든 사람보다 더욱 악하게 행하여⋯⋯ 이스라엘의 하나님 여호와를 노하시게 하였더라"고 기록한다. 또한 아합을 거의 왕조 멸망을 초래한 군주라고 혹평한다. "오므리의 아들 아합이 그의 이전의 모든 사람보다 여호와 보시기에 악을 더욱 행하여⋯⋯ 그는 그 이전의 이스라엘의 모든 왕보다 심히 이스라엘 하나님 여호와를 노하시게 하였더라"(왕상 16:30-33). 미가 6:16에 등장하는 '율례'(ḥôq[statutes]) 혹은 '예법'(ma'ăśē[practices])은 오므리-아합 왕가가 처음으로 도입한 율례와 예법을 가리키는 것처럼 보인다. BDB(p. 349)에 따르면 호크(חֹק, ḥôq)는 동사 '새겨넣다'를 의미하는 하카카(חָקַק)에서 파생된 명사이다. 호크의 여성복수형인 후코트(ḥuqqôth)는 대부분 신적 율례(divine statutes)를 가리킨다(출 12:14, 17; 레 16:29, 31, 34; 23:41; 24:3; 신 4:40; 왕상 2:3; 9:4, 6; 11:11, 34, 38; 왕하 17:13, 23:3). 또한 호크는 사람들의 마음에 새겨진 관습법 같은 미풍양속이나 윤리적 기풍을 가리키기도 하는데 이 경우의 호크도 공동체의 정체성을 수호하는 데 결정적으로 중요한 미풍양속이나 관습법을 뜻한다(레 18:3; 20:23; 왕하 17:8, 19). 열왕기하 17:8은 하나님의 율례를 대신하여 '이스라엘 여러 왕이 세운 율례'(호크, 후코트)가 이스라엘 공동체를 좌우했음을 명시적으로 말한다.

한편 개역개정이 '아합 집의 예법'이라고 번역한 히브리어 어구 '마아세 벧-아합'의 사전적 의미는 아합 가문이 도입한 포괄적인 관습법이나 의도적인 국가정책을 의미하는 것처럼 보인다. 미가 전체 문맥을 살펴야 '오므리의 율례' 및 '아합 집의 행위'가 무엇을 가리키는지 파악할 수 있다.7 그것은 이스라엘의 전통적 국가정체성을 희생시키면서까지 추진된 왕실 중심의 부국강병정책(토지겸병 대지주 출현, 군사력 강화, 길르앗 영토 확보 전쟁, 무역을 통한 국부 증가 등)을 가리키는 것처럼 보인다. 아합 왕은 각 지방 고관 자녀들을 모집해 아람 왕 벤하닷과 전쟁을 벌였는데, 아벡에서 대승을 거두고(왕상 20:29-30) 이스라엘 중앙 산지로부터 아람을 축출했다. 아합은 이때부터 사실상 이스라엘 전역의 패권을 장악했다. 그는 아버지 오므리의 부국강병책을 잘 계승했다. 이미 오므리 왕 때 유다와 모압은 북이스라엘의 봉신국가로 축소되었다. 유다 왕 여호사밧은 오므리의 아들 아합에게 "나는 당신과 같고 내 백성은 당신의 백성과 같고 내 말들(horses)도 당신의 말들과 같으니이다"(왕상 22:4)라고 말한다. 열왕기하 3장과 모압 왕 메사의 비문은 모압이 오랫동안 북이스라엘 오므리 왕가의 봉신이었음을 인정한다. 오므리 왕 때부터 오

---

7 찰스 쇼(Charles S. Shaw)는 '오므리의 율례와 아합 집의 모든 예법'은 오므리-아합 왕실이 단행한 법적, 경제적 혁신과 바알-아세라 숭배를 도입한 종교적 혁신, 그리고 외국들과 맺은 광범위한 국제적 동맹정치 모두를 가리킬 수 있다고 본다(*The Speeches of Micah : A Rhetorical-Historical Analysis* [Sheffield : Sheffield Academic Press, 1993], 179-180). 이런 점에서 쇼는 저자와 같은 입장이다. 하지만 쇼가 이 세 가지 사이의 상호적 파급관계를 보지 못한다는 점에서 저자와 다르다. 반면에 레슬리 알렌(Leslie C. Allen)은 오므리의 율례와 아합 가문의 모든 예법은 이세벨이 도입한 바알-아세라 숭배와 무관하며 모압, 두로, 아람 등과 맺은 외교통상 관계 때문에 이뤄진 법적, 상거래적 변법(變法)이나 새 관습 도입(국제화표준 도량형?)을 가리키는 것으로 본다(*The Books of Joel, Obadiah, Jonah and Micah* [NICOT; Grand Rapids, MI. : William B. Eerdmans, 1976], 381-382)는 점에서 저자와 다르다.

므리 왕가는 다윗 왕가를 봉신으로 예속시켰으며, 두 왕실은 결혼으로 동맹을 유지했다. 아합의 딸 아달랴는 유다 왕 아하시야의 모친이며 아하시야는 오므리의 증손자이다. 유다 왕이 아합 가문의 사위였던 것이다(왕하 8:25-27).

주전 853년에 앗수르의 시리아-팔레스타인 진출을 막기 위해 결성된 시리아-팔레스타인 왕국들의 동맹에서 다른 동맹국 10개 나라들(평균 200대)보다 철병거를 10배 많게(2,000대) 보낸 인물이 아합이었다.8 오므리 왕조는 요단 동쪽 내륙 무역로인 왕의 대로(大路)의 통행권도 관장함으로써 메소포타미아, 이집트, 아라비아의 오고가는 상품들에 대한 징세권도 좌우할 정도가 되었다. 성경 본문 증언들과 고고학 연구를 동시에 고려해 보면, 오므리-아합 왕실은 팔레스타인 중앙 산지의 작은 국가인 이스라엘 왕국을, 페니키아 해상 무역 상권 및 내륙 무역로인 왕의 대로도 관장하는 시리아-팔레스타인의 중간 패권 국가로 성장시키려고 국가정체성 개변(改變)을 시도했던 것으로 보인다.

그런데 이런 국제적이고 진보적인 국가 개조 정책은 보수적인 예언자 집단에게 엄청난 단죄를 당한다. 아모스는 사마리아의 포학과 강탈을 처음으로 성토하고 나선 예언자였다. 아모스에서 사마리아 궁궐은 포학과 겁탈의 총본산으로 단죄된다(3:10). 아모스 같은 주전 8세기 예언자들이 당시 이스라엘과 유다의 사회 정체성 격변에 왜 그렇게 경악했는지 알기 위해서는 이스라엘 민족의 초기 형성기

---

8 Guy Bunnens, J. D. Hawkins, I Leirens, *Tell Ahmar II : A New Luwian Stele and the Cult of the Storm-God at Til Barsib-Masuwari* (Leuven, Belgium ; Peeters, 2006), 90-91.

의 출애굽 구원과 가나안 땅 정착 과정의 서사를 숙지해야 한다. 노만 갓월드에 따르면, 초기 이스라엘 민족에게 '야웨 하나님 유일신'은 이스라엘 민족이 출애굽 해방(혁명)을 거쳐 가나안 땅에서 수행한 사회경제적 혁명(토지 평등 분배와 왕 없이 산 200년의 사사시대)의 상징적 표현 그 자체였다. 야웨 유일신 신앙은 부족들, 가문들, 그리고 이스라엘 자유농민 개인들의 평등주의적 공존을 가동시키는 기능적 열쇠였다. 모세가 가르쳐 준 이스라엘의 야웨 언약 신앙은 2천 년의 시간 동안 고대 근동 문명을 특징화했던 '사회계급 계층화에 대한 저항과 거부'를 의미했다는 것이다. 야웨 하나님이 평등 정신 아래서 급진적으로 갱신되어 재부족화된 사회인 이스라엘을 창조하고 그들을 지켜주기로 계약을 맺었기 때문이었다. 초기 이스라엘의 야웨 종교는 현실적인 혁명적 사회공동체의 실천이자 이데올로기였다. 이처럼 처음부터 이스라엘 민족에게 각인된 야웨 하나님은 '공의로운 땅 분배와 사용을 통해 유지되는 평등적 공정사회'를 복원하려는 하나님이었다는 것이다.[9] 아모스와 같은 주전 8세기 예언자들은 이런 초기 이스라엘의 야웨 신앙을 묵수한 보수주의자들이었다.

아모스가 보기에는 북이스라엘의 전통 사회, 즉 야웨와 언약백

---

[9] Norman K. Gottwald, *The Tribes of Yahweh: A Sociology of the Religion of Liberated Israel, 1250-1050 B.C.E.* (New York, NY.: Orbis Books, 1979), 700-701. "가장 최고도로 발전된 종교적 상징의 초점은 한 백성의 사회적 관계였다. 사회적 관계에 대한 디자인, 생각이 신의 본질을 검증하는 시금석이다"(701). 고대 근동 모든 곳에서 사회적 생활을 지도하는 우주적이고 종교정치적인 헌장들은 계급 불평등을 생명 삼는 계층화된 세계를 반영하고 그것에 대한 복종을 정당화했다. 초기 이스라엘의 계약사회는 인간사회의 계층화 해체를 위한 투쟁을 반영하고, 그것에 대한 투신을 반영했다. 이스라엘을 자유로운 생산자들의 사회로 격상시켰고, 평등과 토지에 대한 공동체적 소유를 향한 파격적 혁신을 위해 분투했다.

성의 견고한 언약으로 맺어진 전통적 평등지향적 농경사회는, 사회 계급과 계층 분화를 거쳐 거점 도시 중심의 상거래 주도 경제에 몰두하는 나라로 변화되어 해체될 위기에 놓여 있었다.10 당시의 오므리-아합의 사마리아는 예루살렘 두 배 크기로서, 번성하는 도시였고 왕실과 귀족들의 사치경연장으로 악명을 떨쳤다. 이 사마리아 외에 또 다른 도시들의 등장은 당시의 최고 사치품을 수입해 소비하는 귀족층과 부유층의 등장을 가능하게 했다(암 4:1, 4; 사 3:18-23). 그런데 이 모든 국가정체성 개변은 '다른 신들'을 도입한 이후 더욱 가속화되었고, 결과적으로 야웨의 예언자들이 주창하던 '성문정의'는 사라졌다. 왕실이 주도하는 지배층과 부유층의 탐욕은 이스라엘 언약공동체를 해체하기에 이르렀다.

주전 8세기 예언자들이 직면한 북이스라엘은 이미 1세기 전 오므리-아합 가문이 개변하기 시작한 나라의 정체성을 그대로 온존시켜 부국강병책을 추진하고 있었다. 오므리-아합 왕조를 무너뜨리고 들어선 예후 왕조의 여로보암 2세도 오므리-아합의 복사판이었다.

---

10 오므리-아합 왕실의 국가 형성과 이스라엘 정체성 개변 시도를 중립적으로 묘사한 연구를 보려면, 다음 연구를 보라: N. Na'aman, "The Northern Kingdom in the Late 10th-9th Centuries BCE," in *Understanding the History of Ancient Israel*, ed. H. G. M. Williamson, (Proceedings of the British Academy 143; Oxford: Oxford University Press, 2007), 399-418; I. Finkelstein, "Stages in the Territorial Expansion of the Northern Kingdom," *Vetus Testament* 61 (2011), 227-242. 나봇의 포도원 사건도 오므리-아합 왕조를 무너뜨리고 정권을 잡은 예후 왕조의 역사가들에 의해 윤색된 이야기로 보고, 오므리-아합 왕실에 덧입혀진 신명기 역사가의 편견에 비판적인 입장을 취하는 연구를 보려면, 다음 논문을 보라: Omer Sergi, Yuval Gadot, "Omride Palatial Architecture as Symbol in Action: Between State Formation, Obliteration, and Heritage," *Journal of Near Eastern Studies* 76/1(2017), 103-111.

이런 상황에서 아모스는 사자후를 토해 가며(암 1:2; 3:7) 북이스라엘의 지배층을 질책했다. 사마리아의 궁, 여름궁, 겨울궁, 상아궁에 대한 아모스의 비판(3:15)은 당시 북왕국 왕실 지배층의 사치와 부귀영화가 어느 정도였는지 짐작하게 한다. 특히 아합 왕의 상아궁은 고고학 유물에 의해서도 어느 정도 입증되었다.[11] 아모스보다 좀 늦은 시기에 등장한 이사야와 미가는 오므리의 율례와 아합의 모든 예법이 북이스라엘을 멸망시키는 데서 한 걸음 더 나아가 남유다까지 멸망시킬 기세로 영향을 미치는 모습을 보고 경악했다(미 1:9). 예레미야와 에스겔은 북왕국을 멸망시킨 악행, '다른 신들' 숭배가 남유다까지 멸망시켰다고 확언했다(렘 2:14-3:25; 겔 16:44-52; 23:1-49).

이사야 1~11장은 북왕국의 멸망을 배경으로 선포된 주전 8세기 이사야의 육성 예언을 담고 있다. 그중에서 10:1~2은 앗수르에 의한 북이스라엘 왕국의 멸망을 촉발시킨 죄악이 "불의한 법령을 만들며 불의한 말을 기록하며 가난한 자를 불공평하게 판결하여 가난한 내 백성의 권리를 박탈하며 과부에게 토색하고 고아의 것을 약탈"한 악행이라고 못 박는다. 열왕기하 17장의 증언과 아모스와 호세아의 증언에 비추어 볼 때, 여기서 북왕국 이스라엘을 멸망시킨 '불의한 법령과 불의한 말'은 오므리의 율례와 아합 가문의 예법과 같거나 그것의 연장선상에서 나온 악법들이다. 북이스라엘에서 '불의한 법령'과 '불의한 말'에 의해 합법을 가장한 채 사회경제적 악행

---

[11] Dever, "Social Structure in Palestine in the Iron II Period on the Eve of Destruction," 426.

과 압제가 이뤄졌을 가능성이 있음을 알 수 있다.

　　미가 3:1~9은 북왕국 이스라엘 지배층의 죄악을 하나님의 백성을 가죽을 벗기고 그 뼈에서 살을 뜯는 것이라고 단언한다. 미가 6:9~16에 등장하는 2인칭 복수 '너희'는 불의, 속임수, 악한 저울 눈금, 속이는 무게, 폭력, 거짓말 등 경제 정의를 파괴한 부유한 자들이다. 미가 6:16은 이런 죄악된 행위를 일삼는 자들이 '오므리의 율례'와 '아합 집의 모든 예법과 전통'을 따르는 자들이라고 말한다. 미가에서 단죄되는 죄는 제의/종교적 죄악이라기보다는 사회경제적 정의를 파괴하는 악행이다. 열왕기하 17:19이 가리키듯이 남왕국 유다도 '이스라엘 사람들이 만든 관습'을 행했다. 그 결과는 유다 왕국까지 포함한 '온 이스라엘 집'이 이방침략군의 정복대상으로 전락한 재난이었다. 오므리-아합의 '율례'와 '예법'을 주로 종교적 차원의 우상숭배와 관련짓는 데 그치고 마는 주석들과는 달리,[12] 우리는 오므리-아합의 율례와 예법이 그것 이상, 즉 언약공동체 해체를 초래하는 헌법파괴적 악행이라고 주장한다. 미가 6:16의 전후문맥과 미가 전체의 지배층 탄핵 이유가 우리의 논지를 뒷받침한다.

　　무엇보다도 미가 6:16 그 자체가 우리의 주장을 뒷받침한다. '오므리의 율례와 아합 집의 모든 예법' 추종이 단지 종교적 함의만 갖는 것이 아님은, 이 율례 실행자들과 예법 추종자들이 경제적으로 부유층이라는 사실에서 어느 정도 드러난다. 또한 오므리의 율례와 아합 가문의 예법을 따라 악행을 범한 자들에게 희생당한 자들이 야

---

[12] 이희학은 종교 혼합주의가 오므리 왕조의 대표적 실정(失政)이라고 평가함으로써, 바알-아세라 숭배의 사회성세직 자원을 충분히 다루지 않는다("오므리 왕조의 역사적 의미와 종교 혼합주의," 『신학사상』 130[2005년 9월], 51-79[특히 68]).

웨의 가난한 언약백성임이 드러난다. 더 나아가 이 악행자들에 대한 하나님의 심판은 땅 상실과 외국 유배로서, 이것은 단지 종교적 죄악에 대한 심판이 아니라 사회경제적인 악행에 대한 심판이었다. 이로써 오므리 율례와 아합 가문의 예법이 단순한 종교적 우상숭배죄가 아니라 국가정체성 개변을 시도한 포괄적인 악행임을 드러낸다. 이 북왕국 부유층에 대한 하나님의 심판은, 그들이 탐욕적으로 모은 땅을 황폐화하여 쓸모없게 만드는 것이다. "내가 부자들을 '황폐하게 하며',13 '토지 자체를 더 이상 생산력이 없는 땅으로 만들며 그 황폐케 된 땅 주민을 사람의 조소거리로 만들 것이다.', '너희들이 내 백성의 수욕을 짊어지게 될 것이다.'"

그렇다면 오므리의 율례와 아합 가문의 모든 예법이 어떻게 북이스라엘의 사회경제적 정의를 무너뜨렸을까? 열왕기상 16장과 21장을 자세히 검토해 보면 오므리의 율례는 토지 매입과 토지 집중을 가리키는 것처럼 보이고, 아합 가문이 만든 모든 예법은 토지 매입과 집중, 토지 교환 시도, 국경 영토 정복, 그리고 경계표의 빈번한 이동

---

13 '황폐하게 한다'를 의미하는 히브리어 샤아(šā'ā), 쉬마마(šĕmāmā) 등은 땅의 거주민이 유배당하거나 죽어서 땅이 경작지로서의 역할을 상실하는 경우를 가리킨다. 이사야 6:11-13이 미가 6:16 하반절의 '황폐하게 하는' 야웨의 행동을 보다 구체적으로 예시한다. 이사야 6:11-13, "내가 이르되 주여 어느 때까지니이까 하였더니 주께서 대답하시되 성읍들은 황폐하여 주민이 없으며 가옥들에는 사람이 없고 이 토지는 황폐하게 되며 여호와께서 사람들을 멀리 옮기셔서 이 땅 가운데에 황폐한 곳이 많을 때까지니라 그중에 십분의 일이 아직 남아 있을지라도 이것도 황폐하게 될 것이나 밤나무와 상수리나무가 베임을 당하여도 그 그루터기는 남아 있는 것같이 거룩한 씨가 이 땅의 그루터기니라 하시더라"; 미가 6:16, "너희가 오므리의 율례와 아합 집의 모든 예법을 지키고 그들의 전통을 따르니 내가 너희를 황폐하게 하며 그의 주민을 사람의 조소거리로 만들리라 너희가 내 백성의 수욕을 담당하리라".

으로 고아와 과부의 땅을 빼앗는 약탈행위와 관련된 것처럼 보인다 (신 27:17, 저주를 초래하는 죄, 경계표 불법 이동; 욥 24:2; 호 5:10 유다의 지도자는 '경계표 옮기는 자 같다'). '경계표'는 여호수아 시대에 처음으로 이스라엘이 가문별 토지를 할당받았을 때 받았던 지적대장 정도 되는 증거물이었다. 그런데 이 경계표는 전쟁, 장마, 홍수, 기타 자연재해로 얼마든지 망실되거나 제자리에서 다른 곳으로 옮겨질 수 있었다. 고아와 과부는 전쟁에 나간 남편과 아버지가 전사할 때 남겨진 유가족이었다. 경계표 위치 변경이 주로 법적 쟁송대상이 되었을 때 고아와 과부는 십중팔구 재판에서 패소하여 땅을 되찾지 못했거나 아주 불의하게 축소된 땅을 갖게 되어 회복 불능의 빈곤으로 전락했을 것이다.

이사야 1, 3, 5장을 통해 볼 때 남유다의 지배층 죄악 중에서 가장 치명적인 공동체 해체적 죄악은 불우하고 가난한 언약백성으로부터 땅을 빼앗는 악행이었다. "선행을 배우며 정의를 구하며 학대 받는 자를 도와주며 고아를 위하여 신원하며 과부를 위하여 변호하라 하셨느니라"(사 1:17). 이 고아와 과부를 학대하고 그들의 사법적 정의를 빼앗는 자들은 '소돔의 관원들'(커치네 소돔, 미 3:1, '통치자들')과 '고모라의 백성'으로 불리는 자들이다. 이들은 '하나님의 법'을 묵살하고 배척한 자들이었다. "여호와께서 자기 백성의 장로들과 고관들을 심문하러 오시리니 포도원을 삼킨 자는 너희이며 가난한 자에게서 탈취한 물건이 너희의 집에 있도다 어찌하여 너희가 내 백성을 짓밟으며 가난한 자의 얼굴에 맷돌질하느냐 주 만군의 여호와 내가 말하였느니라 하시도다"(사 3:14-15). 여기서도 장로들과 고관들이 언약백성의 포도원을 삼킨 자들이며 가난한 자들의 얼굴에 맷돌질을 하는 자들이다. 맷돌을 저당 잡아 놓고 그들의 생존권 자체를 위협한다는 중의적(重義的) 의미도 엿보인다. 신명기 24:6은 가난한 자들에 대한 무자비를 무자비한 맷돌 전집(典執)으로 설명한다. "사람이 맷돌이나 그 위짝을 전당 잡지 말지니 이는 그 생명을 전당 잡음이니라"

이사야 5장은 토지 강탈을 통해 토지 집중의 죄를 범한 자들이 야웨의 계명을 정면으로 배척한 자들임을 밝힌다. "무릇 만군의 여호와의 포도원은 이스라엘 족속이요 그가 기뻐하시는 나무는 유다 사람이라 그들에게 정의(미쉬파트)를 바라셨더니 도리어 포학(미쉬파흐)이요 그들에게 공의(츠다카)를 바라셨더니 도리어 부르짖음(츠아카)이었도다 가옥에 가옥을 이으며 전토에 전토를 더하여 빈틈이 없도록 하고 이 땅 가운데에서 홀로 거주하려 하는 자들은 화 있을진 저"(5:7-8). 하나님이 언약백성에게 포도원(땅)을 주신 목적은 정의(미쉬파트)와 공의(츠다카)라는 소작료를 받기 위함이었는데, 실제 이스라엘은 미쉬파트와 발음은 유사하지만 정반대인 포학(미쉬파흐)을, 츠다카와 발음이 비슷한 츠아카(부르짖음)를 결실했다. 이스라엘 지배층들이 포학과 강탈로 공의의 정반대인 가난한 자들의 부르짖음을 촉발시켰다는 것이다.[14]

이런 토지 정의의 파괴로 인한 가난한 언약백성의 땅 상실은 유민(流民)을 발생시킨다. 에스겔은 희년을 통해 원래 자기 기업의 땅을 되돌려 받지 못하는 백성은 자기 기업의 땅에서 소외되어 쫓겨

---

[14] 이 문제에 대한 더 자세한 논의를 보려면, 김회권, 『성서주석 이사야 I』, 157-158을 참조하라.

나게 될 것임을 암시한다. 여기서 군주는 백성의 기업을 빼앗아 그 산업에서 쫓아내지 못하도록 엄금하고 아들에게 땅을 상속할 때는 오직 자기의 기업만 상속하도록 엄명한다(겔 46:17-18; 삼상 26:19). 에스겔의 이 언급은 바벨론 포로살이를 촉발시킨 과거의 왕실이 범한 땅 관련 정의 파괴를 비판적으로 성찰하는 것처럼 보인다.

열왕기상 21장의 나봇의 포도원 사건은 오므리의 율례가 현실에서 강제로 실행된 사례를 보여준다. 아합 왕은 이스르엘 왕궁 확장 공사를 하려고 이스르엘에 포도원을 가진 자유농민 나봇과 접촉해 대토(代土)를 제안했다.[15] 그러나 나봇이 거절했다. 이 나봇의 거절 때문에 근심에 빠진 남편 아합을 안심시키며 끝내 불법적으로 나봇의 포도원을 강탈하고 그를 죽인 악행의 주도자는 그의 아내 이세벨이었다. 이세벨이 주도한 나봇 포도원 강탈 사건을 국가적 쟁점으로 부각시킨 인물이 열혈 야웨 예언자 엘리야였다. 열왕기상 17~19장은 엘리야와 이세벨의 갈등을 다룬다. 이세벨은 시돈의 제사장 딸로 바알과 아세라 신을 북이스라엘의 국가 공식 후원 신으로 격상시킬 때 결정적인 역할을 한 것으로 보인다. 엘리야와 정면충돌하며 그를 죽이려고 한 인물도 아합이 아니라 이세벨이었고, 850명의 바알-아세라 예언자들을 먹여 살린 인물도 이세벨이었다. 이 850명 바알-아세라 예언자들은 이세벨의 식탁에서 밥 먹는 자들이었다. 페니키아 시리아 일대의 유력농민들의 종교였던 바알-아세라 숭배를 왕실 종교로 격상시킨 오므리-아합 왕조가 이세벨의 상

---

15 N. Na'aman, "Naboth's Vineyard and the Foundation of Jezreel," *Journal for the Study of the Old Testament* 33/2 (2008), 214.

에서 먹는 바알 선지자 450명, 아세라 선지자 400명을 보유하고 있었다는 것은 실로 의미심장한 신호였다. 오므리-아합 왕조는 거대한 규모의 바알-아세라 종교 권력 집단을 지원함으로 이스라엘 국체를 개변하려고 시도했다.

구체적으로 오므리-아합 왕조는 부유층 중심의 왕실과 귀족 지배층이 '성 안에 살면서' '성 밖에 사는' 대다수 농민을 지배하던 당시의 도시국가들을 모방해 의도적으로 사회적 계층 분화를 획책하고 있었다. 850명의 바알-아세라 선지자들의 역할은 이 흐름을 방해하는 야웨의 예언자들을 사회적으로 무력화시켜 소멸시키는 일이었다. 이세벨과 아합은 야웨의 예언자들을 죽였고, 야웨 종교에 대한 철저한 박멸을 시도했다. 아합 왕의 궁내 대신 오바댜의 도움으로 100명 정도의 야웨 예언자들이 살아남았지만 야웨의 이름으로 성문에 나와 발언하는 예언 행위는 국기문란죄로 다스려졌다. "너희는 악을 미워하고 선을 사랑하며 성문에서 정의를 세울지어다 만군의 하나님 여호와께서 혹시 요셉의 남은 자를 불쌍히 여기시리라"(암 5:15). 이세벨이 대표하는 바알과 아세라가 토지 정의 파괴에 어떤 모양으로든지 연루되고 있음을 짐작할 수 있다.

엘리야는 이세벨과 바알-아세라 중심의 국가 개조에 정면으로 저항했다. 엘리야는 아합과 오므리의 국가 개조 프로그램의 일차적 영향을 덜 받는 요단 동편 길르앗의 디셉 사람이었다. 그는 부농(富農) 중심의 계층화가 덜 이뤄져 있고 평등주의적 유목민 에토스가 강해서 야웨 신앙 전통이 상대적으로 잘 보존된 지역 출신이었다. 그래서 엘리야는 자연스럽게 요단 서편에서 벌어지는 오므리-아합의 국가 개조 프로젝트에 훨씬 비상한 경계심을 갖게 되었을 것이다. 그는 열왕기상 17~19장에서 수년간의 가뭄을 예고함으로써 아합의 야웨 배척을 엄하게 질책했다. 야웨의 이름을 도말하고 '다른 신들'을 이렇게 공공연하게 국교화하는 만행을 범하는 아합 가문에 대한 야웨의 분노는 3년 6개월의 가뭄으로 표출되었고, 엘리야는 야웨의 진노를 기탄없이 대표했다. 이런 엘리야를 가리켜 아합은 '이스라엘의 대오를 흐트러뜨린 골칫거리'라고 불렀다(오케르 이스라엘). 이에 대해 엘리야는 '이스라엘을 괴롭게 하는 자'는 '당신과 당신 아버지의 집'이라고 대응했다. 열왕기상 18:18의 히브리어 구문은 2인칭 대명사를 돌출적으로 사용하는 주어 강조 구문이다. '다른 이가 아니라 당신(아타)과 당신의 아버지의 집'이 야웨의 계명을 버리고 바알을 따름으로써 이스라엘을 괴롭게 했다는 것이다. 엘리야는 여기서 '당신의 아버지의 집'도 덧붙임으로써 아합의 악행이 아버지 오므리 때부터 내려온 왕실의 체계적인 정책의 연장임을 강조한다. 미가 6:16은 이 악한 오므리-아합 왕실의 악행을 '오므리의 율례'와 '아합 집의 모든 예법'이라고 요약했던 것이다. 여기서 오므리-아합 왕실의 악행이 이스라엘의 국가정체성 개변과 관련되었다고 추론할 수 있는 실마리가 '이스라엘을 괴롭게 하는 자'라는 어구이다. 엘리야와 아합은 서로를 가리켜 '이스라엘을 괴롭게 하는 자'(오케르 이스라엘)라고 비난한다. 여기서 '교란시키다', '이스라엘의 일체성을 무너뜨리다'를 의미하는 히브리어 동사 아카르('ākar)가 사용된다. 여호수아 7:25에서 여리고 전쟁의 전리품을 다수 몰래 사취해 자기 집에 감춰 두었던 아간의 행위가 '이스라엘을 괴롭게 한 행위'로 묘사되는데, 여기서 동사 아카르('ākar)가 사용된다. "여호수아가 이르되 네가 어찌하여 우리를 괴롭게 하였느냐('ăkartanû) 여호와께서 오늘 너를 괴롭게 하시리라('ya'kŏrkā) 하니 온 이스라엘이 그를 돌로 치고 물건들도 돌로 치고 불사르고" 여기서 아카르('ākar) 동사의 목적어는 '우리'(온 이스라엘)이다. 아간의 행위가 이스라엘의 국가적 정체성을 파괴한 국기파괴적 죄악이라는 뜻이다. 열왕기상 18장의 엘리야의 외침은 오므리-아합 가문이 이스라엘 민족의 국체를 부정하고 언약백성의 대오를 교란시키고 무너뜨리는 아간 수준의 탐욕의 죄악을 범했다는 비판이다. 오므리-아합 왕조가 '이스라엘을 고통스럽게' 했다는 것은, 야웨의 언약백성 이스라엘을 해체시켜 부유한 자들과 가난한 자들로 분열시켜, 언약공동체성을 손상시켰다는 것이다(렘 8:21).

2) '오므리 율례'와 '아합 집의 모든 예법'이 초래한 결과

(미 2:1-11; 3:1-12; 6:1-16; 참조. 사 5:8-10; 10:1-2)

미가 전체는 남유다 왕국이 오므리의 율례와 아합 가문의 예법을 따라 해체되어 가는 과정을 다채롭게 보여준다. 야웨의 언약백성 공동체는 지배하고 압제하는 불의한 부유층들과, 지배당하고 압제당하며 죽음으로 내몰리는 '가난한 자들'로 양극화되었다. 그래서 야웨의 예언자들은 이 언약공동체 해체를 막으려고 당시의 지배권력층과 날카롭게 충돌했다.

미가 1장은 유다의 열 개 도시에 대한 애가이다. 여기서는 죄악과 악행에 대한 규탄어가 나타나지 않는다. 당대의 유다 지배층을 향한 미가의 비판은 2~3장, 6~7장에 각각 나와 있다. 크게 보면 1:1~2:11이 심판예언이며, 2:12~13은 위로 및 구원예언이다. 3장이 심판이며, 4~5장은 심판을 거친 후 찾아올 미래의 회복신탁이다.

5:10~7:6이 심판예언이요, 7:7~20은 미래의 회복과 구원을 말하는 후대편집물이다. 결국 미가의 진정성 있는 심판예언은 2~3장, 5:10~6:16에 집중되어 있다. 2~3장에서 미가는 공동체적이고 평등하고 공정한 옛 부족적 사회질서를 기준으로, 주전 8세기에 벌어지는 불의와 불법의 백태를 고발하고 있다.[16] 6:1~16에서 미가는 2~3장의 악행자들(주로 왕실과 주변의 지배층)에 협조하고 순응하여 일상생활적 차원(상거래 재판 등)에서 불의를 자행하며 가난한 동포들을 학대하는 악행자들을 규탄하고 있다. 6:16에서 미가는 악행자들에게 공통적으로 발견되는 한 가지 사실을 밝힌다. 그들이 1세기 전에 북왕국에 도입되었던 오므리의 율례와 아합 가문의 예법을 따른다는 것이었다.

### 3) 가난한 동포의 산업 나할라를 강탈하는 악행 기획자와 악행 실행자들(미 2장)

2:1~5에서 미가는 가난한 농민들을 억압하고 착취하던 지배층 권력자들에게 임할 하나님의 징벌을 선포하였다. 2:1~2은 부유한 자들의 약자 약탈이 주도면밀한 기획 속에 자행되고 있음을 보여준다. "그들이 침상에서 죄를 꾀하며 악을 꾸미고 날이 밝으면 그 손에 힘이 있으므로 그것을 행하는 자는 화 있을진저 밭들을 탐하여 빼앗고 집들을 탐하여 차지하니 그들이 남자와 그의 집과 사람과 그의 산업을 강탈하도다" 오므리의 율례와 아합 집의 예법을 통

---

[16] Norman K. Gottwald, *The Hebrew Bible: A Socio-Literary Introduction* (Philadelphia, PA.: Fortress, 1985), 375-376.

해 공인된 '다른 신들'을 섬기는 자들은, '날이 밝으면' 그 손에 있는 힘을 이용해(아마도 부패한 법정을 통해-성문 재판의 왜곡) 불의한 이익을 사취했다. 이사야 5:8~10과 미가 2:2이 가리키듯이, 십계명의 제1계명 위반은 십계명의 제10계명 위반으로 직행한다. 다른 신들에 대한 숭배는 이웃의 밭들과 집들에 대한 약탈을 정당화했다. 그 약탈은 성문에서 열리는 재판을 통해 이뤄져서 '합법성'을 충족시키는 것처럼 보였을 수도 있다. 2:1~2에서 언급되는 이 악한 계획의 기획자들은 불의한 법령을 통해(사 10:1) 이웃의 산업을 약탈해 야웨 하나님의 언약백성 신분을 부정하고 박탈하여 마침내 언약공동체 해체를 초래했다. 2절의 '밭과 집' 그리고 '산업'에 대한 '강탈'(עשק[아샤크])은 밭과 집 등 부동산에 대한 탐욕스런 축적과 토지병합을 가리킨다. 시편 103:6은 야웨 하나님을 강탈당한 자들을 위해 정의를 행하시는 하나님이라고 선포한다(오쎄 츠다코트 아도나이 우미쉬파팀 러콜-아슈킴). 기업 또는 산업으로 번역되는 '나할라'는 야웨 하나님이 언약백성에게 선사하는 계약 담보물이다. 이스라엘 언약백성은 이 언약보증물인 땅을 통해 군주나 지주에게 지배당하지 않을 자유를 누리고 구원을 누린다. 이스라엘 민족은 가나안 땅에 정착해 땅을 경작하는 자유를 누리며 야웨의 언약을 감미로운 결속으로 경험하도록 예정되었다. 이스라엘은 이 나할라를 통해 야웨와의 특별한 언약적 결속을 누렸기 때문에, 나할라를 빼앗기면 단지 재산이나 생존권을 빼앗기는 것이 아니라 하나님과의 언약적 유대와 결속도 빼앗기게 된다. 즉, 하나님도 빼앗기게 된다는 것이다. 그래서 하나님의 언약백성으로 남아 있으려면, 이스라엘 백성은 어떤 경우에도 나할라를 다른 사람에게 양도하거나 매매, 처분할 수 없었다. 매매하거나 양도하더라도 7년 만에 되찾아야 한다(레 25:1-11 ; 신 15:1-3). 그래서 나봇도 왕이 자기 채소밭과 자신의 포도원을 맞교환하자고 제의했을 때 왕의 제의를 수락할 수 없었다. 창세기 17:7~10이 가리키듯이, 야웨는 토지 수여를 통해 종주의 지위를 확보하고 ('이스라엘에게 하나님이 되신다.'), 이스라엘은 그 땅을 수여받음으로써 야웨의 봉신 백성 자격을 획득한다. 그러므로 "이스라엘 백성들이 진정한 여호와의 백성이 되는 것은 바로 여호와가 주시는 땅을 차지하고 그 땅에서 살아가게 되는 때이다".17 이처럼 언약백성 이스라엘은 '오로지 하나님께 가장 우선적으로 결속되어 있는 백성'으로서 '왕이나 전제군주가 함부로 압제해서도 안 되고 강제로 징집해서도 안 되는' 자유농민을 의미했다.18 미가 4:4이 묘사하는 자유농민이 바로 그들이었다. "각 사람이 자기 포도나무 아래와 자기 무화과나무 아래에 앉을 것이라 그들을 두렵게 할 자가 없으리니 이는 만군의 여호와의 입이 이같이 말씀하셨음이라" 이처럼 이스라엘 언약백성은 자신의 땅(무화과나무와 포도나무)을 소유할 때, 비로소 하나님과의 언약결속을 누릴 수 있었다. 따라서 자유농민에게서 땅을 박탈하는 것은 그 자체로 하나님과 이스라엘 농민 사이에 맺어진 언약을 파괴하는 중대범죄가 된다.

2:3에서 하나님은 가난한 이웃의 땅을 강탈한 지배층에게 비례적 응보 정의(poetic justice)를 집행하신다. 그들도 스스로 행한 악

---

17 장석정, "여호수아 1-5장에 나타난 땅의 개념 연구," 『신학사상』 137(2007년 6월), 7-37(특히 10쪽).
18 김회권, "희년과 하나님 나라," 김근주 외 9인, 『희년』(서울 : 홍성사, 2019), 80.

행의 희생자가 되게 하신다. 즉, 그들 자신도 자신들의 산업(나할라)을 빼앗기게 될 것이다(4절). 5절은 악인은 땅을 상속하는 데서 배제될 것을 암시한다. 이 절은 고대 이스라엘 사회에서 '정기적으로 토지를 재분배하는' 상황을 반영하는 것처럼 보인다.[19] 5절은 시편 1:5이 말하는 여호와의 회중에서 배제되는 악인의 상황을 "분깃에 줄을 댈 자가 너희 중에 하나도 없을" 것이라는 말로 요약한다. 즉, 야웨의 총회에 참석하여 토지의 분배에 참여할 기회가 아예 끊기게 된다는 판결이다(5절). 결국 시편 1:5~6이 말하듯이, 종국적으로는 악인이 땅을 상속받는 의인의 회중에 들지 못하며, 언약공동체로부터 아예 추방될 것이다. 전체적으로 2:4~5은 여호수아가 가나안 땅을 배분할 때 각 지파별로 제비를 뽑아 결정했던 역사적 사건(수 18:8-10; 시 16:4-6 다른 신들을 섬기는 자들과 달리 토지 분배에 초청받은 의인)을 염두에 둔 발언으로 이해된다. 그때에도 땅을 나눌 때는 줄(חבל)이 땅을 측정하는 기준으로 사용되었으며, 각 지파 가문들에게 할당되는 땅은 제비뽑기로 결정되었다. 그러나 5절은 이제 유다의 탐욕스런 지배층에게는 '줄로 분깃을 나누는 일', 토지 재분배에 참여할 기회조차 없을 것임을 선포함으로써 그들이 야웨의 언약공동체에 참여할 자격 자체를 박탈당함을 알려 준다. 야웨의 언약백성은 가나안 땅에 정착한, 땅을 지닌 백성(landed people)이기 때문이다(사 57:13; 60:21).

2:7은 참된 예언자의 예언활동에 저항하는 '야곱 족속'(북이스라엘)을 비판한다. 그들은 "여호와의 영이 성급하시다."라고 말한다.

---

[19] 우택주, 『8세기 예언서 이해의 새 지평』, 340.

2:8에서 하나님은 '야곱 족속'을 '내 백성'이라고 부르시며 그들의 악행을 고발하신다. 야웨의 백성이 "원수같이 일어나서 전쟁을 피하여 평안히 지나가는 자들의 의복에서 겉옷을 벗기며"(2:8), "내 백성의 부녀들을 그들의 즐거운 집에서 쫓아내고 그들의 어린 자녀에게서 나의 영광을 영원히 빼앗는도다"(2:9).

8~9절은 사마리아와 예루살렘에 임박한 멸망(1장)과, 탐욕스런 권력자들에게 임할 징벌(2:1-5)이 초래될 수밖에 없는 이유를 보여준다. 그들의 죄가 '내 백성'이라고 불리는 이스라엘 언약공동체를 와해시켰기 때문이다(8절). '내 백성'은 하나님의 언약적 투신과 돌봄을 누릴 권리를 가진 백성이다. 하나님은 출애굽 구원을 일으키기 전부터 모세에게 히브리 노예들을 가리켜 '내 백성'이라고 칭했다(출 5:1). 파라오에게 가서 전할 말은, "내 백성을 풀어주라."는 요구였다. '내 백성'은 하나님의 특별 애착과 보호대상이 되는 가난한 자들을 칭하기도 한다(잠 14:31).[20] 오므리의 율례를 따르느라 야웨의 언약조항을 배척한 탐욕스런 권력자들에 의해 '부녀들과 어린 자녀들이' 그들의 즐거운 집에서 쫓겨나는 사태에서 오므리 율례와 아합 가문의 예법이 경제적 정의 파괴 행위였음을 알 수 있다(9절). 이렇게 땅을 빼앗기고 집에서 쫓겨난 여자들과 아이들은 고아와 과부처럼 정처 없이 떠도는 유민이 된다. 하나님의 언약백성 신분을 상실해서 땅으로부터 추방된 것이다. 권력자들이 "밭들을 탐하여 빼앗고 집들을 탐하여 차지"(2절)했기 때문이다. 그것은 "그들이 남자와 그의 집과 사람과 그의 산업을 강탈"한 결과였다.

---

[20] 박철우, 『요나/미가』(서울: 대한기독교서회, 2008), 141-142.

10절은 8~9절에서 고발된 현실에 대한 최종적 판결을 담고 있다. 권력자들과 그들을 영적으로 지지해 준 거짓 선지자들을 향해 이 땅에서 "일어나서 떠나라."고 말한다. 더 나아가 10절은 그들의 죄악으로 인해 거룩한 땅이 더럽혀진다는 점을 지적한다. 이스라엘이 야웨의 땅 선물을 누릴 수 있게 만드는 언약조건인 미쉬파트와 츠다카를 지키지 않을 때, 그 약속의 땅 자체가 더럽혀진다는 것은 성경의 토지사상에 있어서 중요한 부분이다(레 18:25-27). 누적된 죄악으로 인해 땅이 더럽혀지면 그 땅의 거주자들이 추방되고(창 15:13-16), 땅에 의해 토해 냄을 당한 원주민(레 18:28)을 대신할 새로운 임차인이 등장한다.[21] 이스라엘은 아모리 족속의 죄악이 관영(貫盈)하여 하나님의 심판으로 가나안 땅에서 쫓겨난 빈자리에 들어가 가나안을 차지했고, 동일한 이유로 가나안 땅을 상실할 위협을 받으면서 가나안 정착을 시작했다(신 8:20).

3장은 처음부터 탄핵당하는 자들을 특정함으로써 시작된다. 곧 예루살렘의 군사-사법-정치 및 종교 지도자들이 자행하는 악행을 고발하고 있다. 2장과 3장에서 악을 행하는 자들의 악행은 거의 동일하다.

2:1~5은 땅을 탐하는 지주들(아마 왕실지배층)을 비판하고 2:6~11은 그들을 옹호하는 거짓 예언자를 규탄한다.[22] 3:1~4은 식인종이 된 지배자들을 규탄하고 3:5~8은 탐욕스럽고 타락한 예언

---

[21] 김회권, 『이사야: 40-66장』(서울: 복있는 사람, 2020), 707-721.
[22] 2:12-13은 후대에 있을 이스라엘 회복에 대한 간략한 편집단락이며, 앞뒤 단락과의 연결이 부자연스럽다.

자들을 탄핵한다. 3:9~12은 철저하게 파괴될 예루살렘의 미래를 예고한다. 결국 2장과 3장은 중심 악행자의 호명과 규탄, 중심 악행자를 옹호하는 거짓 종교 지도자의 규탄, 그리고 각각 악행자들의 비참한 말로를 말한다는 점에서 병행구조를 보여주고 있다. 2장에서 탄핵되는 자들과 3장에서 탄핵되는 자들은 동일인이라기보다는, 왕실이 주도하는 다른 신들 숭배에 상응하며 언약공동체를 해체하는 악행에 함께 앞장서는 정도의 지배층 카르텔이었을 것이다.

3장은 야곱의 우두머리들과 이스라엘의 통치자들에게 특별히 요구되는 본분이 "정의(미쉬파트)를 아는 것"이라고 말함으로써 비판을 시작한다(1절). 그러나 실제로 그들이 행하고 있는 일은 "미쉬파트를 미워하고 정직한 것을 굽게 하는" 것이다(9절). 하나님의 위임을 받은 통치자들이 오히려 야웨의 언약백성을 철저하게 착취하고 있다(1-3절). 또한 통속적 예언자들은 경제적 보상이 주어질 때만 평화를 외치고 그렇지 않을 때는 전쟁의 위협을 서슴지 않는다(5절). 9~12절은 지도자들의 총체적 타락을 향한 하나님의 최종적 심판을 선포한다. 즉, 예루살렘과 성전 파멸이 그것이다. 특별히 11절의 고발에는 이스라엘의 최고위 재판관들인 우두머리와 제사장과 선지자 모두가 단죄되고 있다. "그들(시온과 예루살렘)의 우두머리들은 뇌물을 위하여 재판하며 그들의 제사장은 삯을 위하여 교훈하며 그들의 선지자는 돈을 위하여 점을 치면서도 여호와를 의뢰하여 이르기를 여호와께서 우리 중에 계시지 아니하냐 재앙이 우리에게 임하지 아니하리라 하는도다" 이 세 집단이 주로 '시온을 피로, 예루살렘을 죄악으로 건축하는' 데 기여한 자들이다. 거짓 예언자의 최악의 악행은 임박한 재앙을 감지하지 못하고 경보도 울리지 못하는 영적 안이함이었다. 12절은 시온이 전복되고 파괴될 것임을 경고한다. "시온은 갈아엎은 밭이 되고 예루살렘은 무더기가 되고 성전의 산은 수풀의 높은 곳이 되리라 하시더라"[23]

아무튼 미가의 눈에는 야웨의 성전 도시인 '시온'마저도 갈아엎어짐을 당하게 만들 죄악이 곧 시온에 본거지를 둔 유다지배층의 가증한 악행들이다. 미가는 단순하게 지배층이 약자를 압제하고 착취한다고 비난하지 않는다. 악하고 정교한 시스템 작동을 통해 지배층이 언약백성을 압제하고 끝내 야웨의 기업으로부터 쫓아낸다는 점을 비난한다. 로버트 쿠트와 우택주는 이 악하고 정교한 시스템을 일종의 고리대금업과 같은 금융 착취를 수반한 '임대 자본주의'(rent capitalism)라고 본다.[24] 하지만 1~4절이 포괄적이고 추상적인 단죄 선언인데다 인육 섭취 유비를 사용해 단죄하기 때문에 명확한 해석이 쉽지 않아 보인다.

> [1]내가 또 이르노니 야곱의 우두머리들(로쉐 야곱)과 이스라엘 족속의 통치자들(커치네 벧-이스라엘)아 들으라 정의를 아는 것이 너희의 본분이 아니냐 [2]너희가 선을 미워하고 악을 기뻐하여 내 백성의 가죽을 벗기고 그 뼈에서 살을 뜯어 [3]그들의 살을 먹으며 그 가죽

---

[23] 시온의 운명에 관한 예언에서 미가와 동시대의 예언자 이사야가 다소 차이를 보인다. 미가는 시온이 갈아엎음을 당할 것이라고 단언하지만, 이사야는 28-29장에서는 시온이 한순간 굴욕당하겠지만 극적 구원을 경험하게 될 것이라고 예언한다(김회권, 『성서주석 이사야 I』, 549-571).

[24] 로버트 B. 쿠트, 우택주 역, 『아모스서의 형성과 신학』(서울: 대한기독교서회, 2004), 55-58. 로버트 B. 쿠트는 세습토지제도를 수녹토지제도로 전환시킨 결정적 요인을 임대 자본주의에서 찾는다. 하지만 이 복잡한 논리를 설명할 본문상의 근거가 빈약하다.

을 벗기며 그 뼈를 꺾어 다지기를 냄비와 솥 가운데에 담을 고기처럼 하는도다 ⁴그때에 그들이 여호와께 부르짖을지라도 응답하지 아니하시고 그들의 행위가 악했던 만큼 그들 앞에 얼굴을 가리시리라

이 단락의 직접적 청중은 '야곱의 우두머리들'(로쉐 야곱)과 '이스라엘의 통치자들'(커치네 벧-이스라엘)이다. 로쉐 야곱은 단순한 지배층이 아니라 이스라엘 민간 조직의 지도자들, 향토적 토착지도자들이다. 아마도 성문 앞에서 재판을 담당하는 자들(미 3:11)이었거나 군대지휘관이었을 것이다.²⁵ 커치네 벧-이스라엘도 군사지휘관 조직의 지휘관급 간부를 가리키는데(사 1:10; 3:6-7; 22:3), 이스라엘 자유농민이 군대조직으로 편성될 때 지도력을 행사하던 자들을 가리킨다.²⁶ 결국 이들은 비록 예루살렘에 거주했을지라도 왕실에서 지방으로 파견되어 사법적 지도력을 행사하는 지배층(대하 19:5-8, 여호사밧의 재판관 지방 파견)이라고 볼 수 있다.²⁷ 이들은 왕의 명령으로 재판을 통해 토지 분배, 혹은 토지소유권 갈등을 처리하는 공권력을 행사했을 가능성이 크다.²⁸ 그래서 당연히 '미쉬파트를 아

---

**25** John R. Bartlett, "Use of the Word roš as a Title in the Old Testament," *Vetus Testament* 19 (1969), 1-10. 로쉬가 군사지휘관을 가리키는 경우는 사무엘상 15:17, 사무엘하 23:8-39, 그리고 민수기 14:4에 나온다.

**26** Gottwald, *The Tribes of Yahweh*, 270-271. 갓월드에 따르면 이스라엘 왕정기에는 천부장이 사법적 지도자(śar-'eleph)이면서 동시에 군대지휘관으로 활동했다(민 1, 26장). '천 명'으로 번역되는 엘레프('eleph)는 초기 이스라엘의 군사조직이었다는 것이다.

**27** 사사기 11장의 사사 입다가 로쉬와 카친으로 불린 유일한 인물이다.

**28** 햄머샤임(E. Hammershaimb)은 왕에 의해 임명된 이 관리들이 예루살렘 밖의 토지

는 것'이 기대되고 요구되는 사람들이었다. 그런데 그들이 선(톱[tôb])을 미워하고 악을 기뻐한다. 이사야 5장은 이런 불의하고 악한 재판 행위를 주관한 자들을 가리켜 이렇게 비난한다. "악을 선하다 하며 선을 악하다 하며 흑암으로 광명을 삼으며 광명으로 흑암을 삼으며 쓴 것으로 단것을 삼으며 단것으로 쓴 것을 삼는 자들은 화 있을진저"(20절). 미가 3:2 하반절과 3절은 이 야곱의 우두머리들과 야곱 가문의 통치자들의 악행이 만인의 공분을 촉발시키는 체계적인 약탈이자 인육 섭취적인 생명 착취임을 고발한다. "…… 내 백성의 가죽을 벗기고 그 뼈에서 살을 뜯어 그들의 살을 먹으며 그 가죽을 벗기며 그 뼈를 꺾어 다지기를 냄비와 솥 가운데에 담을 고기처럼 하는도다" 이 두 절은 지배층의 토지 약탈과 가난한 동포 학대가 인육을 먹는 행위에 비견된다고 단죄한다. 뼈의 살을 발라 그것을 솥에 삶는 것은 동물 희생제사 절차를 상기시킨다(레 1:6; 삼상 2:14). 가난한 야웨의 백성의 산업을 강탈하는 지배층의 악행은 가난한 동포를 희생제물화하는 종교적 행위처럼 간주된다는 것이다.

3:3의 백성의 가죽을 벗기는(פשט[pāšat]) 악행은 2:8의 겉옷 벗기는(פשט[pāšat]) 악행과 동연적(同延的)이다. 이 과정은 가난한 백성의 피흘림을 수반한다. 가난한 자들의 피, 가난한 지방민들에게 행해진 죄악으로 예루살렘 왕실과 지배층의 권력 기반이 공고해졌다고 말한다. 그런 점에서 예루살렘은 하나님의 백성의 피를 흘리게 한 지배층의 죄악으로 건축된 도성이다. 가난한 자들의 땅을 강탈하고

---

분배를 집행한 사람들이었을 것이라고 결론 내린다("Some Leading Ideas in the Book of Micah" 29-50, in *Some Aspects of Old Testament Prophecy from Isaiah to Malachi* [Kopenhagen:Rosenkilde og Bagger, 1966]).

겉옷도 빼앗는 행위(2:8)는 신명기의 자비법령을 무자비하게 범하는 것이다(신 24:17). 2:8은 3:3의 뼈까지 발라먹는 무자비함을 상기시킨다.

로버트 쿠트와 우택주는 이 두 구절이 임대 자본주의를 통한 토지 약탈을 묘사한다고 본다. 가난한 농민들이 부자들로부터 농기구들을 임대해 임대비용을 지불하는 과정에서 빚이 누적되자 농기구를 임대해 준 부농이자 지배층이 인신을 노예화하고, 결국 그들의 땅 소유권까지 가로채는 과정이라는 것이다. 그런데 이 본문이나 다른 어떤 예언서에도 이들이 상정하는 그런 세부적 과정을 증명하는 본문이 거의 없다.

오히려 앞서 잠깐 언급했듯이, 우리는 2:1~5에서 단죄되는 악행자들과 3:1~4에서 단죄되는 악행자들의 행태를 비교해 봄으로써 3:1~4이 묘사하는 악행의 본질이 무엇인가를 한층 더 깊이 천착해 볼 수 있다. 3:1의 우두머리들과 통치자들과 2:2의 악행자들은 거의 똑같은 일을 한다. 둘 다 찢고(גזל)[29] 탈취(tear/seize)한다. 2:1~2은 십계명 중 열 번째 계명을 어기는 자들을 고발한다. '밤사이에 침상에서 악을 꾸미고 날이 밝으면 악한 꾀를 실행'하는 자들의 중심 악행은 "밭들을 탐하여 빼앗고 집들을 탐하여 차지하니 그들이 남자(게베르)와 그의 집(벧)과 그의 산업(나할라)을 강탈"하는(오쉬쿠) 행위이다. 그들은 보통 이스라엘 사람(게베르)의 밭들, 집들, 사람, 집과 그 집에 속한 사람, 그리고 천부 불가양도한 기업(基業)까지 강탈한다. 이것은 가죽, 살, 뼈 순서로 인육을 먹는 행위에 비견될 수 있

---

[29] 구약성경에서 오직 서른여섯 번 나타나는 동사이다.

는 악행이다. 잠언 28:15은 "가난한 백성을 압제하는 악한 관원은 부르짖는 사자와 주린 곰 같으니라"고 말한다. 사자와 주린 곰처럼 우두머리들과 통치자들이 가난한 백성('am-dāl)의 가죽, 살, 뼈까지 먹어 치운다.

미가는 여기서 이스라엘 지배자들과 우두머리들이 좁은 의미의 종교적 죄악을 범했다고 비난하는 것이 아니라, 하나님의 언약의 토대인 자유농민의 땅 기업 나할라를 강탈한 악행을 비난한다. 그런데 하나님은 이 2장의 악행자들을 비례적 응보정의로 심판하시듯이, 여기서도 비례적 응보정의로 대하신다. 2장은 가난한 자의 산업을 강탈했던 지배층의 산업 나할라를 옮겨, 그리고 밭을 나눠 패역자에게 쥐 버리신다(2:4). 3:4에도 악한 우두머리와 통치자들의 부르짖음에 응답하지 않으실 것이며 그들에게서 하나님의 언약백성 신분을 박탈하실 것이다. 2장의 악행자들의 악행 완성이 "예언하지 말라."고 위협하는 것이듯, 3장의 악행자들은 아예 선지자들을 뇌물로 구워삶아 예언 자체를 원천봉쇄한다. 오로지 물질적 향응을 받지 않는 예언자 미가만이 야곱의 우두머리들이 행한 죄악을 공공연히 탄핵한다(3:8). 3:4은 악행자들의 기도 행위가 아무런 하나님의 응답을 끌어내지 못할 것임을 경고한다.

미가 4장과 5장은 2:12~13에서 짧게 언급된 약속과 구원을 좀 더 자세히 서술하고 있다. 4장에서 미가 선지자의 시야는 언젠가 이루어질 이상향적 미래를 향해 있다. 4:1~4에는 열방의 민족들이 그들의 보물을 가지고 시온으로 모여들게 될 것을 노래한다. 열방들의 시온 순례를 촉발시키는 것은 시온이 모든 민족들에게 평화를 가르치고 전쟁 약탈체제를 원천적으로 소거하는 교육을 시켜주기 때문이다. 3절과 4절은 특별히 야웨의 임재와 신적 통치의 결과 세상에 임하게 될 평화의 이상 성취 시기를 예언하고 있다. 다시는 전쟁이 없을 것이고 "각 사람이 자기 포도나무 아래와 자기 무화과나무 아래에 앉을 것"이다. 그리고 "그들을 두렵게 할 자가 없을 것"이다. 4절은 시온이 완전히 멸망하고 나서야 찾아올 이상화된 미래를 언급한다. 시온이 멸망한다는 말은 시온에 본거지를 둔 왕실이 망한 후에 비현실적일 정도의 자유농민 평화 향유 시대가 도래한다는 것이다. 미가 1:16의 추방, 2:1~2의 땅 몰수, 2:9이 말하는 집에서 쫓겨나는 환난, 3:2~3이 말하는 관료들의 포악한 압제 등으로부터의 완전한 해방을 의미한다. 이것은 단지 미래에 있을 일이 아니라, 피로 건설된 왕실이 멸망당한 이후에야 오는 미래라는 점이 중요하다. 즉, 포도나무와 무화과나무를 빼앗을 수 있는 내부와 외부 모두의 위협으로부터의 안전 보장이 그 전제 조건이다. 여기서 미가의 저자는 단순한 전쟁 중단이 아니라 의심할 여지없이 전쟁을 필요로 하는 세계의 불의한 구조를 혁파하는 대변혁을 상정하고 있다.[30] 미가는 언젠가 시온이 자유농민의 산업기둥인 무화과나무와 포도나무 정원을 되찾아 두려움 없이 평화를 누릴 날을 예기한다. "만민이 각각 자기의 신의 이름을 의지하여 행하되 오직 우리는 우리 하나님 여호와의 이름을 의지하여 영원히 행하리로다"(4:5). '자기의 신'

---

[30] Walter. Brueggemann, "Vine and Fig Tree: A Case Study in Imagination and Criticism," *Catholic Biblical Quarterly* 43/2 (April 1981), 188-204(특히 193). 브루거만은 이 논문에서 열왕기상 4:20-28(25)이 그리는 '평화'는 미가 4:4의 평화와 다른 종류의 평화라고 본다. 열왕기상 4:25의 평화는 평화로 위장된 관료적 통제, 솔로몬 왕실에 의해 분식된 위장평화라고 본다. 그는 왕정과 자유농민의 평화는 공존이 안 된다고 본다. 그런 점에서 미가 4:4은 왕정 이후에 찾아오는 자유농민의 평화를 말한다.

이란 바로 이 자유농민의 평화와 안전보장을 앗아간 신들인데, 자유농민들은 이세벨과 같은 다른 신 숭배자들의 위협과 박해 없이 야웨 하나님의 이름을 의지하여 이런 자유를 향유하게 될 것이다. 4:5은 자유농민의 이 몽환적인 평화는 오로지 야웨 하나님이 주실 선물이라는 점을 분명히 한다.

끝으로 미가 6:16 직전의 문맥인 10~15절을 살펴보면 16절의 '율례'와 '예법'이 사회경제적 차원의 것임을 더욱 분명하게 알 수 있다. 16절은 이스라엘 공동체에서 자행되고 있는 사회경제적 악행과 불의에 대한 고소와 그에 따른 유죄 판결(언약적 저주)에서 도출되는 최종 판결이다. 10~12절에서 빈번하게 사용되는 두 단어 '거짓'과 '불의'는 당시의 '예루살렘 유력 거민들'의 총체적 부패상과 타락상을 여실하게 폭로한다.[31] 10~12절에는 일상의 상거래와 경제 활동 속에서 등장할 수 있는 각종 불법과 사기 행위가 거의 다 망라되어 있다. 모세 율법은 '공정한 저울추'와 '공정한 상거래 도구' 사용이 야웨에 대한 언약적 순결성을 증명하는 증표라고 본다. 일상의 상거

---

[31] 10절 '악인의 집에 있는 불의한 재물과 축소시킨 가증한 에바'의 히브리어 구문을 음역해 보면 이 절의 수사적 위력이 더 실감난다. "벧 라샤 오츠로트 레샤 뷔에파트 라존 즈우마"(bêth rāšā' oṣrôth reša' êpath rāzôn zĕ'ûmā). 앞의 라샤는 '악인'으로 번역되고 뒤에 나오는 레샤는 '불의한'으로 번역되었는데 같은 단어이다. 11절 하반절에 나오는 '미르마'는 '거짓'(11b)으로 번역되고, 12절 상반절의 '하마스'는 '강포'(12a)로 번역된다. 12절 하반절의 '쉐케르'는 '거짓'으로 번역된다. 12절의 셋째 소절의 '러미야'는 '속임'으로 번역된다(참조. 장성길,『피할 수 없는 하나님의 숨은 손길』[서울: 솔로몬, 2009], 142-144). 이 모든 악덕과 뒤틀린 인간성은 이스라엘의 언약 백성을 형제적 유대로 묶어 준 언약적 결속(신 15:6-11)을 파괴하는 악이다. 호세아 4장은 이 모든 악덕은 하나님을 아는 지식이 없어서 파생된 현상이라고 말한다. 이 악덕들은 단지 윤리적 일탈이 아니라 하나님과의 언약이 와해된 엄중한 사태를 고발하는 사태라는 것이다(호 4:6).

래에서 경제적 정의와 공평을 실천하는 것이 공정한 저울추와 정확한 에바 사용이라는 것이다(레 19:36; 신 25:13, 15). 결국 미가 6:10~12은 '줄인 에바, 부정한 에바, 부정한 저울, 거짓 저울추'와 같은 것들이 상거래에서 정의와 공의를 파괴하고 교란시킬 뿐만 아니라 언약공동체 구성원 사이의 의리와 유대도 파괴할 것임을 암시한다. 이런 경제적 상거래까지 오므리의 율례인지는 확인하기 어렵다. 그러나 미가 예언자가 북이스라엘을 멸망으로 몰아간 죄악이 유다에까지 넘쳤다고 선언함으로써(1:9) 지배층 탄핵을 시작했다는 점에서 이런 불의한 상거래 관행도 '오므리의 율례'와 '아합 집의 예법'의 일부였을 가능성을 배제할 수 없다.[32]

이상에서 살펴본 바와 같이 미가 전체에서 정죄되고 있는 행위들은 사회경제적 죄악들과 관련되어 있다. 하지만 미가에도 가난한 야웨의 언약백성이 이렇게 산업을 빼앗기는 그 과정은 여전히 은유와 포괄적 언어로만 묘사되어 있어, 정확한 사회경제사를 재구성하기는 쉽지 않다. 우택주는 '집약농업적 역학'이라는 키워드로 가난한 자들이 땅을 상실해 가는 과정을 재구성하려고 한다. 주전 8세기는 이스라엘의 부농들과 유다의 부농들이 생산한 잉여농산물이 국제수출상품이 되는 과정에서 거대한 조방농업이 대두했다는 것이다. 역대하 26장의 웃시야의 농업투자 정책도 그 실례가 될 것이다. 왕실을 위시한 대지주 부농들은 밀과 포도주와 올리브를 집중 재배해 수출하고 그 이익으로 무기, 사치품, 귀족들의 기호품을 수입했다는 것

---

[32] 레슬리 알렌은 부자 수출농들에게 유리하고 가난한 농민들에게 불리한 상거래 법령 개변을 오므리의 율례와 아합 집의 모든 예법이라고 못박는다(*The Books Joel, Obadiah, Jonah and Micah*, 381-382).

이다. 이 과정에서 영세 농민들은 국세를 내기 위해 부유한 농민들로부터 세금대납 혜택을 미리 받고 다음 해 농산물로 되갚는 모순에 빠졌다는 것이다. 우택주는 이 모순으로 인해 자유농민의 부채는 증가되었고, 토지를 담보로 또 다른 부채를 떠안았다가 결국 땅의 소유권도 빼앗기고 말았다고 본다. 이사야 5:8~10이 묘사하는 토지 몰수와 통합(land consolidation)은 이런 부조리한 사회현실을 질타한 예언으로 보인다.[33] 프렘나트 같은 이사야 연구가도 유사한 설명을 제시한다. 프렘나트는 주전 8세기 예언자들의 농업 관련 예언이나 비유가 빈번한 것도 거대농장 라티푼디움의 등장과 깊이 관련되어 있다고 본다.[34] 이 두 학자의 견해는 주전 8세기 예언자들의 중심 아젠다가 공평과 정의로 합일되는 현상을 잘 해명하고 있다.

이상의 논의를 통해서 미가의 심판 언어들을 살펴볼 때, 우리는 오므리의 율례와 아합 집의 예법이 유다 농촌과 자유농민의 생존 토대인 토지 박탈을 초래하는 데 기여했음을 발견한다. 오므리-아합 왕조가 조장한 바알-아세라 숭배는 하나님과 직접적인 언약관계를 맺고 있는 이스라엘 자유농민의 토지경작권을 위태롭게 만들었다. 미가가 규탄하고 있는 오므리의 율례와 아합 집의 모든 예법은 언약 백성인 이스라엘 자유농민에게서 야웨와의 언약에 근간이 되는 땅을 빼앗아 가는 과정을 용인한 법률적 개악이요 관습법적 개변이다. 아합 집의 예법은 권력자들의 토지 수탈을 정당화하는 이념과 법령, 제

---

[33] 우택주, 『8세기 예언서 이해의 새 지평』, 326-329.

[34] D. N. Premnath, "Latifundization and Isaiah 5:8-10," *Journal for the Study of the Old Testament* 40(1998), 49-60(특히 54).

도와 관습들이다. 이런 관점에서 볼 때 열왕기상 21장에 소개되는 나봇의 포도원 사건은, 왕이 이스라엘 자유농민과 야웨 하나님 사이에 맺어진 땅 매개 언약을 파기한 대사변이었다. 아합과 이세벨의 이 만행에 대하여 하나님께서는 엘리야를 통하여 책망과 징벌, 즉 왕조의 멸망을 선언하셨다(17-23절). 아합 왕을 향한 종말 예언은 '길르앗 라못'에 대한 영토적 야심으로 이스라엘 자유농민을 전쟁에 동원했다가 전사한 아합의 죽음으로 바로 성취된다. 아합 왕은 이스라엘 농민을 위해 길르앗 라못을 찾으려고 한 것이 아니라 왕실의 재부를 늘리기 위해 거룩하지 않은 전쟁을 일으켜 스스로 파멸했다.

아합 왕조 전체의 멸망에 대한 엘리야의 예언은 결국 야웨주의자 예후에 의해 성취된다(왕하 9장). 그런데 열왕기의 묘사에 따르면 아합의 집을 치러 가는 예후가 오므리-아합 왕조의 마지막 왕인 요람을 만나는 장면은 공교롭게도 이스르엘 사람 나봇의 땅에서 펼쳐진다(21절). 더욱이 이 본문은 예후가 요람의 시체를 던져 버리라 한 곳이 '나봇의 밭'이었음을 명시함으로써 나봇의 사건이 오므리-아합 왕조의 멸망에 결정적인 계기였음을 다시 한번 시사한다(25-26절). 이런 점에서 열왕기상 21장과 열왕기하 9장의 나봇 이야기는 땅을 둘러싸고 대립된 두 제도와 관습 사이의 갈등을 드러내며, 이를 예언과 성취라는 수미상관의 구조로 부각시킨다.[35]

오므리의 율례와 아합 가문의 모든 예법은 토지의 사적 소유와 토지 집중소유를 정당화하는 법적 발판이었고, 그 국가정체성 개변은

---

[35] 이희학, "예후 혁명과 신명기사가," 『신학사상』 136(2007년 3월), 31-63(특히 43-51).

바알과 아세라 같은 '다른 신들'에 대한 숭배로 촉발되고 촉진되었다.

## 2. 호세아 4 : 1~6

호세아는 주전 8세기 북이스라엘의 제사장 출신(아마도 세겜) 예언자로서 아모스보다 약간 늦게 등장한 예언자이다. 호세아는 바알-아세라 숭배가 북이스라엘 언약공동체를 총체적으로 붕괴시키고 와해시키는 현실에 직면해, 나라의 위기는 야웨 하나님과 이스라엘 자유농민 사이에 맺어진 시내산 언약의 해체라는 점을 분명히 했다. 1~6장은 대중들 한복판에 퍼진 바알-아세라 종교와 그것에 탐닉하는 이스라엘 유력거민들의 행음을 다룬다. 7~14장은 왕실과 지배층이 주도하여 이스라엘 국가정체성을 파괴하고 끝내 앗수르나 애굽의 종주권 아래 재복속되는 비극적 사태를 다룬다. 호세아는 특히 8장과 10장에서 왕, 왕정, 그리고 그들을 옹위하는 지배층 집단이야말로 '다른 신들'(바알-아세라, 애굽과 앗수르 동맹강대국)을 숭배하는 데 선봉대가 되었으며, 그들이 나라를 멸망으로 이끌었다고 진단한다.

이처럼 오므리와 아합 가문이 도입했던 바알-아세라 종교가 하나님의 언약공동체를 해체시켰다는 예언자들의 고발 중 단연 가장 적확하고 예리한 비판은 호세아로부터 나온다. 4 : 1~10은 하나님을 아는 지식이 없어서 멸망하는 북이스라엘 왕국의 멸망 직전 상황을 묘사한다.

여호와를 아는 지식은 야웨와 이스라엘의 언약적 결속을 의미한다. 히브리 노예들의 해방자 야웨 하나님의 종주권 인정이 십계명(출 20 : 2)의 토대이다. "나는 너를 애굽 땅, 종 되었던 집에서 인도하여 낸 네 하나님 여호와이니라" 하나님을 아는 지식의 첫 번째 조항은 야웨를 거룩한 해방자요 구속자, 즉 이스라엘을 다스릴 권리를 가진 종주로 인정하는 것이다. 호세아 2:16~20은 하나님을 종주로 영접한 시내산 언약이 사실상 야웨와 이스라엘의 혼인 결속임을 확실하게 한다. 호세아 1~6장에 나오는 이스라엘의 음행 메타포들은 야웨와 이스라엘의 언약을 부부간의 혼인 결속으로 보는 호세아의 독특한 구속사 이해를 전제한다. 그러므로 호세아의 하나님을 아는 지식은 아내 된 이스라엘이 남편 된 야웨에게 보여야 할 부부 정분(情分, intimacy)과 인격적 정절을 가리키는 포괄적인 개념인 것이다. 다른 신들은 이 야웨와 이스라엘의 부부 정분과 같은 언약적 결속을 해체했다.[36] 호세아는 단도직입적으로 바알 숭배가 하나님과의 언약을 파기하는 배교 행위이자 영적 음행이라고 말한다(1-6장; 레 18:20-21; 20:6; 신 13:1-18). 호세아가 말하는 음행은 이스라엘 하나님과의 언약관계를 깨뜨리는 지배계층의 정치, 경제, 사회 그리고 종교 등 모든 영역에서의 총체적 일탈을 의미한다. 이 영적 음행의 결과 왕실은 자신을 지키기 위해 앗수르와 이집트와의 종주 봉신조약을 맺었고, 이 종주 봉신조약은 영적 음행의 최종 열매였다(호 9-11장). 특히 호세아가 비판하는 우상숭배, 즉 영적 음행은 왕실과 지배층이 선두에 서서 야웨 하나님만 거룩한 종주요 참 남편으로 받아들이기로 한 시내산 언약을 배척하고 포기하는 국가정체성 개변 사태였다. 호세아는 아예 왕정 자체가 '하나님의 왕적 통치에 대한 거부'라고 보는 사무엘(삼상 8장)의 관점을 이어받고 있다.

---

[36] 김회권, "광야교회로 돌아가라," 장흥길 편, 『성경과 종교개혁』(서울: 한국성서학연구소, 2018), 1-45.

"전에 네가 이르기를 내게 왕과 지도자들을 주소서 하였느니라 네 모든 성읍에서 너를 구원할 자 곧 네 왕이 이제 어디 있으며 네 재판장들이 어디 있느냐 내가 분노하므로 네게 왕을 주고 진노하므로 폐하였노라"(13:10-11). 이스라엘 역사를 통해 입증된 진실 중 하나는, 구약성경이 그토록 배척하는 '다른 신들'을 이스라엘 사회에 도입했던 주도자들은 왕실, 지배층, 그들이 보호하는 부농(부농), 그리고 국제무역으로 치부(致富)하는 무역상들이었다. 이들은 법정과 군사행정력을 이용하여, 하나님과 이스라엘 자유농민 사이에 맺어진 시내산 언약을 점차적으로 와해시키고 급기야 해체했다.

다음으로 호세아가 4:1, 6에서 말하는 '하나님을 아는 지식'(da'ath 'ĕlôhîm)이란 이스라엘이 야웨 하나님에게 보여야 할 인격적 진정성('emet)과 언약적 충성심(ḥesed)을 가리키는 말이다. 에메트가 책임 있고 호혜적인 관계를 유지하기 위한 항상성(constancy)을 가리키는 한편, 헤세드는 바로 그런 관계를 유지하기 위한 내면화된 성실성(loyalty)을 표시한다. 두 단어는 특별히 자기 백성을 향한 하나님의 한결같은 태도를 가리킬 때 사용된다(출 34:6; 삼하 15:20; 시 89:14). 이런 맥락에서 땅의 거주자들, 즉 지배계층은 하나님과 이스라엘 사이에, 그리고 이스라엘 사람들 사이에 존재하는 쌍무적인 언약적 결속을 와해시켰기 때문에 단죄된다. 그리고 논리적으로 에메트와 헤세드의 결여는 다아트 엘로힘(da'ath 'ĕlôhîm)의 결여에서 비롯된다. 호세아 4:1~2이 보여주는 것처럼, 하나님을 아는 지식은 신앙의 부차적 영역이 아니다.[37] "이스라엘 자손들아 여호와의 말씀

---

[37] James L. Mays, *Hosea* (OTL; London:SCM Press, 1969), 62-63.

을 들으라 여호와께서 이 땅 주민과 논쟁하시나니 이 땅에는 진실도 없고 인애도 없고 하나님을 아는 지식도 없고 오직 저주와 속임과 살인과 도둑질과 간음뿐이요 포악하여 피가 피를 뒤이음이라" 인애와 하나님을 아는 지식의 부재와 결핍은 저주, 속임, 살인, 도둑질, 간음, 포악, 유혈낭자한 살상 등의 사회관계 파괴 악행들을 산출한다. 이렇게 보면 하나님을 아는 지식은 '윤리'에 추가되는 어떤 다른 종류의 '종교적' 영역의 정보나 지식이 아니다. 호세아 4:6에 나오는 '하나님의 율법' 토라는 형이상학적인 신학 이념이나 종교적 잠언, 추상적 계율을 담은 '종교문서'가 아니라, 오히려 사회의 정의로운 운영과 국가권력의 합당한 사용을 지도하는 정치경제학적 강령에 더 가깝다. 따라서 '하나님을 아는 지식'이란 정말로 좁은 의미의 종교적 지식이 아니라 사회경제적 정의 실천 능력이며, 자기를 부인하는 영성적 자기 경계다. 하나님을 아는 지식이란 백성들로 하여금 하나님과 그들의 이웃 양쪽에 충성스러울 것을 요구하며, 하나님 앞에서 자기와 넘치는 욕망을 억제하고 부정하게 만들기 때문이다. 결국 하나님을 아는 지식은 하나님을 향한 진실과 충성, 그리고 조화롭고 형제적 우애가 있는 언약공동체의 창조와 유지를 위해 결정적으로 요청되는 미덕인 것이다.[38]

　　호세아에 따르면 하나님을 아는 지식의 두 열매는 바로 에메트와 헤세드, 즉 '진리와 인애'이다. 이 둘은 하나님뿐 아니라 언약공동체의 다른 구성원을 향한 충성스러운 행동을 말한다. 이러한 실천

---

[38] Hae Kwon Kim, "A Prophetic Critique of the Neoliberal 'Fertility Cult' Economy of South Korea based on Hosea 4-6," (Hosea Paper presented to ISBL, 2016), 4-6.

없이는 야웨 제단에 드리는 어떤 희생제사도 아무런 의미가 없다. 호세아는 출애굽 언약 전통에 기초하여 하나님을 진정한 남편이자 언제나 의지할 수 있는 종주로 알라고 촉구한다. 하나님과의 결혼 관계란 의와 공평, 인애와 긍휼의 가치를 공동체적으로 구현해야 할 윤리적 의무를 내포하고 있다는 것이다. 따라서 야웨와의 언약에 근거한 언약적 신실성을 저버린 채 바알의 풍요제의를 숭배하는 일은 하나님과의 결혼관계를 저버리는 불륜, 즉 호세아가 말하는 간음이자 매춘이 된다. "여호와를 알라."는 그의 촉구는 하나님과의 긴밀한 인격적 교제를 회복하라는 것이고, 이것은 또한 일상의 삶에서 진리와 인애, 즉 정의와 공평을 실천하는 일과 다르지 않다.

    구약성경에 따르면 올바른 종교는 하나님이 요구하시는 공평과 정의를 확장시키는 반면 악한 종교는 공평과 정의를 약화시킨다. 십계명에서 우상숭배가 엄격히 배격되는 이유는 단지 '타종교'이기 때문이 아니다. 야웨가 아닌 다른 신들은 지배층의 탐욕과 권력 남용을 제지할 권위를 갖고 있지 못했다. 다른 신들은 지상권력자들을 호되게 질책할 수 있는 예언자, 자신의 대변인을 불러일으켜 성문 광장에 파송하는 데 전혀 관심이 없다. 호세아 전체에 걸쳐서 반복적으로 언급되는 '다른 신들'인 바알과 아세라를 배격하고 멸절시켜야 하는 이유는, 그 신들이 이스라엘 공동체의 공평과 정의의 토대를 파괴하기 때문이다. 이방신을 섬기는 행위는 이스라엘과 하나님이 맺은 언약, 동시에 이스라엘 백성 구성원이 서로에게 맺은 언약을 파괴하는 행위가 된다.[39]

---

[39] 김회권, 『모세오경』, 1182.

이처럼 야웨와의 언약신학에 근거한 호세아의 바알 숭배에 대한 비판도 '오므리의 율례'와 '아합 집의 예법'에 담긴 사회경제적 함의를 드러낸다. 오므리와 아합의 율례와 예법은 야웨 하나님의 통치 원리인 공평과 정의에 정면으로 배치되는 이데올로기이다. 그것은 '거룩한 백성', 즉 이스라엘 언약 백성의 공동체를 통한 하나님 나라의 건설이라는 야웨의 궁극적 역사 프로젝트에 도전하는 것이다.

### 3. 역대하 36 : 21

이상에서 우리는 두 가지 사실을 확인했다. 첫째, 바알-아세라 숭배가 북왕국의 멸망을 초래했고, 그 바알-아세라 숭배를 국가 공인 종교로 만든 오므리-아합 왕조의 죄악이 북이스라엘 언약공동체를 결정적으로 해체시켰다. 오므리의 율례와 아합 가문의 모든 예법은 사회경제적 약탈을 정당화하는 불의한 법령의 집합체였다. 둘째, 이 오므리-아합 가문의 율례와 모든 예법은 남유다 왕국의 멸망도 초래한 죄악이었다. 결국 '다른 신들' 숭배는 북이스라엘과 남유다 둘 다를 멸망시킨 국가 파괴적 죄악이었다. 그것은 단지 종교적 의미의 일탈이나 배교가 아니라 국가정체성 개변을 초래한 악행이었다.

역대하 36 : 21은 남북왕국을 멸망으로 이끈 '다른 신들 숭배'의 열매가 토지 정의법 파괴였음을 증언한다. "이에 토지가 황폐하여 땅이 안식년을 누림같이 안식하여 칠십 년을 지냈으니 여호와께서 예레미야의 입으로 하신 말씀이 이루어졌더라" 미가 1~6장의 여러 구절들에서 이미 살펴보았듯이, 다른 신들을 도입한 오므리 율례와 아합 집의 모든 예법은 부자와 지배층의 탐욕을 무한히 부추기고 정당화했다. 이런 점에서 십계명의 제1계명 위반은 십계명의 제

10계명 위반으로 귀결되었다. 하나님께서 토지 관련 율법을 십계명 안에 응축시켜 두었기 때문이다. 특히 십계명 첫 네 계명을 다 합하면 '토지 정의를 지키라'는 것으로 요약될 수 있다. 마지막 계명, '이웃에게 속한 것들을 탐내지 말라'는 계명도 이웃의 집과 토지를 탐내어 빼앗을 수 있는 잠재적 악행을 금지하고 있다. 결국 '야웨 하나님 한 분 외에 다른 신들을 섬기지 말라'는 계명의 준행은 토지 정의법의 준행을 내포한다고 볼 수 있다. 그러므로 역대하 36:21은 "토지 정의를 지키면 십계명 전체를 지키는 것이고, 토지 정의를 어기면 십계명 전체를 어기는 것이다."라는 명제를 말하고 있는 셈이다.

이 구절은 바벨론 유배 70년은 그동안 안식도 누리지 못하고 혹사당한 땅이 한꺼번에 열 번의 안식을 누리는 기간이라고 말한다 (레 25:1-7; 26:34-35).[40] 즉, 땅의 안식년을 실시하지 않는 왕정기 시대의 유다 지배층의 죄를 물어 하나님이 일괄적으로 안식년을 실시했다고 보는 것이다. 여기서 확실한 것은 역대기하 저자가 바벨론 유배 70년과 땅이 누리는 안식년 70년을 등치시키고 있다는 점이다.

그런데 이 구절에서 더 중요한 진실은, 70년의 유래를 설명하는 것보다 "땅이 안식년을 누린다'는 것 자체가 무슨 사회경제적 함의가 있는가?"라는 논의다. 70년 땅 안식의 사회경제적 함의는 '안

---

[40] 이 구절이 고대 이스라엘 백성이 일흔 번 안식년법을 어겼다고 말하는 것인지, 아니면 그동안 혹사당한 땅에게 그냥 안식년을 열 번 연속으로 선사한다는 것인지는 분명하지 않다. 하지만 일부 주석가들이 생각하듯이, 바벨론 유배를 초래한 죄가 안식년을 일흔 번 위반한 죄라고 생각해 490년 동안 유다가 안식년법을 어겼다고 판단하는 셈법은 다소 무리가 있어 보인다. 오히려 포괄적으로, 왕정 시대에 지켜지지 않은 안식년을 땅이 일흔 번 연속 누리도록 하나님이 땅을 오남용한 자들을 일괄 징벌했다고 생각하는 것이 합리적이다.

식'과 관련된 모세오경의 자비와 형평법령들을 검토할 때 도출될 수 있을 것이다. 앞에서 살펴보았듯이, 바벨론 70년 유배는 땅이 열 번 연속으로 누릴 수 있는 70년간의 안식년을 가능하게 했다. 그렇다면 "이 땅의 안식년 수혜자는 땅뿐인가?"라는 질문이 떠오른다. 이 질문에 대한 답변은 안식년법은 땅의 안식 그 이상을 담고 있다는 것이다. 땅의 안식년은 가난한 자들에게도 자비로운 해가 될 수 있다. 땅의 안식년이 갖는 사회경제적 함의를 탐색하기 위해서는 안식년법과 관련된 자비법령, 그리고 예레미야가 70년의 바벨론 유배와 땅의 안식을 연동시키도록 영감을 줬을 가능성이 있는 레위기 26장을 동시에 살펴보아야 한다.

먼저 역대하 36:21이 예레미야를 인증하는 방식을 주목해 볼 필요가 있다. "이에 토지가 황폐하여 땅이 안식년을 누림같이 안식하여 칠십 년을 지냈으니 여호와께서 예레미야의 입으로 하신 말씀이 이루어졌더라" 여기서 인증되는 예레미야의 예언 근거는 레위기 26:34~35이다. "너희가 원수의 땅에 살 동안에 너희의 본토가 황무할 것이므로 땅이 안식을 누릴 것이라 그때에 땅이 안식을 누리리니 너희가 그 땅에 거주하는 동안 너희가 안식할 때에 땅은 쉬지 못하였으나 그 땅이 황무할 동안에는 쉬게 되리라" 그런데 이 두 구절 바로 앞 단락은 이런 외국 유배와 땅의 황폐화를 초래한 죄가 우상숭배임을 확언한다(레 26:30-33). "내가 너희의 산당들을 헐며 너희의 분향단들을 부수고 너희의 시체들을 부숴진 우상들 위에 던지고 내 마음이 너희를 싫어할 것이며 내가 너희의 성읍을 황폐하게 하고 너희의 성소들을 황량하게 할 것이요 너희의 향기로운 냄새를 내가 흠향하지 아니하고…… 내가 너희를 여러 민족 중에 흩을 것이요 내가 칼을 빼어 너희를 따르게 하리니 너희의 땅이 황무하며 너희의 성읍이 황폐하리라" 결국 산당에서 이방 신들에게 분향한 죄악, 즉 다른 신들을 숭배한 죄악 때문에 유다의 지배층은 열국 중에 흩어지게 될 것이며, 그들의 땅은 '황무하며' 그들의 '성읍이 황폐'하게 될 것이다(레 26:32-33).

역대하 36:21의 마지막 소절로 인용된 레위기 26:33의 구절, "그들의 땅은 황무하며 그들의 성읍이 황폐하게 될 것이다."라는 절의 의미를 더 명료하게 이해하기 위해서는 역대하 36:21의 히브리어 구문을 자세히 살펴볼 필요가 있다. 역대하 36:21의 히브리어 구문을 보면 개역개정이 히브리어 구문을 다소 무시하고 번역하고 있음을 알 수 있다. 21절을 직역하면 이렇다. "예레미야의 입으로 (선포된) 야웨의 말씀(렘 25:11)을 성취하도록, 그 땅이 그것의 안식을 충족할(라차[rāṣā]) 때까지 그 모든 황폐함(hāšammā)의 날들 동안에 칠십 년을 채우기 위해 그 땅은 휴경되었다(šôbôtā)." '누리다'를 의미하는 히브리어 동사 라차(rāṣā)는 하나님이 제물을 받아 열납하고 만족을 표할 때 사용하는 동사이다. 이렇게 보면 안식년법 불순종에 대한 죄책감을 표현하기 위해 스스로 땅을 비우고 외국에 포로로 끌려가는 지배층의 바벨론 유배는 죄책 해소적인 제의행위로 볼 여지가 있다(a time of expiation of the wrong done against the land). 유다 지배층에 억류되어 혹사당했던 땅이 유다 지배층의 죄책감을 열납하여 안식을 누린다는 의미이다. 유다의 지배층이 버리고 간 그 황무한 땅이 사실상 비옥도를 회복하기 위해, 즉 다시 생산성이 높은 땅이 되기 위해 신적인 방식으로 버려져 있다는 것이다. 그렇다면 안식년 중인 땅은 과연 버려졌는가? 아무런 소출을 내지 않았는가?

이 질문에 대한 답변에 안식년 제도의 사회경제적 함의가 드러난다.

    레위기 25:1~7(또한 출 23:10-11)은 안식년법을 규정하고 있다. 1~4절은 땅의 휴경을 명하고 6~7절은 휴경된 땅의 소출을 누리는 사람들을 열거한다. "안식년의 소출은 너희가 먹을 것이니 너와 네 남종과 네 여종과 네 품꾼과 너와 함께 거류하는 자들과 네 가축과 네 땅에 있는 들짐승들이 다 그 소출로 먹을 것을 삼을지니라" 여기서 인상적인 사실은 땅 경작권을 가진 주인 외에 '네 남종과 네 여종과 네 품꾼과 너와 함께 거류하는 자들과 네 가축과 네 땅에 있는 들짐승들'도 이 휴경된 땅에서 스스로 생산된 자연 소출을 누릴 수 있다는 것이다. 땅의 안식년이 사회적 형평사역에 기여한다는 말이다.

    제사장 문서인 레위기와 역대기가 '안식년'이라고 불리는 7년 주기의 자비와 사회적 형평실천 법령을 말한다면, 신명기에는 '면제년'이라고 불리는 사회적 자비법령이 있다. 면제년의 초점은 채무 탕감이다. 면제년법을 말하는 신명기 15:1~11은 히브리 동포 노예해방법을 말하는 신명기 15:12~18(출 21:1-6)과 밀접하게 관련되었다. 출애굽기 21:1~6의 초기의 채무 탕감법은 후대에 가서 인신을 노예로 팔아넘긴 히브리 동포노예들의 인신해방까지 포함해 '면제'를 실시하라고 명하는 확장된 법으로 바뀌었던 것 같다. 예레미야 34장에는 히브리 동포 노예해방법까지 포함된, 다소 후대의 면제년법 시행 에피소드가 나온다. 예레미야에는 처음에는 확장된 면제년법을 준수하려고 히브리 노예를 풀어주라고 명했다가 사정이 변하자 풀려난 동포노예들을 다시 재노예화한 시드기야의 사건이 등장한다. 시드기야는 면제년법과 히브리 동포 노예해방법(신 15:1-11,

12-18)을 정면으로 위반한 것이다. 이 만행을 본 예레미야는 이때 지체없이 유다 지배층의 이산과 유랑을 예언했다(렘 34:17; 25:11). 시드기야와 예루살렘 유력자들은 하나님에 의해 '자유케' 된 칼, 전염병, 기근에 공략당하는 심판을 받았다(렘 34:8-17). 그런데 이 삼중적 재난을 무색하게 하는 대파국적인 재난이 일어났는데 바로 바벨론 유배였다(렘 34:17, 21). 유다 지배층의 바벨론 유배로 그들이 살던 '성읍'은 주민을 다 잃어 처참한 황무지가 되고(렘 34:22), 그들의 포도원은 가난하고 빈천한 사람들의 차지가 될 것이라고 확언했다(렘 52:16; 왕하 25:12).

이로써 예레미야의 땅 안식년 향유 예언은 이내 성취되었다. 예레미야 당대에 벌써 이 땅이 누리는 안식년의 1차적 수혜자가 나타났다. 유다 지배층이 바벨론으로 유배되어 70년 억류된 그 기간에 마침내 '가난한 자들'이 포도원을 가꾸는 농부가 되었다(렘 52:16; 왕하 25:12). 땅의 70년간 안식년 향유가 가난한 자들의 땅 경작 기회를 제공하게 되었다는 점에서 유다 지배층 바벨론 유배가 오히려 하나님의 정의를 진작시키는 계기가 되었다. 이렇게 보면 유다 지배층을 바벨론으로 끌어간 느부갓네살이 역설적으로 유다에 토지 정의를 회복한 셈이다. 이 역설적인 역할 때문에 느부갓네살은 '하나님이 보시기에 의로운 사람'(아샤르 쁘에나이)으로 불리고 하나님으로부터 '나의 종 바벨론 왕'(멜렉크 바벨 압디)으로 불렸다(렘 27:5-6).

요약하면, 역대하 36:21은 십계명의 준수 여부 시금석이 땅의 안식년을 지키는 여부에 달려 있다고 말한다. 이사야 5:8~10은 가난한 동포의 땅을 빼앗아 돌려주지 않고 끝내 독점했던 탐욕자들의 행태를 비난한다. "가옥에 가옥을 이으며 전토에 전토를 더하여 빈틈이 없도록 하고 이 땅 가운데에서 홀로 거주하려 하는 자들은 화 있을진저 만군의 여호와께서 내 귀에 말씀하시되 정녕히 허다한 가옥이 황폐하리니 크고 아름다울지라도 거주할 자가 없을 것이며 열흘 갈이 포도원에 겨우 포도주 한 바트가 나겠고 한 호멜의 종자를 뿌려도 간신히 한 에바가 나리라 하시도다"

땅의 탐욕자들이 자유농민의 땅을 다 빼앗았지만 그들이 빼앗은 땅은 휴경을 실시하지 않아서 비옥도를 잃었다. 이스라엘 표토는 석회석 위에 앉은 얇은 흙이다. 휴경이 필수적인 토질이며 토양이었다. 이스라엘과 유다의 탐욕자들에게 임한 심판은 땅의 비옥도 상실로 인한 소출 급감 정도로 그친 것이 아니라 아예 땅 자체로부터 추방되는 땅 상실이었다. 이사야 6:11~13은 이사야 5:8~10에서 비난받는 '이 백성'(사 6:9)의 종말을 음울하게 묘사한다. "내가 이르되 주여 어느 때까지니이까 하였더니 주께서 대답하시되 성읍들은 황폐하여 주민이 없으며 가옥들에는 사람이 없고 이 토지는 황폐하게 되며 여호와께서 사람들을 멀리 옮기셔서 이 땅 가운데에 황폐한 곳이 많을 때까지니라 그중에 십분의 일이 아직 남아 있을지라도 이것도 황폐하게 될 것이나 밤나무와 상수리나무가 베임을 당하여도 그 그루터기는 남아 있는 것같이 거룩한 씨가 이 땅의 그루터기니라 하시더라"

## 결론

일찍이 대천덕 신부는 『토지와 경제정의』에서 미가 6:16의 오므리의 율례가 '바알적 토지 제도'를 가리킨다고 주장했다. "오므리의 율례는 레바논의 제도, 즉 바알 제도를 선호하여 하나님의 경제 제도의 기초가 되는 레위기 25장의 토지법을 거부한 일을 말한다."[41] 우리는 위에서 대천덕의 논지를 훨씬 상세한 성서주석을 통해 강화했다. 결국 오므리의 율례와 아합 집의 예법이란 바로 '바알주의에 입각한 토지제도'를 가리킨다. "오므리의 율례는 자유농민의 땅을 왕이나 귀족층이 언제든지 빼앗아 대지주로 출현하는 것을 정당화하는 법이었다. 오므리의 율례는 땅의 사적 소유를 정당화하는 법"이다.[42] 오므리의 율례와 아합 가문의 예법이 추구한 법률 및 관습 개변의 목적은, 왕실을 위시한 지배층의 토지 집중소유를 정당화하고 그것을 용이하게 하기 위한 법률적 정당성을 부여하는 것이었다. 열왕기하 17장과 호세아 둘 다 북이스라엘 언약공동체를 해체시킨 주범이 이 '바알-아세라 종교', 즉 '다른 신들' 숭배였음을 확언하고 있다. 왕실을 필두로 한 상류층의 토지 수탈과 착취를 정당화하는 바알주의적 토지 제도로 인하여 북이스라엘 자유농민이 자신의 기업인 땅을 잃고 자유를 상실한 것이, 이스라엘의 사회적 해체와 국가적 멸망을 불러온 근본 원인이라는 것이다.[43] 이 깊은 신학적 성찰의 열매로서 '다른 신들' 숭배금지가 십계명의 첫 계명으로 자리매김했다.

구약성경의 율법은 거룩하신 하나님과 이스라엘 민족 사이의 신인 교류와 소통, 동행과 파국의 단계를 거친 후에 성문화되었을 가능성이 크다. 구약성경의 율법은 위에 계신 하나님의 성품을 반영

---

[41] 대천덕, 전강수, 홍종락 역, 『토지와 경제정의』(서울 : 홍성사, 2019), 196.
[42] 김회권, "고대 메소포타미아 문명의 사회경제적 형평 통치 연구," 기독경영연구원 발표 논문(미간행, 2019), 17.
[43] 김회권, "구약성서와 하나님 나라 경제학," 목민강좌(미간행, 2011), 1-26.

한다는 점에서 위로부터 주어진, 그야말로 하나님이 내려 주신 법이다. 그럼에도 불구하고 구약성경의 율법은 민중의 아우성이 반영된 법이라는 점에서 아래로부터 생겨난 법이다. 민중의 탄식과 아우성을 온몸으로 공감하신 하나님이 '위에서'(예언자들의 중개를 통해) 내려 주신 율법이다. 구약성경의 율법은 일방적인 하나님의 명령처럼 선포되었지만, 그 법을 지켜야 하는 사람들의 실정에 맞게 개선되고 수정되었다.[44] "시내산에서 하나님이 단 한 번에 모든 시대에 유효한 율법을 돌판에 적고 써 주셨다."라는 이해는, 하나님이 어린아이와 같은 이스라엘 백성에게 일방적으로 법을 정해 주셨고 이스라엘은 어린아이처럼 하나님이 적어 주신 율법을 수동적으로 받기만 했다는 방식으로 이해하는 것인데, 이것은 부정확한 율법 이해이다. 구약의 모든 율법은 역사의 시간을 따라 성장하는 이스라엘 공동체와 동행하는 하나님이 시대상황에 맞게 약간씩 수정하고 개정해 준 수정증보판을 반영한다(겔 18:4은 출 20:5의 세대 연좌제 개정). 구약의 율법들은 이스라엘 백성의 요구와 품의(稟議)가 하나님께 상달되어 각 시대의 실정에 맞게 조율된, 신-인 합의의 산물이었다.[45]

---

[44] 출애굽기 20:22-23:33(소위 계약 법전)은 신명기 12-26장의 신명기 법전에서 최신판으로 수정되고 개정되었다.

[45] '아래로부터 형성된 율법'의 대표적인 예가 딸 상속법이다. 민수기 27장과 36장의 슬로브핫의 딸 세 명은 부모 땅에 대한 아들 배타적 상속법에 도전한다. 그들은 아버지의 땅을 아들만 상속하게 하는 법을 고쳐 달라고 모세에게 요구했다. 슬로브핫의 딸들이 모세를 찾아가 항의했다. "아들이 없으면 아버지의 땅을 상속받지도 못한 채 눈 뜨고 당해야 하나요?"라는 물음을 모세가 하나님께 여쭈었다. 슬로브핫의 딸들의 질문과 요구는 징당히기에 법을 하나님이 고쳐 주셨다. 또 다른 예는 다음과 같다: 출애굽기 15:25-26 모세가 부르짖어 형성된 보건위생율법; 줄애굽기 18:16 재판율법; 출애굽기 21:23-25 탈리오의 법(고대 근동의 법률 유산의 상속).

우리는 이상에서 '다른 신들' 숭배를 엄금하는 십계명 제1계명의 사회경제적 함의를 자세히 살펴보았다. 법의 형성사 측면에서 보면 '다른 신들'을 야웨 옆에 두었던 아합과 그의 아내 이세벨에 의해 희생된 나봇 같은 이스라엘 자유농민들의 아우성을 듣고 하나님의 영에 감동된 엘리야 같은 예언자가 일어나 하나님의 법과 계명을 선포했고, 그것이 십계명의 첫 번째 계명으로 격상되었을 것이다. 엘리야는 호렙산의 계시 전통을 상속했다는 점(왕상 19장)에서 모세 반열의 예언자로서(신 18:15-18) 주전 9세기의 모세적 예언자였다. 모세 율법은 모세와 그의 후임자들이 오랜 세월에 걸쳐 선포했던 예언들이 결정화되어 생겨난 율법이었다.

이처럼 하나님의 이름으로 선포된 법은 '억압당하는 자들을 위해 공의로운 일을 하시고 공평을 집행하시는' 하나님(시 103:6)에게 상달된 민중적 아우성과 절규(출 2:23-24)를 반영하고 있다. 이스라엘 백성은 국가 멸망과 바벨론 유배라는 전례 없는 대파국적 재난을 겪은 후에 십계명과 같은 헌법적 대요강을 성문율법화했을 것이다.[46] 다른 신들을 섬기는 지배층이 공평과 정의의 하나님을 배척하고 이스라엘의 농민들을 학대한 끝에 이스라엘의 언약 공동체의 토대가 무너지는 것을 목도한 후, 이스라엘 백성은 깨달았을 것이

---

[46] 저자처럼 십계명이 긴 세월 동안에 결정화(結晶化)되었다고 믿는 연구들은 다음과 같다: J. Andrew Dearman, *The Book of Hosea* (Grand Rapids, MI.: William B. Eerdman, 2010), 150-151; Bernhard Lang, *Monotheism and the Prophetic Minority: An Essay in Biblical History and Sociology* (Sheffield: Almond Press, 1983), 31; H. D. Neef, *Die Heilstraditionen Israels in der Verkündigung des Propheten Hosea* (BZAW 169; New York, NY.: Walter de Gruyter, 1987), 175-209.

다. "너는 나 외에 다른 신을 네게 있게 하지 말라."는 계명만이 야웨 하나님의 백성을 지켜 줄 헌법적 대요강이라는 것이다. '다른 신들' 인 바알과 아세라와 같은 신은 하나님의 공평과 정의 대신 지배층의 탐욕과 압제를 정당화했기 때문에 모세오경과 예언서들에서 절대적으로 배척되었다. "너는 나 외에는 다른 신들을 섬기지 말라"라는 계명이 이스라엘 나라의 존망지추(存亡之秋)를 결정하는 최고 권위 헌법이라고 믿었던 이스라엘 자유농민들은, 이 법이야말로 모세에게 나타난 하나님의 거룩한 성품을 반영한 법이기 때문에 이 법은 모세가 시내 산에서 받은 율법이라고 믿었을 것이다. 대체로 구약의 율법은 억강부약(抑强扶弱)의 기조를 유지한다. 이 억강부약의 기조가 이스라엘의 토지법과 안식년법, 노예해방법에 잘 드러나 있다. 성경의 토지법 제1조는 '땅은 하나님의 언약선물'이라는 원리이다. 즉, 언약 백성 이스라엘에게 율법준수를 요구하는 종주이신 하나님의 선물(나할라)이라는 것이다(창 17:7-10 ; 시 105:44-45). 토지법 2조는 '모든 땅은 하나님의 땅으로서 이스라엘은 임차인, 소작인, 그리고 거류민'이라는 원리이다(레 25:23). 땅의 영구 소유화는 금지되고 땅의 경작권만 매매할 수 있다. 토지법 3조는 "야웨 하나님 한 분에 대한 일편단심 충성심은 토지 정의의 관철에서 입증된다."라는 원리이다. 토지 정의를 구현하는 3대 법은 첫째, 안식년 휴경법(출 23:11-13 ; 레 25:1-7),**47** 둘째, 히브리 동포노예해방을 주기적으로 (7년 주기) 명하는 면제년법(신 15:1-11 ; 참조. 레 25:1-7), 셋째, 일

---

**47** 안식일 준수의 핵심 시행세칙은 다른 신들의 이름을 호명, 거명하는 것을 금하고, 제의적 언급도 금지하는 것이었다. 안식년 준수는 '다른 신들'에 대한 철저한 배척과 거부를 통해서만 가능하다는 것이다.

곱째 안식년을 희년으로 축성(祝聖)하는 희년법이다(레 25:8-12, 13-22, 23-38, 39-46, 47-55). 이 세 가지 토지 정의법의 궁극적 적용점은 신명기 15:11에 나온다. "땅에는 언제든지 가난한 자가 그치지 아니하겠으므로 내가 네게 명령하여 이르노니 너는 반드시 네 땅 안에 네 형제 중 곤란한 자와 궁핍한 자에게 네 손을 펼지니라" 이 절의 첫 소절("땅에는 언제든지 가난한 자가 그치지 아니하겠으므로")의 개역개정 번역은 오해의 여지가 있다. 히브리어 구문을 직역하여 올바로 해석하면, "정녕 가난한 자가 땅 가운데로부터 존재하기를 그치게 하는 일이 일어나게 해서는 안 된다."이다(키-로 에헤달 엡욘 미케렙 하아레츠, Let the poor man do not cease from the midst of the land). "가난한 자가 땅의 소출을 누리는 데 있어서 절대로 배제되게 내버려 두어서는 안 된다."는 말이다.

만일 우리가 십계명의 핵심 시행령 중 하나인 토지법을 받아들이지 않고 토지의 절대사유권을 받아들이면 존 로크의 자본주의적 토지 사유제도를 받아들이는 것이다.[48] 로크는 빈 땅에 노동을 투입하여 공익을 위한 생산물을 내는 순간부터 땅의 소유권이 생긴다고 보았다. 로크의 토지사상은 초기 자본주의의 발달을 위해 필요했던 토지 집중을 무한히 정당화하는 반면, 토지의 만민 귀속성과 공공성, 공익성을 충분히 고려하지 못한 사상이다. 우리나라 헌법은 국민 행복추구권을 보장하며, 헌법재판소의 해석에 따르면(34조)[49] 국

---

[48] John Locke, *The Second Treatise of Government* (1690)(Indianapolis, In.: Hackett Pub. Com., 1980), Chapter 5 "Property," 19-26.

[49] 헌법 제34조 제1항은 "모든 국민은 인간다운 생활을 할 권리를 가진다."라고 규정하고 있다. 전·공상자 등은 상이 등으로 인하여 신체적 장애를 입고 있기 때문에 인간

가는 국민 행복추구권을 충족시키기 위해 최소한 인간다운 생활을 할 만큼의 물질적 급부를 국민에게 제공해야 한다고 판결했다. 많은 그리스도인들이 성경의 하나님을 믿으면서도 성경의 토지법은 고대 사회의 원시적 관습이라고 배척하는 경향을 보인다. 토지 정의법은 십계명의 제1계명의 준수 혹은 배척 여부에 따라 수호되기도 하고 파괴되기도 한다. 하나님이 주신 언약선물인 땅을 독점해 이웃의 생존권을 무너뜨릴 정도의 토지소유를 추구하는 자는 이웃에게 돌아가야 할 하나님의 선물을 중간에 강탈하는 강도 같은 자가 된다. 예언자들은 하나님에 대한 일편단심의 충성심이 토지 정의의 실천에 있고, 토지 정의의 실천은 하나님이 창조하신 이웃과 평화롭게 공존하는 데서부터 시작된다는 것을 가르쳤다. 결국 십계명의 제1계명은 하나님의 율례를 버리고 '다른 신들'의 율례를 따르지 말라는 금지 계명이다. 그것은 타인, 이웃의 생존권과 행복추구권을 파괴할 수 있는 토지 독점, 공공재산 강탈 등을 엄금하는 하나님 나라의 헌법적 대요강이다.

---

다운 생활에 필요한 최소한의 수요를 충족함에 있어서도 정상인에 비하여 국가의 부조를 필요로 하는 경우가 많다고 할 것이다. 그러나 "인간다운 생활을 할 권리"로부터는, 그것이 사회복지·사회보장이 지향하여야 할 이념적 목표가 된다는 점을 별론으로 하면, 인간의 존엄에 상응하는 생활에 필요한 "최소한의 물질적인 생활"의 유지에 필요한 급부를 요구할 수 있는 구체적인 권리가 상황에 따라서는 직접 도출될 수 있다고 할 수는 있어도, 동 기본권이 직접 그 이상의 급부를 내용으로 하는 구체적인 권리를 발생케 한다고는 볼 수 없다고 할 것이다. 이러한 구체적 권리는 국가가 재정형편 등 여러 가지 상황들을 종합적으로 감안하여 법률을 통하여 구체화할 때에 비로소 인정되는 법률적 차원의 권리라고 할 것이다(헌재 1995. 7. 21. 93헌가14, 판례집 7-2, 1, 30 31; 헌재 2000. 6. 1. 98헌마216, 판례집 12-1, 622, 646-647).

# 7장

기본소득의 두 토대 :
자연법과 구약성경

## 기본소득의 두 토대 :
## 자연법과 구약성경

7장에서는 구약성경의 사회적 형평 및 자비법령의 현대적 적용으로서 착안되는 기본소득 제도의 정당성을 논구하기 위해 그 정당성을 두 가지 토대에서 찾아보고자 한다. 하나는 자연법적 토대이며(토마스 페인), 다른 하나는 구약성경의 토지 정의법이다. 토지는 만민에게 귀속되었다고 보는 자연법은 토지 소출의 향유도 만민에게 개방된 혜택임을 주장한다. 성경은 하나님의 선물인 땅은 이스라엘 언약백성 모두에게 속했으며, 어떤 인간도 토지의 사적 소유를 영구화할 수 없다고 말한다. 그러므로 토지 소출은 언약백성 모두에게 향유되어야 한다. 아울러 성경의 토지 정의법은 자연법적 토지사상과 대동소이함을 밝히고자 한다.

## 코로나19 팬데믹이 소환한 '사회적 국가'

코로나19 팬데믹이 2년 이상 세계를 교란하는 동안, 대면 접촉 문명과 상거래, 그리고 그에 수반되는 다양한 경제 활동은 엄청난 감축과 쇠락을 맛보고 있다. 기업이 가계소득의 원천이요 최고의 복지는 고용 창출이라고 주장하는 소박한 자유주의 기업 중심의 정치경제 체제는 곤경에 처했다. 문재인 정부는 초기에 토지 정의, 주거 정의 문제를 해결하기보다는 임금노동을 통한 소득 성장을 핵심 경제정책으로 내세우다가 경제민주화에 역행하는 우행을 범했다. 코로나19 팬데믹은 이런 미증유의 보건위생적 재난과 그로 인한 경제적 재난을 대처하는 데 기업이 거의 아무런 창조적 역할을 하지 못함을 보여주었다. 대신 자유주의 경제학자들에 의해 타기된 국가나 지방자치단체의 사회적 결속과업, 약자 지지와 견인 과업이 빛을 발하고 있다. 세계 각 정부가 앞다투어 시행하던 보편복지의 하나인 백신무료주사, 재난기본소득, 재난지원금 등이 사회 최약자층의 늘어뜨린 팔을 부축하고 있다. 전 세계 국가들은 당의 소속이나 이념에 상관없이 단지 기업의 경제 활동을 보장하는 시장 보호 국가가 아니라 사회구성원들을 보호하는 사회적 국가 역할을 다시 등장시키고 있다. 문재인 정부는 물론이요, 전통 보수당인 국민의 힘마저도 정강정책의 앞자리에 '기본소득'을 창설했다.

이러한 국가의 분배에 관한 생각을 토마 피케티의 책에서 살펴볼 수 있다. 2013년 출간되어 세계를 놀라게 한 토마 피케티의 『21세기 자본』을 살펴보자. 피케티는 그의 책 1~3부를 통해 사회구성원들 간에 발생하는 불평등의 원인과 전개 과정 등에 관한 사실들을 확인하고 그 원인들을 분석한다. 이 논의, 분석, 관찰, 평가로부터 규범적이고 정치적인 교훈을 도출한 것이 4부 "21세기 자본규제"다.[1] 피케티는 자본(이윤, 배당금, 이자, 임대료, 그리고 기타 자본 파생소득) 회수율(r)과 경제성장률(g)을 연동시키는 공식에 근거하여 그의 중심 논지를 전개한다. 경제성장률이 낮을 때, 부는 노동으로부터 오는 집중보다 자본으로부터 오는 집중이 더 빨리 이뤄진다. 부의 분배가 벌어지고 더 큰 부의 불평등을 조장하는 근본적인 동력은 r〉g 불평등으로 요약될 수 있다. 그는 똑같은 공식으로 상속재산을 분석한다. 그 결과 오늘날의 세계는 세습 자본주의로 회귀하고 있으며, 경제의 많은 부분이 상속된 부에 의해 지배당함을 알 수 있다. 그것들(그들)의 힘은 증대되고 과두 체제를 만들어 낸다.

피케티가 말하는 자본주의의 내재적 불평등 법칙은 두 가지다. 첫째, 국민소득 중 자본소득의 비율=자본수익률×자본/소득 비율이다. 자본수익률이 올라가거나 자본/소득 비율이 커지면 자본소득의 분배율이 커진다는 것이다. 둘째, 자본/소득비율=저축률/경제성장률이다. 이 두 가지의 내재적 법칙 때문에 21세기는 세습 자본주의로 회귀하고 있다. 상속을 통한 소득이 노동 소득보다 더 중요하게 되고, 지배적인 세습사회가 도래한 것이다.

코로나19 팬데믹은 피케티가 예견한 저성장 시대가 아니라 마이너스 성장시대를 강제하고 있다. 코로나19 팬데믹 기간 세계 모든 나라에서 자본소득은 비약적으로 증대하지만 IT 기업이나 일부 플랫폼 노동 이외에 대면 접촉을 수반한 대부분의 노동자들의 노동

---

[1] 토마 피케티, 장경덕 옮김, 『21세기 자본』(파주: 글항아리, 2014), 560-688.

소득은 급강하하고 있다. 국가를 구성하는 구성원들의 유대와 결속이 와해되고 있는 것이다.

피케티는 그의 책 13장에서 불평등이 심화되는 상황에 적합한 '사회적 국가' 모델을 다시 소환한다.[2] 피케티는 존 메이나드 케인즈의 수정자본주의 체제 아래의 국가 역할 이상을 떠맡는 국가, 즉 사회구성원들을 지속가능한 공동체로 묶는 국가를 상상하며 미래사회의 모델로 '사회적 국가'를 내세운 것이다. 그가 말하는 사회적 국가는 1990년대 이후 가속화된 전 세계적 세습 자본주의(노동보다는 자본소득이 훨씬 더 큰)를 정당하고 효율적으로 통제할 만한 새로운 정치제도로, 부의 불평등을 막는 조세제도와 공공정책을 가동시키는 국가이다. 우선 피케티는 최상위 1%에 대한 소득세와 상속세 최고세율의 대폭 인상, 글로벌 부유세 도입을 주장한다. 또한 부의 해외 유출과 도피를 막아 조세 가능한 소득으로 존치시키기 위해 자본에 대한 글로벌 부유세를 제안한다. 피케티는 2%까지 올라가는 누진적 연례세금과 80%까지 이르는 누진적 소득세를 신설해 불평등을 줄일 것을 제안하는데, 이러한 세금은 또 다른 장점도 지니고 있다. 부를 노출시켜 민주적인 감시가 이뤄지도록 하는 것으로, 이는 은행 시스템과 국제 자본의 흐름을 효과적으로 규제하기 위한 필수조건이다. 이 글로벌 부유세는 경제의 투명성과 경쟁의 힘을 유지시키는 한편, 사적 이익에 앞서 공공의 이익을 증진할 것이다.

두 번째로 피케티가 강조하는 사회적 국가의 중요과업 중 하나는 현대적 '부'의 재분배인데, 이것은 의료, 교육, 연금 등 모두에

---

[2] 위의 책, 560-588.

게 대체로 동등한 혜택이 돌아가는 공공서비스와 대체소득을 위한 재원을 조달하는 방식으로 이뤄진다. 피케티는 현대적 재분배는 기본권의 논리 그리고 기초적인 것으로 여겨지는 일정한 상품에 대한 평등한 접근이라는 원칙에 따라 이뤄져야 한다고 주장한다. 그는 1776년의 미국 독립선언문 서문과 1789년의 프랑스 인권 선언에 근거해 사회적 국가의 국민기본권 보장의무를 도출한다.

미국 독립선언서 서문은 자연법적 사상에 근거해 모든 국민의 행복추구권과 그것을 보장할 국가의 사명을 천명한다. "모든 국민은 행복을 추구할 평등한 권리가 있으며 국가는 이 권리를 보장해야 한다." 그 이유는 다음과 같은 자명한 진리 때문이다. "모든 사람은 평등하게 태어났고, 창조주는 몇 가지 양도할 수 없는 자연권을 주었으며, 그 권리 중에는 생명, 자유와 행복의 추구가 있다. 이 권리 확보를 위해 인류는 정부를 조직했으며, 이 정부의 정당한 권력은 국민의 동의로부터 나온다."[3] 1789년 프랑스의 인간과 시민의 권리에 관한 선언 제1조 두 번째 문장은 '오직 공익에 바탕을 둘 때만' 불평등을 용인할 수 있다는 내용이다. 사회적 불평등이 오직 모두에게 이익이 될 때만, 특히 가장 불리한 입장에 처한 사회적 집단의 이익에 공헌할 때만 받아들여질 수 있다는 것이다. 따라서 기본적인 권리와 물질적 혜택은 권리와 기회가 가장 적은 사람들에게까지 확장되어야 한다. 이런 해석은 미국의 철학자 존 롤스가 그의 책 『정의론』에서 제시한 '차등의 원칙'과 그 취지가 유사하다.[4] 그리고 만

---

[3] 위의 책, 571. 인용문은 이 책의 13장 각주 19에 나온다(764).
[4] John Rawls, *A Theory of Justice* (rev. ed.; Cambridge, MA.: Harvard University.

인의 최대의 평등한 '역량'에 관한 인도의 경제학자 아마르티아 센의 접근법 또한 이러한 기본 논리와 크게 다르지 않다.

　　이처럼 20세기의 선진국들이 보여주었던 사회적 국가의 현대적 재분배는 교육, 의료 및 퇴직연금과 관련된 기본적인 사회적 권리들에 기초하고 있다. 여기서 우리가 주목하는 것은 민주적 통제를 받고 사회통합의 과제를 으뜸과제로 삼는 공화국적 사회국가가 '부'의 재분배 책임을 맡아야 한다는 점이다. 피케티는 보편적인 '기본소득'을 특정하지 않지만, 정부 지출의 한 형태로 '평생소득에 비례하는 대체소득'을 지급하는 사회적 국가를 착상한다. 그는 불평등에 시달리는 사회구성원들에게 정부 지출의 형식을 통해서 국가에 의한 부의 재분배가 이뤄져야 할 것을 시종일관 주장하고 있는 셈이다.

### 로마의 공화정 전통에 비추어 본 대한민국 민주공화국의 건국 요체

1997~1998년 IMF 사태 이후 우리 사회는 대한민국을 공화국으로 정의한 헌법 제1조의 의미를 심각하게 성찰하게 되었다. 대한민국이 주권이 국민에게 있는 공화국이 되기 위해서는 이 주권을 행사할 최소한의 조건을 갖춘 국민들이 대한민국의 중심 구성원들이 되어야 한다. 약 20여 년 전의 IMF 경제 위기는 대한민국이라는 공화국이, 그리고 견고해 보이는 대기업과 은행 등이 국민을 지키는 데 얼마나 무력한가를 전격적으로 폭로했다. 국가는 국민을 보호하겠

Press, 1999), 137-156.

다는 약속을 근거로 징병권, 징세권, 국가형벌소추권, 사법권, 입법권 등을 가지며 이 권한을 집행하는 대의민주주의제의 통치자들과 공무원들을 거느리고 있다. 국가는 그 안에 있는, 그리고 그것을 떠받치는 국민들을 섬기기 위해 존재하는 권력 주체이지 맹목적인 경외와 경배의 대상이 될 수 없다. 국가는 국민의 지위를 갖는 사회구성원들이 공화국을 떠받치는 책임 구성원으로 살 수 있도록 최소한 사회정치적 보장을 제공할 의무가 있다. 공화국의 개념에 따르면 국민은 존재론적으로 국가나 정부보다 더 근원적이고 토대적인 실체이다. 이것이 대한민국을 공화국이라고 부르는 우리 헌법의 기본 규정이다. 민주공화국 대한민국의 헌법적 국체를 지키려면 '국민'이 존재하여야 하는데, 그 국민은 노예적 대우와 신분을 강요당해서는 안 되는 자유시민이어야 한다. 헌법 제1조, 제23조, 그리고 제119조 1, 2항은 민주공화국 대한민국을 유지하기 위한 국민 됨의 요건이 무엇인지 어느 정도 규정하고 있다.[5]

특히 제119조 2항은 국가는 적정한 소득 분배를 유지하면서 경제주체인 가계, 기업, 정부의 조화를 통한 경제민주화를 이룰 의무를 지니며, 이 과정에서 규제와 조정을 할 수 있다고 말한다. 대한민국 공화국은 시장의 전횡과 범람을 억제할 공적 질서를 이루어야 한다는 것이다. 이처럼 경제주체들의 적정한 소득 분배를 추구할 국가의 의무를 헌법이 명문조항에 포함시키고 있다. 국가의 공적 책무를 규정하는 맥락 중 가장 인상적인 부분이 '경제의 민주화'이다. 이

---

[5] 우리나라의 헌법에 규정된 경제민주화 규정에 대한 예비적 논의를 보려면, 김회권, "경제민주화에 대한 성경의 지침," 『복음과 상황』 262(2012년 7월), 36-46을 참조하라.

처럼 고결한 헌법을 가진 나라가 얼마나 될까 싶을 정도로 우리나라는 국가의 의무에 경제민주화 실현을 포함시키고 있다. 그런데 지금 우리나라의 경제적 대동맥인 대기업과 국가에는 돈과 자금이 충분히 공급되는 데 비하여 모세혈관에 해당되는 가계, 특히 청년들의 구매력은 빈혈을 일으킬 정도로 바닥을 치고 있다. 낮은 월급, 높은 주거비, 치솟는 사교육비, 막대한 결혼 비용, 각종 보험료 등은 경제적 하층국민들, 특히 정규직에 진입하지 못하는 청년들의 삶을 근원적으로 위협하고 있다. 우리 국민들 대다수가 노예처럼 착취당하는 인간모멸적 근로 조건에 속박당한 채 서서히 비인간화의 심해로 가라앉고 있다. 특히 부를 생산하는 대기업의 죄를 단죄할 때를 보면 더 극명한 차이를 볼 수 있다. 법도 헌법도 일시적으로 느슨해지는 것이다. 돈의 위력이 국가의 헌법보다 더 직접적으로 국민생활을 좌우하고 있는 현실에서 가난한 국민들은 대한민국 공화국의 실종을 경험하고 있다. 공화국이 실종된 그 자리에는 각자도생하면서 생존과 인간 존엄을 지켜야 하는 고립된 개인들이 넘쳐나고 있다. 이 참혹한 가난과 생존 위기는 공평과 정의의 붕괴를 일상화된 경험으로 대면하는 국민들에게 비국민 대우를 강요하고 있다. 시민들의 자유계약으로 들어선 공화국이 부의 생산을 책임지는 주체들인 기업들에 예속되고 조정되는 것처럼 느끼는 사람들이 늘어 가고 있다. 이러한 시장의 공화국 침식은 어제오늘 일이 아니다. 노무현의 참여정부는 "이제 권력은 청와대에서 시장으로 넘어갔다."는 공리로 출범했고, MB 정부는 헌법이 경제민주화를 이루기 위해 설정한 각종 규제를 왼회함으로써 국가 민영화를 부단히 시도했다. MB 정권을 전락시킨 비정(秕政)의 큰 줄기는 단순히 권력남용으로 인한 경제적 이익편취가 아니라, MB 정부의 국가 민영화 시도였다. 국가 민영화주의자들은 국민적 합의도 거치지 않은 채 천문학적 국가예산을 사기성 농후한 사업들에 투자함으로 국민 혈세를 낭비한 것은 물론이요, 방위산업 비리 같은 악행을 얼마든지 저지를 수 있었다. 인간의 악행과 탐욕이 사업이라는 거짓된 대의명분을 뒤집어쓰고 공화국의 토대를 일순간에 허물어 버릴 수 있다는 것이다.

이명박 정부 이후 들어선 박근혜 정부도 민주공화국 대한민국의 위상을 복원하는 데 무관심했고, 아예 국가권력을 사적 남용하여 탄핵됨으로써 중도에 좌초되었다. 박근혜 정부의 중도파산으로 들어선 문재인 정부는 공화국적 이상을 회복하려고 노력하는 것처럼 보였지만, 국토의 올바른 사용을 규정하는 헌법적 가치를 활성화시키는 것에는 역부족을 드러내며 시종일관 대기업 중심의 경제성장을 꿈꾸고 있다. 비정규직 노동자나 하청업 중심의 중소기업 재생과업은 요원하고, 공공부문 일자리 늘리기, 최저임금 상승 등의 주변적 정책에 매몰되어 있다. 현 정부는 우리나라의 공화국적 토대를 무너뜨리는 토지 주택 관련 임대업, 투기업의 근본 폐단을 혁파하는 정의감, 청렴함, 그리고 관료통제 리더십에서 현저한 역부족을 드러낸다. 이런 상황에서 코로나19 팬데믹은 사회 최약자층을 골라 패대기치고 있다. 이런 상황은 다음과 같은 질문을 던지게 한다. 대한민국은 과연 헌법대로 작동하는 민주공화국인가?

로마 제국 시대의 공화주의자였던 아프리카누스, 소(小)스키피오(3차 포에니 전쟁의 영웅), 그리고 키케로 등은 공화국이 자유시민들의 상호부조, 상호결속적 유대에 의해 성립된다는 점을 설파했다. 로마의 공화정 이상을 견지한 공화주의자들의 사상을 개관하는 아

아우구스티누스는『하나님의 도성』19권 21장에서 로마의 위대한 공화주의자 소스키피오가 정의한 것과 같은(키케로의『대화』,『공화국』등에 소개) 공화국이 로마 역사상 한번도 존재하지 않았다고 비판하며, 참된 공화국은 하나님을 향한 참된 예배가 실현되는 곳에만 존재할 수 있다고 강조했다. 키케로는『대화』,『공화국』등의 책자에서 로마 공화국의 타락과 부패를 포에니 전쟁의 두 영웅인 소스키피오와 아프리카누스의 입을 빌어 비판하고 개탄한다. 키케로의 책에서 소스키피오는 공화국의 정의는 국민의 행복임을 말하며, 국민을 온갖 종류의 모임이나 군중이 아니라 법에 관한 공동의 인식과 공동의 이해관계에 의해 연합된 결사체로 정의한다. 아우구스티누스는 이런 공화국 정의에 따른 정의로운 공화국은 실제 로마 역사상 존재한 적이 없었다고 단언한 것이다.6 공화국을 국민의 행복 곧 국민 복지라고 간단히 정의한 소스키피오(또한 키케로)가 옳다면, 로마 사람들은 국민 복지를 얻은 일이 없으므로, 로마 공화국은 없었다는 것이다. 진정한 공의가 없는 곳에서는 서로의 권리를 인정함으로써 뭉친 집단이 있을 수 없으며, 따라서 소스키피오나 키케로가 정의한 국민 역시 있을 수 없기 때문이다. 국민이 없으면 국민의 복지도 있을 수 없고, 존재하는 것은 국민이라고 부를 가치도 없는 잡동사니 군중에 불과하다는 것이다. 따라서 가장 확실한 결론은, 공의가 없는 곳에는 공화국도 없다는 것이다.7 예를 들어, 로마 제국 자체의 해외 영

---

6 성 아우구스티누스, 조호연, 김종흡 역,『하나님의 도성』(서울 : 크리스천다이제스트, 2011), 157.
7 위의 책, 949.

토 정복 자체가 불공정하기에 로마는 바른 공화국이 될 수 없다. 해외 영토를 다스리는 로마의 명분이 충족되려면 로마의 통치가 외국인들에게 더 유익하고 불법횡행을 막아 주어야 하며 정의가 로마 시민 밖의 사람들에게까지 확장되어야 한다. 한 나라의 국민이 식민지 백성 같은 압제를 경험하고 모멸을 당할 정도로 국가 권력의 지배를 받는 곳에는 공화국이 존재하지 않는다. 따라서 한 나라의 일부 국민이 생계를 유지할 정도의 경제 주권도 확보하지 못하는 곳에서는 공화국이 이뤄질 수 없다는 결론이 나온다. 아우구스티누스는 개인에게 공의가 없으면 개인들로 구성된 공동체도 공의(권리의 상호인정)가 있을 수 없다고 말한다.

따라서 공평과 정의라는 헌법적 질서가 붕괴되는 순간 공화국은 붕괴되고, 인간은 국가를 숭배하여야 되는 을(乙)의 위치로 전락하고 만다. 아우구스티누스는 하나님이 사람을 다스리시고, 영혼이 신체를 다스리며, 이성이 정욕과 영혼의 악한 부분을 다스리는 것을 정의라고 규정한다. 그러면서 열등하고 악한 존재들은 이성적이고 의로운 자를 섬기는 것 자체가 그들 스스로에게 유익하다고 결론 내린다. 그런 점에서 만민은 의로우신 하나님을 섬겨야 한다. 왜냐하면 영혼이 하나님을 섬길 때 자기 신체를 바로 통제할 수 있기 때문이다. 따라서 영혼 내부에서는 이성이 정욕과 그 밖의 악습들을 바르게 지배하려면 스스로 하나님께 순종해야 한다.[8]

『하나님의 도성』 19권 24장에서 아우구스티누스는 국민과 공화국에 대한 보다 섬세한 정의를 시도한다. 그는 국민을 사랑할 대

---

[8] 위의 책, 950.

상에 대한 합의로 뭉쳐진 개인들의 공동체라고 정의한다. 그에 따르면 사랑의 대상이 고급이면 국민도 고급이 된다. 로마가 한 번도 참된 공화국(카토, 키케로, 소스키피오, 아프리카누스 등이 정의한 시민적 배려와 우의로 뭉쳐진 공동체)으로 존재하지 못한 이유는, 우상 숭배를 금하는 하나님을 믿고 따르지 않는 나라에서는 영혼이 신체에 대하여 고유 지배권을 갖지 못하며 이성이 악습에 대하여 권위를 행사하지 못하기 때문이다. 유일하신 참 하나님에 대한 사랑, 즉 경건함을 잃어버렸다면 "즉, 진정한 경건이 없는 곳에는 진정한 덕성(공동체적 예의범절, 도덕성)도 없다."라는 것이다. 공의와 공동체적 예의범절이 상실된 곳에 공화국은 없다는 것이다.

만일 돈에 대한 숭배로 뭉친 사람들이 대한민국의 중심 구성원을 이룬다면 그것은 맘몬 숭배, 인간 멸시를 일상화하는 나라로 전락할 것은 명약관화이다. 반면에 우리나라의 헌법적 가치에 대한 사랑으로 뭉쳐진 국민이 대한민국의 중심 구성원이라면 대한민국은 고상한 민주주의 사회가 될 것이다. 지금 우리 사회는 돈 숭배 사회, 시장 권력 절대 우위 사회로 전락해 가면서 민주공화정 붕괴를 고통스럽게 대면하고 있다.

오늘날 대한민국 공화국은 한쪽으로부터는 모든 공공기관을 민영화하겠다고 위협하는 극단 자유주의자들, 즉 기업-시장 전체주의자들과 또 다른 한쪽으로는 공공기관의 일자리를 늘려서라도 국민의 현금소득, 구매력 증가를 도모하려는 피상적인 복지국가주의자들의 점령 시도에 노출되어 있다. 이 두 정치세력은 서로 다르지만 대기업의 생산성이 경제성장을 주도하고 국부를 증대시키는 데 결정석이라고 본다는 점에서 일치하며, 공화국 붕괴를 막을 근본적인 사상을 결여한다는 점에서 닮았다. 이들은 국가구성원들 사이의 평화, 우애, 연대, 그리고 공동체 소속감 같은 무형의 정신 자산을 경제생산성 계량에서 배제한다. 이들은 지구자원 고갈과 생태계 파괴 등을 초래하는 경제성장의 역설에 주목하기보다는, '현금'(달러)으로 계상되는 '수입', '소득'만을 주목한다. 국가 주도 복지파들은 물론이요 국가의 공공기관을 민영화하겠다는 자들마저도 '국가'가 휘두르는 '권력'을 포기하려고 하지 않는다. 국가는 위임된 강제 권력을 동원해서라도 공평과 정의를 지키고 집행하는 데 온갖 노력을 기울여야 함에도 그저 국민을 예속시키는 데 치중한다. 대한민국 역대 정부들이 휘두르는 통치기구는 다수당을 점한 의회입법권력, 검찰, 국세청, 헌법재판소, 방송과 언론 권력 등이다. 현 시국의 여야를 가릴 것이 없이, 대한민국은 어떤 정권이 와도 기득권 고지를 점령한 지배층 주류당이 통치한다. 그들이 암묵적으로 함구하는 단 하나의 영역은 '토지 정의' 문제이다. '토지 정의'를 건드리는 순간 친북용공좌파라는 낙인이 찍히기 때문이다. 그러나 모든 부의 원천이자, 부의 생산기반인 토지 문제를 차치하고는 어떤 경제 정책이나 사회적 형평 정책을 내세워도 공화국적 정체성을 온전하게 회복하기는 힘들다. 박정희 독재 체제 이후 대한민국은 국가 기관들과 기업들의 긴밀한 동맹체로 존재했으며, 국가 지배 엘리트들은 대한민국의 공화국적 기상을 훼손하며 붕괴시키고 있다. 시장의 자율주의적이고 공동체 파괴적인 권력을 통제해야 할 국가 권력은 민영화의 이름, 기업보국의 이름으로 기업의 범죄 심판에는 관대하며 생산성이 높은 기업들의 공평과 정의 붕괴 범죄에는 너그럽다. 반면에 자기보호망을 갖지 못한 무력한 개인들로부터 고율의 세금을 걷고 있다.

이런 상황으로 국가는 점차 거대해져 가지만, 국민들은 국가로부터 공평과 정의의 서비스는 전혀 받지 못한 채 생존의 벼랑 끝에서 자기 생존을 강구하는 처지에 놓여 있다.

국가라는 거대 복합 권력 기관을 통제하고 감독하려면 자유시민적 지위를 갖는 국민이 깨어 있어야 한다. 하지만 국민 대다수가 노예, 혹은 전쟁에도 나가지 못한 채 아이 생산만 담당하는 무산자(proletariat)로 전락하면 공화국이 위기에 빠지는 것은 시간 문제일 것이다. 대한민국 민주주의의 위기는 공적 질서의 정립과 유지에 관심을 쏟을 여유도 없이 강압적·착취적 생계노동에 동원된 국민들의 가혹한 노동, 혹은 생업 해결 수단을 박탈당한 시민들의 빈곤에서 시작된다. 앞서 보았듯이, 헌법 제119조 2항은 국가가 국민경제의 성장 및 안정과 적정한 소득 분배를 유지하기 위하여 시장지배와 경제력 남용을 방지할 책무를 갖고 있으며, 국민 모두가 대한민국이 생산한 부의 분배에 참여할 수 있는 경제민주화를 위해 시장 지배와 경제력 남용을 적극 막아야 할 것을 규정하고 있다. 그런데 지금 우리나라는 절대다수의 국민이 노예, 농노, 혹은 비정규직 노동자로 전락하여 공화국 대한민국을 지킬 능력이나 의향을 급격하게 상실하고 있다. 코로나19 팬데믹은 복지국가의 위용을 한껏 드높이는 계기가 되고 있지만, 국가는 장기간의 청년실업률 고조, 자영업자의 몰락, 월급노동자들의 조기은퇴 강요, 급격한 노령화 사회로의 진입으로 인한 노동인구의 부족 등 대한민국 공화국의 토대를 붕괴시키는 요인들을 예방하거나 중화시키는 데에는 한계에 봉착해 있다. 공화국은 적어도 법적으로 대등한 자유시민들의 상호유대, 공유된 가치, 이웃의 복지에 대한 인륜적 관심 공유, 전쟁과 위기 시의 참여와

위기 분담 등을 통해 형성되었다. 주전 5세기 중엽의 그리스 역사가 헤로도토스의 『역사』는 막강한 페르시아 제국과 그리스 도시국가들의 전쟁에서 객관적인 열세였던 그리스의 도시국가들이 승리를 거둘 수 있었던 이유로 그리스 도시국가 자유시민 참전군인을 말한다. 그들의 자유의 가치에 대한 자부심, 그리스 공화정적 국체에 대한 충성심이 승리를 이끌었다. 지금 우리나라는 자유시민(요즘 흔히 중산층: 생계 문제 해결을 이룬 후 공적 정의와 자유 등 공공가치의 실현에 열심을 내는 국민)의 층이 급격이 얇아지고, 생계를 유지하기 위하여 필사적으로 노동해야 하는 노예적 신분의 국민 비율이 높아지고 있다. 이런 공화국 붕괴와 해체를 걱정하는 지식인들은 일찍부터 국민 기본소득을 주창해 오고 있다.[9] 고전적 자유주의 국가권력론을 정초한 존 로크나 그것에 영향을 받은 미국독립선언서는 시민들의 상호적 동맹, 협약이 국가 권력이나 정부보다 더 원초적임을 밝힌다. 정부나 내각은 붕괴될지라도 국가를 구성하는 시민들의 사회적 동맹이나 협약은 붕괴되지 않는다. 공화국의 붕괴는 이 국가의 토대가 되는 사회적 동맹이 붕괴되는 위기인 셈이다.[10]

## 기본소득의 정당성

### 1. 기본소득 논의의 시발과 현황

[9] 김종철이 발간하던 『녹색평론』 131호(2013년 7-8월호), 144호(2015년 9-10월호)는 기본소득을 특집으로 다뤄 현실 적합성을 주창하고 있다.
[10] 한나 아렌트, 김선욱 옮김, 『공화국의 위기』(서울: 한길사, 2011), 129-130.

1997~1998년 IMF 경제 위기 이후부터 대한민국의 공화국 국체 붕괴를 염려하는 선각자들(강남훈, 곽노완, 김종철, 최광은) 사이에서 국민소득 논의가 시작되었다.[11] 전 세계적으로 볼 때 최근의 기본소득 논의는 1990년대의 신자유주의의 발흥으로 국가의 보호를 받지 못하는 최악의 저임금노동자들이나 실업자들이 대규모로 등장한 사태를 본 북유럽식 보편복지주의파 사회과학자들에 의해 촉발되었다. 앙드레 고르, 필리페 판 파레이스, 브루스 액커만, 앤 알스톳 등 유럽 선진 복지국가의 여러 기본소득 주창자들의 사상이 약 20여 년 전부터 국내의 진보사상가들에게 유입되었고, 2000년을 전후하여 강남훈, 곽노완, 김종철 등이 이 논의를 주도해 왔다.[12] 국민 기본소득 주창자들은 시장이나 선진 복지체제도 국가의 하층민의 소

---

[11] 『녹색평론』 131호에 기본소득에 대한 김종철, 곽노완, 강남훈 3자 사이에 이뤄진 대담이 실려 있다(2-51). 이보다 앞선 『녹색평론』이나 뒤에 출간된 『녹색평론』에는 기본소득에 대한 김종철의 견실한 주장들이 거듭 발표되었다. 곽노완의 제자인 사회당 지도자 최광은의 『모두에게 기본소득을』(서울:박종철 출판사, 2010)도 간략한 기본소득 논의 안내서다. 2013년에 결성된 한국 기본소득네트워크가 기본소득 논의를 주도하는 기관이다. 이 단체의 정관 2조 목적은 이렇다. "네트워크는 모든 사회구성원의 자유와 참여를 실질적이고 평등하게 보장할 수 있는 기본소득제의 실현에 기여하는 것을 목적으로 한다. 이때 기본소득이라 함은 공유부에 대한 모든 사회구성원의 권리에 기초한 몫으로서 모두에게, 무조건적으로, 개별적으로, 정기적으로, 현금으로 지급되는 소득을 말한다" (개정 2019. 1. 26).

[12] 최근의 기본소득 논의는 기본소득네트워크와 그 단체의 상임이사인 진보신당의 안효상 등에 의해 주도되고 있다:안효상, "토마스 스펜스의 원형적 기본소득," 『시대』 51(2017년 9월), 98-115; 안효상/서정희, "코로나19 이후 불확실성 시대의 새로운 소득 보장," 『산업노동연구』 26/3(2020년 10월), 63-118; 필리페 판 파레이스 엮음, 안효상 옮김, 『기본소득과 좌파:유럽에서 벌어진 논쟁』(서울:박종철 출판사, 2020); 말콤 토리, 이영래 옮김, 안효상 감수, 『왜 우리에겐 기본소득이 필요할까』(서울:생각이음, 2020).

득 박탈, 빈곤화를 막을 길이 없다는 근본 확신을 가지고 있다. 그들은 국민의 소득 박탈, 무산자화는 국가를 통제할 민주시민들의 결사체인 공화국의 몰락을 가져온다고 본다. 또한 사회 보호형 경제사상가들로서, 경제는 공평과 정의의 사회질서를 유지하는 데 이바지하는 경제가 되어야 한다고 믿는다.

국민 기본소득은 시장 거래, 부동산, 이자 및 임대 소득, 투자금, 임노동(임금을 받기로 한 고용조건하의 노동) 등으로 얻어지는 소득 외에 국가가 공화국적 정체성을 지키기 위하여 국민들에게 주는 국민배당금이다. 필리페 판 파레이스, 브루스 액커만, 앤 알스톳 등이 주장하는 기본소득은 자산조사나 근로조건(work requirement) 부과 없이 모든 구성원들이 개인 단위로 국가로부터 지급받는 소득을 가리킨다. 곧 '기본소득'이 종래의 사회복지제도들과 근본적으로 다른 점은, 재산이나 건강, 취업 여부 혹은 장차 일할 의사가 있는지 없는지 등의 자격심사를 일절 하지 않고 일률적으로 모든 사회구성원에게 일정한 돈을 주기적으로 평생 지급한다는 데 있다.

브루스 액커만과 필리페 판 파레이스 등이 쓴 『분배의 재구성』[13]에서는 16세기까지 거슬러 올라가 기본소득사상의 맹아단계를 추적할 수 있지만, 유럽 역사에서 이 기본소득론이 진지한 주목을 받으면서 등장한 지는 200년이 되었다고 본다. '지역수당'(territorial dividend), '국가 보너스'(state bonus), '데모그란트'(demogrant), '시민급여'(citizen's wage), '보편수당'(universal benefit), '기본소득'(basic

---

[13] 브루스 액커만, 앤 알스톳, 필리페 판 파레이스 외, 너른복지연구모임 역, 『분배의 재구성』(서울 : 나눔의 집, 2010).

income) 등 다양한 이름으로 불려 온 기본소득 사상은 1960년대 후반과 1970년대 초반, 미국에서 인기를 누리며 대선후보들이 주장하기도 하였으나 곧 잊혀졌다. 그러나 이 책에 따르면 지난 20년 동안, 신자유주의의 득세로 이 사상이 전례 없이 빠른 속도로 유럽 연합 전역에 걸쳐 대중적으로 논의되고 있는 중이다. 기본소득 제도는 지금 우리나라 사람들의 눈에는 아주 급진적인 보편적 복지처럼 보이지만, 알고 보면 우리나라도 이미 기초노령연금, 65세 이상 노인 지하철 무료승차권, 장애인수당, 무상보육, 무상급식 등을 시행하며 보편복지시대에 돌입했다. 그럼에도 불구하고 우리나라는 빈부양극화를 해결할 수 있는 어떤 법적·사상적·제도적 안전장치가 전무해, 사회 중심구성원들이 공화국적 충성유대에서 이탈할 조짐을 보이는 것이다. 주권의식을 갖고 주권을 행사할 수 있는 국민들이 주인이 되는 공화국의 이상을 유지하기 위해서는 국민 중 누구도 생계형 노예노동으로 내몰리거나 대한민국의 국부 생산에 기여하지 못하는 무산자로 전락하는 것을 막아야 한다. 이것을 막고 국민 됨을 누리게 만드는 주식배당금형 소득이 국민 기본소득이다.

이 논의에 대한 가장 큰 반대는, 재원 마련 문제 등의 실현불가능성 쟁점과 국민 기본소득 제공 시 일어날 수 있는 노동윤리의 와해, 기업의 노동자 고용상의 난점과 인건비 급증으로 인한 기업도산과 경제엔진 작동 중지에 대한 염려 등이다. 강남훈과 곽노완의 사상을 이어받은, 사회당의 최광은이 쓴 『모두에게 기본소득을』과 판파레이스 등의 『분배의 재구성』은 이에 대한 답변을 비교적 자세하게 제시한다. 최광은은 여기서 아프리카 나미비아의 기본소득 실험을 예로 들어, 기본소득은 노동윤리의 와해가 아니라 노동의욕의 증가와 생산성 증가를 가져왔다는 점을 강조한다. 최광은에 따르면 알래스카의 석유 기금 이익금 배당이 전형적인 국민 기본소득의 사례다. 미국 알래스카 주는 주 소유의 유전 개발에서 얻는 이익은 알래스카 주민 모두에게 귀속된다는 근거 아래 일 년에 알래스카 주민 1인당 1~2천 달러를 제공한다.[14] 강남훈과 곽노완 등 우리나라의 기본소득주창자들은 모든 복지를 국민 기본소득으로 총 집결시킨다면 1인당 30만 원 정도의 국민 기본소득 제공도 가능하다고 본다. 국민 기본소득은 노후에 받을 국민연금 등을 대신하여 생애 내내 앞당겨 받는 국민 기본소득이기에 미래에 받기 위해 저축할 필요가 없다. 이 국민 기본소득을 실시하면 현재 9백 조(2021년 7월 기준)가 넘는 국민연금 기금 등의 운영 부실이나 전용 등의 위험 부담을 영구적으로 없애 준다. 이명박 정부 시절의 자원 외교 추진 과정은 국민연기금의 일탈적 운용가능성이 현실임을 경각시켜 주었다. 캐나다 하베스트 자원회사 인수 시 지난 정부 당국자들이 국민연금을 전용할 가능성을 고려했다는 신문보도에서도 보듯이 수백 조의 국민연금도 악한 정부가 들어서 분탕질한다면 순식간에 탕진될 가능성이 큰 위험한 저축자산이다.

    국민 기본소득에 대한 가장 원시적 반대는 무노동 무임금의 원칙일 것이다. 일반적으로 무노동 무임금 원칙에 익숙한 사람들에게는 노동하지 않는 자들에게도 기본소득을 지불하는 것이 반이성적 무원칙, 정의 배반적 과잉복지라고 생각될 수 있다. 그러나 이것은 단견이다. 노동을 임노동으로만 한정하기 때문이다. 일찍이 이반

---

[14] 최광은, 『모두에게 기본소득을』, 42-68.

일리치가 『그림자 노동』에서 밝혔듯이,15 오늘날 산업사회의 경제를 지탱하는 임금노동들 이면에는 그 임금노동을 가능케 하는 숱한 그림자 노동이 있다. 이러한 노동은 임금이 지불되지 않아 경제적 생산성으로 계측되지 않을 뿐이다. 오늘날 임노동자 중심의 노동관에 따르면, 사회가 존속되기 위하여 결정적으로 중요한 노동도 경제성장이나 경제가치 창출에 기여하지 않는 활동으로 배제된다(주부노동, 돌봄노동, 봉사활동 등). 기본소득사상은 이런 편견에 도전한다. 기본소득은 모든 국민은 기본적으로 저마다 공화국 유지를 위해 노동한다는 대전제를 갖고 있다. 아마도 국민 기본소득으로 발생할 수 있는 변화 중 하나는 노동자 친화적인 기업만이 살아남고, 노동착취적 기업들은 노동자를 고용하지 못해 어려움을 겪을 것이라는 점이다. 예를 들어 기본소득으로 인해 적은 노동만 하고도 생계가 보장되는 사람들은 가혹한 조건의 노동이나 비윤리적인 생산품을 생산하는 회사 등에 취업하기를 꺼리게 될 것이며 기업과 노동자의 갑을 관계가 갑자기 역전되는 사태가 벌어질 수도 있다. 그러나 장기적으로 보면, 인간의 윤리와 도덕감을 거스르는 기업들이 퇴출됨으로 기업환경과 생태계가 건강해지고 그 윤리적 수준도 격상되어 모든 기업인들이 사회적으로 존경받는 분위기가 조성될 수도 있을 것이다. 그러면 이 기본소득을 주창할 수 있는 토대나 근거는 무엇일까? 자연권 사상과 그것을 뒷받침하는 성경의 무상공여 땅 소출 향유사상이다.

---

15 이반 일리치, 노승영 역, 『그림자 노동』(서울: 사월의 책, 2015), 200-202.

## 2. 기본소득의 사상적 배경 : 자연권 사상

앞서 말했듯이, 한국에서 '기본소득'을 지속적으로 진지하게 외쳤던 사상가는 고(故) 김종철이었다. 녹색사상에 입각한 문명비평가인 김종철은 기본소득의 연원을 자연권 사상에서 찾는다. 그는 미국 독립전쟁의 사상적 원동력이었던 『상식』의 저자인 18세기 영국의 정치사상가 토마스 페인이 만년에 쓴 소책자인 『농경지 정의』 속에서 기본소득의 핵심 논리를 찾는다.16 토마스 페인의 15쪽짜리 팸플릿 "Agrarian Justice"(1795)는 구조적 가난을 종식시키려는 최초의 실제적 제안이었다.17

페인의 해결책은 오늘날 거의 모든 유럽 선진국가들에서 부분적으로 시행되고 있는 보편적 사회보험 체제에서 그 위력을 드러냈다. 그는 노령자들에 대한 연금, 장애자들에 대한 장애인 수당, 21세가 된 모든 사회구성원들에게 일시지불금으로 제공되는 성인기금 등으로 시민들을 국가에 결속시키는 사회보장형 연금안이 구체화될 수 있다고 주장했다. 페인은 한 세기 전의 존 로크(John Locke)와 같은 사회계약설 사상가들처럼 자연법에 근거한 토지향유권에서 자신의 사상을 도출했다. 즉, 페인은 당시의 많은 자유주의 사회계약사상들의 전제와 유사한 전제들을 갖고 논리를 전개했다. "자연 상태 혹은 무정부 상황, 즉 실정법이 제정되기 이전 상황에서는, 각 사람은 자유롭고 평등했으며 어느 누구도 다른 사람의 권위에 굴복하지

---

16 김종철, "'기본소득'이라는 희망," 2014년 3월 5일자 『경향신문』 칼럼.
17 Thomas Paine, *Common Sense [with] Agrarian Justice* (London : Penguin, 2004) ; 혹은 Thomas Paine. "Agrarian Justice" (Digital edition 1999 by www.grundskyld.dk).

않는다. 지구는 만민에게 공통으로 소유되어 있었다. 각각의 개별 사람들은 자연 상태보다 그들의 이익들을 더 잘 촉진시킨다는 전제 아래서 법적 공권력을 가진 정부를 구성하는 데 합의한다"(로크형 사회계약설). 존 로크처럼 페인도 자연 상태에서 모든 사람 각자는 자신의 노동을 투입함으로써 자연으로부터 취하는 것에 대한 재산소유권을 가진다고 주장했다. 이 노동투하 행위는 그 노동투하자를 그 노동 대상이 된 자연의 소유자로 확정해 줄 뿐만 아니라, 그렇게 확보된 자연자원이 타인에 의해 사용될 권리를 배제한다. 로크나 페인 둘 다 토지나 사유재산은 노동투하자들의 노동투하로 발생하는데, 단 어떤 개인이 어떤 자연/자원에 노동을 투하해 자신의 사유재로 삼더라도 여전히 자연에는 다른 사람들이 노동으로 취할 '충분히 여전히 좋은 것'이 남겨져 있다는 조건 그리고 남아 있는 것 중 어떤 것도 부패하거나 쓸모없게 되지 않는다는 조건 아래서 이런 방식으로 사유재산(사유화된 토지재산)이 획득될 수 있다고 주장했다.

그런데 페인은 사유재산이 모든 각각의 사람에게 이전보다 더 좋은 생활 수준을 가져다주었다는 로크의 주장을 비판함으로써 로크와 갈라선다. 존 로크는 *The Second Treatise of Government* 5장에서 경작되지 않은 100에이커의 땅과 개발되어 비옥해진 10에이커의 땅을 비교하면서, 경작되지 않은 100에이커의 공유지 땅에서나 생산될 수 있는 양식을 경작된 땅 10에이커에서 얻었다는 결론을 내린다.[18] 페인은 이 단순화된 로크의 이론에는 현실의 빈곤한

---

[18] John Locke, *The Second Treatise of Government*(1690) (Indianapolis, IN.: Hackett Pub. Com., 1980), Chapter 5 "Property," 19-26. 이 책의 한국어 번역본은 존 로크, 강정인, 문지영 옮김, 『통치론』이다. 이 책 33-54이 '소유권에 관하여' 다룬다.

자들의 문제를 해결하는 출구가 없음을 비판하면서, 원래 자연 상태에서는 아무도 가난하지 않았음을 강조하고 두 개의 불평등 계급(땅 소유 부자와 땅 없는 빈곤층)을 만들어 내는 토지 사유제 때문에 빈곤이 발생한다고 주장한다. 그래서 자연 상태에서보다 더 악화된 가난을 경험하는 가난한 자들은 토지 사유제도와 더 나아가 사유재산제에 대해 불평을 품게 될 수밖에 없다는 것이다. 그래도 페인은 사유재산제도 자체를 반대하거나 토지 사유 자체를 반대하지는 않았다. 그가 보기에 문제는 사유재산제도에 있는 것이 아니라 확정된 기득권이 된 사유재산제도가 자연 상태에서의 인간이 누렸던 합법적 재화향유권을 박탈하는 데 있었다. 그는 "땅을 경작한 사람들은 그들의 노동에 의해 추가된 잉여가치(재산가치)만 누려야지, 땅 자체를 독점할 권리를 가져서는 안 된다."라고 주장했다. 하지만 토지 사유제를 주류 이데올로기로 채택한 근대 자유주의적 자본주의 아래서는 결과적으로 만민공유재였던 땅이 만민으로부터 탈취되어 소수에게 집중적으로 소유되는 결과를 초래했고, 토지향유권에서 배제된 자들은 아무리 노동으로 가난을 이겨 보려고 해도 근본적인 가난의 불평등 굴레를 쉽게 벗어나지 못하는 실정이다. 여기서 페인이 착안한 해결책은 공산주의도 아니고 땅을 원래의 자연 상태로 되돌려 놓는 것도 아니었다. 오히려 토지소유 및 토지 소출 향유 기회를 빼앗긴 사람들에게 '보상'을 하자는 것이다. 페인은 땅 소유자들이 토지 값의 10%를 토지보유세로 사회에 내고, 이것을 '국민기금'(National Fund)으로 발전시키면 이 '국민기금'이 가난을 종식시키는 결정적인 선봉이 될 수 있다고 보았다. 땅 없는 가난한 자들도 이 국민기금의 수혜자가 되어 땅 향유권 일부를 누리며 자연 상태에서의 가난한 삶보다는 더 유여한 삶을 영위할 수 있다는 것이다. 일종의 선별 복지정책인 셈이다.

그러나 토지의 만민 귀속과 토지의 만민 향유권이라는 이 자연법에는 만민에게 지급되는 기본소득사상이 맹아 될 여지가 남아 있다. 페인은 원래 미경작 상태의 토지는 '인류의 공유재산'이라는 '논란의 여지가 없는 사실'에서 기본소득론의 토대가 될 만한 자연법적 토지사상을 주창하고 있기 때문이다. 존 로크처럼 페인도 특정개인의 토지소유권은 토지 그 자체가 아니라 그가 토지를 경작하거나 개량한 부분에만 한정된다고 보았다. 따라서 토지소유자는 토지의 절대적 순수 사유자로서의 재산권 행사를 주창하기 이전에 먼저 '기초지대'(ground-rent)를 사회에 지불해야 하며, 그 지대는 장애인과 노인들을 돕는 데 사용되어야 한다고 보았다.

이것은 나중에 19세기 중반 헨리 조지의 토지단일세론에서 일부 계승되기도 했다. 페인은 그 토지경작자들이 지불한 지대를 모아 '국민기금'을 만들어, 토지의 사적 경작제도로 '토지에 대한 자연적 상속권'을 잃은 것에 대한 보상으로 21세가 되는 청년들에게 정액의 일시금을, 또한 50세 이상의 사람들에게는 남은 생 동안 매년 얼마간의 돈을 주어야 한다고 주장했다. 확실히 이것은 기본소득제도와는 약간 다르지만, 그 안에는 얼마든지 보편적 기본소득론으로 발전될 맹아를 잉태하고 있다. 토지의 만민귀속과 토지의 만민향유권에서도 얼마든지 기본소득론을 창발시킬 수 있다. 특히 페인이 주창한 국민기금안은 거의 보편적 기본소득의 재원 마련에 활용될 수 있기 때문이다. 국민기금을 만드는 재원을 땅을 가진 사람들이 사회에 내는 10%의 상속세(토지보유세)에서 찾는 그의 방안은 언뜻 보면 비현실적이고 공상적으로 보인다. 하지만 페인은 인구 조사, 생활비 계상, 재산보유 현황 등의 통계를 확보해 이 사회적 보험 계획이 실현가능하다고 보았다. "가난은 막을 수 있다."라는 확고한 신념이 페인의 자연법적 토지사상에서 착안된 정부 지급형 사회보험의 토대이다. 페인은 자연이 베푼 토지라는 천혜(natural bounty) 때문에 개인들은 가난으로부터 구제받을 권리를 가질 뿐만 아니라 가난에 빠지지 않을 권리까지 누려야 한다고 주장했다. 결국 페인은 사유재산제를 옹호하면서도 사유재산제에 의해 야기된 불평등으로 인한 가난을 제한하기 위하여 보편적인 부 향유권리들을 또한 옹호한 셈이다.

　김종철이 잘 지적했듯이, 페인의 '국민기금' 구상은 단지 가난한 사람들을 돕기 위한 공적 부조나 자선 프로그램이 아니다. 근대적 토지 사유제가 확립된 사회일지라도 그것이 토지의 절대적 사유제도를 정당화할 수는 없다는 것을 주장하는 것이었다. 페인은 '국민기금' 사상으로 토지가치의 만민귀속성을 주창하려 했다. 원래 토지란 만인의 공동 재산인 만큼 그 토지로 인한 이익의 상당 부분은 사회구성원 전체가 나눠 가져야 하며, 따라서 유력자가 열등자에게 혹은 국가가 인민에게 시혜적으로 베푸는 인위적 공여물이 아니라 땅에 태어난 모든 사람이 공평하게 누려야 할 자연적 권리라는 것이다. 그러므로 여기서 '국민기금'을 통해 지급되는 돈은 국가에 의한 생활지원금이 아니라 어디까지나 국민 각자가 응당 자신의 몫으로 지급받아야 할 '배당금'인 셈이다. 김종철은 토지는 공기와 물, 숲, 바다와 같은 공유지(혹은 공유재)이며 근대적 토지 사유제도도 토지 공유지 사상을 도말할 수 없다고 주장한다. 김종철에게 기본소득은 생태계 회복문명을 창조하기 위한 아주 초보적이고 토대적인 정책이다. 이런 논리의 연장에서 김종철은 원천공유재인 토지를 민중에게 돌려주는 방법 중 하나가 기본소득이라고 본다.[19] 이런 자연권 사상의 원형이라고 할 수 있는 사상이 구약성경 모세오경의 땅 선물 신학이다.[20]

### 3. 기본소득의 성서적 토대: 모세오경의 땅 신학

우리나라 헌법 제119조 2항에 따라 우리나라도 국민연금, 기초노령수당, 무상보육, 무상급식 등 각종 보편복지제도를 실시해서 보통시민들의 생활안전망 구축에 힘쓰고 있다. 그러나 최근 경남도지사의 경남의료원 폐쇄, 일방적 무상급식 중단 등을 볼 때 보편복지에 대한 평균시민들의 저항도 예상 외로 크다. "왜 회장 손자에게까지 무료급식을 줘야 하나?", "부자들에게 돌아갈 몫을 가난한 자들에게 몰아줘야 되지 않는가?" 많은 그리스도인들도 무상급식을 반대하고, 보편적 복지 때문에 재정이 파탄난다고 주장하는 보편적 복지 반대자들의 선전을 쉽게 믿는다. 우리나라 헌법은 국가를 구성하는 국민들의

---

[19] 토마스 페인과 거의 동시대에 토지의 공유재적 본질을 회복하자고 외친 토마스 스펜스도 기본소득의 자연법적 토대를 강력하게 지지한다. 그는 페인보다 토지의 만민향유권을 더 급진적으로 주장한다. Thomas Spence, "Property in Land. Every One's Right" in *Thomas Spence: The Poor Man's Revolutionary* (eds.), Alstair Bonnett and Keith Armstrong (London: Breviary Stuff Publications, 2014). 스펜스의 사상을 소개한 글로는 안효상, "토마스 스펜스의 원형적 기본소득," 98-115이 있다. 자연법적 토대 위에 기본소득을 주장한 서구학자들의 사상을 일별하려면, 안효상, "서양의 기본소득 논의 궤적과 국내 전망," 『역사비평』(2017년 8월), 220-249을 참조하라.

[20] 김회권, 『모세오경』, 신명기의 땅 신학 논의(1169-1176)외 레위기 25장 주석(805-815)을 참조하라.

행복추구권을 인정하고 있으며, 소득 분배를 공정하게 관장할 의무를 국가에게 지운다. 노동을 아무리 해도 소득을 얻을 수 없는 장애인들에게 장애수당을 주고, 인구 감소를 막기 위해 다자녀가구에게 보육혜택을 주며, 더 이상 현직 생업이 없는 노인들에게 지하철 무료승차권을 공여하는 것 등은 이미 공화국적 국가이념의 부분 실현이다.

공화국은 시민들의 상호의존적 부조, 결속, 유대가 없으면 무너지게 된다. 공화국적인 건전 사회질서가 무너진 곳에서는 경제 활동을 통한 이윤 추구가 불가능하다. 민주공화국을 유지하기 위한 장치 중 하나인 보편복지를 좀 더 근원적으로 집행하자는 것이 국민기본소득이다. 그런데 토마스 페인보다 훨씬 더 오래전인 모세시대에, 이스라엘의 국가 형성 시초부터 하나님의 백성 이스라엘은 가나안 땅을 하나님의 선물로 공여받았으며, 땅의 사적 소유를 금한 공적 사용을 하나님의 법으로 받았다. 이스라엘 백성들은 왕이나 제후, 국가적 체제에 소속되기 이전에 하나님의 땅을 경작하는 대지주 하나님의 소작인으로서 땅의 경작권을 향유하며 그 경작된 땅의 소출을 통하여 하나님께 예배하고 이웃과의 계약적 결속을 유지했다. 이런 이스라엘 백성은 자유농민이었고, 저마다 자기의 포도나무와 무화과나무를 재배하여 하나님께 자신을 언약적 결속으로 묶었다(왕상 4:25; 미 4:4). 왕이나 전제군주가 함부로 압제해서도 안 되고 강제로 징집해서도 안 되는 이 자유로운 농민들, 즉 오로지 하나님께 가장 우선적으로 결속되어 있는 백성을 두고 구약성경은 '야웨의 백성', 혹은 '거룩한 백성'이라고 부른다. 이 거룩한 백성, 야웨의 백성은 공평과 정의의 열매를 수확하여 하나님께 바쳐야 하는 소작인들로서 자신의 경작을 통해 십계명과 부대조항을 지키는 데 투신되었다(사 5:1-7). 이것이 모세오경의 하나님의 땅 신학이다.[21] 창세기, 레위기, 신명기 등이 주장하는 땅 신학은 네 가지 명제로 구성된다.

첫째, 모든 땅은 하나님의 소유다. 둘째, 모든 이스라엘 자유농민은 땅의 소작인이며(레 25:23) 그 소작인이 지주에게 바칠 소작료는 공평과 정의(사 5:1-7), 십일조를 통한 사회부조, 하나님의 율법이 명하는 하나님 예배, 이웃 사랑의 실천이다. 셋째, 이스라엘 자유농민이 하나님께 기업(基業, 나할라 혹은 아후자)으로 받은 땅은 가문의 친척이 아닌 타인에게 영구 매매되거나 탈취되어서는 안 된다. 이스라엘 자유농민이 임의로 자신의 가문에게 부여된 땅을 그렇게 처분하면 그것은 하나님의 저주를 초래하는 일이 된다. 나봇은 이런 이유 때문에 아합 왕에게 자신의 디르사 소재 포도원을 왕의 채소밭과 대토하지 않았다(왕상 21:3). 마지막으로 이스라엘 땅의 소출은 경작에 참여하지 못한 사람들, 객, 고아, 과부, 레위인(무산자 성직자)에게까지 향유되어야 한다. 야웨 하나님을 믿는 모든 사람은 땅의 소출 향유권을 보편적으로 누리도록 규정한다. 레위기 25:23(땅은 하나님의 땅!)과 신명기 15:11(어떤 누구도 땅의 소출 향유에서 배제되어서는 안 된다.)은 성경이 말하는 기본소득사상의 대헌장이다. 신약시대 성도들과 초대교회는 구약성경 39권을 그대로 정경으로 수용함으로써 하나님의 땅 신학을 진리로 받아들였다. 구약성경은 토

---

[21] 구약성경 전체가 "땅의 올바른 처분규정"이라고 볼 수 있을 정도로 구약성경은 '땅' 문제에 몰입되어 있다: Walter Brueggemann, *The Land* (Philadelphia, PA.: Fortress, 1977), 3-14; Norman C. Habel, *The Land is Mine* (Minneapolis, MN.: Fortress, 1975), 1-16, 134-148. 전체적으로 브루거만은 희년사상이나 구약토지법을 현대에 곧바로 적용하는 데 다소 부정적이며, 하벨은 여전히 구약성경의 도시법이 그리스도인들에게 윤리적 규범력을 행사할 수 있다고 본다.

지의 절대적 사적 소유를 바알 제도라고 비판하며, 희년사상과 땅 소출 보편 향유사상을 하나님의 법이라고 선포한다. 모세오경의 토지제도보다 토지의 근대적 사적 소유제도를 절대화하여 땅 소출을 소유자가 배타적으로 향유하는 것을 정당화하는 것은 모세오경의 '하나님 땅 신학'과 충돌한다.

많은 그리스도인들은 구약성경의 율법은 그리스도의 십자가로 폐기되었기에 구약의 율법을 따라 경제, 정치 등을 논하는 것 자체를 신학적 오류라고 생각한다. 신약성경만이 성경이고 구약의 최고 사명은 그리스도의 도래를 예언하는 것이라고 판단한다. 그런데 이런 구약폐기론적 입장은 정통 기독교의 입장과 거리가 먼 마르시온적 이단이다. 신약의 그리스도인들은 구약성경 39권을 유대교로부터 정경으로 받았고, 주후 4세기말에 신약 정경 결정과 더불어 구약성경 39권을 총망라해 66권의 성경을 확정지었다. 구약성경의 성전 중심의 제사법들과 의식법들 대부분은 예수 그리스도의 십자가 안에서 창조적으로 폐기되었지만, 구약성경의 십계명, 시민법 특히 십일조법, 토지법 등 중요 공동체 규약법은 신약성도들과 교회에 고스란히(한편으로는 더 급진적으로 재해석되어) 이월되었다. 산상수훈에서 십계명은 훨씬 더 급진적으로 수정증보되어 신약 성도와 교회로 이월되었고, 희년법이나 십일조 부조법 등은 동시에 고스란히 이월되었다.[22]

---

[22] 희년사상 자체를 거부하는 기독교인들도 있다. 2008년 1월 10-11일 『뉴스앤조이』에는 중앙대 기독교인 학자 김승욱 교수의 희년폐기론과 이를 반박하는 고영근(토지 정의 연대 간사)의 반론이 실려 있다. 또한 그는 2008년 1월 5일 CGN TV의 'CGN칼럼'을 통해 다음과 같은 핵심주장을 피력했다. 그는 "토지를 영영히 팔지 말 것은 토지는 다 내 것임이라 너희는 나그네요 우거하는 자로서 나와 함께 있느니라'(레 25:23, 개역한글)라는 말씀과 '땅의 이익은 뭇사람을 위하여 있나니'(전 5:9, 개역한글)라는 말씀을 근거로

들어 토지는 하나님의 것이고 모든 사람을 위해서 있는 것이므로 토지는 공유해야 한다고 주장"하는 것을 반대했다. 김승욱이 희년법을 반대하는 다섯 가지 이유를 간추리면 다음과 같다.

① 그는 "성경에서는 토지만을 하나님의 것이라 하지 않고 모든 것이 다 하나님의 것이라고"말하는데(시 24:1; 50:10; 학 2:8), "왜 유독 토지만이 하나님의 것이므로 개인이 소유해서는 안 되고 다른 것은 사유재산제를 허용해도 된다고 하는지 모르겠다."라고 말했다.

② 그는 '인간의 노동의 성과물은 사유해도 된다고 말하면서, 노동의 결과로 번 돈으로 매입한 땅을 사유하는 것을 반대하는 것'은 이치에 맞지 않는다고 말했다. "우리는 돈만이 아니라 시간도 하나님의 것이라 고백한다. 따라서 내가 만든 것은 내 것이고 하나님께서 만든 것은 하나님 것이라는 말은 성경적 관점이 아니다."

③ 그는 "토지는 다 내 것임이라'(레 25:23, 개역한글)라는 말씀은 공유의 근거가 될 수 없다."라고 말했다. 김승욱은 토지 사유를 부정한다고 해서 공유나 국유를 주장해서는 안 된다는 것이다. 레위기 25:23은 토지에 대한 청지기 사상을 말하지, 공유를 말하지 않는다는 것이다. 그는 전도서 5:9, "땅의 이익은 뭇사람을 위하여 있나니"라는 말씀도 공유의 근거가 되지 못한다고 본다. 김승욱은 오히려 "소유권자가 누구이든지 땅으로 많은 사람을 위해 사용"하는 것이 더 중요하다고 본다. 그는 "구약의 어느 한 부분을 문자 그대로 오늘날에 적용하면, 많은 문제가 따른다. 만약 그런 식으로 해석하면 우리는 돼지고기를 먹지 말아야 할 것이다."라고 덧붙인다.

④ "성경은 공유를 지지하지 않는다."라는 주장을 강화하기 위해 김승욱은 제10계명에 의거해 하나님이 토지 사유를 인정한 것으로 봐야 한다고 주장했다. 집과 땅은 함부로 침탈해서는 안 되는 사유재산이라는 것이다. 그에 따르면, "도둑질하지 말라"는 제8계명도 "사유재산제를 전제로 한 것이다."

⑤ 김승욱은 여호수아의 토착 족속 땅 추방 전쟁을 사례로 들어, 어떤 자들은 토지를 누릴 자격이 없다고 말하면서 토지에 대한 만민평등 권리개념을 반대한다. "하나님께서는 여호수아에게 가나안 땅에서 모든 주민을 쫓아내라고 하셨다. 이것은 헷 족속 등의 가나안 땅의 원주민들의 토지권은 인정하지 않는 것이다. 그래서 토지는 만민에게 평등하게 주어지는 것이 아니다." 김승욱도 토지공개념 자체를 원천 부정하지는 않는다. "결론적으로 토지가 다른 재화와 구별되는 이유는 토지만 하나님의 것이어서가 아니다. 토지는 동산과는 달리 움직일 수 없다는 부동성을 가지고 있다. 그래서 사유재산제도하에서도 정부가 공익을 위해서 토지에 대해서는 지목(地目)과 같이 목적도 제한하고, 활용할 수 있는 용적률과 건폐율 이런 것을 제한한다. 이것이 바로 토지의 공개념이다. 현행 사유재산제도하에서도 이미 토지에 대해서 공개념이 포함되어 있다." 그는 성경의 어느 일부분을 떼어서 특정 사상이나 교설을 주장하게 되던 "이단과 같이 큰 잘못을 범할 수 있다."라고 경고한다.

그래서 313년 콘스탄티누스의 기독교 공인 이전까지 모든 교부들은 구약성경의 경제율법을 특별히 강조하여 교회공동체의 급진적 사랑 실천, 이웃봉사, 사회봉사 등을 실천했다. 구약성경의 토지법은 토지 절대 사유금지와 토지공유제를 말한다. 하나님의 선물인 가나안 땅이 모든 공동체 구성원들에게 속했듯이, 하나님의 선물인 구원을 받은 성도들은 사도행전 2:43~47, 4:32~37에서 희년적 부조사회를 이루었다. 모든 공동체 구성원들은 가난한 자들을 돕기 위해 자기 재산을 기꺼이 공여했고 희사했다. 산 위에 있는 동네 같은 교회가 사방에 착한 삶이라는 빛을 비추어 외인들로 하여금 하나님께 영광을 돌리게 했다.

성경은 아무리 가난한 자라도 땅에서 얻어지는 소출을 향유하는 데서 조금도 소외되어서는 안 된다고 주장한다(신 15:11).[23] 이 신명기 15:11의 개역개정은 "땅에는 언제든지 가난한 자가 그치지 아니하겠으므로 내가 네게 명령하여 이르노니 너는 반드시 네 땅 안에 네 형제 중 곤란한 자와 궁핍한 자에게 네 손을 펼지니라"로 되어 있다. 가난한 자와 궁핍한 자들은 나라님도 구제할 수 없다는 비관론을 정당화하는 말처럼 들린다. 그러나 이 구절은 언약공동체 구성원을 향한 보편복지를 강조한다. 이 절의 히브리어 본문의 정확한 번역은 아래와 같다.

---

[23] 신명기 15:11이 원의(原意)와는 달리 마태복음 26:11(가난한 자들은 항상 너희와 함께 있거니와……)와 마가복음 14:7(가난한 자들은 항상 너희와 함께 있으니 아무 때라도 원하는대로 도울 수 있거니와……)의 가난한 자 항상존재론으로 바뀌는 과정을 잘 설명한 책은 패트릭 밀러의 신명기 주석 5장 강해다(Patrick D. Miller, *Deuteronomy* [Louisville, KY.: John Knox Press, 1988], 137).

왜냐하면(정녕) 어떤 가난한 자(에뷔욘)도 땅의 심장(중심, 소출)으로부터 끊어져서는 안될지어다. 따라서 나는 네게 명령한다. "정녕 네 손을 네 땅 안에 있는 네 비천한 자들과 네 가난한 자들에게, 네 형제에게 활짝 펴라."

여기서 야웨는 네 땅 안에 있는 형제, 곧 가난하고 비천해진 형제에게 손을 펼쳐 돕고 도우라고 명한다. 히브리어 원어 구문에는 '펴다' 동사의 절대형 부정사가 정동사 앞에 배치되어 '정녕, 확실히, 반드시'라는 부사어로 사용되고 있다(파토아흐 티프타흐). 이스라엘 언약공동체, 즉 형제자매 공동체 구성원들은 어떤 가난한 자도 땅의 소출향유권으로부터 배제되어 잃어버린 자로 전락해서는 안 된다는 것이다. 출애굽기 21장의 면제년 제도, 레위기 25장 희년제도, 가난한 자들을 위해 수확물을 일부 남겨 두라고 명하는 레위기 19:9~10, 그리고 객과 고아와 과부 등을 위한 십일조 비축을 명령하는 신명기 26장 등은 한결같이 언약공동체 구성원 중 가장 비참하고 연약한 자들을 공동체 복지망으로 감싸 안으라는 하나님의 포괄적인 뜻이었다.

    이처럼 구약성경은 이스라엘 자유농민의 생존을 경제의 최우선적 과제로 설정한다. 그것은 이스라엘 자유농민이 하나님의 율법 순종을 통해 가나안 땅을 영속적으로 차지할 수 있게 만드는 조건을 충족시키는 경제다. 성경이 말하는 경제학의 대전제는 모든 토지가 하나님께 속해 있고, 공동체 구성원에게 경작권이 분여(分與)되어 있다는 사상이다(레 25:23).

    이런 이유 때문에 성경의 주요 관심은 불의한 사회구조, 법, 관습, 그리고 강한 자들의 탐욕 때문에 가난하게 된 자들에 대한 하나님의 보호와 돌봄이었다. 메시야에게 임한 거룩한 성령이 하시는 첫 번째 과업은 가난한 자들에게 복음을 전하는 일이며, 그것의 구체적 내용은 채무자들에게 빚 탕감을 선언하고 갇힌 자들을 해방시켜 주는 일이었다(눅 4:18-19). 구약의 모든 예언자들은 가난한 자들이 이스라엘의 공동체에서 소멸되지 않도록 각별히 하나님의 공의와 정의를 대변했다. 그들은 이스라엘 백성이 자기 몫의 경작지를 가지도록 도와주고 보살펴 주는 데 투신했다. 그들이 현대적 기본소득을 주장하지는 않았으나 현대의 기본소득론이 이루고자 하는 목표와 동일한 목표를 추구했던 것이다. 그들은 사회경제적 최약자층의 비인간적 빈곤을 해결하려고 했다. 그들에게 가난은 경제문제가 아니라 신앙의 문제였다. 땅을 잃고 생존권을 상실하면 하나님의 언약백성 신분도 상실했기 때문이다. 그래서 예언자들은 모세오경의 613개 율법 중에서 한결같이 사회적 형평율법과 자비법령의 실천을 동시대인들, 특히 지배층과 유력 시민들에게 강력하게 요구했다.

### 코로나19 팬데믹 기간 동안에 떠오른 한국정치의 화두, 기본소득의 현실성

국민 기본소득은 자연법과 성경 모두에서 그 정당성을 찾을 수 있다. 선천적으로 노동능력을 갖지 못한 채 태어나는 사회구성원들에게 주는 장애수당, 아예 일하지 못하지만 미래의 대한민국 핵심 구성원들인 아이들과 청소년들에게 실시하는 공교육 혜택, 그리고 실업자들에게 주는 실업수당 등 보편복지제도는, 이런 구약성경의 땅 신학이나 자연법적 땅 이해에서 나오는 땅 소출 향유사상을 어느 정도 반영하고 있다. 기본소득론은 낯선 개념이 아니라 이미 시행 중인 보편 혹은 선별복지제도를 급진적으로 격상시켜 온 국민들이 민주공화국의 발전과 융성에 이바지하도록 활성화하자는 제도다. 이는 사람들이 파라오적 압제자에게 착취당하는 비국민이나 노예, 식민지 백성으로 전락하는 것을 막아 주는 최소한의 장치로서 하나님의 땅 파생 선물을 향유하는 데 참여시키자는 제도다.

언약백성의 땅 소유는 하나님 나라를 이루기 위한 전제조건이었다. 그런데 이 땅 소유는 존 로크식의 땅 소유가 아니라, 하나님 나라의 대의를 사회정치·경제적으로 구현하기 위한 공공목적의 땅 소유였다. 다른 사람들의 땅 소출 향유를 근원적으로 차단하는 '사유'가 아니었다. 시편 105:44~45이 강조하듯이, 이스라엘 백성이 하나님의 땅 선물을 받은 이유는 하나님을 사랑하고 이웃을 사랑하는 데 필요한 소출을 생산하기 위함이었다. 하나님은 자신의 생계를 타인에게 노예적으로 의존하지 않는 자유민이 되어야 하나님을 예배할 수 있고, 이웃도 사랑할 수 있다고 본 것이다. 그래서 7년 채무면제법, 7년 주기 땅 안식년법, 50년 주기 희년법과 더불어 숱한 자비법령들이 가난한 자들의 최소한의 생계유지를 보장하는 데 한목소리를 내고 있다. 우리의 기본소득론은 이 구약성경의 사회적 형평율법과 자비법령의 전통을 상속하고 있으며, 땅의 만민귀속권을 전제한다. 결국 국민 기본소득은 신명기 15:11의 원칙을 가장 포괄적으로 적용한 장치다. 여기서 모든 국민은 대한민국의 땅의 소출로부터 소외되거나 배제되어서는 안 된다는 원리가 도출된다.

## 결론

우리는 이상에서 기본소득을 지지하는 입법적 토대는 토지의 만민귀속과 토지의 만민향유권이 자명한 진리라고 보는 자연법 사상과 그것의 이스라엘적 확장 수정판인 구약의 토지법임을 확인했다. 만일 우리가 토지의 만민귀속과 토지에 대한 만민향유권은 받아들이지 않고 토지의 절대사유권만을 받아들이면 존 로크의 자본주의적 토지 사유제도를 너무 교조적으로 받아들이는 셈이 될 것이다.[24] 로크는 빈 땅에 노동을 투입하여 공익을 위한 생산물을 내는 순간부터 땅의 소유권이 생긴다고 보았다. 사유재산 취득과 소유를 정당화하는 로크의 자연법적 정당화론은 17세기와 18세기 초에 유포된 다른 담론들과 명확하게 달랐다.[25] 토마스 홉스는 사유재산을 보호하는 법률들은 정치적 권위의 기획이어야 한다고 주장했다. 사유재산제는 '정치적 권위'가 추후에 승인해 준 법률적 장치일 뿐이라는 것이다. 또 다른 의견으로는 로크보다 약간 늦은 시대의 영국철학자 데이빗 흄이 제기한 사유재산제 이론인 '인민들의 상호인정론'이다. '사유재산을 정당화하는 법률들은 법률 이전의 관습들인데 인민들의 상호인정에 의해 정당성을 획득하는 관습들의 진화물'이라는 것이다. 로크는 정부나 다른 인간들의 승인 혹은 인정 없이도 몸을 가진 개인의 자연재화와 재부 취득 및 향유는 '거룩한 섭리'(Divine

---

[24] Locke, *The Second Treatise of Government*, 19-26.
[25] 사유재산제도에 대한 기독교의 다양한 입장을 다룬 연구서로서는 Robert F. Cochran, Jr. & Michael P. Moreland(eds.), *Christianity and Private Law* (Oxfordshire, ENG.: Routledge, 2020)이 있다.

Providence)가 인간에게 준 천혜라고 보았다. 이처럼 로크의 토지사상은 초기 자본주의의 발달을 위해 필요했던 토지 집중을 무한히 정당화하는 반면, 토지의 만민귀속성과 공공성, 공익성을 충분히 고려하지 못한 사상이다. 그래서 사유재산제를 자연법적인 원천 권리라고 신봉하는 극단자유주의자들은 토지공개념이나 사회주의 사상을 극단적으로 배척한다. 하지만 토지 사유제를 인정한 로크도 "만일 어떤 사람이 자연적 재부와 땅을 자기 것으로 사유하더라도 자신보다 뒤에 온 사람들에게 충분하고 좋은 땅을 남겨 준다."라는 단서조항이 있을 때를 상정해 개인의 천혜자원 사취(私取)를 정당화했다.[26] 이 단서조항은 이사야 5:8이 말하듯이, 땅을 홀로 독점하여 타인의 땅 사용권을 침해한다면 그런 사유제는 정당하지 않다는 함의를 담고 있다. "가옥에 가옥을 이으며 전토에 전토를 더하여 빈틈이 없도록 하고 이 땅 가운데에서 홀로 거주하려 하는 자들은 화 있을진저" 2,700여 년 전 이사야의 시대처럼 오늘날 대한민국에는 하나님이 주신 땅을 선물로 누리지 못하고 원천적으로 땅의 소출 향유로부터 배제된 가난한 사람들이 너무 많다.[27] 기본소득은 하나님이 주

---

[26] David Schmidtz, "The Institution of Property," *Social Philosophy and Policy* 11/2 (1994), 42-62. 데이비드 쉬미츠는 로크의 사적 소유와 관련된 이 잠정조항을 해석하는 어떤 방식들은 수용/전유를 아무런 좋은 이유 없이 제로섬 게임으로 취급한다고 비판한다. 공통의 사용으로 마련된 것으로부터 천혜자원을 사취하는 것은 다른 사람들에게 더 적은 자원들을 남기게 될 가능성을 초래한다. 이 사태는 외견상 논리적으로 필연적인 것처럼 보인다. 하지만 많은 경우에 공통자원으로부터 자원을 사취하는 것이 그 자원이 파괴되는 것을 의미하기보다는 보존되는 것을 가능케 하기 때문이다. 다른 말로 하면, 개럿 하딘이 말하는 '공유지의 과도 사용으로 인한 비극'(Tragedy of the Commons)을 막을 수 있다는 것이다. 이런 점에서 쉬미츠는 로크를 비판적으로 수용한다(11, 42-62).

[27] 대천덕, 전강수, 홍종락 역, 『토지와 경제정의』, 191-197(또한, 41-51). 바알과 아세

신(로크식으로 말하면 '거룩한 섭리') 땅에 대한 만민의 권리(경작권과 소출 향유권)를 일괄적으로 보상하는 제안으로 극단적인 가난을 막는 사상이다. 미국 독립선언문, 프랑스 인권 선언, 그리고 우리나라의 헌법은 인간의 행복추구권을 거의 자명한 자연법적 권리로 간주한다.

라 숭배를 도입한 오므리-아합 가문이 구약성경의 토지법을 파괴함으로써 국가 멸망의 기초를 놓았다. '다른 신' 숭배는 '국가 멸망'의 단초였다.

# 8장

전체
결론

전체
결론

## 전체 요약

우리는 경제라는 영역이 무자비한 경쟁과 경제적 최약자층들의 희생 위에 구축되는 경제적 포식자들의 무한대의 부 추구 활극장으로 전락될 수 있음을 경험한다. 그러나 우리가 하나님을 두려워하는 경건과 자연본성적 양심의 회복을 통해 모든 재부의 원천인 땅과 천혜자원을 공유하겠다는 인류 공영의 자비심을 발휘한다면, 다른 모습의 경제가 가능하지 않을까? 하나님 나라 경제학은 하나님이 주신 땅, 공기, 물, 하늘 등 천혜의 자원을 인류 모두에게 가용한 공유자산으로 되돌리는 경제학이다. 양심 경제학, 자비 경제학, 치유 경제학이 바로 그것이다. 땅, 하늘, 물, 공기, 지하자원, 역사적으로 축적된 조상의 지혜 등은 인류 모두에게 귀속된 하나님의 선물이다. 감히 사유화하거나 민영화할 수 없는 절대적인 신성 공유자산이다. 하나님이 주신 선물의 향유권은 인간의 사유재산권보다 더 근원적이며 더 위에 있다. 인간의 노동이 자연에 가해져 자연의 일부가 사유재산으로 바뀐다고 주장하는 존 로크식의 토지 사유재산 제도는 하나님이 인류에게 주신 공유선물을 파괴하지 않는 한에서만 정당화될 수 있을 것이다.

1장에서 우리는 고용 없는 경제성장이 가난한 자들에게 가중시키는 파괴적인 양상을 확인했다. 2장에서는 근대경제학의 아버지로 불리는 애덤 스미스의 경제사상 안에 담긴, 양심과 공감의 영성을 복구해서 따뜻한 자본주의를 복원할 가능성을 탐색했다. 3장에서 우리는 고대 메소포타미아에서 시행된 사회적 형평정치와 자비법령들은 신들의 초월적 개입을 두려워한 경건의 소산이었음을 확인했다. 메소포타미아의 고대도시 문명이 거대한 제국으로 발전되었더라도 그것은 원시적 자연자원 공유 경험의 신성한 기억 위에 건설되었기 때문일 것이다. 그래서 고대 메소포타미아 문명의 군주들은 신들을 두려워하는 경건심과 도시국가 이전의 야생적 원시공동체, 즉 평등사회의 기억을 보전하려고 노력했다. 특히 주전 40~20세기까지 존속했던 고대 수메르 문명의 경우 왕들과 평민들의 거주처가 뒤섞여 있었으며, 정치적 위계는 존재했으나 그것이 쉽게 억압적 수탈체제로 변질되지는 못했다. 왕과 평민 모두, 한때는 자신들이 자연적 천혜자원을 공유했던 기억에 붙들려 있었으며 동시에 생존 방책인 농경과 목축의 번성 여부를 결정하는 주체는 하늘의 신들이라는 경건심에 매여 있었기 때문이다. 그들은 비를 내리게 하는 신들의 결정, 전쟁의 승패를 좌우하는 신들의 결정에 예민하게 호응했던 유신론적 경건사회를 이루고 살았다. 특히 농경은 전적으로 비와 물, 비옥한 땅과 햇볕에 의존하는 의존적 생계활동이었기에 신들에 대한 그들의 경건심과 삼감은 자연스러웠다. 그들은 신들의 결정이 인간 정치 위에 있다는 사실을 추호도 의심하지 않았으며, 신들의 후견 아래 땅을 경작하고 종족 번식을 실현시켰다. 그들에게 있어 토지, 사회, 군주 등 모든 사회적 구심체들은 모두 신들의 초월적 관할 아래 있었다. 이처럼 고대 메소포타미아 문명은 신들의 초월적 통치에 대한 두려움에서 시작했다. 신들에 대한 두려움은 땅을 경작하는 농민들에 대한 존중을 배태시켰다. 그래서 함무라비 법들은 흑두(黑頭 [blackheaded man], 일반평민을 가리키는 말)들의 이해관계를 세심하게 배려했다. 함무라비의 자비법령이나 메샤룸(혹은 미샤룸)은 단지 왕의 착한 마음으로 인해 반포된 것이 아니었다. 함무라비의 빈번한 노예해방이나 채무 변제 칙령들은 윤리적 고려라기보다는 국가경영적 고려 아래 이뤄졌다. 땅을 잃고 나라에 대한 소속감을 상실하여 표류하는 사람이 많아지면, 나라 자체의 존립이 어려워지기 때문에 고대국가의 제왕들은 일정수의 '국민'을 확보하지 않으면 안 되었다.

    4장은 모세오경의 사회적 형평법률들과 자비법령들을 논구했다. 모세오경은 가난한 자들의 영구적 가난을 막기 위한 토지 관련 자비법령을 다채롭게 선포했다. 고대 이스라엘은 유신론적 경건과 공동체 생활에 대한 기억을 담지했던 메소포타미아 문명 안에서 배태된 나라와 민족이었다. 고대 이스라엘의 토지법이나 형평법령도 결국 메소포타미아 문명에서 태동된 형평법령과 자비법령을 상속한 후에 자신의 방식으로 독특하게 변화시켜 산출한 법령들이거나, 제도였다. 고대 이스라엘 사람들은 유일신 야웨의 다스림을 받으며 유일신 신앙을 정교하게 발전시켜 현재와 같은 구약성경의 토지법이나 형평법령들을 만들었다.

5장은 고대 이스라엘 예언자들의 사회적 형평활동과 자비사역을 다루었다. 고대 이스라엘도 고대 메소포타미아 문명권의 일부로 간주될 정도로 메소포타미아 문명의 유신론적 경건과 원시적 공동체 생활 기억을 가진 민족이었다. 하지만 이스라엘이 고대 근동의 여타 민족들과 결정적으로 달랐던 점은 예언자들의 연속적이고 목적 지향적 신언 중개사역이었다. 신의 로고스를 전하는 예언자들의 지속적인 활동으로 인해 고대 이스라엘에는 폭군이 나타나 장기통치하기가 어려웠다. 그들은 사회적 형평사역과 자비사역을 통해 이스라엘과 하나님 사이의 언약관계를 지탱시키는 자유농민, 언약백성의 생존과 번영을 추구했기 때문이다.

6장은 예언자들이 그토록 엄호했던 야웨 하나님 유일신 신앙의 사회경제적 함의를 천착했다. 십계명 제1계명은 이스라엘의 헌법적 대요강으로 '다른 신들'을 배척하라는 명령이다. 이 계명의 사회경제적 함의는, 제1계명이 토지 정의 확립을 통해 하나님의 이스라엘 통치를 유지시키고 심화시키려는 사회경제적 형평통치의 대요강이라는 것이다. 이 계명은 바알과 아세라 같은 이방신들이 이스라엘 토지 정의를 파괴하는 것을 필사적으로 막으려는 예언자적 열정과 자유농민들의 저항으로 출원했으며, 그들의 배후에 유일하신 야웨 하나님이 계셨다.

7장은 구약성경의 사회적 형평통치와 자비법령의 현대적 적용으로서 기본소득론을 제시하고, 그것의 자연법적 토대와 성경적 토대를 논구했다. 하나님이 주신 땅의 소출을 가난한 자들에게까지 나누려는 구약성경의 빈자 부축법의 현대적 적용이 기본소득으로 어느 정도 실현될 수 있다는 것이다. 여기서 우리는 토마스 페인과 같은 자연법 사상가의 토지사상과 모세오경의 토지법에서 기본소득의 정당성을 찾았다.

8장은 먼저 각장의 논지를 요약하고 하나님 나라의 경제학이 현대 경제학의 변화에 기여할 수 있는 가능성을 모색하고 있다. 하나님 나라 자비 경제학을 희구하는 이 결론은 왜 성경의 하나님이 역사의 주관자라고 주장하는지에 대한 성찰을 제시함으로써 마무리된다.

## 비전(vision) : 역사의 주관자이신 하나님 나라 경제를 희구하며

악한 부자들의 눈에는 가난한 자들이 지상의 군주들이나 제왕이 돌볼 수 없는 사회적 낙오자들로 보일지도 모른다. 그래서 도태되어야 할 열성 유전자 집단체라고 천대할 수 있다. 그러나 하나님이 보시기에 가난한 자들은 악한 자들의 경쟁, 각축, 갈등, 권력 의지가 폭발하여 생겨난 피해자들이다. 게을러서 가난해진다는 잠언적 경구는 현대의 이 묵시론적이며 비참한 가난을 설명할 수 없다. 이사야 61:1~2; 마태복음 5:3; 11:4~5; 누가복음 4:16~18 등이 가리키듯이, 가난한 자들은 하나님의 특별 후견을 받고 있는 사람들이다. 하나님은 자신과 가난한 자들을 인계철선(引繼鐵線) 같은 언약적 고리로 묶어 두셨다. 인계철선은 어떤 영토침범자가 건드리면 자동적으로 폭발하도록 설계된 가느다란 철사이다. 하나님과 이스라엘의 가난한 자들은 시내산 언약의 인계철선으로 묶여 있다. 하나님은 가난한 자들을 도발하면 하나님 자신을 도발하는 것으로 느끼도록 가난한 자들의 삶과 자신을 밀착시켜 두셨다. 고대 근동의 많은 유신론적 경건 군주들은 가난한 자들, 고아, 과부, 전쟁미망인 등을 특별 보호하는 사명을 받았다고 말했다. 우리가 3장에서 살펴본 것처럼 고대 근동의 군주들은 기근이나 전쟁 등으로 생겨난 채무자, 노예, 유민(流民)을 보며 하나님을 두려워했다. 그래서 고대 근동 국가들에는 왕 옆에 신의 신탁을 중개하는 '영적 중개인'(spiritual intermediaries)들이 항상 대기하고 있었다. 이집트 궁중, 마리, 앗수르,[1] 그리고 중국에도 영적 중개인들이 맹활약하고 있었다. 중국 은나라에서는 갑골문자를 해석하는 천문관이 왕에게 신탁을 해석하고 중개하는 예언자였던 셈이다. 주전 19세기의 것으로 추정되는 황하강 유역의 유물인 갑골문자는, 왕의 중개인들이 천문과 역사의 길흉화복 사태를 묻고 해석하는 문자들이었다. 이처럼 고대사회의 모든 군주들과 그들의 제사장들, 예언자들은 형이상학 세계의 해석자들로서 '영적 중개 기능'을 하였다. 느부갓네살도 자신이 꾼 꿈을 해명하려고 모든 박수들과 박사들과 술사들과 술객들을 모았다(단 2장). 여기에는 약 네 부류 이상의 영적 중개인들이 등장한다. 에스겔 21:19~22은 바벨론 왕이 예루살렘 침공이 신의 뜻인지 아닌지를 묻기

---

[1] 고대 근동 중 영적 중개인들의 활동을 가장 많이 기록한 자료로는 마리 문서(주전 18세기)와 주전 7세기 말 신앗수르 제국 문헌이다(에살핫돈, 앗슈르바니팔 황제 시대 영적 중개자들의 활동을 담은 문헌들): Martti Nissinen, *Prophets and Prophecy in the Ancient Near East* (Leiden: Brill, 2003), 13-100(마리문서들), 107-206(신앗수르 제국 문헌들).

위해 네 가지 방식의 영적 중개활동을 시도하는 장면을 보고한다(화살 흔들기, 죽은 자들에게 물어보기, 드라빔 우상에게 물어보기, 동물 내장 점검하기). 고대 국가의 군주들은 신의 뜻과 인간 통치자의 뜻이 일치해야만 국가적 번영이 도래한다고 믿었기 때문이다. 이런 점에서 고대국가의 군주들에게는 유신론적 경건이 있었다. 그들은 "천(天)의 질서가 땅(地)의 질서의 원형이다."라는 형이상학의 신봉자였고 달리 말하면, 신학자였으며 신앙인이었다. 잘 알다시피, 인간 세계가 그것보다 더 고결하고, 고등하고, 더 근본적이고, 더 궁극적인 신의 질서 아래 있다고 믿는 사유를 우리는 형이상학이라고 부른다. 하나님 또는 초월자가 인간세계에게 영향을 끼친다고 믿는 사유체계는 넓게 보면 다 형이상학이다. "순천자(順天者)는 존(存)하고 역천자(逆天者)는 망(亡)한다."라는 맹자의 말은 고대인들의 유신론적 경건심을 잘 집약하고 있다.

그러나 오늘날에는 형이상학이라는 이원론적 세계관이 사라졌다. 형이하학이라고 불리는 자연과학이 형이상학을 몰아냈다. 임마누엘 칸트 이래 순수 이성의 승리가 과학 기술 진보와 혁명적 발전을 견인해 오고 있다. 자연에 대한 무자비한 실험, 개발, 착취 등을 통해 신에 의존하던 많은 것들을 과학적 성취로 대신했다. 태양을 모방한 원자력 발전소를 엄청나게 만들어 신을 향한 더 이상의 에너지 의존을 멈추려고 한다. 생명을 만들어 연장하고 조작하는 첨단 생명 유전학은 인간 수명을 200년까지 늘릴 수 있다고 호언한다. 오늘날은 자연과학의 개가와 훤화로 인해 하나님을 향한 삼감과 두려움의 소박한 영성, 경건이 소멸되고 있다. 그런데 기독교인들은 니체와 하이데거 이후 "더 이상은 신은 없다."라고 소리치는 이 탈근

대주의 시대에도 여전히 하늘에 계신 하나님을 믿고 있다. 그중에서 극히 소수의 기독교인들이 형이상학적 세계관을 붙들고 하나님의 뜻을 지상에 펼치려는 하나님 나라 운동을 하고 있다. 그들은 21세기 예언자라도 되는 것처럼, 무한 부를 추구하는 맘몬신 숭배가 대세가 된 이 시대에도 성경의 토지 정의법을 따르고 준행해야 한다고 주장한다. 이들은 단순히 성경 고수 보수주의자들이 아니라, 시대에 뒤떨어진 낙오자처럼 보일지도 모른다. 그러나 그들은 형이상학적 궁극 질서에 상응하는 하나님 나라를 이 땅에서 근사치적으로라도 구하려고 하는 예언자적 그리스도인들이다. 그들은 현대과학의 몰경건, 오만, 자신감이 가져올 미래의 재앙에 대한 예언자적 번뇌에 사로잡혀 있다.

우리가 4, 5장에서 살펴본 것처럼, 고대 이스라엘의 예언자들은 하늘의 질서를 땅에 관철시키려는 신적 의지의 화육체로서 지상군주들과 날카롭게 충돌하며 하나님의 의와 공도 앞에 지상세계를 복속시키기 위해 분투했다. 여러 세대의 많은 예언자들이 전한 한 가지 메시지는 "하나님께서 압박당하는 자를 위하여 일하시고 하나님께서는 모세, 그 이스라엘 자손에게 그의 모든 행사를 알리셨다."라는 진리였다(시 103:6-7). 이스라엘 역사 속에 1,500년간 자신의 정체를 드러내신 야웨 하나님은 형이상학의 구름 너머에 있는 영이 아니라, 인간 역사를 창조하고 갱신하고 변화시키는 의지요 인격이었다는 고백이다. 야웨 하나님은 압박당하는 자를 위해서 의(츠다카)와 공평(미쉬파트)을 행하셨다. 의와 공평의 집행과 관철 행위는 하나님이 지나간 흔적이다. 이 흔적(자국)은 압박당하는 자를 위해, 즉 공평과 정의를 위해 개입한 사람에게 나타나는 것을 통해 알 수 있다.

이렇듯 목적지향적인 의도와 기획을 가지고 연속적으로 하나님의 역사 향도 열정과 의지를 집요하게 증언했던 이스라엘 예언자들은, 그 자체로 유독한 부류(sui generis)의 영적 중개인들이었다. 예언자들이 증언한 하나님은 포스트모던 시대를 열어젖힌 선구자였던 니체와 하이데거가 때려 부쉈다고 확신했던 그 형이상학의 신이 아니었다. 니체가 "신은 죽었다."라고 말할 때의 그 신은 성경의 하나님과 아무런 상관이 없다. 성경은 형이상학을 전제하지만 성경의 하나님은 하늘의 하나님이면서도 동시에 땅을 지향하며 땅에 내재하는 하나님이기 때문이다. 예언자들의 하나님은 니체나 마르크스, 하이데거가 목격한 유럽의 형이상학적 신학에 감금된 하나님과 전적으로 달랐다. 예언자들의 하나님은 형이상학의 구름 너머에 계시지 아니하고, 창세 이래로 역사에 내재하신 '역사 향도적'인 하나님이었기 때문이다. 하나님의 창조 자체가 공평과 정의 위에 구축된 세계창조였으며, 공평과 정의는 하나님이 역사를 운행하시는 으뜸원리이다. 그래서 하나님은 창조 순간부터 공평과 정의의 하나님이었으며, 가인에게 살해당해 암매장당한 아벨의 핏소리를 듣고 응답한 하나님이었다. "그러므로 의인 아벨의 피로부터 성전과 제단 사이에서 너희가 죽인 바라갸의 아들 사가랴의 피까지 땅 위에서 흘린 의로운 피가 다 너희에게 돌아가리라"(마 23:35). 성경의 하나님은 땅에서 억울하게 죽임을 당한 사람들의 피를 주목하고 그 피 흘린 자들을 추적하는 공의로운 하나님이시다. 그러므로 성경의 하나님, 아브라함부터 모세, 예언자들, 그리고 우리 주 예수가 계시한 하나님은 형이상학의 하나님이 아니라, 오히려 정치경제학의 하나님이시다. 기독교인들이 믿어야 할 참 하나님은 정치경제학적 정의 집행의 하나님이시다. 성경의 하나님은 항상 가난한 자들과 자신을 동일시하시고, 이스라엘 노예들과 동행하시며, 그분의 백성들이 걷는 광야를 함께 방랑하시며, 포로로 잡혀가는 유다 사람들과 동행하셨다. 성경의 하나님은 인류 역사의 향방에 그분의 의지와 열정을 불어넣으시고 추동시키는 역사의 주관자이시다. 니체와 하이데거가 참된 무신론을 주장하며 "이 세상에 신이 없다."라고 주장하려면 인간의 역사 속에 '공평'과 '정의'에 대한 추구가 소멸되어야 한다. 시편 14 : 1과 시편 53 : 1에서 '신이 없다'고 공언하는 자들은 '가난한 자들을 떡 먹듯이 유린하고 하나님의 성품인 공평과 정의를 도발하는 자들'이다. 그런데 세계 역사를 추동시키고 전진하게 하는 중심 원동력은 바로 공평과 정의 추구, 이것을 관철하고자 하는 열정이었다. 그러므로 니체와 하이데거가 "신이 없다."라고 선언하기 위해서는 세계 역사의 중심 줄기 자체, 역사의 중심 관심사 자체를 폐기하고 배척해야 한다. 공평과 정의를 요구하는 아우성, 함성, 그리고 투쟁으로 가득 찬 인류 역사야말로 바로 성경의 하나님이 역사 내재적 활동을 행하고 계신다는 생생한 증거이다.

    이처럼 역사 내재적인 하나님의 행적은 공평과 정의를 추구하는 인간의 세계 변혁적 기투와 투신 안에서 발견된다. 성경에 뿌리박은 기독교 신학은 하늘과 땅의 이원적 율동을 상정하기 때문에 형이상학적이긴 하지만 단순한 형이상학으로 축소될 수 없다. 역사 속에 공평과 정의를 부르짖는 모든 곳에 하나님이 내재하시기 때문이다. 하나님은 세상을 창조하신 후부터 인간의 시간, 지구의 시간 안에 성육신하셨다. 하나님은 창세기 1장에서부터 인간의 시간 안에 들어오셨나. 하나님은 태양계의 셋째 별 지구의 시간에 그분의 시간

감각(time sense)을 맞추셨다. 곧 하나님이 우리 인류의 역사 안에 들어오신 것이다. 하나님이 지구의 물질적 세계 안에 들어오신 것은 지구 시간 안에 성육신하신 셈이다. 그러므로 하나님의 최초의 성육신 흔적은 '안식일'이다. 하나님께서 안식일 시간에 들어오셔서 쉬셨다는 것은 정확하게 성육신하신 하나님에 대한 최초의 증언이다. 또한 하나님은 에덴동산을 거니셨다. 아담의 사명, 노동이 이뤄지는 에덴동산을 거니신 하나님은 우리의 일상노동 현장에 와서 거니실 수 있는 하나님이다.

이 역사 내재적인 하나님은 예언자들을 통해서 가난한 자들을 압제하는 지상권력자들과 쟁변하셨다. 예언자들은 하나님의 백성 이스라엘을 대표하여 줄기차게 흙먼지 이는 역사의 땅에 들어와 자신들과 동행한 하나님의 행적을 성경에 자세히 기록해 남겼다. 특히 주전 8세기 예언자들은 '하나님이 통치하는 이스라엘에 출현한 가난한 동포들'의 비참한 삶을 보고 경악하고 분노했다.[2] 주전 8세기에 처음으로 떼지어 나타난 '가난한 자들'은 악한 법령들로 땅을 빼앗겨서 생겨난 빈민들이었다.

이처럼 역사의 주관자가 하나님이라는 것은 인류 역사의 전개 과정을 통해 자명하게 밝혀진다. 인류가 한데 모여 합의하지 않았지만, 모든 나라와 민족은 공평과 정의를 위한 전진에 투신되어 있기 때문이다. 모든 인류 역사는 유일하신 하나님의 가장 중요한 일터이다. 여기서 '유일'(에하드)하신 하나님은 수학적 의미가 아니다. 공평과 정의에 투신된 일편단심의 행동을 하시는 '유일무이한' 하나님

---

[2] 서인석, 『성서의 가난한 사람들』, 31-38.

이라는 뜻이다. 이스라엘이 그토록 강조하는 유일하신 하나님은 수학이 아니라 정치학에 가까운 명제인 것이다. 세계 모든 문명권에서 압박당하는 자를 위한 공평과 정의를 행하는 모든 역사적 활동은 이스라엘 하나님과 관련되어 있기 때문이다. 이스라엘 하나님은 세계 만민의 역사에 나타나 활동하신 하나님이다. 창세기 18:18~19은 이스라엘이 의와 공도의 나라로 성장해서 세계 만민에게 복이 될 미래를 내다본다. "아브라함은 강대한 나라가 되고 천하 만민은 그로 말미암아 복을 받게 될 것이 아니냐 내가 그로 그 자식과 권속에게 명하여 여호와의 도를 지켜 의와 공도를 행하게 하려고 그를 택하였나니……" 의와 공도를 행하는 이스라엘의 사명을 부단히 상기시킨 인물들이 아브라함, 모세, 사무엘, 다윗, 그리고 예언자들이었다. 특히 주전 8세기 예언자들은 아브라함의 후손이 의와 공도의 실천자가 됨으로 만민에게 복(福)이 되게 하려는 모세적 사명을 수행하기 위해 출현했다. 18절이 말하는 '강대한 나라'는 히브리어로는 '고이 가돌'인데, 이것이 창세기 12:2에서는 '큰 민족'이라는 말로 번역되었다. '강대한 나라' 혹은 '큰 민족'이 세계 만민에게 복이 되는 유일한 길은, 그 나라가 의와 공도를 행함으로써 이웃 나라들에게까지 의와 공도를 확산하는 것이다. 모세와 예언자들은 큰 민족(=강대한 나라)은 인구가 많은 나라도 아니며, 영토가 많은 나라도 아니고, 군사력이 막강한 나라도 아니며 약자옹호 능력과 공평과 정의를 수행하는 능력이 큰 나라라고 정의했다. 약자의 아우성에 응답하는 나라가 큰 나라요 강대한 나라라는 것이다.

　　에드워드 핼릿 카는 『역사란 무엇인가』 5~6장에서 "역사를 진보시키는 원동력은 약자의 아우성이다."라는 주장을 해명한다. 카는 이 책에서 "5천만의 농민이 3년 연속 굶주린다면 역사는 어디에서나 프랑스 대혁명 같은 사태가 일어난다."라고 예측할 수도 있다고 말한다. 출애굽기 2:23~25에서 아브라함 후손의 부르짖음이 여호와께 상달하자, 하나님께서 아브라함의 언약을 기억하사 정의의 화신인 모세를 보내시는 장면이 나온다. 『역사란 무엇인가』에서 카가 성경을 인용하지는 않는다. 그러나 출애굽기 2:23~25은 "모든 연약하고 압박당하는 자의 부르짖음이 역사를 발전시키는 원동력이다."라는 카의 명제를 지지하는 결정적인 구절이다. 카를 필두로 모든 현대 역사가들은 공평과 정의 추구와 그것을 요구하는 약자의 아우성이 역사를 견인하고 전진시킨다는 것을 인정하는 데 일치를 보인다. 이 주장은 바로 이스라엘 예언자들이 오래전부터 외친 모토이기도 하다. 그들은 역사의 완성을 공평과 정의의 궁극적 관철이라고 보았기 때문이다. 그들에게 역사의 종말은 공의와 정의, 미쉬파트와 체데크의 궁극 실현이 이뤄지는 날이었다.

요한계시록 21:1~8에는 하나님이 역사적 기억을 고스란히 가진 채 심판대 앞에 선 사람들을 심판하시고, 신원하시고, 위로하시며 모든 억울하게 죽은 자들의 눈물을 씻겨 주시는 환상이 펼쳐진다. 이 단락은 하나님은 모든 압박당하는 억울한 자들과 특별 보호 언약을 맺고 있다고 말하는 셈이다. 그러므로 압박당하는 자를 괴롭히면 하나님을 괴롭히는 것이다. 잠언 14:31은 하나님이 가난한 사람들과 '특별 존엄 동맹'을 맺고 있다고 말한다. 우리가 만일 가난한 사람을 멸시하면 가난한 자를 지으신 여호와를 멸시하는 것이며, 가난한 사람에게 꾸어주면 하나님께 꾸어주는 것이 된다. 가난한 사람들을 권고하고 돌보면 환난 날에 하나님이 가난한 사람을 돌보았던 그 사람을 또한 돌보실 것이다.

> 가난한 자를 보살피는 자에게 복이 있음이여 재앙의 날에 여호와께서 그를 건지시리로다…… 여호와께서 그를 병상에서 붙드시고 그가 누워 있을 때마다 그의 병을 고쳐 주시나이다(시 41:1-3).

> 가난한 사람을 학대하는 자는 그를 지으신 이를 멸시하는 자요 궁핍한 사람을 불쌍히 여기는 자는 주를 공경하는 자니라(잠 14:31).

> 가난한 자를 조롱하는 자는 그를 지으신 주를 멸시하는 자요……(잠 17:5).

> 가난하여도 성실하게 행하는 자는 입술이 패역하고 미련한 자보다 나으니라 …… 가난한 자를 불쌍히 여기는 것은 여호와께 꾸어 드리는 것이니 그의 선행을 그에게 갚아 주시리라(잠 19:1, 17).

이처럼 잠언은 신빈(神貧) 동맹, 즉 가난한 사람과 하나님의 '존엄수호 동맹'을 말한다. 예언자들이 말하는 '역사의 완성'은 역사 저편, 죽음 저편, 시간의 폐기, 역사의 종결 너머에 있는 내세가 아니라, 역사의 완성점에서 이뤄질 하나님의 공평과 정의의 온전한 집행을 가리킨다. 예언자들의 종말론은 결코 죽음 저편에 시작되는 내세적 종말이 아닌 새로운 하늘과 새 땅에서 열리는 공평과 정의의 궁극적 완성 시점을 가리킨다. 이 공평과 정의의 궁극적 완성 시점은 억울하게 죽은 모든 사람을 부활시키는 날이다. 억울하게 당한 모든 사람의 눈물을 씻기는 이 일이 있어야만, 하나님이 '공평과 정의의 하나님'이라는 이름에 걸맞은 명예를 회복하실 수 있다. 결국 요한계시록 21:1~8은 예언자들이 말하는 역사의 궁극적 완성, 공평과 정의의 궁극 완성을 가리킨다. 즉, 미쉬파트와 체데크의 궁극적인 집행과 관철 현장이 최후 심판인 것이다. 그때에 하나님은 역사 안에서 일어났던 모든 억울하고 부조리한 기억들을 다 소환하셔서 눈물로 씻어 주시고, 위로하시고, 신원해 주시는 것이다. 인류 역사는 하나님이 최후 심판 때에 가서 위로해 줘야 할 피해자들을 양산한 역사이기 때문에 하나님이 최후 심판의 때에 완료해야 할 일이 엄청날 것이다.

# 참고문헌

### 한국어 및 역서 자료

고용노동부.『2018년판 고용노동백서』. 세종 : 열림기획, 2018.

김광기. "'월가 규제' 샌더스의 도전." 2016년 1월 11일자『경향신문』30면.

김근주 외 공저.『희년』. 서울 : 홍성사, 2019.

김수행. "쇠퇴하는 자본주의." 2011년 5월 25일자『경향신문』칼럼.

김애영. "식물 세포도 인간처럼 소통한다. 식물 뿌리 표피 세포서 운명 조절 유전자 발견." The Science Times 2019년 5월 16일자 온라인 기사.

김윤상, 박창수 편역.『진보와 빈곤 : 땅은 누구의 것인가』. 파주 : 살림, 2007.

김종철 외.『녹색평론』131호(2013년 7-8월호), 2-51.

김종철 편.『녹색평론선집 I』. 대구 : 녹색평론사, 1993.

김종철. "'기본소득'이라는 희망." 2014년 3월 5일자『경향신문』칼럼.

김지은. "구약성서에 나타난 기업으로서의 땅 개념 연구."『구약논단』9(2000년 10월), 215-234.

김회권. "고대 메소포타미아 문명의 사회경제적 형평 통치 연구." 기독경영연구원 발표 논문(미간행, 2019).

김회권. "구약성경와 하나님 나라 경제학." 목민강좌(미간행, 2011).

김회권. "구약성서의 희년사상과 사회윤리적 함의."『신학사상』127(2004년 12월), 131-166.

김회권.『김회권 목사의 청년설교 1』. 서울 : 복있는 사람, 2009.

김회권. "우리가 추구하는 '성서한국'."『복음과 상황』226(2009년 8월), 32-45.

김회권. "'고용 없는 경제성장' 시대에 생각하는 하나님 나라 경제학."『복음과 상황』239(2010년 9월), 34-46.

김회권. "경제민주화에 대한 성경의 지침."『복음과 상황』262(2012년 7월), 36-46.

김회권. "하나님 나라 관점에서 본 '21세기 자본'."『복음과 상황』289(2014년 12월), 45-65.

김회권.『성서주석 이사야 Ⅰ』. 서울 : 대한기독교서회, 2006.

김회권.『모세오경』. 서울 : 복있는 사람, 2017.

김회권. "광야교회로 돌아가라." 장흥길 편.『성경과 종교개혁』. 서울 : 한국성서학연구소, 2018, 1-45.

김회권.『이사야 : 40-66장』. 서울 : 복있는 사람, 2020.

김회권.『하나님 나라 신학으로 읽는 사도행전 1』. 서울 : 복있는 사람, 2007.

대천덕.『토지와 자유』. 서울 : 도서출판 무실, 1989.

대천덕.『토지와 경제정의』. 전강수, 홍종락 역. 서울 : 홍성사, 2019.

러스킨, 존.『나중에 온 이 사람에게도』. 김석희 역. 서울 : 열린 책들, 2009.

로크, 존.『통치론』. 강정인, 문지영 옮김. 서울 : 까치글방, 1996.

밀러, 패트릭.『현대성서주석 : 신명기』. 김회권 역. 서울 : 한국장로교출판사, 1994.

박명림. "억만장자 대 억만빈자 : 21세기 세계의 가공할 실상-'제3의 기축시대'를 갈망하며." 네이버 열린연단(2016년 1월 22일, http : //m.openlectures.naver.com/mobile_contents).

박철우.『요나/미가』. 서울 : 대한기독교서회, 2008.

서광원. "자연에서 배우는 생존 이치. 몸속 34조개 세포 협력 척척, 인간은 딴판 '아이러니'." 2020년 12월 19일 중앙선데이.

서인석.『성서의 가난한 사람들』. 왜관 : 분도, 1979.

성백효.『孟子集註』. 서울 : 한국인문고전연구소, 2017.

성 아우구스티누스.『하나님의 도성』. 조호연, 김종흡 역. 서울 : 크리스천다이제스트, 2011.

스미스, 애덤.『도덕감정론』. 박세일, 민경국 역. 서울 : 비봉출판사. 2009.

스티글리츠, 조지프, 센, 아마르티아, 피투시, 장 폴.『GDP는 틀렸다 : '국민 총행복'을 높이는 새로운 지수를 찾아서』. 박형준 옮김. 파주 : 동녘, 2011.

심재윤, 이종호, 박수호, 정우진. "기업의 ICT투자가 '고용 없는 성장'을 이끄는가?"『지식경영연구』20/3(2019년), 1-16.

아렌트, 한나.『공화국의 위기』. 김선욱 옮김. 서울 : 한길사, 2011.

아빌라, 찰스.『소유권 : 초대 교부들의 경제사상』. 김유준 역. 서울 : 기독교문서선교회, 2008.

안효상. "토마스 스펜스의 원형적 기본소득."『시대』51(2017년 9월), 98-115.

안효상. "서양의 기본소득 논의 궤적과 국내 전망."『역사비평』(2017년 8월), 220-249.

안효상/서정희. "코로나19 이후 불확실성 시대의 새로운 소득 보장."『산업노동연구』26/3(2020년 10월), 63-118.

액커만, 브루스, 알스톳, 앤, 판 파레이스, 필리페 외.『분배의 재구성』. 너른복지연구모임 역. 서울 : 나눔의 집, 2010.

요더, 존 하워드.『예수의 정치학』. 신원하, 권연경 옮김. 서울 : IVP, 2007.

우택주.『8세기 예언서 이해의 새 지평』. 서울 : 대한기독교서회, 2005.

이근영. "경제성장은 실업률을 얼마나 낮추는가?"『국제경제연구』25/2(2019년 6월), 51-82.

이동수.『호세아 연구』. 서울 : 장로회신학대학교 출판부, 2005.

이정희. "공공부문 비정규직 정규직화 쟁점과 과제."『KLI 리포트』2017-3(3/4분기). 세종 : 한국노동연구원, 2017, 5-15.

이종근. "수메르 우루-이님기나 법과 히브리법의 사회정의 고찰."『구약논단』28(2008년 6월), 142-161.

이종근. "생명 존중을 위한 메소포타미아 법들의 정의(正義)-우르 남무(Ur Nammu)와 리피트 이쉬타르(Lipit-Ishtar) 법들을 중심으로."『구약논단』15(2003년 10월), 261-297.

이희학. "오므리 왕조의 역사적 의미와 종교 혼합주의."『신학사상』130(2005년 9월), 51-79.

이희학. "예후 혁명과 신명기사가."『신학사상』136(2007년 3월), 31-63.

일리치, 이반.『그림자 노동』. 노승영 역. 서울 : 사월의 책, 2015.

장석정. "여호수아 1-5장에 나타난 땅의 개념 연구."『신학사상』137(2007년 6월), 7-37.

장성길.『피할 수 없는 하나님의 숨은 손길』. 서울 : 솔로몬, 2009.

장하성.『왜 분노해야 하는가』. 성남 : 헤이북TM, 2015.

조덕영. "희년의 법과 헨리 조지의 토지법은 상관이 있는가?" 기독교진리수호연구협회, 2019.

조지, 헨리.『진보와 빈곤』. 김윤상 역. 서울 : 무실, 1989.

조지, 헨리.『진보와 빈곤 : 땅은 누구의 것인가』. 김윤상, 박창수 편역. 파주 : 살림, 2007.

최광은.『모두에게 기본소득을』. 서울 : 박종철 출판사, 2010.

쿠트, 로버트 B.『아모스서의 형성과 신학』. 우택주 역. 서울 : 대한기독교서회, 2004.

크라우스, 한스 요하임.『조직신학 : 하느님의 나라-자유의 나라』. 박재순 역. 서울 : 한국신학연구소, 1986.

토리, 말콤.『왜 우리에겐 기본소득이 필요할까』. 이영래 옮김. 안효상 감수. 서울 : 생각이음, 2020.

트로끄메, 앙드레.『예수와 비폭력 혁명』. 박혜련, 양명수 역. 서울 : 한국신학연구소, 1986.

판 파레이스, 필리프 엮음.『기본소득과 좌파 : 유럽에서 벌어진 논쟁』. 안효상 옮김. 서울 : 박종철 출판사, 2020.

폰라드, 게르하르트.『예언자들의 메시지』. 김광남 옮김. 서울 : 비전북, 2011.

폰팅, 클라이브.『녹색세계사』. 이진아, 김정민 역. 홍성 : 그물코, 2007.

프리처드, 제임스 B.『고대 근동 문학 선집』. 김구원 외 공역. 서울 : 기독교문서선교회, 2016.

폴라니, 칼. 『거대한 전환』. 홍기빈 옮김. 서울: 도서출판 길, 2009.

플루타르코스. 『플루타르코스 영웅전』. 천병희 역. 파주: 숲, 2002.

피케티, 토마. 『21세기 자본』. 장경덕 옮김. 파주: 글항아리, 2014.

한병철. 『피로사회』. 김태환 옮김. 서울: 문학과 지성사, 2012.

호슬리, 리처드 A. 『예수 운동-사회학적 접근』. 이준모 역. 천안: 한국신학연구소, 1993.

홍운선, 윤용석. "낙수효과의 개념과 실제에 관한 연구." 『중소기업금융연구』. 38/2(2018년 6월), 67-110.

### 외국어 자료

Albertz, Rainer. "Die Tora Gottes gegen die wirtschaflichen Sachzwäge." *Ökumenische Rundschau* 44 (1993), 290-310.

Albertz, Rainer. *A History of Israelite Religion in the Old Testament Period.* trans. John Bowden; London: SCM, 1994.

Albright, W. F. *Yahweh and the Gods of Israel*. New York: Garden City, 1968.

Allen, Leslie C. *The Books of Joel, Obadiah, Jonah and Micah*. NICOT; Grand Rapids, MI.: William B. Eerdmans, 1976.

Amit, Yairah. "The Jubilee Law: An Attempt at Instituting Social Justice." In *Justice and Righteousness: Biblical Themes and their Influence*. eds. H. G. Reventlow and Y. Hoffman. Sheffield: JSOT Press, 1992, 47–59.

Bartlett, John R. "Use of the Word ro'š as a Title in the Old Testament." *VetusTestament* 19 (1969), 1–10.

Barton, George A. *Miscellaneous Babylonian Inscriptions*. New Haven: Yale University Press, 1918.

Barton, George A. *The Royal Inscriptions of Sumer and Akkad*. New Haven, CN.: Yale University Press, 1929.

Bergsma, John Sietz. *The Jubilee from Leviticus to Qumran: A History of Interpretation*. Leiden/Boston: Brill, 2007.

Boecker, Hans J. *Law and the Administration of Justice in the Old Testament and Ancient East*. trans. J. Moiser. Minneapolis : Augsburg, 1980.

Bonanno, Anthony. *Archaeology and Fertility Cult in the Ancient Mediterranean*. Malta : University of Malta Press, 1986.

Bottéro, Jean. "Désordre économique et annulation des dettes en Mésopotamie à l'époque paléo-babylonienne." *Journal of the Economic and Social History of the Orient 4* (1961), 113–164.

Bottéro, Jean. *Mesopotamia : Writing, Reasoning, and the Gods.* trans. Z. Bahrani and M. Van De Mierrop. Chicago : University of Chicago Press, 1992.

Brueggemann, Walter. *The Land*. Philadelphia, PA. : Fortress, 1977.

Brueggemann, Walter. "Vine and Fig Tree : A Case Study in Imagination and Criticism." *Catholic Biblical Quarterly* 43/2 (April 1981), 188-204.

Bunnens, Guy, Hawkins, J. D. Leirens, I. *Tell Ahmar II : A New Luwian Stele and the Cult of the Storm-God at Til Barsib-Masuwari*. Leuven, Belgium : Peeters, 2006.

Cardascia, Guillaume. "La transmission des sources cuneiformes." *Revue Internationle de droits de l'antiquité* 7 (1960), 31–50.

Castellino, Giorgio R. "Incantation to Utu." *Oriens Antiquus* 8 (1969), 1–57.

Cazelles, Henri. "De l'idéologie royale." In *Gaster Festschrift*. ed. D. Marcus. New York : ANE Society, 1974, 61–73.

Clines, David J. A. *Interested Parties : The Ideology of Writers and Readers of the Hebrew Bible*. Sheffield : Sheffield Academic Press, 1995.

Cochran, Jr. Robert F. & Moreland, Michael P.(eds.). *Christianity and Private Law*. Oxfordshire, ENG. : Routledge, 2020.

Crüsemann, Frank. *The Torah : Theology and Social History of Old Testament Law*. trans. W. Mahnke. Minneapolis, IN. : Fortress Press, 1996.

Davies, Paul. *God and the new physics*. London : Dent, 1983.

Davies, Paul. "Does new physics lurk inside living matter?" *Physics today* 73/8

(August 2020), 34-40.

Dearman, J. Andrew. *The Book of Hosea*. Grand Rapids, MI. : William B. Eerdman, 2010.

Dever, William G. "Social Structure in Palestine in the Iron II Period on the Eve of Destruction." In *The Archaeology of Society in the Holy Land.* ed. Thomas E. Levy. New York, NY. : Facts on File, 1995, 416-430.

Driver, G. R. *Canaanite Myths and Legends. Edinburgh :* T & T Clark, 1956.

Edzard, Dietz Otto. *Gudea and His Dynasty,* RIMP 3. Toronto : University of Toronto Press, 1997.

Eichrodt, Walther. *The Theology of the Old Testament* vol. 1. London : SCM, 1975.

Epzstein, Léon. *Social Justice in the Ancient Near East and the People of the Bible*. London : SCM, 1986.

Finet, Andre. *Le code de Hammurapi : introduction, traducion et annotation*. Paris : Cerf, 1983.

Finkelstein, J. J. "The Laws of Ur-Nammu." *Journal of Cuneiform Studies* 22 (3/4) (1968/1969), 66-82.

Finkelstein, J. J. "The Laws of Ur-Nammu." in *ANET*, 523–525.

Finkelstein, I. "Stages in the Territorial Expansion of the Northern Kingdom." *Vetus Testament* 61 (2011), 227–242.

Focacci, Chiara Natalie. "Technological unemployment, robotisation, and green deal : A story of unstable spillovers in China and South Korea (2008–2018)." *Technology in Society* 64 (February 2021), 1-8.

Goetze, Albrecht. "The Laws of Eshnunna." in *ANET*.

Gottwald, Norman K. *The Tribes of Yahweh : A Sociology of the Religion of Liberated Israel. 1250-1050 B.C.E.* New York, NY. : Orbis Books, 1979.

Gottwald, Norman K. *The Hebrew Bible : A Socio-Literary Introduction.* Philadelphia, PA. : Fortress, 1985.

Greengus, Samuel. "Legal and Sacred Institutions of Ancient Mesopotamia." In *Civilizations of the ancient Near East* 1. Jack M. Sasson and John Baines (eds.). New York : Charles Scribner, 1995, 469-484.

Gunkel, Hermann. *Genesis*. trans. Mark E. Biddle. Macon, GA. : Mercer University Press, 1997.

Habel, Norman C. *The Land is Mine*. Minneapolis, MN. : Fortress, 1975.

Hamilton, Jeffries M. *Social Justice and Deuteronomy : The Case of Deuteronomy 15*. Atlanta : Scholars Press, 1992.

Hammershaimb, Erling. "Some Leading Ideas in the Book of Micah," 29–50. In *Some Aspects of Old Testament Prophecy from Isaiah to Malachi.* Kopenhagen : Rosenkilde og Bagger, 1966.

Harper, William R. *A Critical and Exegetical Commentary on Amos and Hosea*. ICC ; Edinburgh : T & T Clark, 1973.

Hayes, J. H. & Prussner, F. C. *Old Testament Theology : Its history and development*. Atlanta, GA : John Knox Press, 1985.

Hudson, Michael. "The Economic Roots of the Jubilee." *Bible Review* 15 (February 1999), 26-33.

Huffmon, H. "The Treaty Background of Hebrew yāʻda." *BASOR* 181. 1966, 31-37.

ILO, "ILO Flagship Report : World Employment and Social Outlook, Trends 2020." General ILO, 2020.

Jacobsen, Thorkild. "New Sumerian Literary Text." *Bulletin of the American Schools of Oriental Research* 102 (1947), 12-17.

Jacobsen, Thorkild. "The Historian and the Sumerian Gods." *Journal of the American Oriental Society,* 114/2 (Jan 1994), 145-153.

Kaufmann, Stephen A. "A Reconstruction of the Social Welfare Systems of Ancient Israel." In *In the Shelter of Elyon.* eds. W. B. Barrick and J. R. Spencer. Sheffield : JSOT Press, 1984, 277-286.

Keil, C. F. and Delitzsch, F. *Minor Prophets*, Vol. 10. trans. James Martin ; Grand Rapids, MI : Eerdmans, 1988, 64.

Kim, Hae Kwon. "A Prophetic Critique of the Neoliberal 'Fertility Cult' Economy of South Korea based on Hosea 4-6." Hosea Paper presented to ISBL, 2016, 1-16.

Kramer, Samuel N. "Sumerian Theology and Ethics." *Harvard Theological Review* 49/1 (1956), 45-62.

Kramer, Samuel N. "'Vox populi' and the Sumerian Literary Documents." *Revue d'Assyriologie et d'archéologie orientale* 58 (1964), 148–156.

Kraus, Fritz R. *Ein Edikt des König Ammi-saduqa von Babylon*. Leiden : Brill, 1958.

Lambert, M. "L'expansion de Lagash au temps d'Entéména." *Revista degli Studi Orientali* (1972), 1–22.

Lang, Bernhard. *Monotheism and the Prophetic Minority : An Essay in Biblical History and Sociology*. Sheffield : Almond Press, 1983.

Lemche, Niels P. "Andurārum and Mīšārum : Comments on the Problem of Social Edicts and their Application in the Ancient Near East." *Journal of Near Eastern Studies* 38/1 (1979), 11-22.

Lemche, Niels P. "Andurārum and Mīšārum : Comments on the Problem of Social Edicts and their Application in the Ancient Near East." In *Biblical Studies and the Failure of History : Changing Perspectives 3*. London : Taylor & Francis Group, 2013.

Limburg, James. *Hosea-Micah*. Atlanta, GA. : John Knox Press, 1988.

Limet, Henri. "L'etranger dans la societe sumerienne." In *Gesellschaftsklassen im Alten Zweistromland*. ed. D. O. Edzard. Munich : Verlag der bayerischen Akademie der Wissenschaften, 1972, 123–138.

Locke, John. *The Second Treatise of Government* (1690). Indianapolis, IN. : Hackett Pub. Com , 1980.

Lohfink, Norbert F. "Poverty in the Law of the Ancient Near East and of the Bible." *Theological Studies* 52 (1991). 34-50.

Mays, James L. *Hosea.* OTL ; London : SCM Press, 1969.

Meek, Theophile J. "The Code of Hammurabi," in *ANET*, 163–180.

Molina, Manue. "Las 'Reformas' de Urukagina." *Scripta Fulgentina : revista de teología y humanidades* 5 (Sept-Oct 1995), 47-80.

Moscati, Sabatino. *Ancient Semitic Civilizations.* London : Elek Books, 1957.

Miller, Patrick D. *Deuteronomy.* Louisville, KY. : John Knox Press, 1988.

Myers, Allen C. "Baal." In *The Eerdmans Bible Dictionary.* Grand Rapids, MI : Eerdmans, 1987, 113-116.

Na'aman, N. "The Northern Kingdom in the Late 10th–9th Centuries BCE." In *Understanding the History of Ancient Israel.* ed. H. G. M. Williamson. Oxford : Oxford University Press, 2007, 399–418.

Na'aman, N. "Naboth's Vineyard and the Foundation of Jezreel." *Journal for the Study of the Old Testament* 33/2 (2008), 197-218.

Nanjundiah, Vidyanand. "Barbara McClintock and the discovery of jumping genes." *Resonance* 1/10 (October 1996), 56-62.

Nardoni, Enrique. *Rise Up, O Judge.* trans. S. Charles Martin. Grand Rapids, MI. : Baker Publishing Group, 2014.

Neef, H. D. *Die Heilstraditionen Israels in der Verkündigung des Propheten Hosea.* New York, NY. : Walter de Gruyter, 1987.

Nissinen, Martti. *Prophets and Prophecy in the Ancient Near East.* Leiden : Brill, 2003.

Noth, Martin. *The History of Israel.* London : A. & C. Black, 1960.

Paine, Thomas. "Agrarian Justice." Digital edition 1999 by www.grundskyld.dk.

Paine, Thomas. *Common Sense [with] Agrarian Justice.* London : Penguin, 2004.

Petschow, H. "Gesetze." In *Reallexikon der Assyriologie.* eds. Erich Ebeling et al. Berlin : Walter de Gruyter, 1928, 3 : 269–270.

Premnath, D. N. "Latifundization and Isaiah 5 : 8-10." *Journal for the Study of the Old Testament* 40 (1998), 49-60.

Pritchard, James B. *Ancient Near Eastern Texts relating to the Old Testament*. Princeton, NJ. : Princeton University Press, 1969.

Rawls, John. *A Theory of Justice*. rev. ed. ; Cambridge, MA. : Harvard University Press, 1999.

Robbins, Lionel. *A History of Economic Thought*. Princeton : Princeton University Press, 1998.

Roth, Martha T. *Law Collections from Mesopotamia and Asia Minor*. Atlanta, GA. : Scholars Press, 1997.

Sackler Gallery, Arthur M. *When Kingship Descended from Heaven : Masterpieces of Mesopotamian Art from the Louvre in Washington DC*. Washington, D.C. : Education Department, 1992.

Saggs, H. W. F. *The Greatness That Was Babylon*. New York : Hawthorn, 1962.

Sana, Nahum M. *The JPS Torah Commentary Genesis*. Philadelphia et al. : The Jewish Publication Society, 1989.

Schmidtz, David. "The Institution of Property." *Social Philosophy and Policy* 11/2 (1994), 42-62.

Schmidt, Werner H. *The Faith of the Old Testament*. trans. John Sturdy. Philadelphia : Westminster, 1983.

Sergi, Omer, Gadot, Yuval. "Omride Palatial Architecture as Symbol in Action : Between State Formation, Obliteration, and Heritage." *Journal of Near Eastern Studies* 76/1 (2017), 103-111.

Seux, Marie-Joseph. *Hymnes et prieres aux dieux de Babylone et d'Assyrie : introduction, traduction et notes*. Paris : Cerf, 1976.

Shaw, Charles S. *The Speeches of Micah : A Rhetorical-Historical Analysis*. Sheffield : Sheffield Academic Press, 1993.

Smith, Adam. *An Inquiry into the Nature and Causes of the Wealth of Nations*.

London : Methuen, 1922.

Speiser, Ephraim A. "Authority and Law in Mesopotamia." *Journal of the American Oriental Society* Sup. 17 (1954), 8-15.

Spence, Thomas. "Property in Land. Every One's Right." In *Thomas Spence : The Poor Man's Revolutionary*. eds. Alstair Bonnett and Keith Armstrong. London : Breviary Stuff Publications, 2014.

Stapp, Henry P. *Mindful Universe : Quantum Mechanics and the Participating Observer*. Berlin/New York : Springer Verlag, 2011.

Stephens, Ferris J. "A Newly Discovered Inscription of Libit-Ishtar." *Journal of the American Oriental Society* 52 (1932), 182-185.

Stuart, Douglas. *Hosea-Jonah*. WBC ; Waco, TX : Word Books, 1987.

Trocmé, André. *Jesus and the Nonviolent Revolution*. Rifton, NY. : Plough Publishing House, 2011.

von Rad, Gerhard. *Old Testament Theology. The Theology of Israel's Historical Traditions* vol. 1. trans. D. M. G. Stalker. San Francisco : Harper, 1962.

von Rad, Gerhard. *Old Testament Theology* vol. 2. trans. D. M. G. Stalker. Louisville, KY. : John Knox Press, 2000.

Weber, Max. *The Religion of Sociology*. trans. Ephraim Fischoff. London : Methuen & Co. Ltd, 1966.

Weinfeld, Moshe. *The Promise of the Land*. Berkeley, CA. et al. : University of California Press, 1993.

Weinfeld, Moshe. *Social Justice in Ancient Israel and in the Ancient Near East.* Jerusalem/Minneapolis : Magness/ Fortress, 1995.

Welker, Michael. "Security and Expectations, Reforming the Theology of Law and Gospel." *Journal of Religion* 66 (1986), 237-260.

Wellhausen, Julius. *Prolegomena to the History of ancient Israel*. Cleveland & New York : Meridian Book, 1961.

Westbrook, Raymond. Property and the Family in Biblical Law. Sheffield : JSOT

Press, 1991.

Wight, Jonathan B. *Saving Adam Smith : A Tale of Wealth, Transformation, and Virtue*. New York : FT Prentice Hall, 2002.

Wilcke, Claus. "Mesopotamia : Early Dynastic and Sargonic Periods." In Raymond Westbrook (ed.), *A HISTORY OF ANCIENT NEAR EASTERN LAW* 72 (2003), 141-181.

Yaron, Reuven. *The Laws of Eshnunna*. Jerusalem/Leiden : Magness/Brill, 1988.

Zimmerli, Walther. *The Law and the Prophets*. Oxford : Basil Blackwell Press, 1965.

# 자비 경제학

구약성경과
하나님 나라 경제학

**초판발행** 2022년 2월 24일
**지 은 이** 김회권
**펴 낸 이** 박창원
**발 행 처** PCKBOOKS
**주　　소** 03129 / 서울시 종로구 대학로 19, 409호(연지동, 한국기독교회관)
**편 집 국** (02) 741-4381 / 팩스 741-7886
**영 업 국** (031) 944-4340 / 팩스 944-2623
**홈페이지** www.pckbook.co.kr
**인스타그램** pckbook_insta　　　**카카오채널** 한국장로교출판사
**등　　록** No. 1-84(1951. 8. 3.)

**책임편집** 정현선
**편집** 이슬기 김은희 이가현　　　**디자인** 최종혜 최준호
**경영지원** 박호애 최수현　　　**마케팅** 박준기 이용성 성영훈

ISBN 978-89-398-8000-9
값 22,000원

PCKBOOKS 는 한국장로교출판사의 출판 브랜드입니다.

※ 이 출판물은 저작권법에 의해 보호를 받는 저작물이므로 무단전재와 무단복제를 할 수 없습니다.